国家出版基金項目
NATIONAL PUBLICATION FOUNDATION
四川省巴蜀文化研究中心重點科研項目
巴蜀文化研究大家系列

十三經恒解

箋解本

卷之三

《詩經恒解》

〔清〕劉沅◎著

總主編◎譚繼和
總策劃◎施維

箋解　譚繼和　祁和暉

巴蜀書社

圖書在版編目（CIP）數據

十三經恒解（箋解本）/（清）劉沅著：譚繼和、祁和暉箋解
—成都：巴蜀書社，2016. 1
ISBN 978-7-5531-0569-7

Ⅰ. ①十… Ⅱ. ①劉… ②譚… Ⅲ. ①經學②《十三經》-注釋 Ⅳ. ①Z126. 2

中國版本圖書館 CIP 數據核字（2015）第 175942 號

十三經恒解（箋解本）

（清）劉 沅 **著**
譚繼和 祁和暉 **箋解**

出品人	林 建 侯安國
策劃編輯	施 維
責任編輯	張照華 張亮亮 肖 靜 封 龍 張紅義 王群栗 趙邦媛 童際鵬
出 版	巴蜀書社 地址：成都槐樹街2號 郵編：610031 總編室電話：（028）86259397
網 址	www. bsbook. com
發 行	巴蜀書社 發行科電話：（028）86259422 86259423
經 銷	新華書店
印 刷	四川省南方印務有限公司
版 次	2016年1月第1版
印 次	2016年1月第1次印刷
成品尺寸	210mm×290mm
印 張	218. 5
書 號	ISBN 978-7-5531-0569-7
定 價	2000. 00元（全10卷）

目 録

詩經恒解

十三經恒解

箋解本

卷之三

詩經恒解

彭東煥　張卉◎整理

序

人性皆善，而有不善者，情爲之也。情動於中，有感必應，人以爲性之爲，不知其爲心之爲也。人心、道心皆心，而理欲何以分途？氣質所稟，原於天地父母者不同，而純雜判矣。薄而濁，則人心勝；厚而清，則道心多。聖王以禮範民身，以樂和民情。鐘鼓管絃羽籥，感以自然之節而動其天良，使夫偏駁歸於中和。亦惟一己之性情即天地之性情，故能和神人而格上下也。詩者，聲音之文，本於五性而毗於陰陽，所感者殊，故其言異，而所言者切，故其反覆流連，不能自已。然違於則者，固不少矣。聖人以爲此天地自然之音響，而人心淑慝之明徵，爰諧以器數用其精微，播之詠歌布於鄉國，導以天籟之宜，而將其纏緜之致，詩之爲教者大。黃、炎以來，歌謠不乏而世遠希傳。文、武、周公陶淑天下之人心，範以中和之正道，自朝廟鄉黨以及閨門，莫不有禮樂，即莫不有聲詩，而其陳諸太史、採諸輶軒者，則又所以察民風而行黜陟也。威福可以厲衆，而不能禁輿誦之謳吟；刑政可以僞爲，而不能閟民心之美刺。詩與王迹相維，爲其下之風俗、上之得失所由驗也。周衰，禮樂崩壞，風雅淪夷，夫子慮其乖秉彝而失中正，故刪詩三百，蔽以無邪。蓋自二《南》《豳》《雅》而外，其詩皆不過當時之詞，而自子釐訂，則無往非聖人之教也。歷代諸儒發明傳註，不爲無功，然其不達聖人之意，流爲世俗之譚者，抑又夥矣。夫風雅之文，通乎天地，而哀樂之過，失爲淫哇，不有以正之，則詩之道日博，而詩之義遂亡。愚故不辭冒昧，集衆說而折衷焉。凡所疑信，一以聖人爲依，非敢謂毫髮無遺，聊以補前人所未備。名曰《恒解》，亦以人心之公理，而非有所穿鑿矯勉爲云。

嘉慶十年　歲在乙丑仲春　廣都劉沅識

《詩經》衆説紛紜，罕詣精當。先生謹遵御纂，間附己見，令經義瞭如。全書注釋具在，此序言性情及王迹已一空前賢。讀者勿輕易誦之。

受業白雙南志[①]

① 白雙南題記原載《槐軒雜著》卷一本序末。

凡例

一、夫子删詩之說，歐陽公謂篇删其章，章删其句，句删其字是也。然亦有全篇不録者，今既就本文訓詁，凡諸逸詩概不取以自亂其說。

一、《虞書》言：詩言志，歌永言，聲依永，律和聲。以之教胄，則欲其直而溫，寬而栗，剛無虐，簡無傲，推之於和神人、儀鳳羽，義藴功效盡矣。夫子論詩曰思無邪，孟子曰以意逆志，是為得之。蓋非正其思，無以得義。不得其義，則所逆之志必戾古人，而欲其有益身心，通乎造化，必有不能。故今所釋，一本孔、孟為歸，而不敢以風流靡曼之意稍參入焉。

一、齊、魯、韓詩，漢初各有傳授，嗣毛《傳》出而諸家廢，然其義時有可取，今兼採之。至如子貢《詩傳》、申培《詩說》，或以為明豊坊僞作，然亦有可採，間取用之。要以不謬於聖人為主，初無成心也。

一、《大序》《小序》本一，朱子分詩者志之所之也至詩之至也止為《大序》，自《關雎》后妃之德至《關雎》之義也為《小序》。毛公、鄭康成、梁昭明輩謂為子夏作。至程子，竟謂《大序》文似繫辭，其義非子夏所能言，則推尊太過。程大昌謂為衛宏作。今按其詞義純雜不一，大抵源於子夏而後儒增益之，即《大序》，亦非盡子夏之言也。至《小序》，則多失詩意。今取其合聖人之義者存之，他不盡録。

一、變風、變雅之說，聖人未嘗言，始於《大序》。朱子亦謂經無明文，今姑如《序》說，蓋亦疑之矣。愚按《大序》言風之義是已，謂言天下之事、形四方之風謂之雅。雅者，正也。政有大小，故有小雅、大雅，則不得其解，故今不從其說。

一、詩者，樂之章也。然朱子云：方其詩也，未有歌也；及其歌也，未有樂也。以聲依永，以律和聲，則樂乃為詩而作，非詩為樂而作。其說得矣。今古樂已亡，而詩之詞義，美惡勸懲，昭然見聖王之遺、民心之正，雖列國之作，經吾子刪定，皆有義類可尋，非復從前之比。故太史公謂：詩三百五篇，夫子皆弦歌之，以求合於《韶》《武》。此聖人救世救民之本志也，故得乎詩之意，即通乎樂之情，而一切曲說，可以不辨。

一、人心之正，本乎天地。惟聖人德合天地，故以一人之性情理萬物之性情，而詩歌聲樂可以孚於幽顯。後世禮樂不興，則所謂中和之則，人身固莫得其道，而比器數以求中聲，考察愈精，其失彌甚，故今但存聖人之意以俟將來。而聲樂之所以與詩條貫者闕焉，以非文字所能宣也。

一、詩韻以協音律最為緊要，然古字未有反切。魏孫炎始作反切，其源實出於西域梵學。自聲韻日盛，宋周彥倫作《四聲切韻》，梁沈約又撰《四聲譜》，繼是若夏侯該、孫愐等韻書之作，韻學紛然矣。朱子《集傳》用吳才老韻，然按之本文，多有不合，議者頗多。夫聲韻本人身自然之天籟，聲成文，謂之音，然五方風土不同，音遂各異。又時代更嬗，即目前名物，稱謂迥殊，而音亦弗侔，故古人之詩與今韻大別。好學者博考先秦諸書，比類以求其合，如陳氏第、顧炎武考正古音，多所發明，然亦不盡合也，今擇其可從者著於篇。

一、詩之義，類經，夫子刪定，博大精深，固不待言。而文法之妙，音節之高，亦萬非後世所能彷彿。今因詁解正義竝於簡端，贅以評語，雖一人之愚見，然鄙意竊欲人涵泳義理，得其性情，庶有益于身心，而不徒為文字之助也。

一、詩註自毛《傳》、鄭《箋》、孔《疏》而外，莫著於朱子之《集傳》。其他傳解，《四庫全書》所收已一百四十餘家，各有發明，義不盡允。今取其不謬聖人者，其他辨說，不能悉舉。學者細玩三註，自得諸家是非，免滋訟矣。

一、夫子言多識鳥獸草木之名。詩人取興比類，意義全在于斯。舊說多強，今悉考證諸書，參以聞見，求其與正旨相合，故寧詳毋略。寧異於前人，不敢晦聖人之意。

一、我朝《欽定傳說彙纂折衷》集是書之大成，實多所謹遵焉。至如嗜古窮經之士，尤必多所著述，耳止所隘，不能備收，尚冀匡所未逮，幸甚。

止唐劉沅志

詩經恒解卷之一

晚年定本　同門諸子參校

國風一

諸侯之國，民俗歌謡曰風，謂其感於上而為風俗，其言又足感人如風也。先王采之列國，以考其政俗而行乎勸懲。周衰，王政不行，諸侯悖亂，夫子乃推明先王政化之意，又約取列國歌謡，删存如左。而此卷，則《國風》之第一篇。

《周南》一之一

古公亶父遷岐，居周原，因號國曰周，而文王因之。既而遷豐，曾分令周、召二公巡行岐周之地，以宣教化。其后武王有天下，國仍號周。周公相成王，作禮樂，采文王時風謡，以其所作之地分繫二公，别之曰《周南》《召南》。南，國名，其地皆古南國地。

關關雎鳩，在河之洲。窈窕淑女，君子好逑。

興而比也。關關，雌雄和應之聲。雎鳩，王雎，常在水中食魚，其居各有界域，非其配者，聞聲則斗。故毛《傳》曰摯而有别。窈窕，幽靜之意。淑、好，皆善也。逑，匹也。河，北方流水之通名。洲，水中地。淑女，后妃姒氏。君子，文王也。言關關之雎鳩，其性鷙烈不妄配偶，在河之洲，可望而不可即。此窈窕之淑女德貞閑，不可以非禮干，誠君子之佳耦也。

參差荇菜，左右流之。窈窕淑女，寤寐求之。求之不得，寤寐思服古音逼。

下倣此。**悠哉悠哉，輾轉反側。**

興也。荇，接余也，其根可食，故曰菜。服，事。悠，長。輾轉反側，臥不安席。承上言非淑女無以配君子，而求之不易，蓋一毫非禮，淑女不就也。彼荇菜止在水中，而左右流之不能遽獲；淑女宛在目前，而寤寐懷思不可苟求。蓋六禮之事稍有不備，皆為所拒。且淑女必擇賢夫，雖以文王之聖，其始尚徘徊審慎而不遽許字也。《大雅》曰：在洽之陽，在渭之涘。此河洲荇菜所以即事興言也。

參差荇菜，左右采古音泚**之。窈窕淑女，琴瑟友**古音以**之。參差荇菜，左右芼之。窈窕淑女，鐘鼓樂**五教反**之。**

興而比也。采，慎而擇之。芼，熟而薦之。友以德相親，樂以善相好。承上言淑女求當以禮。彼參差之荇菜，必左右慎擇而取。此窈窕之淑女，當琴瑟中正而諧，迄乎既得，則君子正位乎外，淑女正位乎內。上承宗廟，下育兆人，其道備矣。故參差之荇菜，珍重而熟，以薦於神明。此窈窕之淑女，愛敬而好合成家。鐘鼓樂之，如鐘與鼓之相需而和。以此相好中和之意既溢於家庭，而聲聞遂暨於四國矣。

《關雎》三章，一章章四句，二章章八句。

文王得聖女姒氏以為妃，宮人喜之，而作此詩。蓋夫婦，人倫之本，萬化之原。聖帝明王正身齊家，此為先務。姒氏擇有德而後字，文王擇有德以為妃，此周家王業之基也。宮人先美匹偶之宜，而追敘其未得思，乃詳其已得之樂。蓋自太王王季至於文王化洽，閨門宮人亦知大義如此，故其詞意皆惓惓於慕德而不及乎私昵。周公制作，以此為房中之樂而用之鄉國天下。孔子曰：樂而不淫，哀而不傷。蓋中正和平，莫逾於此也。

附　解

《周南》《召南》，或以為因分陝之後，以詩繫之，或以為文王分二公采邑。然文固紂臣，事以小心，必不以采地私其子。分陝之說，出於公羊，在武王得天下後，且陝為漢宏農，其地居二京之中，二《南》之詩，與地多不相合。愚以為商時岐豐荒遠，其地半淪於夷。太王遷岐，已是拔山通道。王季德化漸闢，戎狄歸心，故殷命為西伯以統諸戎。至文王而德政日新，諸侯益附，故命周、召二公巡行安輯以宣政治。暨後周公制作，以當日之風謡核諸地里〔理〕，分而隸之，亦不過簡篇彙敘，非公自敘其績，竝召公而誇載之也。後人溯王治之所由，隆則本諸二公，以見其烈當日 。不然，夫子因之，亦無深意。而《序》云：《周南》，王者之風，故繫之周公；《召南》，諸侯之風，故繫之召公。夫諸侯之風，皆天子之風也。而文王時，紂為天子，文一諸侯。二《南》所詠，皆文德所漸被，其大權固猶是紂秉也，文豈改制而更為哉。即周公以二《南》為化，始亦祇謂文考修身齊家，王業所基，曷嘗於二《南》或分優劣。至雎鳩，俗名魚鳩，其居水次，各分界限不相陵越，如或犯界，必死鬬不休，羅者為其聲以致之。即至配偶不亂，以聲相和，如君子之夫婦敬而有別，故特取興於關關所居有定，如正內正外之道義，故取于在河之洲。琴瑟和平靜正，喻夫婦以德相悅，不徒情昵。鐘鼓和鳴，聲大而遠，喻夫婦諧和，家道修而教化遠。蓋詩人取義，至為深遠。舊說太覺囫圇，又詩傳疑義甚多，今直據本文解之，諸家聚訟，不能悉辨。後皆倣此。

【眉批】首二句咏歎雎鳩之閑肅不可妄干，已將后妃全身寫出，故三句只以窈窕二字一點，而歎其為君子好逑，筆意深妙至矣。二、三章只就荇菜比義，初焉求之切而不得其道，繼焉順其道而求之，乃得。于是以薦于神明，化于天下。許多意義，一二字括之，而反復抑揚亦復無極。

葛之覃兮，施于中谷。顧氏曰：谷與木協，為隔句韻。下倣此。維葉萋萋，黃鳥于飛。集于灌木，其鳴喈音基喈。

賦也。覃，長。施，延。萋萋，盛也。黃鳥，鸝也。鸝鳴，采葛之候。灌木，叢木。喈喈，和聲遠聞。后妃言葛已繁盛，而鳥復飛鳴，應時感物，勤工不暇逸也。

葛之覃兮，施于中谷。維葉莫莫模，入聲，是刈是濩。為絺為綌區，入聲，服之無斁音約。

賦也。莫莫，茂密下垂。刈，割。濩，煮也。精曰絺，粗曰綌。斁，厭也。繼言治葛為布而服之不厭，重物力而貴質素也。

言告師氏，言告言歸。薄污我私，薄澣我衣。害澣害否，歸寧父母音米。古人之詩，動以天籟。或一句韻，或二句，或三四句，非如今人限以律法。此章，其概也。顧氏謂古人無平上去入，通為一音。亦是。

賦也。師，女師。薄，語辭。治汙曰污，濯淨曰澣。私，燕服。衣，禮服。害，何。寧，安也。終言服之無斁之事，歸寧父母，以執婦道、為孝敬，可以寧矣。

《葛覃》三章，章六句。

后妃既成絺綌而賦之。其事則勤儉恭謹，其言則溫厚從容。窈窕淑女，此其明徵，而凡正內之道，概諸此矣。

【眉批】咏葛之美，次句插入黃鳥飛鳴，便覺春光滿目，音韻葩流，味之無極。次章實敍治葛之事，而義在無斁二字。三章敍勤婦職而重親師，其他可概。

采采卷耳，不盈頃筐。嗟我懷人，寘彼周行。

比而賦也。采采，非一采。卷耳，即蒼耳。頃，攲也。筐，竹器。不盈筐，喻賢才之少。人，賢人。周行，大道。蓋時方衰亂，后妃思得賢人以襄治，因言采卷耳而不盈筐。非不欲盈，因懷人之故，是以倦采而寘彼周行也。

陟彼崔嵬，我馬虺隤。我姑酌彼金罍，維以不永懷回。

比也。陟，升。崔嵬，高貌。虺隤，馬羆貌。金罍，酒器。世亂而無賢以治，猶道遠而無馬以前。姑酌罍以解憂，庶不至於永懷，實則懷之至也。

陟彼高岡，我馬玄黃。我姑酌彼兕觥音光，**維以不永傷。**

比也。高岡，則更險於崔嵬。玄，馬黃病之至矣。不惟懷，而且傷，非兕觥所能解也。兕角為兕爵，其狀觵觵，故曰觥。

陟彼砠矣，我馬瘏矣，我僕痡矣，云何吁矣。

比也。土戴石曰砠。瘏、痡〔痡〕，皆病也。云何，猶如何。吁，歎。砠則小於崔嵬高岡，乃陟之，而馬僕皆病，則無可任矣。其吁當何如也耶？蓋憂之深也。

《卷耳》四章，章四句。

后妃憫時思賢也。當紂昏亂，文王忠勤於外，后妃襄治於內，是夫婦所以正，而王化所由興。其因采物起興者，婦人無外事。而憂民之心，則賢妃聖主所同也，故曰永懷永傷，亦自言其憂傷之誠而不及乎設施之實，猶夫地道無成之義。然反復流連忠主庇民之意，于是為至焉。

附　解

《序》說以為后妃輔佐君子求賢審官，知臣下之勤勞，朝夕思念。至於憂勤，其說始於左氏，自漢唐以下俱從之，然詞義不甚融洽。朱子謂為思文王，以婦人不預外事也。然后妃固有聖德，當紂無道，民遭塗炭，文王忠主衛民，妃必有同心者。卷耳之采，固婦人之職，故因以託興，言己修職之餘，一念及於時政，無心采采，又託登山陟險以明無補之難。蓋其憂民雖至，而詞不越乎己職之常，且託喻以言，未嘗徑直。前章見妃之克修內職，此章見妃之有志斯民，所以為賢，而文王修齊之化所自起。必如舊云，所失為不少矣。

【眉批】衹就采耳狀憂念，而正意在隱躍之間。二、三章乃承出時衰之意，山險而馬駑病憂，非酒可解也。姑酌之以求免憂，實不能免，此懷人之故也，而文情則波折至矣。末章結出無可解憂，則懷人而忘采耳，自不容已。四矣字，憂世憂民之心至矣。

南有樛木，葛藟纍之。樂只君子，福履綏之。

比而賦也。木下曲曰樛。藟，葛之拳腫者，喻妾眾才質不一也。纍，繫也。只，猶是也。君子，謂文王。以德踐福，故曰福履。綏，安也。木下垂而葛藟援之，比后妃逮下而眾妾附之，以是德內相君子，實能履而安，故曰綏之也。

南有樛木，葛藟荒之。樂只君子，福履將之。

比而賦也。荒，蔽覆。將，扶助。葛藟附木而蔽覆，猶眾妾受恩而為妃之助。鄒氏泉曰：思若或啟之，行若或翼之。是也。

南有樛木，葛藟縈之。樂只君子，福履成之。

比而賦也。縈，久纏繞也。成，全安也。葛藟旋繞，久而不解，比福履久益全也。

《樛木》三章，章四句。

后妃能逮下而眾妃頌之也。《易》之《睽》次《家人》曰：二女同居，其志不同行。故妒忌者多。妾不怨，則畏也。后妃以德輔文王，而眾妾皆樂其德、沐其仁，以為君子之實履諸福皆自為也，故其詞反復而深願如此。

【眉批】樛木高聳，葛藟微弱而相親附，以此喻后妃之逮。下該卻許多情事在內，縈纍荒既有加而無已，綏將成，亦以漸而彌深。數之字，反復流連，情餘於詞，須句句緩讀，乃得其味。

螽斯羽詵詵兮，宜爾子孫振眞音振兮。

比也。螽，蝗屬，子母喜群飛。詵詵，眾多貌。爾，謂螽斯。斯，此也。即其羽以見柔和也。振，振奮，動貌。言其和集而不害，故宜子孫奮動而生機日茂。

螽斯羽薨薨兮，宜爾子孫繩繩兮。

比也。薨薨，群飛隱隱有聲也。繩繩，不絕。言其飛鳴和應而不相離，宜子孫繼續而相親厚。

螽斯羽揖揖兮，宜爾子孫蟄蟄兮。

比也。揖揖，聚而有序之意。蟄蟄，盤聚也。言其會聚而有次序，宜子孫伏藏蟄聚而不侵陵。

《螽斯》三章，章四句。

美后妃不妒而子孫眾多也。血氣之物皆有情欲，妒爭由是以興。螽斯不然，故以美后妃而言其有是德，宜有是福。詵詵初動，薨薨連飛，蟄蟄伏聚，一門之內繁衍雍睦如見之矣。

附　解

振振，舊訓仁厚，以《麟趾》章故也。然《記》曰：蟄蟲始振。《周頌》曰：振振鷺鷺于飛。音有平仄，而義皆振動奮飛。此章始言其振振奮動，繼言其飛鳴之聲，終言其伏聚之狀，皆就螽斯說，未明指后妃。只詠其眾多和睦，而仁厚意自在內。蓋家庭之內，雍睦尚已，然必禮法修明，眾職皆舉。振振則眾職效勤，薨薨則眾情協應，蟄蟄則眾志安靜。袛此數字，而后妃齊家之治無不盡美可見。螽斯，蝗屬，其類甚多，此則指大青蚱蜢而言。《大學》之教，身修矣，而齊家又以五辟言之。蓋居家無權位，較治平尤難。齊家之道，以正內正外為本，夫婦之德不齊，求正家不得也。此書自《關雎》至此章，皆后妃之詩。不言文王妻統於夫，而妻茍不德，惟恃夫綱化之，非易言也，孔子故序此以見周德所由興。而求賢婦必於初婚，故《關雎》居首。後儒第知婦人不可干政，而不知輔治必賴賢妻。古人正身以正人，起於閨門衽席之間，後人法令以相繩，止嚴內外權勢之介。其講求治術者不同，故其解經亦異於聖人之意如此。

【眉批】袛就螽斯反復咏歎，細繪情狀，而后妃齊家之政，禮肅而情洽，皆在其中。非徒咏子孫眾多也，凡兮字皆咏歎不盡之詞。

桃之夭夭，灼灼其華敷音。之子于歸，宜其室家音姑。

比而興也。桃夭，婚時以華貌喻其婦容也。婦人謂嫁曰歸。宜，和順相安。宜其室家，宜其一室之家。正位乎內外，言其足以端本正倫，自初婚而已信之也。

桃之夭夭，有蕡其實。之子于歸，宜其家室。

比而興也。蕡，實盛大貌，喻婦德也。家室，一家所有之室，兄弟之婦及子婦是也。

桃之夭夭，其葉蓁蓁。之子于歸，宜其家人。

比而興也。蓁蓁，葉盛貌，喻婦功婦言之屬。家人，一家之人。言其無所不備，盡一家而宜之，如桃葉蓁蓁齊茂也。

《桃夭》三章，章四句。

桃夭化行於國也。治國在齊其家。文王后妃修身齊家以及於國，而國人皆各有以齊其家，故其詩如此。夫婦正位而後家齊，即之子于歸信之，其所感深矣。華實葉以次而榮，一家之人亦以漸而及。中該許多德教在內，勿但以為詩家換字法。

【眉批】齊家必始於婦人，而女子于歸，恒在韶年，安得遽有齊家之德？文王后妃德修而教備。之子韶年如桃夭之美，而即信其宜家。詳悉言之無不宜，而其德之無不美，可見意義周而風韻嫣然，誠工於賦矣。

肅肅免罝罝，與夫韻，椓之丁丁，與城韻丁。赳赳武夫，公侯干城。

賦也。肅肅，嚴整意。罝，罟也。丁丁，椓杙聲。赳赳，武貌。干盾、干城，皆所以捍外衛內。施罝易紊，而肅肅則敬為之也。先聞其聲，後見其人，詩倒言之，而美其可為干城也。

肅肅兔罝，施于中逵。赳赳武夫，公侯好仇渠之反。

賦也。逵，九達之道。中逵，衝會之所。仇，匹也。稠人廣衆不改其度，所養深矣，故可為公侯之善匹而與圖國政。

肅肅兔罝，施于中林。赳赳武夫，公侯腹心。

賦也。中林，邃密之所。幽僻之地不弛其敬，其功密矣，故可為公侯腹心。

《兔罝》三章，章四句。

美周才之多而即兔罝者，以言其概也。蓋古者農與兵合，文武兼修。兔罝，田獵之事也。而其人嚴毅有度，不改其常，故詩人即其所事而狀其內外之莊嚴，是干城腹心之寄也。抑此詩也。其必有所指乎？墨子書云：文王舉閎夭泰顛於罝網之中，授之政而西土服。金仁山以為此詩即是。詩《傳》亦云：文王得良臣於野而詩人美之。蓋均不為無見矣。

【眉批】美其才德，衹肅肅、赳赳四字，而干城、好仇、腹心，以漸而深，極美之，亦極流連之矣。

采采芣苢，薄言采之。采采芣苢，薄言有音以之。

賦也。芣苢，車前也。宜子，故婦人采之。薄言，聊為之，無成見也。采，始求之。有，始得之。朱子曰：化行俗美，家室和平，婦人無事，相與采此。黃佐曰：門庭之內，幸無係累。機杼之外，尚有餘閒。是也。

采采芣苢，薄言掇之。采采芣苢，薄言將之。

賦也。掇，摘。將，歴取也。

采采芣苢，薄言袺之。采采芣苢，薄言襭之。

賦也。袺，貯於衣而執其衽。襭，貯益多而扱其衽於帶間。

《芣苢》三章，章四句。

文王德化翔洽，婦人采芣苢以相樂而賦之。蓋民相與遊熙皞而不知，故第詳采物情狀而行歌，共適洋溢太和若身親焉。陸氏以為天下之至文是也。

【眉批】此一幅太平景物圖也。采采二字，一字一字緩讀。一家大小，優游化日，藉采芣苢以消遣，或如此采，或如彼采，細寫出雜沓和樂景象，其味無窮。

南有喬木，不可休息《韓詩》作思。漢有游女，不可求思。漢之廣矣，不可泳羊向反思。江之永矣，不可方思。

興而比也。竦直無枝曰喬。思，語詞。漢水出今漢中府，至湖北漢陽府入江。潛行涉水曰泳。方，柎也。文王之化被於江漢，即出游之女而見其端嚴謹禮，不可妄求，則男女室家之正，可以知矣。

翹翹錯薪，言刈其楚。之子于歸，言秣其馬音姥。漢之廣矣，不可泳思。江之永矣，不可方思。

興而比也，翹翹，秀茁貌。錯，雜也。楚，木名，荊屬。之子，游女。秣，飼也。楚特出於錯薪之內，興之子獨立風塵之表，于歸為之秣馬，敬慕之至也。末又申言其德量之宏，秉禮莊嚴，令人敬畏之故。

翹翹錯薪，言刈其蔞。之子于歸，言秣其駒。漢之廣矣，不可泳思。江之永矣，不可方思。

興而比也。蔞，蒿也。蒿小於楚，駒小於馬。蓋游女非一降而求之，同此貞潔，不可妄干，以致流連之意。

《漢廣》三章，章八句。

即游女以美文王之化也。修身齊家，始於婦人。游女者，漢南之俗。其方嚴謹度見於容貌舉止之間，詩人故歎美之。而言其如江永漢廣，不可淺窺，其在家可想矣。非謂己欲求之而不可狎，亦非謂王化獨見於婦人而男子不與焉。

附 解

喬木，喻其方正不可求。非欲求而不可，乃言其嚴正之氣流露於容止間，不可以其為游女而狎之。江永漢廣，又歎其方正之中更自含宏，其平日沐浴君子之化而修齊有功，益可想也。求薪刈楚，喻其獨立風塵之表，蓋游女之中，又有更賢者。願言秣馬，極明其愛敬之誠焉。然愛慕之者謂其有德，而非禮則不可一毫干也，故又以江漢比之。蔞小於楚，興游女之次者，而亦同斯度也，是以再四流連也。或乃曰非復前日可求，既以詞害意，且女已貞潔，而男尚慕色，文王之化安在哉？又謂《漢廣》《汝墳》皆說婦人，只是偶然有此詩，說得一邊耳。盍思女之難化勝於男？婦女如此，則男子可知。且女居閨閣，何由詠歌？即出游者而見其悉賢，皆文章加一倍寫法，詩所以為善言德行也。

【眉批】喬木似可休而不可休，游女似可玩而不可玩，承言其德量之宏深見於外者，本乎內也。二、三章乃言己慕德之誠如此，游女誠特出之英，苟求偶者得之，實為修身齊家者之大幸。己雖為之秣馬，亦所願焉，而復歎其宏深不可測度，即慕德，亦私愿而已。

遵彼汝墳，伐其條枚。未見君子，惄如調飢。

賦也。汝，水名。墳，大防也。枝曰條，幹曰枚。惄，飢意。大夫行役而歸，其妻追敘未見之時，思其勞而憂之甚也。

遵彼汝墳，伐其條肄。既見君子，不我遐棄。

賦也。斬而復生曰肄，又伐其肄，則踰年矣，喜其即歸而不至於終別。

魴魚赬尾，王室如燬。雖則如燬，父母孔邇。

比也。魴，魚名，鯿也。赬，赤色。魚勞則尾赤。王室，紂都。燬，焚。父母，文王。邇，近也。言其勞甚而慰以王室雖虐，文王可恃。蓋文率商民以事紂，雖婦女亦知大義，而勉其夫以効忠也。

《汝墳》三章，章四句。

舊說文王化行汝墳之國，婦人能閔其君子而勉之以正也。紂至無道，非所役而役之，婦人念其夫之勞而勉以義，蓋文王忠於殷而率其叛人以事之，至於感文之仁，不敢貳紂，所以為德之至也。

附　解

汝水出汝州天息山，經蔡、潁入淮，而孟子曰決汝漢而注之江，先儒以為誤記。然此詩經夫子刪定，次於江漢之什，而其詞曰父母孔邇，則非河南之汝去岐千里者矣。意別有所謂汝者，而非汝州之汝，故禹得以決之入江歟？聖賢之所為聖賢，以其言為可經。若孟子不察其實而妄去，不足以為孟子。若誤者記，不應汝漢連文。蓋水道遷徙不常，古今異蹟，而名稱亦異，不可以後世之籍疑之矣。愚於《孟子恒解》詳之。

【眉批】夫婦久別而相思，人情也，然非明大義者，不能以禮節情。此詩先敘相思，及相見，而慰勉以忠義，其賢如此，則文王之化可知矣。

麟之趾，振振公子，于嗟麟兮。

興也。麟，瑞獸。王者至仁，則出趾足也。麟之足不踐生草，不履生蟲。振振，仁厚而有為貌。言文王仁厚，故其子亦仁厚而才可有為。又歎曰：是乃麟也，何必麕身牛尾而馬蹏乃為麟哉！顧氏炎武曰：古人之詩言盡而意長，歌止而聲不絕，故有句之餘，有章之餘。此兮字句是也。

麟之定，振振公姓，于嗟麟兮。

興也。定本作題額也，麟額不以抵物。公姓，公孫也。

麟之角古音祿，**振振公族，于嗟麟兮。**

興也。麟一角，其端有肉，不以觸物。公孫之子以王父字為，因以為族，故曰公族。

《麟之趾》三章，章三句。

《序》以為《關雎》之應，蓋文王后妃德盛而太和鍾焉，子孫宗族莫不仁厚。詩人故言是即麟瑞，而卜周之必大也。夫子序此，又以示物瑞不如人瑞，而勉人修齊以致治，其意深矣。

【眉批】以麟喻德，而第即趾、定、角，言該其一身威儀矣。正寫公子，只是振振二字，蓋仁厚而無才，亦末矣。末句即人即物，其意味無窮。

周南之國十一篇，三十四章，一百五十九句。

《召南》一之二

召，地名。《水經注》：雍水車逕邵亭、南亭，故召公采邑。京相璠曰亭在周城南五十里，而《括地志》謂在岐山縣西南十里。蘇氏以為：文王治周，所以交於諸侯者屬之召公，引《大雅》昔先王受命，有如召公，曰辟國百里，言其治外也。愚謂此說非是。文王未兼并天下，特因諸侯來歸，故命召公理之。二《南》之繫周、召，以二公分布德化，舉以該全詩也。至《晉書》地道記河東郡垣縣有召亭，《通典》又曰河南府王屋縣有召公邑。則武王公陝之後徙居之地，非召南之召也。

維鵲有巢，維鳩居去聲之。之子于歸，百兩御魚據反之。

興也。鵲善為巢，鳩拙於巢，每居鵲之成巢。之子，諸侯夫人也。一車兩輪，故一車曰兩。御，迎也。鵲有巢而鳩居，諸侯有德而夫人歸之，自然之福澤，德與德相招也。

維鵲有巢，維鳩方之。之子于歸，百兩将之。

興也。方，據也。據而為主，進於居矣。將，送也，上卿以盛禮送之。

維鵲有巢，維鳩盈之。之子于歸，百兩成之。

興也。盈之，媵姪眾也。成，婚禮成也。

《鵲巢》三章，章四句。

諸侯被文王之化，亦知修身擇配以齊其家，故詩人以其始至而欣幸之。蓋德與德相感而佳耦以成。惟之子能賢，故賢侯禮聘之，而富貴福澤皆其所固有也。喜之深而故為不意之詞，又艷羡之意餘於言外矣。

【眉批】美諸侯得賢妃，而故抑揚其詞。鵲巢鳩居，非其所有也。賢女適賢侯，豈類是哉。甚言諸侯之德，不期而得佳耦，與《關雎》用意各別也。

于以采蘩，于沼于沚。于以用之，公侯之事事音始。

賦也。蘩，白蒿。春始生，秋香美可為菹。沼，池。沚，渚。采蘩於此，就潔祀事，夫人助公侯以承祭，不敢自怠也。

于以采蘩，于澗之中。于以用之，公侯之宫。

賦也。山夾水曰澗。宫，廟也。

被之僮僮，夙夜在公。被之祁祁，薄言還歸。

賦也。被，髲髢，所謂次也。僮僮，竦敬貌。祁祁，舒遲貌。詩人遠望，即被而見容體，未祭則僮僮趨事，祭則祁祁安詳也。

《采蘩》三章，章四句。

美諸侯夫人之賢而即祭事以明之。事莫重於祭事，而夫人勤職肅敬襄事，則所以助理者可知，故敘其采蘩之勤且潔而申言其用，以該平日。末則美其威儀，而凡誠敬之德，亦可推矣。

附解

夫人之職甚多，即承祭以言，則奉宗廟而理陰教，他可類推。祭祀之禮亦不一，即采蘩一節，見其勤潔恭儉，而凡盡禮皆可想。公侯之事，言君事，即夫人之事。公侯之宫，則宗廟神靈於焉攸屬，其事益嚴，其當得賢助襄事何如？末美其儀容，以想其在中不就祭時說，而就未祭已祭說，蓋未事如恐不克享於神明，已事幸其免於罪戾，則方祭時可想。其不言一切容貌，而第就被言，蓋遠望而即知其儀一心結之狀，皆詩人善於著筆，虛處傳神，加倍寫法也。讀前二章，如見夫人盤桓於山曲水涯；讀末一章，如見其往來於雝宫肅廟間，眞文章勝境也。前人采蘩為蠶事之說，支離不可從。

【眉批】上章美諸侯之德足以致佳耦，此章美之子之賢足以助内治。此周公所作，孔子所定。次二章相足之義，其細寫夫人勤婦職、修德儀，委曲詳盡，咏歎洋溢之至。

喓喓草蟲，趯趯阜螽。未見君子，憂心忡忡。亦既見止，亦既覯止，我心則降古音洪。

比而賦也。喓，鳴聲。草蟲，蝗屬，奇音，青色。趯趯，躍貌。阜螽，蠜也。忡忡，心不寧。降，下也。南國被文王之化，諸侯夫人亦如后妃，相君以禮，而欲其求賢自輔，故言草蟲鳴而阜螽從之。同聲相感，以類相求，賢者待明君而事之。未得則已以為憂，既得則已以為慰也。

陟彼南山，言采其蕨。未見君子，憂心惙惙。亦既見止，亦既覯止，我心則說。

比而賦也。蕨，鼈菜，初生似鼈脚，故名。初生無葉，可食。惙惙，憂結貌。說，舒而喜也。采蕨必及其早，言見賢不可後時。

陟彼南山，言采其薇。未見君子，我心傷悲。亦既見止，亦既覯止，我心則夷。

比而賦也。薇，今之巢菜。亦以早采為佳。傷悲，甚於惙惙。夷，平也。

《草蟲》三章，章七句。

南國被文王之化，諸侯夫人相其君以禮，憂不得賢而作。亦如《周南》之有《卷耳》也，《序》與舊說皆失其旨。

附　解

《序》曰大夫妻。而説者以為未嫁之女，其説可笑。黄氏壎非之，是矣。而以為大夫妻憂念其夫不敢怨上，謂以禮自防，亦屬牽强。若但以為大夫行役，其妻思之而已，又無以見文王之化，是皆不得詩人立言之意而妄揣者也。蕨、薇皆須及早采食，故以比君子當早見。蕨芽初長如小兒拳，亦曰垂水。胡明仲以為修條叢生，條之腴者大如巨擘，剝而食之甘美，野人呼為迷陽。《本草》云：薇有二種，《詩》指山菜，非《爾雅》水生之物。陸璣謂莖葉如小豆，蔓生。項安世以為今之野豌豆。蜀人謂之巢菜，與陸氏合。然則薇竟有三種矣，今從陸氏。

【眉批】賢才應運而思興，猶時物感時而思奮。未見而憂，既見而喜，其好賢之誠何如？凡聖君必得賢配，非但修内職，而亦以助德化，正此義也。其詞顯，不如《卷耳》之曲。蓋文王處憂讒之時，諸侯則承文王之化，正而易見也。

于以采蘋，南澗之濱。于以采藻，于彼行潦。

賦也。蘋，浮萍。濱，涯也。藻，聚藻。行潦，流潦。大夫妻躬采蘋藻以為鉶羹之芼，敬其事敍之。王安石曰薦有常物、采有常處是也。

于以盛之，維筐及筥。于以湘之，維錡及釜。

賦也。盛，貯也。方曰筐，圓曰筥。湘，烹也。有足曰錡，無足曰釜。物不欲褻，器不苟同，慎之至也。

于以奠之，宗室牖下古音虎。誰其尸之，有齊季女。

賦也。奠，置也。宗室，大宗廟。牖，下奥也。尸，主。齊，敬。季，少也。以少女而能敬襄祭祀，其他可知。見文王德化之深。

《采蘋》三章，章四句。

美大夫妻之賢，亦即祭事以該其餘。蓋文王之化深，故大夫能相其君，其妻又能相夫。即承祭一節見其敬慎周密之懷，而所以理陰者可推矣。

附　解

毛萇以為古之將嫁女者必先禮之於宗室。牲用魚，芼之以蘋藻，葢本昏義，其說亦善。第古禮采蘩、采蘋竝稱，采蘩為美夫人，則此自當為美大夫妻。《序》說不可易也。其稱季女，乃言其年之最少而修婦職，敬婦功如此，他可以知。若以為女子將嫁教於宗室，教成祭之，是母教之事，雖美女之賢，於文王化成意較緩。如《序》說，乃見由諸侯而大夫，由夫人而大夫妻，足以見德化之周也。

【眉批】由采而熟而奠，層次寫來，以輕倩之筆出之，便不煩重。其詞則所以詠歌，故多用疊字。

蔽芾甘棠，勿翦勿伐，召伯所茇。

賦也。蔽芾，覆庇而美盛之貌。甘棠，杜梨也。白為棠，赤為杜。翦，去其枝葉。伐，戕其條幹。茇，草舍也。詩人感召之德而愛其樹如此。

蔽芾甘棠，勿翦勿敗古音備，召伯所憩。

賦也。敗，殘其枝，非特勿敗伐而已。憩，息也，暫于茇矣。

蔽芾甘棠，勿翦勿拜，召伯所說。

賦也。拜，曲其枝，又非特勿敗。說、稅同，停車也，又暫於憩矣。

《甘棠》三章，章三句。

召伯布文王之化，偶舍甘棠之下，後人思之而作。孔氏穎達、韓氏嬰皆以為召伯就民於隴畝，舍甘棠而聽斷，民歌思之。然以為武王之時，則非也。葢奉文王之命以宣教，而民頌之，美其臣，則君可知矣。

【眉批】此詩頌德，其詞莊重，用意在蔽芾二字，隱寓召伯之蔭民也。以反復咏歎，致其愛惜無已之情。

厭浥行露，豈不夙夜古音預，謂行多露。

比也。厭浥，濕意。行，道。夙，早也。道露濕衣，比非禮汙名也。

誰謂雀無角，何以穿我屋。誰謂女無家音姑，何以速我獄。雖速我獄，室家不足。

比也。家，求為室家之禮。速，召致也。事有似而實非，雀無角而何以穿屋？汝無家而何以速獄？然速獄而實無室家之禮〔理〕，猶雀穿屋而實無角也。

誰謂鼠無牙牙讀為吾，亦可與家韻叶，然不必從今，何以穿我墉。誰謂女無家，何以速我訟音公。雖速我訟，亦不女從。

比也。牙，牡齒。雀實無角，鼠有齒而非牡，則疑似尤難以辨。言託於室家之理而速我訟，猶籍穿墉以去有牙，其實非也。速訟而亦不從，貞烈之至矣。

《行露》三章，一章三句，二章章六句。

南國之中有女子守禮，強委禽者致之於獄而卒不從，作此詩以見志。夫子錄以勉人，而文王之化亦可見矣。

附解

《序》以為召伯聽男女之訟。然本文無美詞，故朱子以為女子以禮自守，不為強暴所污。然文王之化猶有強暴汙人者，殊非矣。夫婦人以貞節為本，世固有貪慕美色、強求婚姻者。文王時，諸侯之國猶有是事，而女子守貞不從，雖致之獄訟不改，夫子錄此以勉閨閣自愛。果能守貞，非禮亦何能相加，且非特慕色者宜然也。以文王之聖，后妃初未深知猶不輕許，致宮人有反側之憂，後世賢媛擇配有矢志不從者，皆此詩類也。朱註首章未明行露沾濡於不覺比非禮，當預為遠嫌。下因言女託室家之禮致我於獄訟，而其實本非如雀角鼠牙，無中生有。能累我身，豈能污我之節。然則我之不從，正如行露不可夙夜，非禮之來，慎之於始耳。其見禮明而守道確，故錄之以見文王之化。而其人之終不能屈女亦明矣，非禮者有聞而愧悔哉，此又足以化天下之男子矣。劉向《列女傳》謂申人之女既許嫁於酆，夫家禮不備而欲迎，女不肯行，夫家訟之於理，女終以一禮不備，持義不往，而作是詩。然既許矣，而以一禮不備不往，於義未安。鄭《箋》謂媒妁之言不和、六禮之來強委較優，然其實非也。女子知禮，而或奸人術致父母愚昧，強嫁匪人，皆許女子守義也。一與之齊，終身不改，安可或苟。世固有父母媒妁不臧，反陷害賢女子者。聖人錄此詩，其為天下防，豈不至哉。

【眉批】首章寫己守禮避患，見幾於先。文情跌宕，意多慨歎。下二章比非禮者於雀、鼠而慨其狡詐，無益於事，亦無損於我貞烈。而語則從容，非有德者不能也。

羔羊之皮音婆，素絲五紽。退食自公，委蛇音駝委蛇。

賦也。羔，裘，大夫朝服。紽，兩皮相接之處。素絲為組屬，兩皮因以為飾，其狀突兀，曰紽。委蛇，自得之貌。退食自公，公政理也。

羔羊之革音棘，素絲五緎。委蛇委蛇，自公退食。

賦也。革，毛敝而革見。緎，界也，紽敝而界見也。又言自公退食，家政肅也。

羔羊之縫，素絲五總。委蛇委蛇，退食自公。

賦也。縫，線綴之，革敝而縫見也。合兩為一曰總，緎敝而總見也。重言退食自公，深明朝廷清明，君臣一德，故無事也。

《羔羊》三章，章四句。

《序》曰：大夫節儉正直。君正而臣亦盡職，朝無缺事，家無私營。退食從容，儉德可風，明良慶會之象也。

【眉批】寫大夫儉素雍容，而太平清晏，上下風俗可想。此虛處傳神、淡處著筆之法。

殷其靁，在南山之陽。何斯違斯，莫敢或遑。振振君子，歸哉歸哉古音資。

比而賦也。殷，雷聲。雷出地奮，喻周德之興也。豐鎬在南山之北，江漢在南山之南，南國北望，先見山陽，故首言南山之陽。振振，信厚也。上斯言人，下斯言地，言文王仁德仁聲近在咫尺，何斯人違斯而供紂役不敢暇乎？然供役，義也，君子以誠厚居心，恪盡臣職，望其歸而未敢必，蓋不敢以私情廢公義也。

殷其靁，在南山之側。何斯違斯，莫敢遑息。振振君子，歸哉歸哉。

比而賦也。自陽而北則山之東西，故言側也。莫敢遑息，無寧時。前役甫畢，後役又來也。

殷其靁，在南山之下。何斯違斯，莫或遑處。振振君子，歸哉歸哉。

比而賦也。自側而北則山之陰，故終言下，指其地者愈切矣。莫或遑處，無定所。此役未完，彼役又興，如是而終不敢必其歸，所以為忠敬也。

《殷其靁》三章，章六句。

南國婦人被文王之化，能勉其君子以義而敘其思望之情。蓋紂雖無道，天下之共主。行役者，義也。故雖知周之必興，而必使其盡臣子之道，《序》云勸以義者也。

附解

周非殷之封國，北面為臣者也。自不窋失官，竄於戎狄，流離轉徙，夏殷未嘗恤之。至公劉始營豳地，太王又避狄人，殷亦未嘗拯之。迄王季益盛，戎狄歸心，商乃命為西伯，以羈縻諸戎，如今宣慰司鎮撫荒夷之意。文王無心榮利，但知行仁恪恭將事，故為至德。而此詩尤見其事殷之誠，雖婦女亦體其德。後人誤解征誅，亦由此等詩義不明，愚於四子《恒解》已屢言之矣。

【眉批】文王率紂之畔國以事紂，非強之也。蓋人見其忠敬之誠，化其禮教之實。忠於事紂，雖知其無道而亦自盡，婦人女子皆然。此詩與《汝墳》同意，而彼則猶幸其歸，此則竟不能歸。不歸而無怨上之詞，益以見文德之深矣。

摽有梅，其實七兮。求我庶士，迨其吉兮。

興也。摽，取也。其實七，取其三也。庶士，眾賢。吉，賓興之期。言摽梅而有七，喻賢才眾多之時，我庶士親之之詞。人君求我國之庶士，當迨賓興之吉擇其尤者而用之也。

摽有梅，其實三音森兮。求我庶士，迨其今兮。

興也。其實三，喻賢才漸升之日。人君求士，當及今收羅，不待吉也。

摽有梅，頃筐塈之。求我庶士，迨其謂之。

興也。塈，貯也。喻賢才隱晦之時，人或以賢才告聞，嘉言而即採之，不必全才矣。

《摽有梅》三章，章四句。

文王急於求賢，詩人美其事而恐其不及，蓋以人事君之雅懷也。

附　解

《序》以為男女得以及時而作。其詞汲汲如將失之，先儒固有疑之者矣。舊註謂懼其嫁不及時而有強暴之辱。夫女守禮而男尚強暴，文王之化安在？我高宗純皇帝欽定《詩義折衷》曰求賢也，而其說始定。蓋紂播棄黎老，賢才遯世，文王汲汲求賢，詩人故咏美之。觀後《車之載》可知矣。

【眉批】文王有求賢之誠，而詩人尤慮其或後時。蓋忠主庇民之意至殷，而非謂賢才緩則逸也，亦非賢才自汲汲也。

嘒彼小星，三五在東。肅肅宵征，夙夜在公，實命不同。

興也。嘒，微貌。三五，言其稀。肅肅，敬貌。宵征，夜行。命爵命妾，御見星而往，見星而還，故因所見以起興。而言不敢辭勞者，以嫡貴妾賤，命數不同，故安於分也。

嘒彼小星，維參與昴音茔。肅肅宵征，抱衾與裯，實命不猶。

興也。參、昴，西方白虎七宿之二。本小，因日出而星光微，故稱小星。僅見三五，旦而稀也。參、昴現於東方，則春宵也。春宵，夫婦和樂之時，而循禮將旦即退，所以為德化所感。

《小星》二章，章五句。

南國被文王之化，妾能循禮而作。周禮典命，其數有九。夫人視諸侯之命數，娣媵以下貴賤視其國之等，視其國之卿大夫士，所謂命也。賤者安分，則夫人之惠以逮下可知。而諸侯之修身正家以辨位定志者，豈偶然哉。

附解

此詩美妾之賢，實所以教有夫綱者修身齊家之道也。妻外有妾，因世人秉質不齊，男有終身不生、女有終身不育者，或夫可以生而無子，聖人故制妾之禮以廣嗣育，承宗祧。妾不敢比於妻，所以正名分而防後亂也。文王后妃，德修家齊。《樛木》《螽斯》，妻妾之分明；《麟趾》《公子》，公孫所以繁衍。此詩妾御莫敢當夕見星而退，自言命之不猶不同，實夫與妻平日待之恩誼兼全，有以感化之也。置妾必至四十乃可，後世不知，多種禍亂者，不知遠色乃能貴德，寡欲乃益多男。既戕年壽，復少前星，豈非解經者階之厲歟。內則鄭註云諸侯取九女，姪娣兩兩而御，則三日也。次兩媵，則四日也。次夫人，專夜。則五日之中，一夜夫人，四夜媵妾。夫聖王制禮，不踰中正，置媵妾以廣嗣嫡。或無出，或有出而寡，以妾備御。苟其宗祧有人，固不以多妾媵為禮。如《疏》所言，使天下逐逐於嗜欲而莫知節焉，豈聖人之教乎？君子謹身節欲，不屑屑於閨房之樂，而思以其身為天下利賴之身。苟無墜緒，奚用妾媵之紛紛者為？世知妒之為害，而不知不妒之原必由於正身寡欲。聖人錄此詩以教妾，非以導男子多妾也。不善讀之，其誤世何限。昴从卯，古卯字從丣。酉字从丣，後人作卯，遂往往混丣為丣。如劉字為酉金刀而譌為卯金刀。此昴字下本作丣，今易為卯，當從卩音，力求反。昴，西方曰宿，日至西而落。昴，畱也，寓畱日之意。

【眉批】安命守分之美固已，而一片閑逸之致溢於詞表，其人可想。

江有汜，之子歸。不我以，不我以，其後也悔音喜。

興也。水決復入曰汜。之子，妾謂嫡妻。我，妾自謂。能左右之曰以悔，悔而迎己也。

江有渚，之子歸。不我與，不我與，其後也處。

興也。渚，小洲。韓氏曰：一溢一否曰渚。處，有安處。

江有沱，之子歸。不我過，不我過，其嘯也歌。

興也。沱，江之別出者。過，存問也。嘯，蹙口出聲，嘯歌相樂也。

《江有汜》三章，章五句。

南國夫人始棄妾而終迎之，妾述其事以美也。汜、渚、沱，皆始分而終合。悔、處、歌，由淺而及深。惟其悔過之誠，故相樂之切。上之人能悔過以惠其下，則下之人感恩以事其上，此詩所以次於《小星》也。

附 解

上章教妾循分，此章教妻勿妒，故相次也。夫無子而置妾，禮也。然非正妻知禮，鮮不妒亂。此詩始妒而終悔，改過之美，故為文王之化。《序》謂美媵，其義未全。按《左傳》，凡諸侯嫁女，同姓媵。《釋文》以為古者同姓娶夫人，則同姓二國媵之。《公羊傳》文曰諸侯一取九女，二國媵之，所從皆名媵，而孔《疏》云媵謂妾也。康成士昏禮註古者女嫁必姪娣從，於是人遂概稱媵妾。然娣與姪尊卑異矣，而皆以從，且儕於妾，可乎哉？說禮家妄言相沿，誤世安可弗辨！先王制禮，防人情而立之中。嫁女以同姓媵，謂以同姓男女送之，於備物行禮等事為便，故《說文》亦曰以同姓媵。媵，送也。孔《疏》誤以為妾，而康成益之曰以姪娣從，蓋見《左傳》載姪從其姑等事，不知此乃春秋失禮之事，非聖人之法也。以婢贈人，世固原有此俗，而古同姓之國以此為禮，然孔孟未言，則其為末世之事可知，亦不容據以為典矣。四川建昌嫁女有姪娣送之者，然不久即歸，非畱與女居，然亦非禮之甚。《公羊》謂侯一娶九女已非，謂媵以防嫉妒尤誤。同姓以女媵，蓋贈以婢耳，必非己之女與姪娣，試思人孰肯棄其女與姪娣者哉。

【眉批】江原有汜，妻原有妾，禮也。而以私意閒之，則不我以者，非也。其後也悔，如江之納衆流矣。首三字含意深婉，下三句一抑一揚，波折有態。下放〔倣〕此。

野有死麕，白茅包之。有女懷春，吉士誘之。

比也。麕，獐也，鹿屬，無角。懷春，備春生之氣，謂及笄時也。吉士，賢士。誘，求也。野有死麕，惟白茅可以包之，有女值及笄時，惟賢士可以求之，不得以其見於野而輕之也。

林有樸樕，野有死鹿。白茅純束，有女如玉。

比也。樸樕，小木。純束，重包之。樸樕、死鹿見於林野，非貴也，而束以白茅，則珍重之至者。女雖在野，而立身如玉，不可忽也。

舒而脫音兑**脫兮，無感我帨兮，無使尨也吠。**

賦也。舒，行而體舒也。脫脫，舒遲貌。感，動也。帨，巾。尨，犬也。此乃正言其如玉之實，行容舒遲，莊敬不佻，雖帨不可驚，尨不可吠，而況欲干以非禮哉？歎美之至也。

《野有死麕》三章，二章章四句，一章三句。

詩人見遊女於林野之間，而美其德性純潔，以此見文王之化深也。

附 解

前人誤解此詩，義理神情均晦矣。此葢當春之時，偶見女子於林野之間，而有以識其德性，故反復咏之。死麕、死鹿及樸樕，皆非貴重，喻此女出於農民蠶婦之家，原非巨族，然其品潔而志純，當鄭重禮之，如包以白茅，珍如白玉也。首章第閒閒咏歎其可貴，次章申言其如玉，末章狀其德容舒行而見其舒遲。蓋前此遙見之，今始細察之也。佩鏘之鳴，中乎禮度，故帨不感，瞻視之嚴絕乎輕佻，故尨不吠也。然不直曰不吠，而曰無感、無使云者，詩人即外見之形容，揣其心中之嚴峻，以為莊敬貞潔，不可以一毫非禮求也，乃歎慕流連之至矣。

【眉批】白茅、吉士對舉，言淑女宜配君子也。而閒閒咏歎，其味深長。次章乃承出如玉而以林野之物比之，慨其出寒賤尤可貴也。末章細形其德，歎美其貞，其詞曲折幽遠。

何彼襛矣，唐棣之華音敷。何不肅雝，王姬之車。

興也。襛，稠多貌。唐棣，栘也，圓棄弱蒂，微風大搖。肅，敬。雝，和也。詩人乍見王姬下嫁而歎美之。唐棣葉襛而華豔，興王姬外富貴而內莊嚴肅敬也、雝和也。敬而且和，即車以見，故欣羨之。

何彼襛矣，華如桃李。平王之孫，齊侯之子。

興也。平王，文王。《國語》太子晉曰后稷始基，靖民十五王，而文始平之。文王之為平王，猶武王之為寧王，當時有此稱也。齊侯，丁公伋也。桃李相映而榮，比周齊為婚之盛。美王姬而推本文王，以見其澤之長。齊侯亦賢者，故稱美之也。

其釣維何，維絲伊緡。齊侯之子，平王之孫。

比也。緡，綸也。釣以絲，緡其貴也。齊與周為甥舅，世續婚姻，如釣用絲緡，作合宜也。上章先言王孫君臣之義，此先言齊侯之子，夫婦之義也。

《何彼襛矣》三章，章四句。

王姬下嫁於諸侯，詩人見其車之肅雝而知其賢，因歎美之而推本於文王，以明修身齊家之化遠也。

附 解

此詩古《序》美姬。毛、鄭皆以爲武王之女下嫁齊侯，是也。邑姜與齊侯伋為兄弟，故王姬歸其子。二《南》為周公所定，錄此詩以見文王修齊之教，至其孫而猶然。不特當時南國被化，即再世之後，淑女之風猶存，以是為風動之本，所以列於風也。《周南·麟趾》推及於公姓公族，《召南》美及王孫，其義正同。至《騶虞》之詩，又推及庶物，則親親而仁民，仁民而愛物之序，不嫌與《周南》異也。宋儒據《春秋》謂此詩東周後詩，然子謂伯魚為二《南》，以為王化之本。季札亦曰：美哉，始基之矣。篇名明曰《周南》《召南》，周、召二公分布教化之地，何緣得有齊魯之詩人，其中且無論齊襄春秋所誅，桓公創霸，亦無與於王化也。雖朱子兩存其說，然終不可從。

【眉批】美王姬，止肅雝二字盡之，能敬而和，德盛也矣。餘皆美其車服禮儀，而再言平王孫、齊侯子，明其世德相承，盛德相副，反復流連之至。

彼茁者葭古音姑，**壹發五豝**古音伯吾反，**于嗟乎騶虞。**

賦而比也。茁，生出壯盛貌。葭，蘆始生者。壹發，四矢也。豝，野豕之牝者。騶虞，獸名，白虎黑文，不食生物。言茁葭之時，田獵以去其害苗之野獸。其事講武，而其意主於好生。歎美之，以為是即騶虞也。騶虞，仁獸，春田不傷物可知。

彼茁者蓬，壹發五豵，于嗟乎騶虞。

此章蓬、豵為韻，乎、虞又為韻。賦而比也。蓬，蒿類。小豕曰豵。

《騶虞》二章，章三句。

南國諸侯承文王之化，由仁民而愛物。春田之際，除害農之物以廣蕃育。詩人因其事而美之，以明殺無非生，為后世法也。

附解

或以為美虞人。《韓詩》亦以騶虞為掌鳥獸之官，王應麟謂與射義合，而歐陽公以騶為馬御，言於騶囿之中，蒐索害田之獸，一〔壹〕發句亦如今說。朱子從毛、鄭之說，以騶虞為獸，得之矣。而亦以不盡殺為仁，且謂草木之茂、禽獸之多乃仁物之效。竊嘗思之，古人四時田獵以講武事，非以殺為功也。春生之時，而誇耀殺獸之多，以為庶物蕃滋，立言毋乃不純。且末句承接亦強，不知本文乃美君之仁而即春田一事以見其殺物無非生物。豝害於農，則殪之；騶虞不傷生，則蕃之。蓋聖人無在不以仁民愛物為心，四時田獵以為講武，而亦藉以去妨農傷稼之物。仁中有義，義以全仁，是以仁心感召，瑞物頻來，災慝不生。騶虞與豝，皆春田所見之物，此當珍而彼當殺，聖人處之，即各得其宜，而民物亦因以繁茂。詩人故即事以興歎，吁嗟乎騶虞，言騶虞之來，吾君仁心所感，即謂君亦騶虞可也。周公序此於二《南》

之終，以明有國家者由仁民以及愛物，均有中道。平日恩覃兆姓，而不廢蒐苗澤及禽獸，而未嘗養惡，所以為仁至義盡，非概優容姑息之比也。後人因序《騶虞》《鵲巢》之應，一語遂牽強配合，不顧本詩神理，烏容勿辨。又按四時田獵名義，前人多未發明，故於此章之旨不明，今竝附於此。蒐，搜也。春將耕種，恐害田之物伏而為害，故獵以搜取之。苗，苗也。苗之方榮，恐獸戕之，故獵以護苗。獮，選也。秋令肅殺，有害稼者，選而殺之。狩，守也。倉廩即登，恐獸獲取，殺之而守。蓋先王既於農隙講武，以明安不忘危，而又恐後世淫於原獸也，故其名義如此。後人不識聖人深意，雖以《爾雅》訓詁，且多未純，他可知矣。至射義，言天子以騶虞為節，樂官備也。孔《疏》云一發而得五豝，若一求而得眾賢。其說亦強，不知樂作於治功告成之後。聖人仁民愛物之政，既周天子恭己於上，百官修職於下，至於田獵取禽之時，而騶虞仁獸至焉，則知聖人義中有仁，物亦感被。而當時德政翔洽，百官皆得其人，太和充溢，樂因以興，故曰樂官備也。天子非習武之人，射以觀德。騶虞本義，殺中有仁，以此為節，正戒天子黷武而明任官得人。物且繁昌乂安，可知當日文王化及諸侯，皆能以仁育物，而此詩乃作。以此明射之為義，尚德不尚力，為後世天子則焉。

【眉批】美時物之盛、武備之修、仁惠之洽，止三句耳，而其中含許多意義，詠嘆有餘，情眞至文也。

召南之國十四篇，四十章，百七十七句。

召南，皆南國諸侯之事，本非文王屬國，聞風慕義而來，蓋紂所不能臣者。文王正其身以及其家國，而人化之，亦皆正其家國，以至於民物無不咸若。其故則召公布文之化，平日勞來安集宣慰感化之道，不一而足也，故名之曰召南。前人不得其解，學者詳味各章意義，自當豁然。

《邶》一之三

邶、鄘、衛，三國名，皆以水得名。邶水在太山之阜，鄘水出宜蘇山，衛水在靈壽。武王克商，分紂地為三，建諸侯，其後皆并於衛。考西周時，無吞并事。東遷後，亦無考。蓋二國微弱，衛乘機滅之。史失載，夫子特錄其詩以存其國。不許衛得滅邶、鄘，且明王室卑微之故，所以列於黍離之首也。

泛彼[1]柏舟，亦泛其流。耿耿不寐，如有隱憂。微我無酒，以敖以遊。

比而賦也。泛，泛流貌。微，非也。柏舟，舟之美者，喻賢才也。言以柏為舟，美矣，然使泛之而不繫，則亦泛其流而已，無所定泊也。我是以耿耿然不寐，如有隱憂，非無酒而不能解憂，且遨游而或可忘憂耳。

我心匪鑒，不可以茹。亦有兄弟，不可以據。薄言往愬，逢彼之怒。

賦也。鑒，鏡。茹，度。據，依。愬，告也。承上言我心非鑒，不能度其所為。亦有兄弟，不足恃為依據，往告之故，且觸其怒，極言遇之窮也。

我心匪石，不可轉也。我心匪席，不可卷也。威儀棣棣，不可選也。

賦也。棣棣，閑習貌。選，擇也。承上言所遇既窮，計惟枉道徇物，然我心匪如石之可轉，匪如席之可卷，而威儀為己所閑習，又不能選擇而行，棄其不合世故者也。

憂心悄悄，慍于羣小。覯閔既多，受侮不小。靜言思之，寤辟有摽。

賦也。悄悄，憂之獨也。覯，見。閔，病。辟，拊心。摽，手拊貌。承上而言所以遭遇之窮，由羣小蔽明，君民受其病侮，是以靜思而至夢魂皆戚寤，猶拊心而摽也。

日居月諸，胡迭而微。心之憂矣，如匪澣衣。靜言思之，不能奮飛。

比而賦也。居、諸，語詞。迭，更。微，虧也。日喻君，月喻臣。言君臣皆為小人所亂，互相暗蔽己心，憂之如未澣衣者。然即欲速去，無如宗國不能恝然。蓋雖時不可為，猶欲委曲以圖濟，忠厚之至也。

《柏舟》五章，章六句。

宗室賢臣憂其國之棄賢任邪而作。國之興廢，視乎人才，舍賢而用奸，馴至乎忠臣拊膺、正士解體，詩人故深憂之，而又以義處宗親，不忍恝然。孔子録之，以明夫國之喪亡，必由乎此。而風之變也，變以此也，所以警人君者至矣。

附　解

《小序》以此詩為仁人不遇，韓嬰以為宣姜自誓。孔子曰：仁矣，吾於《柏舟》見匹夫不可奪志矣。《孔叢子》亦載其說。劉向《列女傳》曰：衛宣夫人者，齊侯女也。嫁衛，至城門而衛君死，遂入持三年喪。畢，弟立，請曰：衛，小國也，不容二庖。夫人曰：惟夫婦同庖。不聽。衛人愬於齊兄弟，兄弟皆欲與君，女終不聽。然向上封事，論恭顯傾陷正，人引是詩曰：小人成羣，亦足慍也。朱子力闢《小序》，而定為婦人不得於夫之作。及註

① 彼，底本作波。

《孟子》，又言衛之仁人見怒羣小。論者謂《詩傳》作於淳熙四年丁酉，《四書序》作於淳熙十六年，葢朱子晚年定說，當從之為是。愚謂《序》第不當確指為頃公時耳，仁人之說不可易也。且覯閔受侮，作自言則淺，作他人言則厚。玩本文，憂國愛君，纏緜悱惻，葢宗臣之詞，先屈原而作者也，非徒為己見慍而戚戚。前人說多拘礙難通，識者辨之。

【眉批】字字用意曲折頓宕，情味無窮。既言小人不可測，又言兄弟無足恃，故知其為宗臣也。守道不踰自明處，語無囂氣。羣小閔君而侮民，己是以獨憂之。劉更生，屈原之先聲也。不能奮飛，宗臣有與同休戚之誼，日居月諸，《離騷》所以呼皇穹也。

綠兮衣兮，綠衣黃裏。心之憂矣，曷維其已。

比也。蒼勝黃為綠。黃，土之正色。閒色而以為衣，正色而以為裏，比妾為妻，妻見疏也，莊姜所以憂不能止也。

綠兮衣兮，綠衣黃裳。心之憂矣，曷維其亡。

比也。上曰衣，下曰裳。亡，忘也。黃裏掩蔽而已，為裳，則失位矣。莊姜之憂，非為己也，憂其君與其子孫也。

綠兮絲兮，女所治兮。我思古人，俾無訧古音怡兮。

比也。女，謂製衣者。治，理而織之。訧，過也。言綠本絲耳，而女治之以為衣，比妾本微而君過嬖之，因思古人必有善全之道，使君與妾復歸於無過，傷己之不能也。

絺兮綌兮，淒其以風古音孚金切。我思古人，實獲我心。

比也。淒，寒也。絺綌本薄，而寒風入之，喻己德本薄而生讒閒，因思古人厚自責而化頑讒，先得我心，欲則而效之也。

《綠衣》四章，章四句。

《小序》曰衛莊姜傷己也。莊公惑於嬖妾，莊姜賢而失位，乃不怨公與妾，而自傷之，不誠賢乎？抑非人君嗜欲之心滅其好德之正，何以姜如此賢而不用哉？故好惡之失，當求諸心也。

【眉批】妻妾由夫，猶衣由人製，故全篇皆以衣、絲比。而自咎無德救弊，非特如《長門怨》諸詩，不怒而已，其餘情全在兮字上領取。

燕燕于飛，差池其羽。之子于歸，遠送于野古音墅。瞻望弗及，泣涕如雨。

興也。燕燕，雙燕也。差池，分飛。之子，戴嬀。歸，大歸也。婦人迎送不出門而遠送于野，有所謀也。

燕燕于飛，頡之頏之。之子于歸，遠于將之。瞻望弗及，佇立以泣。

興也。上飛曰頡，下飛曰頏。將，持也，相持話別。佇立，久立也。

燕燕于飛，下上其音。之子于歸，遠送于南古音寧。**瞻望弗及，實勞我心。**

興也。以燕之下上而音漸遠興別遠而信難通。于南，陳在衛南也。勞心念別而且心憂，所謀恐其不成也。

仲氏任只，其心塞淵古音因。**終溫且惠，淑慎其身。先君之思，以勖寡人。**

賦也。仲，戴嬀字。能承大事曰任。《史記》：州吁弒桓公自立，欲伐鄭，請宋、陳、蔡與俱，石碏乃因桓公母家於陳，佯為善。州吁至鄭郊，石碏與陳侯謀，因殺州吁于濮。戴嬀之大歸，蓋石碏用陳以討賊之由，任此大事而莊姜知其有濟者，以其心誠實而淵深、和順而謹飭。又勉以毋忘先君，克成大任，以助己也。寡人，莊姜自謂。

《燕燕》四章，章六句。

戴嬀歸陳，莊姜送之而作。戴嬀媵莊姜生完，莊姜以為己子，即位，是為桓公。州吁弒之而逐戴嬀，莊姜送之于野，謀因陳以討賊，不但傷別而已。

【眉批】首二、三章衹傷別，而以燕寫相須相愛之情，音韻淒楚。末章乃美其德而冀其無忘先君相規，以正相望有成。二人之賢，皆可想也。

日居月諸，照臨下土。乃如之人兮，逝不古處。胡能有定，寧不我顧音古。

賦也。之人，謂州吁也。逝，語詞。不，古處反。古人之常道定止，亂言何時克定，其亂寧日月獨不顧我乎？

日居月諸，下土是冒。乃如之人兮，逝不相好。胡能有定，寧不我報。

賦也。不相好，欲相害。報，善惡之應，諱言州吁必食惡報而以我為詞也。

日居月諸，出自東方。乃如之人兮，德音無良。胡能有定，俾也可忘。

賦也。言日月朔望皆出東方，則照臨更明，善惡更無逃影。德音無良，蓋相害之意。徵色發聲，何時而有定則，無良之音，亦可相忘。蓋止求安國，不計一身之辱也。

日居月諸，東方自出。父兮母兮，畜我不卒。胡能有定，報我不述。

賦也。畜，養。卒，終。述，論說也。日月有常而亂久未定，因恐己遭兇害。父母畜養之恩不終，何時而有定？俾國家安全，報我與否不必論矣！蓋欲以身殉之也。

《日月》四章，章六句。

莊姜惡州吁也。戴嬀之歸，莊姜已有成謀，乞陳討賊，久而未報。州吁逞惡無已，故莊姜呼日月而訴之。

附　解

《序》謂莊姜傷己，之人指莊公。毛《傳》亦然。朱《傳》因之，疑當在《燕燕》之前。然指斥而怨莊公，則傷厚矣。或謂州吁弒桓公，莊姜大歸于齊而作。其說甚為近理，但無以見其為大歸于齊也。《欽定折衷》以為惡州吁，則詞義皆完美，敬從之。

【眉批】怒其人而詞不徑直，委婉曲折，但覺意味深長。

終風且暴，顧我則笑。謔浪笑敖，中心是悼。

比也。終風，終日風。暴，疾也。笑，侮之也。以終風比州吁，言其見己亦無敬容。又言其謔浪笑敖，乃平日常態，是以不足教誨而中心悼傷，悼國不幸而有此人也。

終風且霾音貍，**惠然肯來**音釐。**莫往莫來，悠悠我思。**

比也。霾，雨土也。鄭《箋》：肯，可也。莫，無也。言其昏迷已甚，意者其或有順理而來，承教時乎？然其霾不解，無所為往與來之時，蓋錮蔽而不可訓矣。故悠悠之思，為宗社計，思有以定亂也。

終風且曀，不日有曀。寤言不寐，願言則嚏。

比也。陰而風曰曀。不日，日日也。願，思也。嚏，鼽人煩懣則思嚏以開之，言己無弗鬱塞之時也。

曀曀其陰，虺虺其靁。寤言不寐，願言則懷。

比也。曀曀，重陰意。虺虺，雷不斷聲。懷，思也。言其昏闇日甚，而又暴妄，是以不寐而懷定國之人也。

《終風》四章，章四句。

莊姜疾州吁之狂暴而作。此詩蓋作於州吁未立之前，而夫子序詩，列於《燕燕》及《日月》之後，以明篡弒所由來，且以見莊公不知其子之惡，徒令莊姜憂患於未然也。有國家者，尚其凜之。

附解

《序》以為莊姜傷己，遭州吁之暴。毛、鄭以後皆從之。朱子始變其說，謂詳味詩詞，有夫婦之情，未見母子之意。蓋泥看顧我則笑、惠然肯來句耳。然使斥言莊公反復，狀其昏暴，姜之賢何有哉？故從舊說而疏其字句，竝明序詩先後之意如右。

【眉批】終風而加以霾曀陰雷，昏亂無已，此州吁所以逆也。亂臣賊子情狀，不忍詳言，祇就風霾寫之，而憂思已甚。

擊鼓其鏜，踊躍用兵音邦。**土國城漕，我獨南行。**

賦也。鏜，鼓聲。踊躍，喜舞，意謂州吁也。土，土功。漕，衛邑。土功築城，皆勞役也。而言猶優於南行，甚怨之也。衛伐鄭，鄭在衛南，故云。

從孫子仲，平陳與宋。不我以歸，憂心有忡。

賦也。孫，氏；子仲，字，毛萇謂公孫文仲也。《左傳》：宋殤公公子馮奔鄭，鄭人欲納之，州吁將修先君之怨於鄭，而求寵於諸侯，以和其民。使告宋，願助伐鄭，宋許之，遂與陳、蔡伐鄭，故曰平陳與宋也。以，與也。歸，歸國。

爰居爰處，爰喪其馬音姥。于以求之，于林之下音戶。

賦也。爰，於。居，次。處，安也。軍次有常處，軍行有常制，今則隨意而居，擇便而處，不戒而喪。馬遠求於林，蓋失伍離次，無鬭志也。

死生契闊，與子成說。執子之手，與子偕老音柳。

賦也。契闊，隔遠之意。從役者念其室家，因言始為家室時，期以死生契闊，不相忘棄，願偕老也。

于嗟闊兮，不我活兮。于嗟洵兮，不我信音伸兮。

賦也。闊，契闊。活，生。洵，信也。信，踐之也。言從前之約如此，而今觀事勢，殆闊而不復契，死而不可活，偕老之約不可踐矣。蓋傷心痛哭之詞也。

《擊鼓》五章，章四句。

州吁與宋、陳伐鄭，從軍者怨之而作。朱子曰，州吁伐鄭，圍其東門五日而還。出師非久而民怨如此，身犯大逆，眾叛親離，莫為用也。陸氏深曰：按《左傳》隱公五年夏，衛伐鄭，九月而州吁殺從軍之士。不但怨深，而死亡兆矣。諒哉。

【眉批】以州吁之大逆而不顯斥其惡，第云好用兵，獨南行不歸而已。其敘悲怨之情，亦第言自己室家之苦，是為怨而不怒。

凱風自南，吹彼棘心。棘心夭夭，母氏劬勞。

興也。凱，樂也。南風長養，故曰凱風。棘，小木，叢生多刺，難養而心又其稚弱者。夭夭，少好貌。風吹棘心而盛，母養幼子而成，其劬勞甚也。

凱風自南，吹彼棘薪。母氏聖善，我無令人。

興也。薪，棘之成也。聖，明達。善，賢淑。令，亦善也。棘已成薪，而凱風吹之不已，子成人而母養之有加，惜子無令人，深負母矣。

爰有寒泉，在浚之下音戶。有子七人，母氏勞苦。

興也，爰，於也。浚，衛邑。今浚城側猶有寒泉岡，泉喜灌溉而寒則不能，承上無令人而言也。子如寒泉，無灌溉之功，無益於浚，所以母氏勞苦也。

睍睆黃鳥，載好其音。有子七人，莫慰母心。

興也。睍睆，好貌，興顏色悅也。好音，興詞，令順也。黃鳥尚能美色好音以悅人，七子不能和顏順辭以慰母，曾黄鳥之不若也。上言勞苦，謂不能養口體。此言母心，謂不能養志也。

《凱風》四章，章四句。

寡母不安於室而子作詩自責，終安其母也。母養七子而至成人，蓋非必不賢者，特子或失道，感而欲嫁。迨七子作此自責，而母遂不去。聖人所以取之也，天下無不可事之父母，特其所以事之者未至。七子自責，而母心終慰。凡為人子者，當知所法矣。

附 解

寒泉句，舊解作泉有滋益於浚而子反不能事母，義殊牽強，且爰有二字無著。竊謂泉之貴者，灌溉生物，次便飲汲。若寒泉，則不可灌滋禾稼，且飲之亦有損於人，故七子以之自比。爰字承上，無令人説下。寒泉近在浚下而無益於浚，七子近在母膝下而無益於母，此正興下章，乃反興也。若謂凱風當夏，故寒泉可取，不知泉之寒者，夏日亦不可飲也，至灌溉草木，更無用之。

【眉批】悱惻哀鳴，如聞其聲，如見其人，與《蓼莪》皆千秋絕調。

雄雉于飛，泄泄其羽。我之懷矣，自詒伊阻。

興也。雉，野雞，雄者有冠。雉文明而耿介，喻君子也。泄泄，從容貌。詒，遺。阻，隔也。自詒伊阻，言其夫不仕，行止從容自如。己勸之出仕，意欲効忠盡力，有益于國。不料今日致丈夫進退兩難，己亦憂勞，是自詒其戚也。

雄雉于飛，下上其音。展矣君子，實勞我心。

比也。展，誠。雉飛而下上其音，喻事上接下，委曲相就，不能行其直道，實難以立朝，一時又不能退休，己思君子之意，甚憂勞也。

瞻彼日月，悠悠我思。道之云遠，曷云能來。

比也。悠悠，思之長。日月往來，君子去而難反，言其夫既已委贄，不能即退，如行道者去遠，一時難以言旋。深自咎勸夫也仕之非也。

百爾君子，不知德行户郎反。**不忮不求，何用不臧。**

賦也。百爾君子，指同列者。此乃言己悔恨之故。夫之不容于朝，以百爾君子不知德行，有事難了，責求其夫；無事，平日則忌其夫之才，以至丈夫上下其音，幾乎不能自保也。

《雄雉》四章，章四句。

賢婦勸其夫出仕，不能行其道，婦悔恨自咎而作。其夫不遇，伏處，妻勸之仕，以為可以有益于國，有益于民，既而不然，故作此自咎。夫子錄之，以教後世百爾忮求之時，不可輕身枉道也。

附　解

《序》說以為刺衛宣公。毛氏曰不恤國事，大夫久役，男女怨曠，國人患之而作。意蓋云此詩之作，作於此時，其故由於宣公不道，未為大失也。而鄭康成黏滯宣公，遂多謬解。朱《傳》定為大夫妻思其君子，當矣，而於語義猶不盡協。今就本文詁之，庶字字皆有著落。

【眉批】夫有德行，可以有益于國，妻故勸之。以仕而不遇，忮求者多也，故深自悔恨。

匏有苦葉，濟有深涉。深則厲，淺則揭。

比也。匏可食，而苦葉者則不可食。水可濟，而深涉者則不可濟，喻學可仕而時未可也。所以君子審其出處之宜，如涉水然，深則束衣而涉，淺則揭衣而渡。

有瀰濟盈，有鷕雉鳴。濟盈不濡軌古音九，**雉鳴求其牡**莫九反。

比也。瀰，水滿貌。鷕，雉鳴聲。軌，車轍。飛曰雌雄，走曰牝牡，承上而言，竟有水方盛而濟盈，雉在山而鷕鳴者，濟盈則當，濡軌終不克濟，而茲則以為不濡軌也。雉鳴必求其類乃可和聲，而茲則竟求牡也，喻非其類而強仕，終無濟也。

雝雝鳴雁，旭日始旦。士如歸妻，迨冰未泮。

比也。雝雝，和聲。雁，納采之物。旭，日初出貌。雁不再偶，不亂行，夜宿洲渚，始旦而和鳴，以呼其侶，故昏禮用之。冰未泮，正月中以前。言雁不妄偶，女不妄字，喻君子不輕仕也。

招招舟子，人涉卬否房以反。**人涉卬否，卬須我友**音以。

比也。招招，號召之貌。舟子，主渡者。卬，我。須，需也。言舟子招渡，人涉而我否，以先涉之人非我同類，故待我友而共濟，喻苟非其人，寧守道不往也。

《匏有苦葉》四章，章四句。

時有急仕而徇人者，其友作此詩以曉之也。君子雖急於濟時，然必道合，而後可以相輔，否則失身枉道，無以正人，徒取辱耳。孔孟皇皇未嘗輕仕以此。

附　解

或云管叔以殷畔邶人諷之而作，然按之詞意，不甚比附。《序》與毛公皆以為刺宣公與夷姜淫亂，朱子云未有以見，為刺宣公之詩，泛作刺淫解。然細味本文語氣，謂宣公夷姜，刺難顯言，故詞在隱躍之間，似矣。而末章殊覺牽強，即泛刺淫亂，亦不協。《欽定詩義折中》曰：審出處也，蓋據荷蕢諷孔子意而推廣之。則通篇詞義皆有情，敬從之。

習習谷風，以陰以雨。黽勉同心，不宜有怒。采葑采菲，無以下體？德音莫違古音怡，及爾同死。

比而賦也。習習，和舒。谷風，東風也。葑，蔓菁。菲，葍類。下體，根也。葑菲之根皆可食，采葑菲者，勿以其為下體而遺之。喻己雖寒賤，亦有可採也。德音，善言也。言陰陽和而後風雨時，夫婦和而後家道興，故當黽勉同心，不宜有怒。即己卑賤，無容見棄，惟願德音莫違，及爾同死也。

行道遲遲，中心有違音怡。不遠伊邇，薄送我畿。誰謂荼苦？其甘如薺。宴爾新昏，如兄如弟音底。

賦也。遲遲，不忍別。違，相背也。畿，門內。荼，苦菜。薺，甘菜。宴，樂。新昏，夫所更娶者。言己之被棄而行道遲遲者，以中心不忍遽別也。乃夫則意已決絕，送我僅至於畿，是我之苦甚於荼矣。夫方樂其新昏，如兄弟不遑恤也。

涇以渭濁，湜湜其沚。宴爾新昏，不我屑以。毋逝我梁，毋以我笱古音矩。我躬不閱，遑恤我後古音戶！

比而賦也。涇水出甘肅平涼府鎮原縣，至陝西高陵縣入渭。渭水出渭原縣，至同州入河。湜湜，清貌。沚，水渚。屑，潔。以，與。逝，去也。梁，魚梁。笱，捕魚器。閱，容也。言涇水清、渭水濁，喻己本清，以新昏而見其濁，然其沚猶清，不可掩也。良人既宴爾新昏，則亦不我屑矣。第所經營家政，幸毋以我去而廢之，而又歎我身尚不能容，何暇恤去後之事哉。不忿其遇而憂其家，忠厚之至也。

就其深矣，方之舟之。就其淺矣，泳之游之。何有何亡，黽勉求之。凡民有喪，匍匐救古音求之。

比而賦也。方，桴。舟，船也。潛行曰泳，浮水曰游。匍匐，手足竝行。承上而復自思，恐其有以獲罪，然詳審精勤，已盡心力求之，而又周睦鄉閭，則自反無闕矣。

不我能慉，反以我為讎。既阻我德，賈用不售。昔育恐育鞠，及爾顛覆。既生既育，比予于毒。

賦也。慉，養。阻，絕。育，生。鞠，窮也。承上言我之勤勞如此，乃不我養，而反以為讎，豈有他哉，好色而不好德。既阻絕我德，如賈人貨雖良而不見售也。因歎昔日共謀生計，恐其窮匱，今既生育矣，遂比我于毒而棄之。兔死狗烹，鳥盡弓藏，千古同慨矣。

我有旨蓄，亦以御冬。宴爾新昏，以我御窮。有洸有潰，既詒我肄。不念昔者，伊余來塈。

比而賦也。旨蓄，鹹菜。御，禦。洸，武貌。潰，怒色。肄，勞。塈，息也。言旨蓄禦冬，至春夏則不食之。比新昏以我御窮，至安樂則棄之也。又言平日有心凌虐，既遺我勞苦之事，其欲棄之久矣，寧念昔者初昏，我初來時乎？

《谷風》六章，章八句。

賢婦見棄於夫而作。世衰教微，好色而不好德。以賢勞之婦而被逐，人道裂矣。尚安望有《關雎》《麟趾》之風哉？可慨也。

附　解

夫婦人倫之始，夫為妻綱。必自正其身，而後可以正妻。世俗第知責怒其妻，而不自修其身，於是有輕棄其妻，藉口七出之文者也，聖人故錄此以戒人正倫端本。按諸書，葑也、須也、蕪菁也、蔓也、蕘蕪也、蕘也、芥〔也〕，七者一物也。《爾雅》又云：葑，蓯，又云蘴，又云苔。子至河朔，呼為蕪根，塞北呼為九英。菘，蜀呼為諸葛菜。隨俗異名，不可勝記。蓋此菜最宜於菹，別有葑菰之葑，其根最佳。又有蔓蕵，或亦以為蔓菁，要之此物隨地易名。蔓菁亦菘類而尤青，前人云其幹修，故曰蔓也。江表種蔓菁，易歲則為菘。河北種菘，易歲則為蔓菁。惟其類也，是以易變也。菲即土瓜，二者根皆可食。詩人取喻在下體二字，言採葑菲者無以其根為下體而棄之，喻己雖卑賤，亦有可採。蓋其婦家寒賤，夫故得美婚而棄之也。前人諸說多牽強，不可從。涇清渭濁，諸儒皆誤，我純皇帝命人查明，有涇渭辨甚晰。

【眉批】說理而出以飄逸之筆，佳在比喻含蓄有味也。寫一個依依不捨，一個恝然無情景狀。濁中求清，自敘所長，較屈原人濁我清更為忠厚。拳拳於家政而轉云不遑恤實，恤之至也。斟酌事宜，恪其婦職，自敘己事，無一毫囂張之氣。以德為讎，自嗟不售怨矣，而不怒也。御窮而猶不厭其欲，祇緣不念昔者之故，千古忠孝，同此浩歎。

式微式微！胡不歸？微君之故，胡為乎中露！

賦也。式，發語辭。微，猶衰也。再言，衰之甚。微，猶非也。中露，露處也。按《春秋》於諸侯失國，必責其不死社稷，蓋土地人民，受之天子，不可輕棄。黎侯避狄寄衛，狄退當返而不歸，其臣勸之，自悲失所，使君思之，忠愛之至也。抑或先有良謀，君不從而至此，故云然，蓋又勉其將來也。

式微式微！胡不歸？微君之躬，胡為乎泥中！

賦也。泥中，卑濕而有陷溺之憂也。

《式微》二章，章四句。

黎侯失國寓衛，其臣勸之。

附解

中露、泥中，毛《傳》：二邑名。鄭康成以為黎侯為狄人所逐，寄居於衛，衛人處之以二邑，可以歸而不歸，故其臣勸之。諸儒謂二邑無據，不從毛氏。朱子因之。按《呂氏春秋》，武王封帝堯之後於黎城。《說文》：黎國在上黨東北。杜預云：上黨壺關縣有黎亭。黃氏曰：今潞州上黨、黎城、壺關三縣，皆古黎國地。蘇氏曰：是時衛猶在河北。黎、衛壤地相接，故狄之為患，黎、衛共被之。即其地以考其事，則康成狄侵之說信矣。第中露、泥中二邑實無所考，則從朱《傳》為是。中露，謂其露處，無城郭宮室也。泥中，謂其地之卑濕，不止喻陷溺也。曹學佺謂泥中、中露二邑今在東離、狐城者是，隋開皇中置廩邱縣於此，側近卑濕，城居水阜，是又明有其地，但不如從宋儒解義尤深長耳。《列女傳》又謂黎莊夫人及傅母二人作，未知所本。

【眉批】悲其衰，勸之歸，而但以自在中露為辭，一句一折，情文悱惻。

旄丘之葛古音結兮，何誕之節兮。叔兮伯兮，何多日也。

興也。前高後下曰旄丘。《寰宇記》：在澶州臨河縣東。誕，大。叔、伯，衛之諸臣。言葛已長而時已久，衛猶不知救援也。

何其處也，必有與也。何其久古音几也，必有以也。

賦也。處，安處。與，與國以挾持，謂謀計也。為之原諒，恐其待與國而未至，或別有良謀，不遽責之，厚之至也。

狐裘蒙戎，匪車不東。叔兮伯兮，靡所與同。

賦也。蒙戎，亂貌，言敝也。黎在衛西，寓衛則在東，轉言狐裘已敝，則時久而遇亦窮矣。衛竟不救，復又為之解，曰匪其車竟不東，乃無有同心者耳，蓋猶諒之也。

瑣兮尾兮，流離之子。叔兮伯兮，褎如充耳。

賦也。瑣，細。尾，末。流離，漂散。褎，多笑貌。充耳，塞耳。聾者多笑，此乃正言其終不之救也。言己君臣流離若此，而叔伯視之至為微細，雖告急情殷，褎如充耳而已。蓋歎傷之詞，而無痛責之語，所以為忠厚也。

《旄丘》四章，章四句。

黎之君臣久寓於衛，衛不之恤，故作此以自傷。夫衛與黎，唇齒也，黎亡而衛不救，未幾衛亦為狄所滅。夫子錄之，以見陸隣之誼衰，深慨之也。

附　解

春秋王綱不振，弱小多被侵陵，故夫子作《春秋》，於救患者多善之。蓋既無望於天子，猶有望於羣侯，亦衰世之意矣。《序說》謂衛為方伯，然正不必泥，要以唇齒相依，救災恤隣之誼，衛當救無疑。朱公遷曰：《式微》處困而思奮，《旄丘》責人而不刻，可謂賢矣。其說得之。至流離，毛《傳》以為鳥，義殊不合。

【眉批】翼其救援而反覆為之推原，結以充耳。蓋其宛轉求之已久，申包胥之痛哭，不過此矣。其情詞凄楚，全在虛字間，須逐句逐字玩之。

簡兮簡兮，方將萬舞。日之方中，在前上處。

賦也。簡，簡略威儀。萬，舞之總名。上處，前列。賢而肆舞，故寄其嘲笑，言所為若此，且喜不須整束威儀。當日之方中，方暴日中而在上處也。

碩人俁俁，公庭萬舞。有力如虎，執轡如組。

賦也。碩，大。俁俁，魁偉貌。轡，馬韁。組，絲絛，自譽其才如此。

左手執籥，右手秉翟。赫如渥赭，公言錫爵。

賦也。籥，管。翟，羽也。赫，赤貌。渥，厚漬也。赭，赤色。錫爵，賜酒。此正敘其萬舞之事，而若以受賜為榮也。

山有榛，隰有苓古音力珍反。云誰之思，西方美人。彼美人兮，西方之人兮。

興也。榛，似栗而小。下溼曰隰。苓，大苦草。西方美人，託言以指西周聖王。言榛宜在山，苓宜在隰，而已乃屈居於伶官，不得不思西周聖人也。

《簡兮》四章，三章章四句，一章六句。

衛之賢者仕於伶官而作此自明。朱子曰若自譽而實自嘲是也。蓋賢者隱於下僚，玩世不恭，夫子錄之，以為人君戒也。

【眉批】簡兮見其玩世，俁俁見其姿容。一句揚，一句抑，是自嘲處。三章以錫爵為榮，東方朔割肉於上前一樣詼諧，末章乃正言之而致其慨慕也。

毖彼泉水，亦流于淇。有懷于衛，靡日不思。孌彼諸姬，聊與之謀古音迷。

興也。毖，泉始出貌。泉水，今衛州，其城百泉。淇水出相州林慮縣東流，泉水自西北而東南來注之。孌，好貌。諸姬，姪娣也。言泉水尚流於淇，而我懷衛不能自歸，聊且與諸姬謀也。

出宿于泲，飲餞于禰。女子有行，遠父母兄弟。問我諸姑，遂及伯姊。

賦也。沇水出王屋山東流去，為泲。禰，在曹州冤句縣北七十里。追言其于歸時，出宿飲餞，遠父母兄弟而來，義不可私矣。伯姊，年長者。問之詳，慮之周也。

出宿于干音堅，飲餞于言音延。載脂載舝，還車言邁。遄臻于衛，不瑕有害。

賦也。衛有干城，故發干縣，今開德府觀城。言，內邱縣、柏人縣均有干山、言山。脂，膏。舝，車軸。謂以脂塗舝也。遄，速。臻，至。還，回。瑕，過也。設言己遂出宿飲餞，速還衛都，或無人督過我而以為有害者乎。

我思肥泉音錢，茲之永歎音天。思須與漕，我心悠悠。駕言出遊，以寫我憂。

賦也。同出異歸為肥泉。馬溝水出朝歌城北東流，與美溝合，又東南注淇為肥泉。須，東郡須昌縣，故須句國，今東平府須城縣。漕，滑州南白馬城是。寫，除也。終言己思歸不得，結為永歎，惟思出以寫其憂而已，所謂發乎情，止乎禮，義也。

《泉水》四章，章六句。

衛女嫁於諸侯，父母終思歸寧而不得，故作此詩。蓋婦人之義從夫，先王制禮，父母在，則歸寧，沒則使大夫寧於兄弟。誠以已嫁而反，兄弟不與同席而坐、同器而食，親沒則無其主矣。聖人寧以義斷恩，不以恩掩義，所以為後世防也。

【眉批】春秋禮廢，女德無極，其甚者，如文姜之會齊侯。夫子錄此詩以存禮，其惓惓於父母之邦而不敢以私廢禮。出宿飲餞，皆虛擬之詞，反復思量，終於守禮。味其言，可想見其人之賢矣。

出自北門民音，憂心殷殷。終窶且貧，莫知我艱音斤。已焉哉！天實為之，謂之何古音譌。與為字韻哉？

賦也。北門，背陽向陰，殷殷，憂之切。無以為禮曰窶。貧，困於財。大夫行役，憂其國亂民貧而以己為詞。莫知我艱，言莫知國之危也。已焉哉，無可挽救。歸其故於天，憂之深矣。

王事適我，政事一埤益我。我入自外，室人交徧讁我。已焉哉！天實為之，謂之何哉？

賦也。國事而曰王事，重之也。伍牆曰埤。益，增也。讁，責也。盡人讁曰交，每事讁曰徧。言己委贄以來，則王事固之我矣。目今政事日壞，己身所任如一埤之衛尚可，力圖補救，奈國事既非，不特朝無知心，即室人亦徒以貧窶之故，交徧讁我。是一國皆迷，無可望矣！豈天實為之哉？不責人而託諸天也。

王事敦我，政事一埤遺古音韋我。我入自外，室人交徧摧我。已焉哉！天實為之，謂之何哉？

賦也。敦，迫也。遺，委擲意。挫辱曰摧。言己勤其職業，非故勞苦，乃王事所迫，義不容諉也。人見我不憚煩勞，政事遂盡委於我，我亦何辭？但出入無一知己，反相摧辱，則人心錮蔽，眞不可為矣。

《北門》三章，章七句。

邶之賢者勤勞奉職，憂其國之將危而作。蓋世之衰也，朝野上下咸相安於逸惰。賢者既莫之知，而反相誚辱，君子不憂其身之困，而憂其國之危，是以呼天而告，不尤人也。

【眉批】憂勞國政，雖貧窶交謫而不恤，忠賢之至也。若但作憂貧解，則意味索然。

北風其涼，雨雪其雱。惠而好我，攜手同行。其虛其邪徐音，既亟只且。

比也。北風，喻嚴急。雨雪，喻慘虐。涼，風初至者。雱，漸盛貌。虛，寬貌。邪，一作徐，緩也。亟，急也。只且，語詞。言北風初至，而雪已凝，好我者及時可以同逝，豈得以其寒未盛而寬緩乎？時危既亟甚矣，奈何不知。

北風其喈，雨雪其霏。惠而好我，攜手同歸。其虛其邪，既亟只且。

比也。喈，疾聲也。霏，分散貌。歸，去而不反。言風益甚而雪已散布，可決計歸隱矣，尚以為可緩耶？亟彌甚矣。

莫赤匪狐，莫赤匪烏。惠而好我，攜手同車。其虛其邪，既亟只且。

比也。狐，似犬色黃赤。烏，一曰鵶，色黑。皆不祥之物。所見無非此物，危亂可知。同行、同歸猶商之也，同車則已駕矣。《易》曰：君子見幾而作，不俟終日。其是之謂也。

《北風》三章，章六句。

邶將危亂，賢者見幾而作。蓋君子之仕，為道而已，道不可行，則不徒仕，相約而同歸，非恝然於君民也，無以濟時而徒取辱焉，是以先幾而去也。

【眉批】見幾而作，不俟終日。虛邪安可哉？歎其亟，實憫其危。惓惓之忠，未嘗釋也，故錄以為君子之法。

靜女其姝，俟我於城隅。愛而不見，搔首踟躕。

比而賦也。靜女，幽靜之賢女。姝，美貌。城隅，喻幽僻之處。張子曰：後宮西北邃城隅。是也。愛，愛其德。人閒則搔首。踟躕，行不前，言不苟進也。靜女有容有德，而退處幽室，詩人惜之。我，設身以目君也。賢妃守禮待君，而君不正，詩人設身言愛而不見，實諷君之不愛也。

靜女其孌，貽我彤管。彤管有煒，說懌女美。

比而賦也。孌，好貌。彤管，鄭《箋》曰筆，赤管也。毛氏曰：古者后夫人必有女史彤管之法。煒，赤貌。美，其德美也。言靜女之德，書之彤管，光乎史冊，觀者猶欣羡其美也。

自牧歸荑，洵美且異。匪女之為美，美人之貽去聲。

比也。牧，毛《傳》：田官也。荑，茅之始生者。茅可供祭，而荑則尤質之美者。洵，信也。女，謂荑。貽，遺也。茅可供祭，以比靜女可奉宗廟。君得之而不用，然其德自可以珍。茅由美人之貽，尚愛重之，況美人乎？蓋深歎時君之昏也。

《靜女》三章，章四句。

衛俗淫亂，莊姜賢而失位。宣公之時，尤必有賢媛見黜者，故詩人咏歎而惜之。

附　解

《序》曰刺時也。毛氏曰：衛君無道，夫人無德。鄭、孔從之。至歐陽公，乃云衛俗淫風大行，務以色相誘悅，雖靜女亦然。舉靜女，則他可知。朱子從之。然永叔之言非也。既為静女，何以淫亂？淫亂矣，而猶曰靜女乎？且彤管為女史所需，以紀成法，傳之自古，今猶遵之，非淫奔之物。張橫渠曰：後宮西北邃城隅，俟我幽閒念彼姝。亦如古說。吕祖謙謂張子必有所據，詩人述古者賢君賢妃之相與以刺時。其說近似，而解各章，詞義牽強。《左傳》曰：《靜女》之三章取彤管焉。無淫奔之說。他如孔穎達、王肅、何楷皆從古《序》。吕大臨曰：古之人君夫人媵妾散處後宮城隅者，後宮幽閒之地也。女有靜德，又處於幽閒而待進御，此有道之君所好也。亦與張子合，而於本文語氣未明。竊以為衛雖淫亂成俗，然康叔、武公之德，必有賢女，特君不用耳，故作今解。而夫子存此，以見女非無賢，宣公自入於邪，所以居下篇之首。

【眉批】曲寫靜女之賢，以明后夫人當如此也。慕德而致其流連，非賢君亦安能如此？此與《關雎》可相發明矣。

新臺有泚，河水瀰瀰。燕婉之求，籧篨不鮮音洗。

賦也。新臺，新築之臺。泚，映水鮮明貌。瀰瀰，滿也。燕婉，安和。籧篨，不能俯，醜疾也。蓋篴麤者曰籧篨，編之為囷，如人瘫腫而不能俯，故以名此疾。鮮，少也。言齊女本求燕婉而得此，世所少有，何為此地不鮮乎，怪之也。

新臺有洒古音銑，河水浼浼。燕婉之求，籧篨不殄。

賦也。洒，《韓詩》作漼，鮮貌。蓋臺映水而光如洒也。浼浼，同浘浘，盛貌。殄，絕。言籧篨之人，天所不佑，乃不殄絕而至斯，厭之也。

魚網之設，鴻則離之。燕婉之求，得此戚施。

比也。鴻，雁之大者。離，麗也。戚施，不能仰，亦醜疾也。言設網求魚而得雁，齊女求燕婉而得戚施，謂宣公無人理亦非人形，惡之至也。

《新臺》三章，章四句。

衛宣公為新臺於河上，納其子伋之妻，詩人刺之而作。夫人倫莫大於君父，至於納子之妻，則人道絶矣。然嗜慾之萌，不謹於微，則必有狂肆而不可止者。故國人切齒，而宣公靦不為愧焉。聖人錄之，使天下之為君父者必正其身，然后可以責人忠孝也。

【眉批】不斥其亂倫而但醜其形狀，退一步寫法，正深一層寫法也。其音婉，其旨嚴，刺惡之作，後世鮮此。

二子乘舟，泛泛其景養上聲**。願言思子，中心養養。**

賦也。二子，謂伋、壽也。乘舟，渡河，如齊也。景，古影字。養養，猶漾漾，憂心不定。國人知宣姜弑伋之謀，見其去而憂其不返也。

二子乘舟，泛泛其逝。願言思子，不瑕有害音係**。**

賦也。逝，往。不瑕，疑詞，知其有害而猶冀其不害也。

《二子乘舟》二章，章四句。

衛宣納伋之妻，生壽及朔。後信朔與宣姜之愬，使賊殺伋於道，而壽竊其使節先行，盗殺之。伋至，則又殺之。詩人傷之而作。夫淫亂之禍，未有不亡其身與家國者也。伋、壽之賢，使獲嗣衛，豈有量哉。而宣公自戕其孝子悌弟，國隨以亡。錄此《新臺》之後，為世炯戒焉。

附　解

舊説為伋、壽二子而作。《左傳》《史記》亦云然，自無可疑。近或謂以年考之，宣公十八年納伋妻，十九年生壽，雖孿生尚未周歲，疑史公為誣。然考《衛世家》及《年表》，史公但敘此事於宣公即位之十八年，其云納伋妻事，則追敘之詞，意宣公生伋在未即位前，納伋妻在初即位後。凡史傳紀年多難據，左氏謂宣公烝夷姜，《史記》則以為夷姜本宣公之妻，而敘伋、壽二子，此事亦同，無異説，自來仍之，可無疑也。

【眉批】首章預憂之，次章冀倖之。不忍斥言其死也，其詞實悽楚至矣。

邶國十九篇，七十二章，三百六十三句

《鄘》一之四

鄘，不詳其始封，其地在紂都之南。《通典》：衛州新鄉縣西南三十里有鄘城，即鄘國。鄘既滅而猶繫以鄘，不予衛之得滅鄘也。

泛彼柏舟，在彼中河。髧彼兩髦，實維我儀古音俄。**之死矢靡它，母也天**古音汀**只！不諒人只！**

興也。中河，河中。髧，髮垂貌。兩髦，翦髮夾囟，垂於兩旁。父死去左，母死去右，指其夫也。我，其妻自謂。儀，匹也之至。矢，誓。諒，信也。以柏舟在中河，興婦人在夫家有常處。而言兩髦為我之匹，至死誓無改嫁。母乃天也，何不諒我心乎！

泛彼柏舟，在彼河側。髧彼兩髦，實維我特。之死矢靡慝，母也天只！不諒人只！

興也。特，獨也。夫為婦所獨有，不二之意也。慝，邪之匿於心者。許謙曰：靡他，其事猶顯。至一念邪思皆戢，則節彌純矣。

《柏舟》二章，章七句。

衛有子成婚而卒，其妻守義，母欲奪其志而嫁之者，其女作此詩。

附解

此詩《序》及諸儒皆以為共姜守義而作，無異詞。顧《史記》載衛釐侯卒，子共伯餘立，弟和以賂賂士，襲攻共伯於墓上，共伯入釐侯羨自殺。和立，是為武公。呂祖謙曰武公在位五十五年，《國語》稱武公年九十有五，猶箴戒於國。計其即位，已四十餘矣。使共伯果見弒，則其年又長於武公，安得謂之早死？髦者，子事父之飾。諸侯既小斂，則脫之。《史記》謂釐侯已葬，而共伯自殺。則是時共伯已脫髦矣。詩安得猶謂之髧彼兩髦？是共伯無見殺之事，武公未嘗有篡弒之惡也。愚按此說甚明，武公抑抑，《賓筵》《淇澳》諸詩備詳其德，時稱為睿聖武公，安有睿聖而篡弒者。孔《疏》謂以其未成君，故云兩髦，繫以父在之詞。蓋信史而不信經，多見其惑之甚矣。史遷不足信者甚夥，當分別觀之。此尤大義所關，決不可信，故且泛作守貞者為是。蓋衛之淫亂所不屑言，夫子既彰其事以戒惡，而又錄《靜女》及此詩，以見宮闈草野皆有賢媛，不然，人道幾滅，衛何以能復興也？或謂共伯即非被弒，亦或早卒，然世子之妻，亦無母氏便可奪志使改嫁之理。

【眉批】世多不明大義之人，令女改嫁而母命尤多。夫子錄此，非徒表女之貞，所以戒後世之為母者也。

墻有茨，不可埽也。中冓之言，不可道上聲也。所可道也，言之醜也。

比也。茨，蒺藜也。蔓生，細葉，子三角，刺人。中冓，閨中幽僻處。道，言也。言牆之有茨，所以衛牆，而反傷人，欲去之，則又不可。以比宣姜為國夫人，本宜助君成德，而讒口囂囂，禍國禍民，欲述其讒閒之言，而閨闈深邃，不便宣悉。然大抵皆醜惡之言，道之無可道也。

牆有茨，不可襄也。中冓之言，不可詳也。所可詳也，言之長也。

比也。襄，《尚書》曰懷山襄陵。詳，詳言之。蓋宣姜浸潤之譖，不可詳說，亦不屑詳之也。

牆有茨，不可束也。中冓之言，不可讀也。所可讀也，言之辱也。

比也。束，束而去之。讀，誦言之。辱，為國羞。宣姜之惡既不能去之，猶靦然而為夫人，欲長誦其言，適足為國羞，是以不讀，忠厚之意也。而宣公恬然不知，亦不覺其辱，可恥奚若？

《牆有茨》三章，章六句。

刺宣姜之讒惑也。

附　解

《序》謂衛人刺其上。毛氏曰公子頑烝於宣姜，詩人疾之。諸儒從之，無異詞。楊龜山曰，中冓之言，至不可讀，聖人何取而著之經？蓋淫亂之君以為密於閨門，世無知者，聖人著之，使後世為惡者知雖閨中之言，亦無隱而不彰。其說亦善矣。第衛公子通於宣姜，其事或有，而史可疑，詳見《鶉奔》章。且牆茨與宮闈淫昏，義甚牽強。竊意宣姜放譖公子伋、壽而弑之，宣淫無忌，當時宣公被其眩惑，閨門醜惡害及宗社，故詩人作此刺之。春秋如驪姬輩皆然。夫子錄此以戒惑於婦言貽害家國者，不特刺其淫亂也。

【眉批】衽席之閒，長舌所在。再三言中冓之言，所以深歎禍患起於隱微而辱及宗社，其垂戒為至遠也。

君子偕老，副笄六珈。委委佗佗，如山如河。象服是宜古音俄，子之不淑，云如之何。

賦也。君子，夫也。偕老，同生死。后夫人之首飾曰副，以副貳也，兼用眾物以成飾。笄，簪也。珈，玉也。以六珈加於笄而為飾。委委，雍容。佗佗，安重。如山如河，申言其貌。象服，法服。子，謂宣姜。淑，善也。言夫人與君子偕老，服飾之盛，宜有委佗之德，乃與象服相宜，而子之不淑，則不可解也。

玼兮玼兮，其之翟也。鬒髮如雲，不屑髢也。玉之瑱也，象之揥也。揚且之皙也，胡然而天也，胡然而帝也。

賦也，玼，鮮盛貌。翟，祭服繪翟為飾。鬒，黑也。如雲，多而美。屑，潔也。髢，一名髲，聚他人髮以益己髮。瑱，充耳。象，象骨。揥，所以摘髮。揚，眉上廣也。且，語助詞。皙，白也。言其承祭之時，自飾其容服之美，而無誠慤莊敬之心。胡然而可以通于天、達于帝，問之之詞也。諸侯夫人，禮有助祭，蓋承宗廟而為社稷主，故極言天地以重其責。

瑳兮瑳兮，其之展也。蒙彼縐絺，是紲袢也。子之清揚，且之顏也。展如之人兮，邦之媛也。

賦也。瑳，潔白貌。展，禮衣。絺之細者曰縐。紲袢，束縛意。以展衣蒙縐絺而為之，紲袢自斂飭也。清，視清明。顏，額豐。展，誠也。美女曰媛。言其服禮衣以見賓人，見其容服之美，莫不曰誠邦之媛也，而豈知其不德哉。

《君子偕老》三章，一章七句，一章九句，一章八句。

衛人刺宣姜而作。一章言其不足以配君，二章言其不足以見賓客。惡之至而若惜之深，詩人所以為溫厚也。

【眉批】前詩隱刺之，此章正言之。婦容亦不可少者也，而專飾儀容以求悅目，即非貞德所宜有，故詳言其容貌而微致其譏諷。夫子錄之，又以戒後世之婦女炫飾而無德者也。

爰采唐矣，沬之鄉矣。云誰之思，美孟姜矣。期我乎桑中，要我乎上宮，送我乎淇之上矣。

賦也。唐，蒙菜，一名菟絲。沬，衛邑，所謂沬邦也。孟，長也。姜，齊女，蓋貴族也。桑中、上宮、淇上，皆地名。期，約。要，迎也。言淫者託言采唐，實乃思者孟姜。及其旣也，靦然忘其苟賤之恥而誇其相與之情以告人也，則羞惡之良盡矣。

爰采麥矣，沬之北矣。云誰之思，美孟弋矣。期我乎桑中，要我乎上宮，送我乎淇之上矣。

賦也。麥，穀名，秋種夏熟。弋，《春秋》或作姒，亦貴族也。前章采藥，此章采穀，而皆思美女。蓋相習淫蕩，荒其職業之勤勞而身在意馳，風俗之偷甚矣。

爰采葑矣，沬之東矣。云誰之思，美孟庸矣。期我乎桑中，要我乎上宮，送我乎淇之上矣。

賦也。葑，蔓菁，亦穀類。庸，王應麟以為鄘，本庸姓。鄘為衛滅，或有仕衛者，亦貴族也。顧氏炎武曰：首章唐、鄉、姜為一韻，而上字仍協首句。二章麥、北、弋為一韻，中宮為一韻。三章葑、東、庸、中、宮為一韻，而上字仍協首章。所謂後章韻前章者也。

《桑中》三章，章七句。

衛俗淫亂，至忘其職業而誇示遇合之緣。詩人刺之，竝述其言，以見其羞惡心亡，出於貴族，為尤可痛也。

附解

詩，樂章也，古人皆以樂論詩。荀況曰：詩者，中聲所止。司馬遷曰：《三百篇》，夫子皆絃歌之，以求合於《韶》《武》。漢唐諸儒祖述其說而不敢易。至朱子援《樂記》桑間、濮上之音，亡國之音，謂桑間即此詩，淫者自作，非刺者之詞，深闢《序》說。呂祖謙曰：聖人正樂，首放鄭聲，豈有刪詩而反取淫詞？桑中之詩，刺惡昭彰，所謂思無邪也。《史記》載師曠所指濮上之音，鄭康成以為濮水之上，地有桑間，亡國之音，於此出焉。則桑間乃紂樂，非即桑中詩。馬端臨亦深以朱子之說為非，而條辨甚詳。愚按夫子刪詩，凡自敍醜行者皆去之，而存其有關勸懲者，凡所存刺淫之詩，皆旁人作也。然以其詞多託諷，恐人誤解，故示之曰思無邪。若公然自言醜惡，夫子存之而戒人勿邪，是何異開門揖盜而曰毋發我笥哉。至《樂記》謂桑間、濮上之音，呂說甚明，原不定指此詩。即所謂鄭衛之音，亂世之音，亦以其音言，非謂詩也。鄭聲淫亦然。此章之旨，朱子泥數我字，以為自言，不知詩人起四句明指其事以為刺，末三句述其言以歎其無恥，將正文劃作二段自明。前三矣字，歎其荒職業而肆淫思；末一矣字，歎其公然自號於眾。蓋淫亂之風往往自上倡之，以其逸樂易生，奢淫而相習之久，遂以為常，而無復羞愧。貴族之流，靦然如此，是衛之所以淪於狄而孑遺無幾也。後世文士，或有工於描寫閨情以為風雅者，曷不思男女之欲，不學而能，何待為之摹其情狀。聖人以禮樂節和民心，惟恐其不中正。而後世以風流相尚，致使才學之士毀性滅身，愚魯之流干名犯義。此詩誤解，亦一誨淫之作也，烏可以勿辨哉。

【眉批】春秋貴族淫亂者多，然皆貴族相亂。此似為卑賤上淫之詞，足見衛之紀綱淪矣。

鶉之奔奔，鵲之彊彊。人之無良，我以為兄古音荒。

興也。鶉，鴿屬。奔奔，奔而就其匹也，喻女求男也。鵲傳枝授卵，不淫其匹。彊彊，難偶有強禦之意。兄，為惠公之言，目公子也。此刺昭伯不能終守禮。

鵲之彊彊，鶉之奔奔。人之無良，我以為君。

興也。人，謂宣姜。君，小君。鵲本彊彊，而鶉奔就之，宣姜之賤也。此刺宣姜無恥也。

《鶉之奔奔》二章，章四句。

衛公子通於宣姜，衛人為惠公之言以刺之。范處義曰：衛詩至此，人道盡而天理滅矣。楊時曰：載此見衛為狄所滅之由。皆是。

附　解

舊云惠公庶兄頑烝於宣姜。庶兄之説，由以頑為昭伯。而《史記》云：昭伯黔牟，太子伋同母弟也。然在左氏祗云昭伯，不言名頑，云夷姜生子伋，不言更有二子。《史記》乃云有同母弟。《史記》謂夷姜，宣公夫人，而左氏云烝，是二書不合矣。若頑即昭伯，昭伯為太子伋同母弟，則當云嫡兄，不得云庶兄。意昭伯當是惠公近族，以下淫上曰烝，何必庶兄也。且《左傳》本無公子頑之名，《史記》亦未載昭伯通宣姜事，惟左氏有之，而曰齊人使昭伯。意宣姜淫婦，悦昭伯而通之，託齊侯之命以為詞。齊襄非人，授以為例，是宣姜之無恥也。故昭伯不可強之而後可，然強之云者，強其苟合耳。非竟成為夫婦，何以遂生子女多人。若竟為夫婦，生子生女，而惠公靦然不以為恥？無良未必至是。且惠公在位十九年，屢會盟諸侯，而宋許諸侯以惠公母淫亂所生之女為夫人，亦非人情。然則齊子、戴公、文公諸人，皆昭伯自妻所生，必非宣姜所出也。衛國九百餘年始亡，至漢興猶在，太史公必有見聞，故於此事多不從左氏。左氏云烝夷姜，而《史記》以為夫人。左氏云昭伯烝宣姜，而《史記》不載。以人情事理揆之，則《史記》是而左氏非，故參考而詳辨焉。誼關人倫之大事，在恍惚之間，安可以附和而不察實？故愚正之。

【眉批】男女苟一守義則不能成苟合，宣姜與男皆無恥，故以鶉鵲反興之，而竝刺也。

定之方中，作于楚宮。揆之以日，作于楚室。樹之榛栗，椅桐梓漆，爰伐琴瑟。

賦也。定，室星，夏正十月昏而正中。古人作宮室常以此時，故名曰營室。楚宮，因楚丘而名，《通典》以為滑州衛南縣即是。宮，廟。室，居室。揆日，測日景也。《周禮·匠人》云水地以懸，置槷以懸，視以影，為規識日出之景與日入之景，晝參諸日中之景，而南北東西可定。榛，栗屬。榛小栗大，其實皆可供籩。椅、梓，實桐，皮桐，梧桐。梓，子楸。漆木有液，可飾物。四者皆琴瑟之材也。上四句言其得天時地利之宜，下三句言其有久遠預備之計。

升彼虛矣，以望楚矣。望楚與堂，景山與京古音疆。降觀于桑，卜云其吉，終焉允臧。

賦也。虛，故土阜。楚，楚丘。堂，楚之旁邑，傅氏曰今博州堂邑。景山，《九域志》：在開德府京高丘。桑，木名。追敘其將營室之前，審地勢之勝，辨植產之饒，而又卜以決之，終然允臧，可以久安而逢吉也。

靈雨既零，命彼倌人。星言夙駕，說于桑田古音陳。匪直也人，秉心塞淵，騋牝三千。

賦也。靈，神也。零，降也。倌人，主駕者。星，見星之時。說，舍止也。秉，操。塞，實。淵，深也。馬七尺以上為騋。言方春時，雨既降，文公命倌人而晨起，駕車說於桑田，課農事而勸女工，故其富饒之效，不獨在人，即畜產亦因秉心塞淵之故，而至三千之多，蓋富而且強矣。

《定之方中》三章，章七句。

衛為狄所滅，文公徙楚丘而營建，勤治國，人美之。《左傳》曰：文公衣大布之衣、大帛之冠，務材訓農，通商惠工，敬教勸學，授方任能。元年革車三十乘，季年乃三百乘。今觀此詩，所稱占天時、審土宜、儲材具，經營詳慎，以農桑為立國之本，戎馬為富強之資，而尤推本於秉心之塞淵，與左氏相發明矣。鄒泉曰：懷根本之國而不事虛文，故為塞；建久遠之策而不狃近利，故為淵。得之。

【眉批】不侈陳宮室之美，而但言其得天時地利，敘物產而以琴瑟之材言，見其能修禮；末申言其勤儉豊饒歸於秉心塞淵，語不多而義足，覺《上林》《羽獵》《兩京》《兩都》詞費矣。

蝃蝀在東，莫之敢指。女子有行，遠父母兄弟。

比而賦也。蝃蝀，虹也。陰慢不正之氣交而為虹。在東，暮虹也。莫之敢指，以比南子淫亂，不敢斥言，因言女子出嫁，則已遠父母兄弟而來矣，何反召宋朝乎。

朝隮于西，崇朝其雨。女子有行，遠兄弟父母音米。

比而賦也。隮，升也。虹亦曰隮，虹映日氣而成，故朝西暮東。言朝陽初出，虹已自西而升，喻陰邪之氣惑亂君心，崇朝其雨，陰氣隨之而盛也。

乃如之人也，懷昏姻也。大無信也，不知命彌吝反也。

賦也。人，指南子。靈公為夫人召宋朝，謂其公族為兄弟，固不知其私懷。詩人言此人託召兄弟，實懷昏姻之欲也。女子守身曰貞信，且以欺靈公而言，故曰無信。命，天理。言其背人道而逆天理，無所畏忌，深惡之而深歎之也。

《蝃蝀》三章，章四句。

或曰衛靈公為南子召宋朝，國人譏之也。

附　解

《序》說止奔也。毛氏曰：衛文公能以道化其民，淫奔之恥，國人不齒。鄭、孔皆從之。然以其說求諸本文，語氣多不貼切。如莫之敢指，何所謂而不敢遠父母兄弟。鄭《箋》曰：婦人生而有適人之道，何憂不嫁而為淫奔之道乎。朱《傳》曰：淫奔之惡，人不可道，況女子有行，又當遠其父母兄弟，豈可不顧此而冒行乎？語皆牽強。如或之說，則以南子託兄弟而召宋朝，靈公為其所愚，國人莫敢顯言，故曰莫敢指、遠兄弟父母也。而末節懷昏姻也，乃直揭其事以刺之也。不得以其無稽而沒之，況乃如之人明明有所指目。若作泛刺淫奔，神味索然。試涵咏正文，自見人道即天命，守信即為安命。詩人之言及此，蓋賢者之詞。

【眉批】重言遠兄弟父母，大聲而疾呼以發其天良。斥淫惡而以陰陽不正之氣為言，蓋夫人助君內治，他人不足以當之也。首二節一反一正，嗟歎之。末節四也字，慨歎無窮，惡之深，而詞仍婉也。

相鼠有皮音婆，人而無儀音俄。人而無儀，不死何為音譌。

興也。相鼠，鼠名，見人則交其前，兩足而拱。今河南彰德府古相州當時產此，今甘肅會寧縣亦有之。鼠至微賤，猶有皮以成文。人無儀節，不如物矣。謂其當死，恐傷化敗俗也。

相鼠有齒，人而無止。人而無止，不死何俟音矣。

興也。鼠以齒自衛。止，容止。俟，待也。容止以自檢身遠辱，如齒之自衛。

相鼠有體，人而無禮。人而無禮，胡不遄死。

興也。體，肢體。遄，速也。儀，儀文；止，則五官動作；禮，作全體。由淺而深，莫非無禮，故欲其速死。呂氏曰嫉惡不深，則遷善不力是也。

《相鼠》三章，章四句。

此刺無禮而作。孔子曰：夫禮，先王以承天之道，以治人之情。故失之者死。得之者生。而引此詩以明之。蔑禮者賊其身以賊天下，詩人深有見於其弊，而不覺其言之激。聖人取之，以儆愚頑，不以其詞傷厚也。蓋有救世之心，則激者亦厚。

附　解

此詩刺無禮自不可易，而子次於《蝃蝀》之後。禮始於謹夫婦，而邪淫易犯，人道以之不修，家國因之亂亡。衛之淫俗倡於上，和於下，夫子蓋深惡之，故錄此深惡無禮之作也。至相鼠，明有此鼠。陸佃曰：一種鼠，見人則交其前，兩足而拱，謂之禮鼠，相州多有，故曰相鼠。韓昌黎詩：禮鼠拱而立。今甘肅會寧縣多有，土人猶呼曰相鼠。故註疏之誤，決不可從。

【眉批】比之於鼠，欲其速死，激烈甚矣。然乃為世道人心計，不忍以一人亂天下也。

孑孑干旄，在浚之郊。素絲紕之，良馬四之。彼姝者子，何以畀之？

賦也。孑孑，特出貌。干旄，以旄牛尾注於旗干之首而建之車後，大夫之旗也。素絲，束帛也。浚，衛邑。邑外曰郊。紕，織組也，以素絲為線而縫旗之旒縿。四之，兩服兩驂，凡四馬以載之。姝，美也。子，指賢者。畀，與也。言衛大夫備禮竭誠以見賢者，賢者何以予之？蓋喜其事而冀其贊襄也。

孑孑干旟，在浚之都。素絲組之，良馬五之。彼姝者子，何以予之？

賦也。鳥隼曰旟。組以合縫，左右兩緣，中壓一緣曰組。素絲組之，三束也。在都，則迎賢者而入都也。五之，四加而為五，禮益隆也。

孑孑干旌，在浚之城。素絲祝之，良馬六之。彼姝者子，何以告之？

賦也。析羽為旌，干之飾也。祝，屬也，組成而屬之。六，六馬，極其盛也。

《干旄》三章，章六句。

美大夫好賢之詩。

附　解

以上三詩，《序》皆以為文公時詩，蓋因次於《定中》。而衛自渡河以後，惟文公為賢也。然玩其文義，各有所指，不可一概相從，故於先儒之說，棄取如此。必求其詞義相安，非好異也。

【眉批】盛稱其儀文，則中心之好可知；欲姝子有以相報，則求賢為國之意可見。皆透過一層寫法也。

載馳載驅，歸唁衛侯古音胡。驅馬悠悠，言至於漕。大夫跋涉，我心則憂。

賦也。載，語詞。弔生曰唁。悠悠，遠也。漕，衛東邑。山行曰跋，水行曰涉。大夫，衛之大夫。當時戴公廬漕使大夫告急於許，而許力不能救，故夫人以其跋涉為憂，思欲控大邦以圖存。然此章尚引而未發。

既不我嘉，不能旋反。視爾不臧，我思不遠。既不我嘉，不能旋濟。視爾不臧，我思不閟。

賦也。嘉、臧，皆善也。爾，謂許人。反，反衛。濟，濟衛之難。閟，閨閉。不閟，明白易見。夫人欲許代乞齊以救衛，而許人不從，故言既不以我為是，而爾之坐視危亡，固非善也。若我之思本非遠於事情，得失明而易見，奈何弗從我耶。

陟彼阿丘古音去其反，**言采其蝱**音芒。**女子善懷，亦各有行。許人尤之，眾穉且狂。**

賦也。偏高曰阿丘。蝱，貝母，主療鬱結之疾。善懷，猶善思。行，道。尤，過也。穉，幼弱。狂，妄也。己志既不得遂，則登高以望衛，采蝱以舒憂，因言女子善思亦各有道，不可概以婦人之言忽之。今己之計甚良，而許人尤之，是直童穉無能，多畏葸而且妄言耳。

我行其野，芃芃其麥。控于大邦，誰因誰極。大夫君子，無我有尤古音怡。**百爾所思，不如我所之。**

比而賦也。芃芃，麥盛長貌。控，持而告之。大邦，謂齊。齊子，夫人之姊。是時文公亦在齊，而齊桓初興，故夫人欲控之。因，藉。極，至。大夫君子，許之眾人。之，往也。按《春秋》傳，戴公廬漕在周十二月。夫人因麥起興，言麥經霜而猶茂，喻國雖滅而可興。當時許人不肯救衛，竝不肯為衛求齊，固因力不能救，亦以衛為難復興也。夫人故言當今之計，惟控於齊可以存衛，但我婦人，不能自去，惟許國君臣可任。今既不從，則欲控之，誰因而求？亦誰肯因一婦人而至？又慰勉之曰：大夫君子，無徒責我。任爾百計思維，不如從我之計。蓋當時齊猶未救衛，而夫人已料及非齊無以存衛，誠賢智哉。許人見不及此，則謂之穉狂也。亦宜。而舊說第以為欲歸唁而不可，詞義多晦矣。

《載馳》四章，二章章六句，二章章八句。

狄滅衛，衛人立戴公以廬於漕，告難於許，許穆夫人欲許代乞齊而不果，因作此詩。

附解

按《左傳・閔公二年》：冬十二月，狄入衛，宋桓公立。戴公以廬於漕，許穆夫人賦《載馳》。是年，戴公卒，文公立。蓋戴公之立與卒，僅一月之閒耳。當是時，文公在齊，齊桓尚未以師安衛。衛大夫告難於許，許穆夫人以齊本姻戚，而桓公初興，舍是無以復衛，故求許君臣代乞齊侯，而許人不從，故夫人賦此。左氏以其明智，故特記賦《載馳》句。厥後戴公卒，而齊桓立，文公以存衛，不出夫人所料，誠閨閫中之俊傑也。《序》說甚明，鄭康成亦以跋涉之大夫，衛大夫告難者。而朱《傳》易之，且以為夫人將歸，大夫跋涉追之。夫不可歸之義，人所共知，若君臣不早知而繼乃知之，為太愚。若許君不許夫人歸，而夫人私歸，為無禮。既自知義不可往矣，而又以許人為穉且狂，尤為不遜。又所謂百爾所思，不如我所之者，仍欲歸衛，有似倔強之徒，聖人何所取焉？故斷之以《春秋》，按切時事，就本文自然語氣詰之，為得識者，詳之舊說。此詩五章，蘇子由合二章三章以為一章。然《春秋》傳云：叔孫豹賦《載馳》之四章，取其控于大邦之意，則四章舊矣。毛《傳》疑誤。若孔穎達云：杜預云竝賦四章，以下賦意雖有所主，欲為首引之勢，竝上章而賦之。其說牽強，不可從也。

【眉批】首四句從歸唁正起，五句即以大夫宕接，而言跋涉之可憂。不憂己之跋涉，互文見義也。次章乃承出憂之之故，而反復自計其思之工，蓋不徒責人也，思既善矣，而乃以人之尤我為穉狂。末章又轉而求大夫君子，冀或有智者知己之策，結以舍此別無良謀。蓋憂念宗國，故不禁纏緜焉。

鄘國十篇二十九章，百七十六句。

《衛》一之五

朝歌，紂都也，武王弟康叔封此更名。衛在淇水北，百泉之南，其後不知何時竝得邶、鄘之地。至文公，徙居楚邱。成公又徙於帝邱，即濮陽。秦徙之於野王，今懷慶。始皇既并天下，猶獨置衛君，二世時乃廢。凡九百年，最後絕。又大名府古觀扈國，亦商之舊都，或云武王立武庚於此，姑存參。

瞻彼淇奧，綠竹猗猗。有匪君子，如切如磋，如琢如磨。瑟兮僩兮，赫兮咺兮。有匪君子，終不可諼兮。

興也。淇，水名。奧，隈也。猗猗，少而美。匪、斐通，文也。治骨角者切以刀鋸，復磋以鑢鍚；治玉石者琢以椎鑿，復磨以沙石。言其進德無已。瑟，嚴密。僩，武毅。言其內念之齋肅。赫，盛大。咺，光明。言其威儀之昭著。諼，忘也。此章言其少時進德，人則效而不忘。

瞻彼淇奧，綠竹青音菁青。有匪君子，充耳琇瑩。會弁如星，瑟兮僩兮，赫兮咺兮。有匪君子，終不可諼兮。

興也。青青，壯而盛也。充耳，瑱也。琇、瑩，美石。天子玉瑱，諸侯以石。會，縫也。弁，皮。弁以玉飾皮，弁之縫中，如星之明。蓋既為諸侯，而盛服以臨民矣。然其去私存理，不異少時，故瑟、僩、赫、咺，民服其善政善教而不能忘。

瞻彼淇奧，綠竹如簀。有匪君子，如金如錫，如圭如璧。寬兮綽兮，猗重較兮。善戲謔兮，不為虐兮。

興也。簀，棧也。如簀，老而密也。金、錫，言其精純。圭、璧，言其溫潤。寬，舒展。綽，從容。猗，歎詞。式上横木曰較，與式重疊，故曰重較。憑式則容俯，倚較則不俯不仰得其中正。言其寬綽之中有莊嚴之度，如在車中重較而立，故歎美之也。善戲謔，言笑相歡，不失其正。虐，害也。此章言其德老而彌精，如金錫圭璧然。而又言其從容中適亦復莊嚴，戲謔言歡，未嘗害正。蓋學極於自然之候也。

《淇奧》三章，章九句。

《序》以為美武公也。言其自少至老，進德精純，所為繼康叔之美而造衛者也，故夫子以為篇首，而《大學》引之。作此詩者，其精微寄興如此，則亦聖人之徒也已。

附解

史稱武公修康叔之政，百姓和集，佐周平戎，有勳王室。又《國語》稱其耄而箴儆，作抑戒賓筵以自勵，時人謂之睿聖。此詩尤能道其修己臨民，本末精粗之學，諸家皆無異詞，以證佐確也。第《序》說牽入聽規諫，以禮自防，又因重較一言黏滯入相於周，而按之本文，實無此意，且重較句橫梗不通，今酌正之。

【眉批】由內及外，由少至老，細細形容，多借物以喻，而流連不盡之神全在兮字。凡說理之詩，無如此風韻者。

考槃在澗，碩人之寬。獨寐寤言，永矢弗諼。

賦也。考，成也。黃一正曰：槃，架木為屋，取盤結之義。朱子曰：言成其隱處之室也。山夾水曰澗。碩，大。寬，廣。永，長。矢，誓。諼，忘也。言成屋於山水之間，亦甚狹隘，而碩人居之，則以為寬廣。雖獨寐而寤言，誓不忘自得之樂。

考槃在阿，碩人之薖。獨寐寤歌，永矢弗過。

賦也。曲陵曰阿。薖，猶窩也。歌，樂之也。過，踰也。在阿非可久安，而碩人居之則以為窩，伏處藏修，如得巢穴也。弗過，視天下之樂無有過乎此者，而所守益定矣。

考槃在陸，碩人之軸。獨寐寤宿，永矢弗告。

賦也。高平曰陸。澗、阿、陸，一处也。澗上有中阿，阿上有陸。軸，車軸。輪轉而軸不動，且所以轉輪，言其任世故之推移，握其樞而不動也。寤宿，覺而猶臥。弗告，此中之樂不足為外人道也。

《考槃》三章，章四句。

美賢者隱居也。子曰：用之則行，舍之則藏。既已舍之，不患其不藏，患其無可藏也。惟自得於己而無求於外，則隨遇而安，不願乎外。此詩其有之矣。

附解

《序》以為刺莊公。毛氏曰：不能繼先公之業，使賢者窮處。然詩無刺意，故朱子謂美賢者。《文選注》作考槃在干。地下而黄曰干，干墝埆之處也。《韓詩》作碩人之僩。僩，美貌。然各書引述不同，今直就本文解之，而遵《折衷》以為斷。

【眉批】考槃以見窮約而寤，永矢綽然，餘賢可知。一字内該多意義，而詠歎不盡，神故非後所能及。

碩人其頎，衣錦褧衣。齊侯之子，衛侯之妻。東宫之妹，邢人之姨，譚公維私。

賦也。碩人，謂莊姜。頎，長貌。褧，禪衣。錦衣加褧，文之至也。東宫，太子所居之宫。齊，大。子，得臣也。女子後生曰妹，妻之姊妹曰姨，姊妹之夫曰私。邢、譚，二國名，皆見《春秋》。言其所生之貴，族類之榮，為正嫡小君，莊公宜親厚也。

手如柔荑，膚如凝脂，領如蝤蠐，齒如瓠犀，螓首蛾眉。巧笑倩兮，美目盼兮。

賦也。茅始生曰荑，言柔而白也。凝脂，脂寒而凝者亦然。領，頸。蝤蠐，木蟲之白而長者。瓠犀，匏子白而齊也。螓，螓蜻。蜻額廣而方。蛾眉細而曲。倩，口輔美。盼，黑白分。此極稱其容貌之美也。

碩人敖敖，說于農郊。四牡有驕，朱幩鑣鑣，翟茀以朝。大夫夙退，無使君勞。

賦也。敖敖，從容。說，舍也。農郊，近郊。四牡，車之四馬。驕，壯貌。馬銜外鐵曰鑣，人君則以朱絲纏之，故曰朱幩。左右兩鑣，故曰鑣鑣。雉羽飾車曰翟，前後設蔽曰茀。夙，早也。此言其成婚禮儀之盛，又言國人知姜之賢，欲大夫夙退，毋使君勞，得與夫人燕喜。則一國臣民無不愛戴，而莊公不知，昏惑甚矣。

河水洋洋，北流活活。施罛濊濊，鱣鮪發發。葭菼揭揭，庶姜孽孽，庶士有朅。

賦也。黄河在齊西衛東北流入海。洋洋、活活，充滿流動之貌。施，設也。罛，魚罟也。濊濊，罟入水聲。鱣，黄魚。鮪，黑魚。發發，多而盛。葭，蘆。菼，葦。揭揭，長也。庶姜，媵妾。木之肄生曰孽，庶姜媵夫人而盛，故曰孽孽。言其旁出而盛也。庶士，媵臣。朅，武壯貌。言齊與衛一水可通，本宜親睦，且其地富庶，物產繁昌，既鍾毓夫人之賢，而且庶姜庶士亦盛備如此，則娣媵之人想亦媵於嬖妾。而卒不見答，誠不可解也。

《碩人》四章，章七句。

莊公惑於嬖妾，夫人莊姜賢而失位，詩人作此。盛言其貴美而賢，又及於齊之富強，媵從之盛，以見如此而不見答，莊公非人情也。朱子曰：此但指人所易見者，以刺莊公之昏惑。莊姜之賢，固不止此也。諒矣。

【眉批】不深言莊姜之德，而但就淺處著筆，蓋就莊公淺人說。退一筆寫，正深一層諷刺也，若曰求其見棄之故而不得焉耳。

氓之蚩蚩，抱布貿絲。匪來貿絲，來即我謀音迷。送子涉淇，至于頓丘音欺。匪我愆期，子無良媒音迷。將子無怒，秋以為期。

賦也。氓，民也。蚩蚩，無知之貌。布，幣。貿，買也。頓丘，衛邑，在淇水南。《地理志》：東郡頓丘縣。愆，過也。將，請也。追敘其初遇之時，男子謀挈婦去，而婦故遲之，以堅其約。

乘彼垝垣音延，以望復關音堅。不見復關，泣涕漣漣。既見復關，載笑載言。爾卜爾筮，體無咎言。以爾車來，以我賄遷。

賦也。垝，毀。垣，牆也。复關，地名，男子所居。《寰宇記》：澶州臨河縣，復關城在南，黃河北阜也，復關堤在南三百步。龜曰卜，蓍曰筮。體，卦兆。賄，財也。又言其及期而望之，惟恐其不至，重之以卜筮，均之以貨財，可謂同心之至矣。而不免於見棄，事後迴思，皆可恥也。

桑之未落，其葉沃若。于嗟鳩兮，無食桑葚。于嗟女兮，無與士耽。士之耽兮，猶可說也。女之耽兮，不可說也。

比而興也。沃若，潤澤貌，以比己之容色光麗。鳩，鶻鳩，即斑鳩。葚，桑實。鳩食桑葚則醉。耽，樂也。說，解也。言己色艾失身如鳩食桑葚而醉，今而悔之，已不可解。因為人戒之。然士耽與女耽，其失均也，婦人特為己言故爾。

桑之落矣，其黃而隕。自我徂爾，三歲食貧。淇水湯湯，漸車帷裳。女也不爽平聲，士貳其行。士也罔極，二三其德音的。

比而賦也。隕，落。徂，往。漸，漬。帷裳，車飾，亦名童容。爽，差。極，定也。言己色衰見棄如桑之黃隕，因歎其與共貧苦曾不之念，今復渡淇水而歸，自反事夫者無差，而見棄如此，則以士貳其行，得新忘故也。

三歲為婦古音房以反，靡室勞矣。夙興夜寐，靡有朝矣。言既遂矣，至于暴矣。兄弟不知，咥其笑矣。靜言思之，躬自悼矣。

賦也。靡，不。夙，早。興，起。咥，笑貌。申言三歲食貧之時，不以家務為勞，早起遲眠，無日不然，欲使爾不貧也。所謀既遂，遂暴棄我。歸而訴之兄弟，但咥笑而已。蓋失身不為兄弟所齒，亦何所歸咎哉，亦自悼而已。自悼者，傷其貪一時之樂，而貽終身之辱。情欲之感〔惑〕，可不懼哉。

及爾偕老，老使我怨。淇則有岸，隰則有泮。總角之宴，言笑晏晏。信誓旦旦，不思其反音販。反是不思，亦已焉哉音資。

賦而比也。及，與。泮，涯也，高下之判也。總角，女子未笄之飾。晏晏，和也。旦旦，明也。言本期與汝偕老，不意老而見棄。彼淇則有岸，隰則有泮，物亦猶有限制矣，而人情不可測度。總角時和好，相約期以終身，自不思將來反復之事。既不思其反而至此矣，則亦未如之何矣。蓋自悼之甚，竝其夫而亦不怨之，然終無益也，則孰若愼之於其始哉。

《氓》六章，章十句。

棄婦自悲也。蓋其始合不以正，其既亦不保其終，而悔怨亦無及矣，士之苟合者亦如斯焉。輔廣曰:《谷風》與《氓》皆怨，然彼怨而責之，其詞直，其初正也；此怨而悔之，其詞隱，初不正也。是以君子永終知敝。

【眉批】敘初遇之時，情事曲盡，極頓宕揚抑之致。敘別後相思，重踐舊約，一恐一喜，情文兼至。此章宕接，以緩文勢，乃令上下文氣生動而有餘味。此乃正言見棄。涉淇而來，涉淇而去，景物堪傷，寫得悽惋。此章總敘未棄之勞、棄後之苦，疊用矣字，愁歎無既。末節於自咎不能慎始，亦已焉哉，實有不能已者也。

籊籊竹竿，以釣于淇。豈不爾思。遠莫致之。

賦也。籊籊，長而殺也。言思以竹竿釣於淇水，而遠不可致也。

泉源在左，淇水在右古音以。女子有行，遠父母兄弟。

賦也。泉源，即百泉，在衛之西北，而東南流入淇，故曰在左。淇在衛之西南，而東流與泉源合，故曰在右。言泉源、淇水常在衛之左右，而女子遠行，乃不得常在父母左右也。

淇水在右，泉源在左。巧笑之瑳，佩玉之儺。

賦也。瑳，鮮白色。笑而見齒，其色瑳，猶粲然也。儺，行有度。言諸姑姊妹隨父母遊，而已不得與其間也。

淇水滺滺，檜楫松舟。駕言出遊，以寫我憂。

賦也。滺滺，流貌。檜，木名，柏葉松身。楫，所以行舟。駕，駕車。又言淇水之內，舟楫可以遊樂，而今不能，則惟駕車出遊以寫憂而已。

《竹竿》四章，章四句。

衛女嫁於諸侯，思其父母而作。蓋婦人以夫為家，不得常事所生父母，專事翁姑。非薄其所生也，父母有子女。本以夫家為家，然或無子，則女當孝養，壻當迎養。世俗不然，女父母無子，亦恝然置之，豈天理人情乎？故夫子錄此詩，以教後世當曲全情誼，不可偏見，悖理傷教也。

附　解

《序》及諸儒皆以為衛女思歸，是也，而以同於《泉水》則非。蓋《泉水》乃父母既終，思歸寧而不得，此則父母猶存，平日思念之作。蓋女子遠父母兄弟，禮也，即歸寧，亦有定時。然人子之心，固無時不欲與父母相依。諸侯夫人尤不能常歸寧，則此詩之女其殷殷於思也，可不謂孝乎？且玩其詞意，流連於左右之色，笑而以遠爲憂，蓋舅姑已沒而父母猶存，懷其所生，不能已也。愚按古人制禮，父母既終，女不得歸寧，以女子既嫁而反，兄弟弗與同席而坐、同器而食，以別嫌也。父母既終，歸無所依，故不許歸寧。今衛女父母尚在則可以歸寧，而此詩若不能遂其志者，豈非拘於常禮，反悖天倫乎。女與男，皆子也。女已嫁，棄其父母而事翁姑，思養之情，豈能自止，則思歸固為天理人情之正。凡為翁姑者，當體其子婦之心，使得兼養所生父母。凡為子壻者，亦當恕推其妻之心，毋第執禮而遂不慰其孝思耳。夫男女有別，故父母死女不得歸寧，而父母尚存，則當順其孝思。且或父母無子可依，而必賴女以生，則壻有半子之誼，女報養育之恩，理當迎養以全其生。乃世俗概以為女生外相，女亦忘其所生，坐視危亡而不救，而非人矣。聖人錄《泉水》及此章，所以明人倫之教，豈直謂其但不歸寧為美哉。

【眉批】通篇皆即淇水寫情，而情文反復，已至釣淇未嫁時事，迴憶之也。

芄蘭之支，童子佩觿。雖則佩觿，能不我知。容兮遂兮，垂帶悸兮。

興也。芄，蘭草也。一名蘿摩，蔓生，斷之有白汁，可啖。支、枝同。芄蘭枝出，葉間垂如觿狀。觿，錐也，以象骨為之所以解結，成人之佩。知、智同。容，容與。遂，禮曰遂遂然，皆舒緩意。悸，驚動意。言無他才能，但修飾容貌以為美觀，然其情形猶多羞怯，如驚悸也。芄蘭本不勝枝，童子德不衷服，此興意也。

芄蘭之葉，童子佩韘。雖則佩韘，能不我甲音結。**容兮遂兮，垂帶悸兮。**

興也。韘，決也。所以引弓能射，以骨為之，著右大指，芄蘭葉似之。甲，長也，言其才能不足以長於我。

《芄蘭》二章，章六句。

此刺童子無禮而作。蓋德業與年俱進，先王制禮，嚴於躐等，所以老其才而深其養。後世喜年少輕儇之士，尚穎異浮夸之徒，而聖賢之學始鮮也，子故錄此戒之。

附　解

《序》謂刺惠公。蓋惠公即位，年十五六也。朱子以無明文，故不從。胡紹曾嫌其與君競能，理有未安。其說甚善。當時世胄，必有年少躐等者，故詩人刺之。而夫子錄之，又以警夫少年自恃者。嘗謂世不乏幼慧之士，然不教以篤實自修，則浮華日甚。心性倫紀之功，必無由踐。又其甚者，謂圣賢生而已然，不假學力，於是羣尚穎秀，輕侮老成，世道人心，日趨於薄矣。容遂，鄭《箋》曰容刀。遂，瑞也。然玩詞不如朱《傳》之妥。

【眉批】能不我知，警之使覺。又以悸字指其羞惡之良，抑此童子其必有狎侮老成者乎？不然，何必斥而諷之也？

誰謂河廣？一葦杭之。誰謂宋遠？跂予望之。

興也。葦，葭屬。杭，渡也。跂，企也。言誰謂河廣乎？一葦即可渡之。誰謂宋遠乎？一跂足即望之矣！以明己之不歸非不可歸，其情傷矣。

誰謂河廣？曾不容刀。誰謂宋遠？曾不崇朝。

興也。小船曰刀。不容刀，狹之甚。不終朝而即至，近之甚也。

《河廣》二章，章四句。

宋桓公出其夫人，子襄公立，當迎母歸宋而不能，然夫人作此自傷。夫夫婦之際，人倫之始也。非有大故，不容輕絕。桓公之於夫人，蓋有不當出而出者。《說苑》載宋襄公讓國於目夷，曰：臣之舅在衛，愛臣，若終立則義不可往。夫有子不出，宋桓出其夫人，過矣。襄公立，迎母歸宋，蓋父之愆，全子之道，何云義不可往哉？夫子錄此，罪襄公也。

附　解

舊說嗣君承父之重，母出與廟絕，不可以私反，謂夫子錄此以教。非也。有子不出，桓公之失。襄公當幹蠱以全孝，何以任母在外哉？且七出之說，先儒已有議之者。夫忤、逆、淫、泆、妒，固可出矣。若無子及惡疾，皆情之宜憫者，而一概出焉，豈聖人之制乎？鄭康成又謂諸夫人雖無子不出，以嬪妾多不為絕嗣。則宋桓公夫人之出，豈禮也哉？後人因《檀弓》記孔氏出母，遂不敢疑。然《檀弓》所載非實，前人已有正之者矣。夫子錄此詩，正以戒夫世之重色輕德，不務修齊而藉口於七出者。子不嘗云乎，妻也者親之，主也可不敬歟？《易》曰有夫婦然後有父子云云，未盡刑于寡妻之道，而遽以出為禮，豈聖教哉！如襄公立而復母，乃為救父之失，否則非孝，此詩所以存也。

【眉批】衹言歸之之易，而不歸之故可想，其情彌深。

伯兮朅兮，邦之桀兮。伯也執殳，為王前驅。

賦也。伯，婦人目其夫之字。朅，武貌。桀，英武之稱。殳，槍類，長丈二而無刃。蓋衛宣公時，蔡人、衛人、陳人從王伐鄭，婦人憂王師之不反而念其君子，盛稱其夫之才也。

自伯之東，首如飛蓬。豈無膏沐，誰適為容。

賦也。衛兵從王伐鄭，至京師乃東行，故曰東也。蓬，草名，其華如柳絮，聚而飛，如亂髮也。膏，所以澤髮者。適，主也。沐，滌面去垢，因夫不在而不為容義也。

其雨其雨，杲杲出日。願言思伯，甘心首疾。

比也。其者，冀其將然之詞。杲杲，日色明。首疾，頭痛也。言冀雨而日復出，比天時不順，王師必不如願，是以思伯而甘心首疾，以夫勤王，義當同甘苦也。

焉得諼草，言樹之背。願言思伯，使我心痗。

賦也。諼，本作蘐，萱同，似鹿蔥而葉小，花色白，香清可以忘憂，故一名忘憂草。背，北堂。《禮》曰主婦北堂。蓋伯有母在，其妻恐貽親憂，而思樹蘐也。今人稱人母曰萱堂。痗，病也。上章言己甘心首疾，而茲欲樹萱忘憂，蓋己憂而又恐貽親憂，賢孝之婦也。

《伯兮》四章，章四句。

衛宣公時，衛人從王伐鄭。從軍者之妻逆知王師不利，而憂其夫之詞。

附解

《序》以為刺時。鄭康成本《春秋》魯桓公五年蔡人、衛人、陳人從王伐鄭，以為詩作於此時。信矣。朱子特因自伯之東一語，謂鄭在衛西，不從鄭說。孔穎達曰：衛從王伐鄭，兵至京師乃東行。伐鄭非謂鄭在衛東。鄒氏泉曰：周既東遷，衛自西北而往，故云之東。胡紹曾曰：案衛人從王至京師，屬右軍虢公林父正東行矣。諸說確鑿，無可疑者。不然，為王前驅句為無根。且但以為婦人思其夫，全詩之意多不明。蓋婦人逆知王師伐鄭不能成功，而又以其夫義勇必死王事，故其憂之深切如此。首言其才而僅曰執殳、前驅而已，則其夫非貴職，不得如孔穎達州伯之說。惟其夫有忠勇之才，而阨於下位，不能止王師之東行，故但敍己別離之憂，以寄其無可如何之歎。而末章又歸本於北堂，慮其不歸而貽親憂。夫美伯之才而喜其從王，知君臣之大義也。逆料王師無成，而惓惓憂心，明智之才也。一於夫子而不復為容，節義之志也。若夫己憂雖切而不欲貽北堂以憂，又孝愛之至也。夫子取之，其以此矣。若范氏之説，言兵者毒民於死，聖王重之云云，亦極有關於世，然非此詩本旨也。

【眉批】忠孝之情，别離之意，無不曲盡，而詞旨和平，其味彌永。

有狐綏綏，在彼淇梁。心之憂矣，之子無裳。

興也。狐，貅也，似狗尖觜，大尾，有黄、黑、白三種。綏綏，獨行之貌。石絶水曰梁。狐性疑，善聽，冰堅則過河。在淇梁，則凝冰歲寒之時矣，而之子乃無裳獨行，故詩人憂之。

有狐綏綏，在彼淇厲音賴**。心之憂矣，之子無帶。**

興也。厲，深水可涉處。帶，所以束衣。水深處狐亦遊之，則寒益甚矣。衣薄而有帶，猶可禦寒，無之則貧甚矣。

狐有綏綏，在彼淇側。心之憂矣，之子無服。

興也。淇側，常在其側。無服，周身之服皆不全也。

《有狐》三章，章四句。

國亂民貧，君子傷之而作。子曰：於《有狐》見惻隱之仁焉。

附　解

《序》曰刺時。毛氏曰衛之男女失時，喪其配偶，引《周禮》荒政殺禮而多昏，謂衛不能然也。先儒從之。而朱子竟以為寡婦見鰥夫而欲嫁之，蓋以有狐淫獸取譬，或然耳。然玩其詞旨，婉和不類淫人之作，或謂君子於寒夜見貧民與狐涉水，而傷之賦此。按之詩意，似得其實。蓋狐涉在大寒之時，而民乃無衣無服，故君子即所見以起興，觀其纏緜悱惻見於言表，以為有惻隱之仁，乃近似也。

【眉批】狐欲渡而無梁，貧逢冬而無裳。憂之，實傷時政也。

投我以木瓜音孤**，報之以瓊琚。匪報也，永以為好也。**

比也。木瓜，楙也，狀如柰酢，可食。瓊，玉名。琚，佩玉名。言人贈微物，當報之以重寶。而猶未足以為報也，但欲其永好而不忘耳。蓋物輕而意濃，故報之者無盡意也。

投我以木桃，報之以瓊瑤。匪報也，永以為好也。

比也。瑤，美玉。木桃，更小於瓜矣。瓊瑤，更美於琚。

投我以木李，報之以瓊玖古音幾。**匪報也，永以為好也。**

比也。玖，青玉。李，更小於桃。瓊玖，更美於瑤矣。徐氏曰：瓜有瓜瓞，桃有羊桃，李有雀李，皆枝蔓也，故言木以別之。

《木瓜》三章，章四句。

朋友相贈之詩。蓋施雖薄而意厚，故報之者相愛於無已也。

附　解

《詩序》以為美齊桓，諸儒皆從之。即朱子《讀〈尊孟辨〉》亦云《詩》錄《木瓜》，《春秋》序績之意，亦以善衛人之情也。及為《集傳》，則以美桓之說為不據，而疑為男女贈答之詞。或云朋友相贈之詩也。愚謂美齊桓則桓之惠不止於木瓜，而衛人實未嘗有以報之。朱子之說是也。然謂為淫詩，亦屬猜擬。惟謂為朋友相贈，則自明。其所報不足以報，而感德之思，有不係乎物而係乎情者，所謂物薄而意厚也。夫子取之，以明報施之道，寧厚毋薄，非必其施之厚而始不可忘。且投瓜李者，初未嘗求報也，而報之者如此，尤足見相與之隆焉。《孔叢子》載孔子曰：吾於《木瓜》，見苞苴之禮行焉。則瓜李之說，非設言可知。

衛國十篇，三十四章，二百三句。

衛首并邶、鄘，侵敗王略，故子列於變風之首，而又特先邶、鄘。一以明不與諸侯之兼并，一以明十五國之詩皆以壞王章而後變。變者，失政之為，非先王之舊也。若張子衛濱大河其人輕浮之就，愚不謂然。蓋人者，天地之心。而君上者，又裁成天地者也。風土雖薄，仁之以教化則厚。康叔、武公，曷嘗不蒸蒸治化哉。且即衛詩，亦多賢者，烏可以一概論。若桑間、濮上之音，及趨數煩志之音，皆流失使然，豈其地不足興禮樂耶。

【眉批】物有限而情無窮，三、四句一宕一接，二也字，意餘於言也。

《王》一之六

王，周東都洛邑王畿之地。周初，武王居鎬。成王時，周公營洛邑為東都，以朝諸侯。至幽王被弑，平王立，徙於東都，王室遂卑。其詩無以自別於諸侯。孔子删詩，序諸邶、鄘、衛後，明王室之卑，諸侯僭亂為之也。而王之不能自立，亦從可見。蓋當日盛時，武王、周公以公天下之心待人，禮樂征伐雖統於天子，而諸侯各君其國，各子其民，天子亦惟治其畿內。王之有風，亦如二《南》，不自東遷始也。第東遷以後，王室衰而風詩失正，其詞乃如此。夫子敍之變風之次，以明王不德則儕於侯，垂戒後世焉。其地則今河南府懷、孟等州是也。

彼黍離離，彼稷之苗。行邁靡靡，中心搖搖。知我者謂我心憂，不知我者謂我何求。悠悠蒼天音汀，與人協！此何人哉？

賦而興也。黍，穀名。苗，似蘆，高丈餘，穗黑色，實圓重。離離，垂貌。稷，亦穀名，一名穄，似黍而小，其實叢生。邁，遠行。靡靡，猶遲遲。搖搖，無定。悠悠，遠貌。蒼天，遠視蒼蒼然也。大夫見故宫廟地盡為禾黍，感傷顛覆，徬徨不去，而歎始謀東遷之人為計大左也。始見黍之離離，繼乃知其為稷，狀愁眼昏花也，故下承以中心之憂。

彼黍離離，彼稷之穗。行邁靡靡，中心如醉。知我者謂我心憂，不知我者謂我何求。悠悠蒼天！此何人哉？

賦而興也。穗，秀也。如醉，憂之甚而不自知，穗下垂如醉狀。

彼黍離離，彼稷之實。行邁靡靡，中心如噎。知我者謂我心憂，不知我者謂我何求。悠悠蒼天！此何人哉？

賦而興也。噎，憂深不能喘息，如噎然。稷實堅結，如人心噎。

《黍離》三章，章十句。

平王東遷之後，周大夫行役至於宗周，見黍稷而興歎，閔王室之衰，自棄其形勝也。

附　解

范甯序《穀梁》，謂列《黍離》於《國風》，齊王德於邦君，宋儒因之以解《孟子》王迹熄而詩亡，愚於《孟子註》已詳辨之，兹不贅。若乃王之降為風，朱子亦曰王室卑與諸侯無異，故其詩不為雅而爲風。然王號未替，故不曰周，而曰王。夫王之降也，孰降之乎？王應麟曰：《左傳》襄二十九年季札觀樂於魯，已為之歌《王》矣。孔子哀公十一年始自衛反魯，樂正雅頌得所，則降王於風，非孔子也。孔穎達曰：王爵雖尊，以政狹入風。張子曰：《王》次《衛》者，恐混於二《南》，故以三國間之。《鄭志》：張逸問平王之詩不能復雅，而幽、厲乃在雅，何也？鄭康成謂幽、厲以酷虐暴諸侯，故為雅。平、桓則政教不及畿外，故為風。是皆掠影之談也。孔氏又謂風雅之作，本自有體，非謂採得其詩乃貶之。朱子曰王風是他風，如此不是降為國風，風多出於在下之人，雅乃士大夫所作。雅雖有刺，而其詞與風異。鄭樵曰：《七月》，西周之風；《黍離》，東周之風。是三說者近之矣，而猶未洞然於其故也。竊謂文、武、周公以天下為公，選賢與能，代天理物，不以土地人民為私有也。故分地諸侯，使各君長治化，而天子但總其禮樂征伐之大權。《孟子》曰天子之地方千里，不千里，不足以待諸侯。蓋其自治畿內，為諸侯之表率。雖天下咸凜王章，而其自視無異諸侯。周初風詩，首重二《南》，文、武、成、康盛時，一道同風，皆本修齊以及天下。然先王猶恐下情壅於上聞也，故當時採風，王朝自有王朝之詩，列國亦各有詩，皆載在典冊，播於樂府。東遷以後，雖政教不行，而風詩尚各從其類，故王之有詩，乃周之舊制也。特東遷之後，王者不能以教及民，是非失實而勸懲不明耳。此季札觀樂，所以有王風。若非王本有詩，安得而歌之？夫子刪詩，去其不可存者，而存其關勸懲者，若王之風，則猶夫詩之舊。而特序諸三國後以寓訓戒，非有降之者也。不然，謂風不如雅，何以解於二《南》、《豳風》？謂雅優於風，何以解於《小旻》《板蕩》？至曹植以為尹吉甫殺伯奇，其弟伯封作《黍離》，則因而傅會者。又齊、魯、衛三家以王風為魯詩，《新序》云衛詩，皆不可從。

【眉批】目不辨於黍稷，心莫知其向方，憂之深而呼天，其詞痛切，其咎始謀遷都之人至矣。

君子于役，不知其期。曷至哉？雞棲于塒。日之夕矣，羊牛下來。君子於役，如之何勿思！

賦也。君子，婦人稱其夫。雞，稽也，能稽時也，其鳴也知時，其棲也知陰。鑿牆而棲曰塒。羊性畏露，晚出而早歸，常先於牛。既無歸期，亦無定所，曾羊牛之不若，故思之甚也。

君子於役，不日不月，曷其有佸音澿？雞棲于桀，日之夕矣，羊牛下括。君子于役，苟無飢渴音竭？

賦也。佸，會。桀，杙。塒藏而桀露，故先至者棲塒，後至者棲桀。括，至。苟，且也。苟無飢渴，不敢望其來，至而但望其生全也。

《君子于役》二章，章八句。

農民行役，而其妻思之也。先王慎用民力，不得已而用之，必歸有定時，行有定所。而且曲慰其室家之情，俾無怨恫。周衰，王政不行，諸侯背畔，王乃不思撫字而虐用其民，至於行役無期，農民怨歎。序此《黍離》之後，非特喪其地利，尤早失其人和也。

附　解

《序》曰刺平王。申之者曰：君子行役無期，度大夫思其危難以風。孔穎達謂在家之大夫思僚友之危難，朱子改為大夫行役而室家念之。就室家言，其情更為真切矣。第謂大夫行役，似不然。《折衷》以為農民行役，則棲塒、棲桀、羊牛下來，詩中乃無賸語，敬從之。

【眉批】無定時亦無定所，敘勞民非禮，只此二意已足該其他矣。如之何勿思，若曰非是則行役義也，可勿思也，所以為賢也。

君子陽陽，左執簧，右招我由房，其樂只且顧氏炎武曰：且字，章之餘也。

賦也。陽陽，自得之貌。簧，笙管中金葉。由，從也。房，奏樂之所。孔穎達曰：房中之樂，作於小寢。只且，語助詞。言以君子為伶官而志氣陽陽，常若自得。左手執簧，右手招我由房，以為此中甚樂也。

君子陶陶，左執翿，右招我由敖，其樂只且。

賦也。陶陶，喜悅之狀。翿，舞羽也。敖，舞位也。

《君子陽陽》二章，章四句。

政亂國危，賢者思薄祿以全身，而羡其友伶官之樂也。

附　解

《序》說閔周也。毛氏曰君子相招為祿仕，全身遠害。然玩詞意，乃在位之君子，因不能自展而歎不如伶官之流，無與於理亂，可以藏身遠害為甚樂也。蓋賢者不能不為祿仕，而衰世義多不容，是以思藉此全身。有國者使賢士以執簧執翿為樂，其亦殆矣。

【眉批】羡他人之樂而己之憂可見，與《簡兮》參看，可以見賢者仕亂世之情。

揚之水，不流束薪。彼其音記之子，不與我戍申。懷哉懷哉，曷月予還歸哉！

興也。揚，激揚。戍，屯守。申，姜姓之國，平王之母家南陽郡宛縣。懷，王民思鄉也。言激揚之水至不能流束薪，與王政衰不能令諸侯。彼其之子，謂他國當戍者。曷月旋歸，久戍而不得代也。蓋不當戍而又不共戍，久而不代，故怨之也。

揚之水，不流束楚。彼其之子，不與我戍甫。懷哉懷哉，曷月予還歸哉。

興也。楚，荆也，輕於束薪。甫，即吕也，亦姜姓，宛西有吕城，蓋以申同姓之國竝戍之。

揚之水，不流束蒲《説文》：從草，浦聲。**彼其之子，不與我戍許**音甫。**懷哉懷哉，曷月予還歸哉！**

興也。蒲，草也，又輕於束楚矣。許亦姜姓，今許州。

《揚之水》三章，章六句。

中國數被犬戎侵伐，平王使畿内之民戍之，戍者怨之而作。舊説申國近楚，數被侵伐，故王使人戍之。按是時，楚尚未强横，何緣而侵擾申國？或言申侯結犬戎弑幽王而立平王，盡取周賂。蓋戎狄無厭，怨申侯而侵伐之，王使人戍申，於情事為近。詩刺忘親戍仇也。

【眉批】王之不能令諸侯，以自失其所令也。諷王隱而責不與戍顯。結以思歸，而曰曷月，餘韻悠長。

中谷有蓷，暵其乾矣。有女仳離，嘅其歎矣。嘅其歎矣，遇人之艱難矣！

興也。蓷，益母草。暵，燥。乾，蓷之老者。仳，别也。嘅，歎聲。艱難，窮厄。言天時亢旱，蓷之乾者先暵。有女凶年與其君子别離而歎。人，暗指當時在位，蓋詩人諱其詞。平日無撫恤之仁，遇凶無備禦之策，是以士女流離也。

中谷有蓷，暵其脩矣。有女仳離，條其歗矣。條其歗矣，遇人之不淑矣！

興也。脩，長茂。條，條然歗貌。歗、嘯同。淑，善也。旱之久而長茂者亦暵矣，棄之久而嘅歎者條歗矣！所以致此，由遇人之不善也。蓋凶年上不收恤，必有乘亂侵擾民者。

中谷有蓷，暵其濕矣。有女仳離，啜其泣矣。啜其泣矣，何嗟及矣！

興也。濕，窪地。啜，泣貌。旱之極，在濕地者亦暵矣。窮之極，則條歗者啜泣矣。事已至此，末如之何？反若責其不早為計者，責上之意深矣。

《中谷有蓷》三章，章六句。

凶年饑饉，室家相棄，而詩人歎之。蓋旁觀之詞，所以致其責備有位之思也。

附　解

《序》云閔周。是也。蓋政散民流，賢者覩其仳離而深歎惜。舉女，則民不待言。其曰遇人艱難、遇人不淑，若謂其夫，若謂他人，蓋詩人諱言在上，忠厚之詞也。啜泣何及，又言不早為計，至於流離，若責之，而悼逾深矣。舊說作婦怨夫之詞，夫凶年流離，其夫亦出無奈，責之則為傷厚，且於詞義較緩矣。

【眉批】詠旱而第以蓷乾為言，旱狀已曲盡。詠失所而第以女言，流離已該括遇人不淑。歎其何及，上之昏頹已可見。數矣字嗟歎無窮，其憂世憂民之心無已亦見矣。

有兔爰爰，雉離于羅。我生之初，尚無為。我生之後，逢此百罹古音羅。尚寐無吪。

比也。兔性陰狡。爰爰，緩意，故作遲緩以避害。雉性耿介，輕死。離，麗。羅，網。尚，猶。罹，憂也。尚，庶幾。吪，動也。言張羅本以取兔，而雉反罹之，喻小人無〔有〕罪而君子遭刑，因歎其初生之時，尚不至此政刑顛倒，欲庶幾寐而不動，或可免禍也。

有兔爰爰，雉離於罦。我生之初，尚無造。我生之後，逢此百憂。尚寐無覺音教。

比也。罦，覆車也，有兩轅，中施罥以捕鳥。造，作也。非禮而造作，以陷忠良。覺，寤也。覆車似車而實以掩取禽獸，無端造事之人藉國憲以陷忠良，故以為喻。

有兔爰爰，雉離于罿。我生之初，尚無庸。我生之後，逢此百凶。尚寐無聰。

比也。施羅於車上曰罿。庸，用也。言此設罿之為，尚無所用之，蓋猶能覺其奸也，今則百計險狡，處處逢其凶害。聰，聞也。無所聞，則無所憂也。

《兔爰》三章，章七句。

周衰，政刑顛倒，君子罹殃，詩人憂之而作。

附　解

《序》謂閔周。毛氏曰：桓王失信，諸侯背叛，搆怨連禍，王師傷敗，君子不樂其生。諸儒多從之。朱子以為不樂其生得之，餘皆衍。諒矣。然亦謂諸侯背叛，按之詩詞，初無此意，大抵賢士遇害，君子傷之而作者也。

【眉批】亂世難以免禍，而至欲寐而不覺，沈痛極矣。

緜緜葛藟，在河之滸。終遠兄弟，謂他人父。謂他人父，亦莫我顧。

興也。緜緜，聯屬之貌。岸上曰滸。終遠，遠而不可復親，有終遠之意。葛藟以枝蔓聯屬庇其本根，故雖在河滸，而終不漂流。人乃不然，遠其兄弟而謂他人父，雖謂之父，然非其親屬，卒莫顧也。蓋其窮甚矣。

緜緜葛藟，在河之涘音矣。終遠兄弟，謂他人母音米。謂他人母，亦莫我有音以。

興也。涘，水涯，更險於滸矣。母與父，同取鞠養意。有，心戀之也。

緜緜葛藟，在河之漘。終遠兄弟，謂他人昆。謂他人昆，亦莫我聞。

興也。岸為水齧曰漘，又險於涘矣。而葛藟終在焉者，以根枝盤結故也。昆，兄也。莫我聞，則不但不顧，有而且如充耳矣。

《葛藟》三章，章六句。

時有遭亂去鄉，流離失所者，作此詩以自歎。

附　解

《詩序》謂刺平王。然王族被棄，亦不至謂他人父母。且周室眾建親親，王畿之內皆有采地，王室之衰，特以諸侯強大，無棄其九族之事，故從朱子。

【眉批】至親相顧可以履險而夷，他人則泛泛矣。此詩之意與《常棣》相發明，再三以遠兄弟為悲，周道親親，雖衰世而其流風可想。

彼采葛兮，一日不見，如三月兮。

賦也。彼，謂賢者，蓋在朝之士思被黜之賢而諱言之，故曰彼也。葛，所以為絺綌。如三月，思念之深，未久而似久也。

彼采蕭音修兮，一日不見，如三秋兮。

賦也。蕭，萩也。葉白莖麤，科生，有香氣，祭則焫之以報氣。三秋，則不止三月。

彼采艾音義兮，一日不見，如三歲音試兮。

賦也。艾，蒿屬，所以療疾。三歲，又深於三秋。

《采葛》三章，章三句。

賢者見黜於野，而其友思之，言其事非所事，以明己眷念之深也。

附　解

《序》說懼讒也。毛、鄭、孔《疏》皆云使臣任事於外，讒間易生，一日不見君，則如三月。諸儒多從之。然以彼屬使臣，下文接意殊強。朱子定為淫奔託言。而本文詞氣和順，亦未有以見其為淫詩也。或謂賢者被讒見黜於野，周人閔之而作。近是。蓋采葛、蕭、艾，細人之事，言以彼之賢而竟采艾兮，令人思念而不能已。雖一日不見，亦如三歲兮。凡詩用兮字，皆有餘情之詞，蓋不顯斥其君棄賢之非，而第言其所事非事，已難恝然。其為歎惜無窮，而其用意為至溫厚矣。

【眉批】葛所以為布，不仕之服。蕭、艾同類而有香臭，言其混於流俗也。其思以積久而深，則其人之德可想。

大車檻檻，毳衣如菼。豈不爾思，畏子不敢。

賦也。大車，大夫車，革，路也。檻檻，車行聲。毳衣，天子大夫之服。菼，蘆始生者。毳衣五采，其青采如菼。爾，謂其妻。子，謂大夫。不敢，不敢歸也。

大車啍啍，毳衣如璊。豈不爾思，畏子不奔。

賦也。啍啍，重遲之貌。璊，玉，赤色。孔氏曰禾之赤苗曰璊，玉色如之。奔，逃役也。

穀則異室，死則同穴。謂予不信，有如皦日。

賦也。穀，生。穴，壙。皦，白也。終明己之志，生死不異也。

《大車》三章，章四句。

或曰周人行役，訊其室家而作是也。蓋法嚴則民不敢避役，然其心則非誠服也。故於室家之情惓惓如此，而大夫之不恤民亦可見矣。

附　解

《序》謂刺周大夫。毛氏曰陳古以刺周大夫，朱子易為淫奔者畏大夫之詞。似已然淫奔者，生尚不能相從，死安得同穴？或以為周人行役，慰其室家之詞。詞義相副，不得以其偽而廢其言也。

丘中有麻，彼留子嗟。彼留子嗟，將其來施施音沱。

賦也。丘中，墝埆之處。麻，穀名，皮可績為布。子嗟，賢人之字。將，願也。施施，從容自得之貌。子嗟藝麻，有若麻畱子嗟者，因冀其來而共天位也。

丘中有麥，彼留子國音役。彼留子國，將其來食。

賦也。子國，亦賢人之字。子國種麥，有若多畱子國食，冀其來而共食天祿。

丘中有李，彼留之子。彼留之子，貽我佩玖音几。

賦而比也。之子，通指前二人。佩玖，喻所行之道。言二人畱於李下，招之不至，則守道堅矣。然猶冀其貽我以言，俾免咎戾，蓋重之者至矣。

《丘中有麻》三章，章四句。

賢者自食其力，國人思之而作。

附解

《序》以為思賢。諸家皆從之，獨朱子謂其語意不莊。然詳味之，未有以見其不莊也。先儒議之者多，當從《序》說。獨毛《傳》以子國、子嗟為父子，則泥耳。謂留為姓，亦非。

【眉批】政刑不如德禮，此詩見之。夫子於《王風》之末，序此見治術之不明，終以有麻見世，非無賢，不見用而終老田間，世教遂日衰矣。不言此棄之，而曰彼留之，婉矣。冀其來且食而不果，又冀其詒以道，摯矣。

王國十篇，二十八章，百六十二句

周之衰也，與他國異。幽王被弒，賴諸侯以復安。使平王能修明王制，任用賢侯，列國猶未敢貳也。乃輕棄故都，甘於庸弱，諸侯遂不復稟王令。然其遺風善政，猶有存者，故《王風》十篇，多賢人君子閔時之詞。而夫子敘《黍離》於篇首，見東遷之所以衰。殿《北中》於篇末，見王室之猶可為。季札曰：美哉思而不懼，其周之東乎？思，憂思。不懼，先王之遺澤猶有存者，可不懼也。舊說諸多誤解，竝夫子錄詩之意不明。學者當就本文涵泳，求其自然之義，則得之矣。

詩經恒解卷之二

晚年定本　同門諸子參校

《鄭》一之七

周宣王封其弟於畿內咸林之地，國號鄭，是為桓公。幽王之難，公死之，其子掘突定難佐王，亦為司徒，又得虢、檜及鄢、蔽、補、丹、依、疇、歷、華之地，徙於新鄭，今屬河南新鄭縣。畿內之國，政教稟於天子，本不當有詩，武公遷國，又并十邑之地，盟會列於諸侯，故列為風焉。

【眉批】疇字，《國語》作㽥，音柔。

緇衣之宜音俄兮，敝句。予又改為音偽兮。適子之館兮，還句。予授子之粲兮。

賦也。緇，黑色。緇衣，賢人之服。宜，稱。改，更。適，之。館，舍。還、旋同。粲，餐也。蓋人君引賢於朝而慮其不安，慰勞之如此。

緇衣之好兮，敝。予又改造兮。適子之館兮，還。予授子之粲兮。

賦也。宜，與體相宜。好，則美也。所改為者又敝，而又改造。適館授粲，重言之者，久而不倦也。

緇衣之蓆古音芍兮，敝。予又改作兮。適子之館兮，還。予授子之粲兮。

賦也。蓆，寬大也。改造者敝而又改作之也。終言適館授粲，始終如一也。

《緇衣》三章，章六句。

顧氏炎武曰：敝、還，皆當一字句。是也。蓋鄭先君好賢之詩，其人則不可考矣。

附　解

《序》說美武公。毛氏曰：父子為周司徒，善於其職。朱子從之，以館為天子之宫，如今諸廬。然考二公世職相仍，忠勤當有之矣，而武公侵并畿內十邑，於王朝不為無罪。幽、平失政，二公未必果能盡司徒之職。宣教而佐化，則不得為美。二公詩矣，當是宣王時友初封，中興盛時，友有求賢自輔，作此。夫子曰：吾於《緇衣》，見好賢之誠。以其得待之禮，節取之也。然鄭為王畿之國，東遷後不能匡輔，首開呑并，實為罪魁，故與齊次《黍離》之後。

【眉批】致其纏緜忠敬之情，全在兮字上見其無窮之想。

將仲子兮，無踰我里，無折我樹杞。豈敢愛之，畏我父母。仲可懷也，父母之言亦可畏也。

賦而比也。將，請也。仲子，叔段。二十五家為里，喻封域界限也。杞，柳屬，喻土地人民。叔段不弟而萌禍心，從母亂命，實為不肖，詩人故設身以己之畏父母感悟之。

將仲子兮，無踰我牆，無折我樹桑。豈敢愛之，畏我諸兄音荒。**仲可懷也，諸兄之言亦可畏也。**

賦而比也。牆，垣牆，以衛宅。牆下有桑。諸兄暗指宗室諸臣，亦以己之畏兄感悟之也。

將仲子兮，無踰我園，無折我樹檀。豈敢愛之，畏人之多言。仲可懷也，人之多言亦可畏也。

賦而比也。園，圃也。檀，木名。段欲謀亂，國人實不與也，故以己畏人言感悟之。

《將仲子》三章，章八句。

叔段恃愛謀亂，莊公又縱而陷之，愛段者為此詩以諫也。蓋姜氏不明大義，偏愛啓亂，莊公又明知而故縱其惡。詩人閔段之無知也，為此諫之。夫子錄之，以見莊公不如也。

附　解

《序》說、毛、鄭諸家謂莊公不聽祭仲之諫，小不忍以致大亂，故陳其拒諫之言以刺之。朱子不從，以莊公拒祭仲之意，非真不從也。故用鄭莆田說，謂為淫奔之詩。然《左傳》載衛侯見囚於晉，齊侯鄭伯為衛侯故，如晉請衛侯。晉侯言衛侯之罪，使叔向告鄭伯，子展賦《將仲子兮》，晉乃許歸衛侯。使其為本國淫奔之詩，當曰晉侯賦《嘉樂》，齊侯賦《蓼蕭》，鄭伯賦《緇衣》，皆寓意宏遠，子展何取以賦而復見許於叔向耶？況以仲子為祭仲，已是牽強。玩其詞意，溫柔忠愛，作莊公拒諫之詞，實不相稱。詩人諱叔為仲，蓋以莊公故也。段謀亂之時，此人特效忠告，言名分不可踰，土地人民不可妄干，善承父母之愛，以順宗族國人之心。詞意周詳，纏緜無已。所謂愛人以德，賢才之詞也。夫子弟之道，以孝弟為主，即父兄鍾愛，亦必彌加小心敬慎，如或虐之，亦宜至誠盡敬。蓋莊公釀成弟惡，固不足為兄，而段恃愛驕恣，亦不為弟。故夫子與下二章竝錄之，交刺其失，不及姜氏者，愛憐少子，婦人之常，莊公不能善承母意，善全孝友，是其大罪。若姜氏偏愛，固小失也，而可責乎？

【眉批】仲可懷也，而畏父兄，人言不從於亂，乃誠愛仲者也。後世黨惡助逆之流，無此遠識，既陷其主於不義，亦不免禍，惜未三復此詩。

叔于田，巷無居人。豈無居人？不如叔也，洵美且仁。

賦也。叔，叔段。田，取禽也。巷，里，途也。洵，信。美，好。仁，愛也。段以私惠及其黨，而其黨譽之。

叔於狩，巷無飲酒。豈無飲酒？不如叔也，洵美且好音丑。

賦也。冬獵曰狩。言其善飲也。

叔適野，巷無服馬。豈無服馬音姥？不如叔也，洵美且武。

賦也。適，之也。郊外曰野。服，乘。武，勇也。

《叔于田》三章，章五句。

叔段小有材藝，小人譽之。夫子錄此，以明無知之徒私相阿譽，往往陷人於惡。而莊公不能先事教化以全孝友，失可知矣。

附解

莊公以其母偏愛，欲縱段不義而傾之，其居心險惡，可惡已極。段恃愛不知謹飭，亦由莊公不設賢師保以教之，而使與小人狎處。觀其美段者，田狩、飲酒之事，段習焉不知其非，反以為能，遂乃妄為賈禍。子錄此詩，刺莊公之不孝友，段之不自愛，亦以明小人黨附，相與稱譽，皆猥薄不足道之事，而禍亂由乎此，所以深戒將來也。

【眉批】陳氏以厚施代齊，王莽以虛名篡漢，從之者皆如此詩之譽叔也。

叔于田，乘乘馬音姥。**執轡如組，兩驂如舞。叔在藪**古音色主反，**火烈具舉。襢裼暴虎，獻于公所。將叔無狃，戒其傷女。**

賦也。一車四馬曰乘，衡外兩馬曰驂。如組，柔也。如舞，諧和中節。藪，澤。火，焚。烈，熾也。襢裼，去裼衣而袒其臂，暴徒搏狃習也。盛稱其射御之善而戒其無習此以為樂，愛之以德也。

叔于田，乘乘黃。兩服上襄，兩驂鴈行。叔在藪，火烈具揚。叔善射古音樹**忌，又良御忌。抑磬控忌，抑縱送忌。**

賦也。乘黃，四馬皆黃。衡下夾轅兩馬曰服。襄，駕也。上襄，猶上駟。鴈行，驂少次服，後如鴈行揚起也。忌、抑，皆語助詞。騁馬曰磬，使曲折也。止馬曰控，使不逸也。後手㔯而縱，前手攧而送。此二句，乃實其善射御之實也。

叔于田，乘乘鴇。兩服齊首，兩驂如手。叔在藪，火烈具阜音否。**叔馬慢忌，叔發罕忌。抑釋掤忌，抑鬯弓**古音肱**忌。**

賦也。鴇，烏驄。齊首，兩服竝首在前。如手，兩驂在旁，稍次如手。阜，盛。慢，遲。罕，稀。釋，解也。掤，矢箭。鬯，弓袋。言其田事將畢，而整暇如此。

《大叔于田》三章，章十句。

盛言叔段材藝如此，而公不能善全其才，又陷之於惡，以為刺也。

附　解

天下無全才也。善用才者，因其才而用之，使之各遂其才而不至為惡，況骨肉之間乎。叔段武勇，射藝可以絕人。暴虎獻公，非生而欲叛者，莊公不能善教之以成其材，又不能善用之以全其才，而使陷於惡，詩人流連詠歎，惜叔實刺公也。子錄之以教天下後世之為君、師、父、兄者，蓋為人上而不正身善化，其罪與在下者同。孟子所以言賢不肖之相去，其間不能以寸也。

【眉批】美叔之才以刺其兄，與《碩人》章用意同。

清人在彭音旁，**駟介旁旁。二矛重英**音央，**河上乎翱翔。**

賦也。清，邑名。杜預云中牟縣西清陽亭。是清水池，出清陽亭西南，又屈而北流，至清口澤。彭，河上地，鄭之郊也。駟介，四馬被甲。旁旁，馳驅貌。二矛，酋矛、夷矛，酋短夷長也。英，朱羽，為矛飾。二矛竝建車上，其英疊見。翱翔，游戲無事之貌。

清人在消，駟介麃麃。二矛重喬，河上乎逍遙。

賦也。消，亦河上地。麃麃，武貌。矛之上句曰喬，所以懸英。英敝所見，惟喬而已。

清人在軸轉音儔，駟介陶陶音由。左旋右抽，中軍作好音丑。

賦也。軸，亦河上地。言其遷徙無常，師靡紀律也。陶陶，自得貌。左，御在將軍之左。旋，還車。右，勇士在將軍右。抽，拔刀。中軍，高克。好，容好。言軍久無鬭志，馬不施介而車不建矛，左右軍皆強自為樂，不能久耐，而中軍方飾容好，不知其將潰也。

《清人》三章，章四句。

鄭文公惡高克，使將清邑之兵禦狄河上，久而不召。師潰，高克奔陳，鄭人作此以刺之。《春秋》書曰：鄭棄其師。

【眉批】輕用其民而不恤，已非道矣，況棄之乎！後世末季餉匱師勞，散亡不顧者猶有焉，亦負聖人存此詩之意矣。

羔裘如濡，洵直且侯音胡。彼其之子，舍命不渝。

興也。羔裘，大夫服。如濡，潤澤。洵，信。順理曰直。侯，美也。其，語助詞。舍，處。渝，變也。以羔裘之如濡興其有文德，而言以命為安，久而不變。蓋命即天理，與理為一，則不渝也。

羔裘豹飾，孔武有力。彼其之子，邦之司直。

興也。飾，袖也。武，強毅。有力，則見於行也。司直，一國之直，能主持之。以羔裘豹飾興其有武德，而言為一邦正直之所賴也。

羔裘晏兮，三英粲兮。彼其之子，邦之彥兮。

興也。晏，鮮明。英，裘縫。以素組英，裘之縫左右兩組，中壓一組，故曰三英。裘黑而英白，故粲。彥，美士。以羔裘三英之粲，興其才德宣昭，誠一邦之美也。

《羔裘》三章，章四句。

鄭人美其大夫之詞。而再稱其直，蓋直者，天理也，正己正人，悉本天理而無私曲，乃能安命而為一國之彥。

附　解

《序》謂刺朝。毛氏曰：言古君子以刺朝。朱子曰：恐未必然，且當時鄭大夫如子皮、子產之徒，豈無可以當此者，但今不可考耳。又或以為子皮卒，子產思之而作。然玩詩意，是現在美詞，非事後追思，不如仍闕疑焉。

【眉批】前二章實寫其德，末章乃咏歎流連之。

遵大路兮，摻執子之袪兮！無我惡兮，不寁故也！

賦也。遵，循。摻，擥。袪，袖。我，詩人自謂，實指君也。寁，速意。故，舊也。詩人攬袂畱賢而言無我惡兮，故舊不可遽絕也。

遵大路兮，摻執子之手兮！無我魗兮，不寁好音丑**也！**

賦也。魗與醜同。好，情好也。

《遵大路》二章，章四句。

莊公失道，君子去之。詩人畱之，欲其念先君之舊也。

附　解

《序》說思君子也。朱子初解亦從之，後因宋玉賦遵大路兮攬子袪之句，定為淫詩。宋、元、明諸儒多從《序》說。曹氏粹中曰：申公、白生強起穆生，曰獨不念先王之德歟？即此詩意。蓋君子雖見幾而作，然有受先朝厚恩，不忍遽去者，亦忠愛之道宜然，不可一概而論也。讀此詩，見《緇衣》之畱遺。寁字，《說文》音訓不定，當是去之速意也。

【眉批】去者見幾，畱者念舊，皆為賢也。

女曰雞鳴，士曰昧旦。子興視夜，明星有爛。將翺將翔，弋鳧與雁。

賦也。昧旦，欲旦未旦之時。明星，啓明星，先日而出者。弋，繳。鳧，水鳥，如鴨。女與士咸警於將旦，而女又語士使起弋鳧雁也。翺、翔，起早則從容也。

弋言加之，與子宜之。宜言飲酒，與子偕老。琴瑟在御，莫不靜好。

賦也。加，中也。宜，烹調所宜。朱子曰：射者，男子之事，而中饋，婦人之職，故云然。愚謂勤職業則家裕，故可期偕老。而又言琴瑟在御，莫不靜好，則其和樂而莊敬，齊家之事亦修矣。

知子之來之，雜佩以贈之。知子之順之，雜佩以問之。知子之好之，雜佩以報之。

賦也。知子，謂與子相知者。雜佩，觿燧箴管之屬。來，初來。順，久而相和順者。好，則尤所愛敬者。贈之以謝其來而已，問則眷念之，報則彼來而此答，其情又深焉。蓋婦人相夫以親賢友善，不惜其服玩，可謂賢矣。

《女曰雞鳴》三章，章六句。

賢婦人成夫之德，而詩人述其事以美之。首章述其警戒，二、三章述其妻之言也。

附　解

夫子繫《易》曰：夫夫婦婦而家道正，正家而天下定。故未有妻不賢而家可正者也。此詩敍其勤職業、和家庭，親賢善凡，所以相夫之美，無不備焉。雖二《南》之風不過也。鄭詩有此，而鄭聲之淫何哉？蓋自莊公以後，風教日偷，上好淫靡而有司又雜以淫哇，故流失然耳。

【眉批】琴瑟靜好，乃夫婦所以和而家道所以正也。借婦人口中點出，而首尾但敘其相悅樂之情，宛然一幅夫妻行樂圖也。

有女同車，顔如舜華音敷。**將翺將翔，佩玉瓊琚。彼美孟姜，洵美且都。**

賦也。同車，親迎也。舜，木槿，其華朝生暮落。孟姜，齊女，蓋庶出而長者，非文姜也。都，閑也。謂閑習婦功，言忽之婚也。顔如舜華，美而不久，因思翺翔佩玉之孟姜，信美而且都，再辭婚為失計也。

有女同行，顔如舜英音央。**將翺將翔，佩玉將將。彼美孟姜，德音不忘。**

賦也。婦既升車，壻御三周，御者代之，故不同車而同行也。將將，玉聲。德音，本德以為令聞，蓋當時齊女有賢聲也。不忘，惜之深，故思之久也。

《有女同車》二章，章六句。

魯桓公六年，齊侯以女妻鄭忽，忽辭。國人惜之而賦此詩。

附　解

《序》説鄭人刺忽不昏於齊。朱子非之，曰忽之辭昏未為不正，即勢孤援寡，不能自立，亦未有可刺之道。其説是矣，第謂疑亦淫奔之詩則非。前人云詩曰同車，則有御輪之禮；曰佩玉，則有矩步之節；曰孟姜，則本齊族之貴。愚謂《序》説近是，而詞不能達，又誤以為刺忽耳。按《左傳》，齊侯初欲以文姜妻忽，忽辭。至桓公六年，忽敗戎師，齊侯又欲以女妻之，忽又辭。祭仲諫之，不聽，詩當作於此時。故或以為祭仲諫忽而作。然詞意不似諫詩，當是國人惜之之詞。或謂齊侯二女——文姜、宣姜，俱不賢，何有德音？然考《左傳》，齊侯初請妻者，文姜也。桓公三年，公子翬如齊逆女，則文姜已歸魯至衛。宣公以魯隱公四年立，距桓公六年，已十四年，則再請妻忽者，非宣姜矣。詩曰孟姜，孔《疏》謂不必實長，如《桑中》言孟姜、孟庸、孟弋，不必三姓皆長。其説良是。文姜、宣姜已嫁，則此女庶出，而長者何疑？鄭忽魯隱公八年如陳逆婦嬀，至桓六年齊侯又請妻之，則陳女不育，蓋果如陳鍼子之言。考鄭忽平生無他失德，特柔懦不能自立，詩人欲其以齊為援，又此女有德音，非文姜比，而忽不從，故深惜之。同車之女，殆即忽之所娶，如陳嬀者。言其無久遠之德，如舜華朝榮暮落，不若齊女之賢，其義甚明也。惟賢而又有大國之助，故辭昏為失人。知三代之亡，皆由女色，而不知三代之興，皆由內助。詩人美其美都德音，無一言及於齊之強大，則孟姜必有實可取者。而夫子錄之，以明得賢內助人倫之要，與《關雎》之意相發明，不似後儒因噎而廢食之見。

【眉批】公治長、南容，一寒賤一富貴，聖人皆取之，惟其賢耳。鄭忽偏於遠勢利而失賢配，詩人所為惋惜也。

山有扶蘇，隰有荷華音敷。不見子都，乃見狂且。

比也。扶蘇，木名。荷華，芙蕖也。子都，美男子，喻賢人之都雅。狂，放蕩也。且，語詞。言山則有扶蘇，隰則有荷華，而人乃不見子都而見狂且，比朝廷無賢也。

山有橋松，隰有游龍。不見子充，乃見狡童。

比也。橋、喬通，上竦無枝曰喬。游，長而曲也。龍，紅草，高丈餘，一名鴻藹，一名蘸。子充，蓋誠實之人，故與狡童對。狡，奸詐也。

《山有扶蘇》二章，章四句。

小人在位，詩人刺之而作。

附　解

《序》謂刺忽。非也。毛氏所謂所美非美，則得詩意。朱子初解亦從之，而呂祖謙取其說，著之《讀詩記》，朱子亦曾與之，後乃改為淫女戲其所私，祖謙已不及見矣。然儒者多從《序》說。第毛《傳》以狡童為斥昭公，大非。鄭康成以為喻昭公所用非人。孔穎達曰：箋義為長，然必切昭公言，初未有以見其實也，不如作泛刺小人之詩為得。或又謂靈公棄世臣而任嬖人狂狡，子良諫之而作。以狂為姓，狡名，已失之鑿，又確指靈公，亦不知其何所本也。

【眉批】老杜獨鶴歸何晚，昏鴉已滿林，同此慨咏。

蘀兮蘀兮，風其吹古音侶戈反女。叔兮伯兮，倡予和平聲女。

比也。落葉曰蘀。女，指蘀而言。叔、伯，兄弟之輩。女，叔、伯也。以蘀之將落，喻鄭之將危，而勸其倡和言歡，毋爭競也。

蘀兮蘀兮，風其漂女。叔兮伯兮，倡予要女。

比也。漂、飄同。要，成也，久而不變也。

《蘀兮》二章，章四句。

莊公卒，公子爭立，齊楚交伐，忠臣憂之而作。

附　解

《序》以為刺忽。申之者曰：君弱臣強，不倡而和。然忽之亡也，由公子突狡黠，援宋爭立，非忽不睦其弟。且以女目君，於義未安。朱子謂為淫女之詞，覈之詞義，尤未見其然。或以為莊公卒，公子爭立，忠臣憂之，於事既信而有徵，於文亦順而不逆，當從之。

【眉批】急難相求已為晚矣，況不然乎！首二句大聲疾呼，情詞悽切。

彼狡童兮，不與我言兮。維子之故，使我不能餐兮。

賦也。狡童，指小人，與厲公謀構難者。子，謂鄭忽。禮，諸侯即位未踰年稱子。詩人見附突之小人行蹤詭秘，憂其必將為忽之禍，而忽不聽其言，故歎之如此。

彼狡童兮，不與我食兮。維子之故，使我不能息兮。

賦也。不與言，不洩其謀。不與食，則祕益至矣。息，安也。

《狡童》二章，章四句。

鄭忽初立，小人已有陰為突用者，而忽不知，詩人憂之作此。

附　解

《序》說刺忽也。申之者曰：不能與賢人圖事，權臣擅命，狡童即指忽。程子曰：《春秋》書鄭忽，蓋不以為君也，故詩人目為狡童。朱子謂忽不幸失國，況在君臣之分，而以狡童目之？此言足以正傳失而扶綱常矣。但以為淫女見絕，反言以戲之曰子雖見絕，未至於使我不能餐，明與詩言反背，則不可從。或謂狡童指祭仲。嚴粲曰：昭公即位，仲已老不應，目為狡童，愚謂非特此也。祭仲與宋人盟，將逐昭公，詩人果知之，既為此詩以歎息之，則必告昭公矣。當是朝臣陰附突者，詩人私憂其為禍，曾諫昭公而不見從，故作此詩。

【眉批】小人陰險詭祕，明者察之。而當局每昧昧，詩人所以不能餐與息也。

子惠思我，褰裳涉溱。子不我思，豈無他人？狂童之狂也且！

顧氏曰末句無韻，蓋以二章合而為韻。賦而比也。子，謂無信者。溱，水名，出新鄭縣西北三十里。褰裳涉，言易就也。狂童，無信而無知如童。且，歎詞。

子惠思我，褰裳涉洧。子不我思，豈無他士音始**？狂童之狂也且！**

賦而比也。洧，亦鄭水，出陽城山東南五十里。士，人之佳者。重言狡童，深歎之也。

《褰裳》二章，章五句。

有無信而棄其友者，友為男女之詞以刺之。

附　解

《序》說思見正也。毛氏曰：狂童恣行，國人思大國之正己。孔《疏》曰：狂童謂突。與忽爭國，忽微弱不能逐突，故國人思大國之正己。夫以突為狂童，亦近是矣。但突奸狡，非但為狂童之狂，且詩亦無明文，故朱子改為女謔其所私之詩。然考《左傳》，鄭六卿餞宣子於郊，子太叔賦《褰裳》，宣子曰：起在此敢勤子至於他人乎？子太叔拜宣子曰：善哉子之言，是不有是事，其有終乎？言不以狂為戒，和好必不終也。朱子謂其斷章取義，《序》不察之。然果淫詩，太叔未必取義，而宣子亦不善之也。《折衷》謂為刺無信，甚允，敬從之。又按詩意本未顯斥而特托為男女之詞，以風也。或謂子良如晉，寓詩靈公，擬其君為狂童，則大非。

【眉批】朋友有信，不思則不信矣。斥之以狂而又歎惜之，忠厚矣。

子之丰兮，俟我乎巷古音胡貢反**兮。悔予不送兮！**

比也。丰，豐美。巷，門外。鄭人悔不從晉，為婦人之詞，言男子親迎，車已在巷而悔己不送，比晉人有招徠之心而己不從也。

子之昌兮，俟我乎堂兮。悔予不將兮！

比也。昌，盛壯貌。堂，庭內，邇於巷矣。將，亦送也。比晉人親己而己不服。

衣錦褧衣，裳錦褧裳。叔兮伯兮，駕予與行戶郎反。

比也。衣裳錦褧，嫁服也。叔、伯，男子之字，喻晉同姓之親。言嫁服已畢，一來則從行，比賦幣已具，晉來則迎服也。

裳錦褧裳，衣錦褧衣。叔兮伯兮，駕予與歸。

比也。與行從之與歸，則永不叛矣。

《丰》四章，二章章三句，二章章四句。

晉悼中興能庇諸侯。鄭始從楚，既而悔之，後終從晉，鄭賴以安者數十年。詩人喜其事而託男女之詞以賦。

附　解

《序》說刺亂也。昏姻之道缺，陽倡而陰不和，男行而女不隨。然士已親迎，女忽不從，既又欲從，殊為瞢亂，聖人何取焉？朱子以為淫女始不從男，既又悔之。然其詞委婉有情，不似淫詩。《折衷》定為鄭思從晉之詩，謂聖人錄之，美反正也。當時晉主夏盟，卻楚以安中國，故從晉則為睦親，從楚則為黨叛。《春秋》美蕭魚，此詩美思晉。晉乃王室懿親，東遷以後，晉鄭焉依？秦楚所以不能虐中國者，晉之力也。晉國三分而後，秦乃強横，周因益衰。夫子取管仲意，亦同此故。《折衷》之解當敬從也。

【眉批】按《左傳》，鄭實欲從晉，必使楚弗敢爭，而後固與晉。則此詩乃鄭之民人所作，故喜其終從晉而悔其初。

東門之墠，茹藘在阪。其室則邇，其人甚遠。

興而賦也。除地為町曰墠，圃畦也。茹藘，茅蒐也，一名茜，可以染絳。陂者曰阪。賢者隱居，雖近城郭而能脫離塵俗，故曰室邇人遠也

東門之栗，有踐家室。豈不爾思？子不我即古音子悉反。

興而賦也。栗，表，道樹也。踐，行列整齊之貌，言其家室整齊嚴肅也。即，就。不我即，不輕就也

《東門之墠》二章，章四句。

賢者近處城邑之間而能潔身高蹈，故詩人美之。

附　解

《序》：刺亂也。毛氏曰：男女有不待禮而相奔者。然玩其詞意，殊無狎褻。《折衷》曰：思隱士也。有道之士混迹於稼圃樵漁之中，而超心於功名爵祿之外，以邇為遠，乃真遠也。觀其家室之有踐，非果於忘世者，世不能用其人，乃遠矣。漢酒泉太守馬岌求見宋纖而不得，銘其崖曰：丹崖百丈，青壁萬尋。室邇人遐，實勞我心。語意與此相類。愚按如此說，則見其居近城市而超然物外，不苟榮利而克修內行，乃眞有德之士，非絕人逃世者類也，意義超出前人遠矣。

【眉批】即茹藘與栗，含章不二，以見其德之幽貞。其遠也，其不我即也。其不我即也，

無可即之道也。詩人蓋歎惜之也。

風雨淒淒，雞鳴喈喈音基。**既見君子，云胡不夷！**

比也。淒淒，寒涼也。喈喈，和暢也。夷，平也。風雨涼而雞聲猶和暢也，比君子亂世不改其度，如此則可轉亂為治，故見之而心平也。

風雨瀟瀟，雞鳴膠膠。既見君子，云胡不瘳音聊！

比也。瀟瀟，風雨聲雜也。膠膠，羣雞聲應也。瘳，愈也。風雨相雜而雞聲相應，比衆君子不改其應求之常，如此則可得多人以共治，故得見君子，則憂國之疾可愈。

風雨如晦，雞鳴不已。既見君子，云胡不喜！

比也。如晦，風雨陰霾矣。不已，雞聲相續。雞將旦而鳴，如晦，則且疑為不旦而止其鳴也，而鳴不已，比世亂益甚，而君子不已其救世之心，故見之則大亂亦治，如之何不喜也。

《風雨》三章，章四句。

《序》說世亂而思君子不改其度也。

附　解

《序》謂思君子。毛氏所謂亂世，鄭《箋》及嚴粲《詩緝》以為鄭公子之亂，蓋在突與忽更入更出之時，未免於鑿矣。朱子以為淫詩，謂詩詞輕佻狎暱，非思賢之意。辨之者曰，淫詩未有稱其人為君子者。愚按《左傳》，鄭大夫賦此詩以言志，必非淫詩。《折衷》曰：天心未有不厭亂，民心未有不思治。愚謂有治世之才者，或隨俗而易其守，臨難而變其節，則以治亂而亂無時已，故思君子之不改其度。誠曲盡詩意矣，敬從之。

【眉批】天下之亂，當局者愁急無策，而不知賢人君子有已亂之才、救時之志，特上不之知耳。詩人再三言既見君子之喜，其望於用賢者至殷焉。

青青子衿，悠悠我心。縱我不往，子寧不嗣音？

賦也。青青，純緑之色。具父母，衣純以青。衿，領也，學者之所服。子，謂學者。嗣音，繼續聲聞。程子曰：學校不修，學者棄業，賢者念之。是也。

青青子佩古音皮，**悠悠我思。縱我不往，子寧不來**音釐？

賦也。佩，綬也。毛《傳》曰：士佩瓀珉而青組綬。言我縱不往，子寧不來求教？

挑兮達他悅反**兮，在城闕兮。一日不見，如三月兮。**

賦也。挑，輕獧。達，放曠。城闕，城上之闕，登眺之所。士離師而失學，習為遊蕩，故其師憂之，一日不見，如三月之久也。

《子衿》三章，章四句。

學校不修，士玩師失學，賢者憂之而作。夫學校所以育才，而育才尤貴明師，今師賢而弟傲玩，則上之持風教者過矣。

附　解

《左傳·襄公三十一年》：鄭人遊鄉校，以論執政，然明曰毀鄉校，如何？子產曰何為？則鄭之學校，其來舊矣。《序》謂刺學校不修。自漢及唐、宋、元、明諸儒皆從之。而朱子謂為淫奔之作，然自《鹿洞賦》云廣青衿之疑問，仍用《序》說。蓋詩義甚明，古說不可廢也。

【眉批】一暴十寒，為學之大忌也。服儒服而不修儒行，師長憂之。少年挑達如故，冀其來而自言思望之切，誠慈惠之師也。

揚之水，不流束楚。終解兄弟，維予與女。無信人之言，人實迋女。

比而賦也。激揚之水不能流束楚，喻勢微弱。迋，與誑同。言勢已弱而兄弟甚少，又信人言以致相疏，不可也。

揚之水，不流束薪。終鮮兄弟，維予二人。無信人之言，人實不信音申。

比而賦也。二人，痛詞也。二人若不相親，外更無人矣。不信，言其狡詐，始以迋女為功，終必以叛女為事也。

《揚之水》二章，章六句。

時有信讒而疏兄弟者，其兄弟賦此。

附　解

《序》謂閔無臣。諸儒從之，謂刺鄭忽詩，作於高渠彌未弒之前。朱子初解亦如《序》說，後改為淫女謂其所私，而於兄弟字難解，則曰兄弟，婚姻之稱，禮所謂不得嗣為兄弟。然禮文不如此解，且與終鮮，文義究有未協。愚謂淫詩固非，而必泥鄭忽，亦鑿也。夫鄭忽之不友其弟或有之，而突等亦不弟，謂旁觀刺之，似已，而不若作以兄弟相規之詞為痛切也。識者詳之。

【眉批】兄弟，天性也，而以人言離間相疏，豈知其不信乎？喻以勢，導以情，明其害，沈痛之言，不堪卒讀。

出其東門，有女如雲古音銀。雖則如雲，匪我思存古音秦。縞衣綦巾，聊樂我員音云。

賦也。如雲，美且多。縞，白色。綦，蒼艾色。以綦為巾，女服之陋者。員，本亦作云，語詞，或曰助也。言自樂其內助之人也。

出其闉闍，有女如荼。雖則如荼，匪我思且。縞衣茹藘，聊可與娛。

賦也。闉，曲城。闍，城臺也。荼，茅。華如荼，美而秀也。茹藘，可以染絳，裳色也。娛，樂也。

《出其東門》二章，章六句。

賢者閔淫俗而作此以曉之。

附　解

《序》曰閔亂。毛萇以為兵革不息，男女相棄，民人思保其室家，故詩人閔之。儒者竝沿其說。然細玩經文詞意，從容無干戈擾攘、男奔女竄景象。或言說貞士不染淫俗，近之。朱子亦如是解。但如雲、如荼，不過設言，而必云淫風大行，淫女如此其眾，御案言其以詞害志，諒矣。夫男女為正內正外之本，古來賢聖皆以德選，而世俗好色，茍圖一時之歡，不思人倫之重，小害身家，大禍君國，此詩安可少哉。

【眉批】夫婦，人倫之始。重色不重德，斯淫佚而無以正家矣。詩人以聊樂我員曉之，微詞諷喻，意味深長。

野有蔓草，零露漙古音上充反兮。有美一人，清揚婉兮。邂逅相遇，適我願上聲兮。

比也。野，四郊之外。蔓，延也。漙，露珠盛貌。清揚，目清而眉揚。婉，和也。邂逅，不期而遇。適，遂也。草得零露而蔓，比民生以膏澤而蕃滋。清揚，比賢人之光明。婉，比賢人之和順。邂逅相遇而適願，喜賢人膏澤下於民也。

野有蔓草，零露瀼瀼。有美一人，婉如清揚。邂逅相遇，與子偕臧。

比也。瀼瀼，露多貌。婉如清揚，言其和氣從容，朗朗照人，如清揚之美。臧，善也。偕臧，共適於善。

《野有蔓草》二章，章六句。

喜見賢者而作。

附　解

《序》曰思遇時也。蓋言思得君子，以被其膏澤，庶幾邂逅遇之。其詩兩見於《左傳》，一見於《韓詩外傳》，至毛萇衍之曰：君之澤不下流，民窮於兵革。男女失時，思不期而會。其謂澤不下流者，因零露之文，取反興以為解，猶屬寓言也。逮朱子則言男女相遇田野草露之間，是實其事矣。然鄭享趙孟，子太叔賦此，趙文子曰：吾子之惠也。蓋取其有志於零露。鄭七子餞韓起，子齹賦此，宣子曰：孺子善哉，吾有望矣。取其有志於偕臧。孔子遭齊程本子於郯，傾蓋而語，贈以束帛，子路曰：士不中道相見。子曰：《詩》不云乎，邂逅相遇，適我願兮。吾於是而不贈，則終身不之見也。取其匿意於邂逅。會三説以為解，則朱《傳》斷不可從明甚。

【眉批】首二句言民沾膏澤，三、四句乃承出賢人來。美其儀表，竝寫其愛慕之懷，以喻意出之故，深厚而有味也。

溱與洧，方渙渙兮。士與女，方秉蕑兮。女曰觀乎？士曰既且。且往觀乎！洧之外，洵訏且樂。維士與女，伊其相謔，贈之以勺藥。

賦也。渙渙，冰解而水盛也。蕑，蘭也。且，語詞。洵，信。訏，大也。勺藥，亦香草。言二水方盛之時，男女共採蘭以祓除，且相約觀於洧水之外，謂其地寬大且樂，於是相與戲謔，以勺藥為贈。蓋相習成風而不知其非也。

溱與洧，瀏其清矣。士與女，殷其盈矣。女曰觀乎？士曰既且。且往觀乎！洧之外，洵訏且樂。維士與女，伊其將謔，贈之以勺藥。

賦也。瀏，清貌。殷，眾也。將，猶相也。張彩曰：曰士曰女，皆旁觀者之詞，直書其事，而醜態自見也。

《溱洧》二章，章十二句。

鄭俗淫亂，乘上巳祓除之辰，士女冶遊相樂，詩人述其事而刺之。

附　解

此詩及衛《桑中》篇，《序》謂刺奔刺亂。朱子俱改為淫奔者所自作，辨呂祖謙之説。然自南宋以迄元、明諸儒，卒多異議，而辨之者亦多詳明，特於本文語氣，未暇細繹。茲特就本文自然神理訓之，亦人人心中公是之見耳。

【眉批】第直敘其乘春遊戲，忘執業、耽逸樂，男女無別，靦然無恥，而譏刺已深矣。

鄭國二十一篇，五十三章，二百八十九句。

朱子因孔子放鄭聲，遂改竄《序》説，半屬淫詩。前人云放鄭聲者，主聲不主詩。子夏對魏文侯謂宋、鄭、衛、齊四音皆淫於色而害於德，然宋今無詩，或曰凡樂非雅者，皆謂之鄭聲。故《漢志》云，鄭聲施於朝廷。或曰得聲而得詩者，《三百篇》則係之風、雅、頌，得詩而不得聲者則置之，謂之逸詩。或曰刺奔刺亂，國史所題應是當時情事。所以王應麟、方回輩以為前輩未了公案。然聖人編詩，原以正樂。《三百篇》詩出自作者，本不盡關大義，自夫子刪之，而大義昭彰，即不啻夫子之詩矣。凡風詩淫亂之詩，皆非其人自作。愚於《桑中》詩已言之。鄭聲淫，謂其樂之聲調，後世流失所致者，非謂詩也。《折衷》曰，鄭詩二十一篇：《女曰雞鳴》《有女同車》《出其東門》，貞而好德，有二《南》之遺風。《溱洧》則刺亂也。餘十七篇皆有為而作，非男女之私，何淫之有？誠哉，足破羣疑矣。又按《三百篇》聲詩，東漢末，雅樂郎杜夔已老，止記習《鹿鳴》《騶虞》《伐檀》《文王》四篇，餘聲不傳。太和末，又失其三。至晉室，而《鹿鳴》又無傳，是詩存而聲失已久。然苟得詩之解，即吟詠其詞，反復流連，自可以理性情而養中和。夫子曰詩可以興、觀、羣、怨，女為《周南》《召南》，何嘗盡以聲樂為訓也。第鄭衛之音，則當以聲論，而不當以詞論。夫子所刪之詩，凡自敍淫行者，皆不錄之，乃可垂教也。若存其淫詞而又教人思無邪，是何異開門揖盜而令其毋發巾笥乎！

《齊》一之八

齊者，古少昊爽鳩氏所居之地，武王以封太公望，地方百里，都營北。太公先世為四岳，封於呂姓。姜氏既封齊，利工商、通魚鹽，民多歸之，遂為大國。其地今山東青、齊、淄、濰、德棣等處，所以名齊者，臨淄城南有天齊泉，五泉竝出，有異於常也。編詩所以次於鄭者，鄭本畿內，而壞王制，并十邑，儕於列國。繻葛之役，罪無逾焉，齊僖亦首敗王綱也。

雞既鳴矣，朝既盈矣。匪雞則鳴，蒼蠅之聲。

賦也。賢妃當將旦之時，告於君曰雞已鳴，□朝已盈，恐君晏起也。既知實非雞鳴，乃蒼蠅之聲耳。朱子曰心存警畏，是也。

東方明古音芒**矣，朝既昌矣。匪東方則，明月出之光。**

賦也。昌，盛也。謂羣臣畢集，君可聽朝。輔氏廣曰：上章疑於耳，此章疑於目。是也。

蟲飛薨薨，甘與子同。夢古音莫滕反**會且歸矣，無庶予子憎。**

賦也。蟲飛，將旦而蟲作。甘，樂也。會，朝也。又言己所以欲君早起之意。徐常古曰：不曰君荒於內，而言己甘同夢，不曰以君故憎我，而曰以己故憎君，溫厚和平也。

《雞鳴》三章，章四句。

齊之賢妃輔君勤政，而詩人述其言以美之，蓋所以造齊也。

附　解

《序》：思賢妃也。毛《傳》申之曰，哀公荒淫怠慢，故陳賢妃警戒之道。朱子謂哀公無考。以史載，哀公被紀侯譖，為周所烹，不聞其有荒淫之事也。愚謂姜氏世有賢女，佐周發祥，安知其無賢妃？況自太公以下，五世之君皆無失德，則開國之初，尚父貽謀，猶在人君勤政，而夫人成之，亦理所必有。聖人敍變風於篇首，每錄其詩之美者，蓋以明國有由興也。

【眉批】義正而出以和婉之詞，寫景言情俱臻絕妙。

子之還兮，遭我乎峱之間兮。竝驅從兩肩兮，揖我謂我儇兮。

賦也。還，便捷貌。峱，一作嶩，山名。從，逐也。獸三歲曰肩。儇，輕利也，獵者互相誇譽如此。

子之茂古音耄**兮，遭我乎峱之道兮。竝驅從兩牡兮，揖我謂我好兮。**

賦也。茂，美也。好，才美也。

子之昌兮，遭我乎峱之陽兮。竝驅從兩狼兮，揖我謂我臧兮。

賦也。昌，盛也。山南曰陽。狼，獸名，似犬，銳頭白頰，高前廣後，牝曰狼。臧，善也。子還、茂、昌，己譽人。儇、好、臧，人譽己。蓋習以為樂，不知其非，其所從來遠矣。

《還》三章，章四句。

齊人喜於田獵，互相誇譽，直敍其言，得失見矣。

附　解

《序》：刺荒也。毛《傳》謂指哀公。朱子不從，是也。蓋齊人自詠田獵之樂如此，而夫子錄之，以見其習俗武健矜夸，非復太公之舊。夫強武有力，亦民風所不可少也，特當束以禮樂，乃得其正。或以為太公鷹揚之遺風，然鷹揚不過喻其老而猶健，非謂公為武夫。公授武王以丹書曰：敬勝怠者吉，怠勝敬者凶，豈強武者流乎？齊地濱海，其俗剛勁好武，乃其風土使然。數傳以後，太公之教漸微，民乃偏於武健。而其後桓公、管仲又以功利夸詐導之，乃去道益遠矣！何得以咎太公？

【眉批】序此章於《雞鳴》之後，誌齊俗之所由變也，其在東遷之後乎？

俟我於著乎而，充耳以素乎而，尚之以瓊華音敷乎而！

賦也。俟，待也。我，女自謂。著，與宁同，門屏之間。充耳，以纊懸瑱。素，素絲懸之。尚，加也。瓊華，美石，似玉，有光華。昏禮，壻往婦家親迎，奠雁，御輪三周，先歸，俟於門外。時齊有不如禮而嫁者，述之如此。

俟我於庭乎而。充耳以青乎而，尚之以瓊瑩乎而！

賦也。庭，大門之內，寢門之外。呂氏曰：此昏禮所謂壻道婦及寢門揖入之時。瑩，亦美石，似玉者。

俟我於堂乎而。充耳以黃乎而，尚之以瓊英音央乎而！

賦也。階上曰堂。英，猶華也。充耳，一物而三采，故分言素、青、黃也。呂氏曰：此昏禮，所謂升自西階之時。舉充耳以概其儀，文之盛而禮乃不備，深惜之也。

《著》三章，章三句。

齊有富而不備禮者，其女知禮，為此詩以刺之。

附 解

《序》：刺時也。毛《傳》：時不親迎也。諸儒皆從之，自無可疑者。第或謂非女子自作，乃設為嫁者之詞。核之文義，殊為不然。呂東萊據昏禮申明古說，甚當。然以為齊俗皆然，亦不必。玩詩意，乃壻家可以備禮而不如禮，故女述其俟著、俟庭，又特美其充耳，蓋禮生於有而廢於無，充耳如斯，非不能如禮者也。俟著、俟庭、俟堂之敬如此，亦非全不知禮者也。特以疏惰之故，遂缺親迎奠雁、御輪一節。此女能為此言，可知齊俗不皆廢禮。夫子錄之，以見禮失之由，不必其衣食不足，亦不必其人之無知，特怠肆一念，即壞法而貽厲矣！此垂戒之意也。至《地理志》謂著地名，濟南郡有著縣。不可從。

【眉批】惜其可以備禮而不如禮，描寫容儀含諷不露，情韻悠長。

東方之日兮，彼姝者子，在我室兮。在我室兮，履我即兮。

興而賦也。履，禮也。即，就也。言東方日出，即以禮而就賢於室。

東方之月兮，彼姝者子，在我闥兮。在我闥兮，履我發兮。

興而賦也。闥，門內。發，行也。言月已出，而見賢者猶在我闥，禮我而行。蓋終日綢繆，始終不倦也。

《東方之日》二章，章五句。

《折衷》曰：美見賢也。大夫能禮賢，賢人喜之而述其事。

附　解

《序》：刺衰也。毛氏謂君臣失道，男女淫奔，不能以禮化。日喻君，月喻臣。下言古昏姻之正禮，刺今不然。其說牽強，朱子非之，是也，而以為淫奔者自作。按《韩诗》及歐陽氏皆以日、月喻姝子顏色美盛，是朱子所本。鄒忠胤以《神女賦》其始來也，耀乎若白日初出照屋梁；其少進也，皎若明月舒其光，證此詩喻意，皆妄說也。戴岷隱曰男女相奔，不夙則暮。然玩詩，初託興日月，則非狎褻之詞。美為彼姝，亦非苟合之輩，或訓履為躡，則即、發二字不通。《欽定詩義折衷》曰：美見賢也。見賢者意誠禮備，賢者美之。禮而即禮而發如斯說，則詩之流連詠歎，乃為有情，日月則以興見賢者之德容也。敬從之。

【眉批】日出而來，月出而去，竟日綢繆，其殷殷就教之事不一而足。其愛敬之文，亦必周至，故賢者樂其誠而詳記其跡也。

東方未明音芒，顛倒衣裳。顛之倒之，自公召之。

賦也。自，從也。羣臣朝君，辨色始入。東方未明，而顛倒其衣裳，則急遽太早。其所以顛倒者，由自公而來召也。

東方未晞，顛倒裳衣。倒之顛音眞之，自公令力珍反之。

賦也。晞，將明之氣。未晞，為時更早，而倉皇失措，所以然者，由自公令之也。

折柳樊圃，狂夫瞿瞿。不能辰夜，音豫不夙則莫。

比也。樊，籬也。圃，菜圃。瞿瞿，驚顧之貌。言折柳樊圃，本非厲禁，而狂夫猶瞿瞿然，以法不可犯也。況朝廷森嚴，今已奉公疲勞，精神昏憒，不能知晨夜之分。入朝趨事，非失之早，即失之暮，甚於瞿瞿矣。蓋病之之詞。

《東方未明》三章，章四句。

舊說詩人刺其君興居無節，號令不時。蓋為政固欲其勤，亦必中乎其節，然後臣下不致過勞，而亦無廢事。

附　解

此詩舊說甚明，無可議者。特末章舊以樊圃喻晨昏之界甚明，義殊牽強，故易之。蓋直斥君不知蚤暮，則為無禮。祇言朝廷法令森嚴，己瞿瞿之甚，至於不能晨夜，則但自歎，而上之嚴迫已見矣。

【眉批】通章衹自敘其顛倒悤遽、畏罪不遑之情，而上之失可知，非指斥君上也。

南山崔崔，雄狐綏綏。魯道有蕩，齊子由歸。既曰歸止，曷又懷止！

比而賦也。南山，齊南山。崔崔，高危之貌。狐，邪獸。綏綏，獨行求匹貌。齊子，謂文姜。由，從也。婦人謂嫁曰歸。懷，思也。止，語詞。言南山之高而雄狐據之，比襄公淫人居高位也。因歎魯道有蕩，齊子由之歸魯。何人不知文姜既歸矣！曷為又懷襄公？蓋竝刺文姜也。

葛屨五兩與蕩協韻，冠緌雙古音崧，與庸協止。魯道有蕩，齊子庸止。既曰庸止，曷又從止！

比而賦也。兩，二屨。緌，冠飾，纓之垂者。庸，用也。屨兩緌雙，喻物各有耦。齊子用此而歸魯，以成夫婦。既曰庸止，襄公曷為，又從文姜？深惡襄公也。

蓺麻如之，何衡從其畝音米？取妻如之，何必告音谷父母音米？既曰告止，曷又鞠止！

比而賦也。蓺，樹。鞠，養也，謂養成姦惡。麻叢生，蓺麻者必縱橫其畝，使有行列，喻父母必防閑兒女，使有禮法。故取妻者必告父母，以父母主之，不容瀆也。襄公兄妹為此禽獸之行，蓋僖公縱之，故曰既曰告止，曷又養成其姦，以至如此？蓋追咎亂本也。

析薪如之，何匪斧不克？取妻如之，何匪媒不得？既曰得止，曷又極止！

興也。克，能也。極，至也。吕祖謙曰：納之不正，容有不敢正者。桓公既以禮納文姜矣，曷為又不以禮制之？而使極其惡至此也！

《南山》四章，章六句。

齊襄公鳥獸之行，淫乎其妹，齊人刺之。按《春秋》傳，桓公三年，公子翬如齊逆女，夫人姜氏至自齊，詩所謂齊子由歸，既曰得止者也。齊侯送姜氏於讙，所謂鞠止者也。十七年，公會齊侯、紀侯盟於黄，平齊、紀。齊侯欲媚魯，以會文姜。十八年，公會齊侯於濼，詩所謂懷止、從止者也。公與夫人姜氏如齊，所謂極止者也。由是公薨於齊，由是而齊人弑其君諸兒。聖人録此詩，以見淫亂之人道路指摘而靦然不顧，未有不遭天誅者也！其亦甚不得已之心矣。

【眉批】先刺襄公、文姜，繼刺齊侯、魯桓，蓋深維人倫風化之本，而詳盡其詞如此。其婉厲處在既曰、曷又四字，深嫉而太息於無窮，賢者之言也。

無田甫田與人協，維莠驕驕。無思遠人，勞心忉忉。

比也。田，□治之。甫，大也。莠，亂苗之草。驕驕，高張貌。忉忉，煩亂也。言田大而力不給，則田之，而莠草反盛，人遠而思之不至，則徒勞心力。

無田甫田，維莠桀桀。無思遠人，勞心怛怛音鐵。

比而賦也。桀桀，侵陵嘉穀更甚於驕驕。怛怛，愁慘更甚於忉忉。

婉兮孌兮，總角丱兮。未幾見兮，突而弁兮。

賦也。婉、孌，少好貌。丱，兩角貌。未幾，未多時。突，忽然高出貌。弁，冠名。言總角之童，其質婉孌，喻少年質美，易於有成也。然苟悠忽自誤，則未久而忽戴弁。年華易逝，不早循序自修，為可惜也。

《甫田》三章，章四句。

此戒學者及時自修之詞。

附　解

《序》：刺襄公。毛萇解曰：無禮義而求大功，不修德而求諸侯，志大心勞，所以求者非其道。鄭、孔、蘇、呂諸家皆從之。朱子改為泛指時人厭小務大，忽近圖遠，是已。而末章不甚分明，蓋當時有少年志大，躐等求功，不知循序漸修者，故詩人戒之田。甫田而莠盛，去私不力也。思遠人而徒勞，日用功荒也。末乃正告之以時不可恃，不得其序、不踐其實，則將老大徒傷也。

【眉批】學之不力，思之徒勞，諄諄戒之，末又歎時之易失也，情詞反復有味矣。

盧令令力珍反，其人美且仁。

賦也。盧，田犬也。令令，犬頷下環聲。仁，惠愛意。言此牽盧之人，才美而仁。蓋惜其所業之非正也。

盧重環，其人美鬈。

賦也。兩環相貫曰重環。鬈，髮美也。

盧重鋂，其人美且偲。

賦也。鋂，大鎖。一環貫二曰重鋂。偲，鬚多也。

《盧令》三章，章二句。

齊俗好獵，詩人美其才面惜其誤用，歎教化衰也。

附　解

《序》以為刺襄公好田。朱子謂與《還》同意，《序》說非然。《還》乃田者自相誇譽，此乃旁觀之詞。《折衷》曰：鬈偲且仁之人，而日攜犬以遊，是秀者失教也。里巷行道之人皆豔稱其犬，是樸者失業也。士失教則人才壞，農失業則風俗衰。愚謂美質難得，有之而荒於嬉，則可惜矣，故詩人為比以諷。首句指其業，下句言其人。言如是之事，而以如是之人為之，不獨惜其自棄，亦惜上之人無以善教之也。

【眉批】祇閒閒歎羨，而深惜之意自寓。

敝笱在梁，其魚魴鰥鰥、矜，古通用，此讀矜。齊子歸止，其從如雲。

比也。敝，壞。笱，罟也。魴鰥，大魚。齊子，文姜。歸，歸齊。如雲，眾也。言敝笱不能制大魚，比桓公不能制文姜，而使擁眾歸齊，靦然無忌也。

敝笱在梁，其魚魴鱮。齊子歸止，其從如雨。

比也。鱮，似魴，厚而頭大，性旅行，故其字從與，亦謂之鰱。如雨，亦多也。言其浸淫不可防限。

敝笱在梁，其魚唯唯。齊子歸止，其從如水。

比也。唯唯，行相隨順之貌。如水，言其流也，惟所流蕩而不可止。蓋桓公同文姜如齊，齊人比刺之。由雲而雨而水，漸而盛也。

《敝笱》三章，章四句。

魯桓公會齊侯於濼，遂與夫人姜氏如齊，齊人刺之。

附　解

《序》：刺文姜也。毛氏謂齊人惡魯桓公微弱，不能防閑文姜。朱子曰，桓當作莊，謂桓公在時，文姜未肆。自莊公二年，以至四年、五年、七年，文姜凡會襄公者五，此詩當為刺莊公。然桓公十八年與姜氏如齊，遂薨於齊，不得謂文姜之迹未縱。桓公不惟不能禁制，又與姜氏同往，詩人所以深惡之。下《猗嗟》章乃刺莊公。《序》說不可易也。

【眉批】斥魯桓為敝笱，惡之深矣。言齊子之從如雲水而肆無忌憚，漫無約束，兩邊俱徹。

載驅薄薄，簟茀朱鞹。魯道有蕩，齊子發夕古音芍。

賦也。薄薄，疾驅聲。簟，竹席。茀，車蔽也。朱，朱漆。鞹，革也。以朱漆革為車飾。發夕，夜行也。言文姜乘此車而來會襄公。

四驪濟濟，垂轡濔濔。魯道有蕩，齊子豈弟。

賦也。黑馬曰驪。濟濟，美貌。濔濔，柔貌。豈弟，和悅。言其以兄弟相會為悅，微言刺之也。

汶水湯湯，行人彭彭。魯道有蕩，齊子翱翔。

賦也。汶水有二，此指出萊蕪縣原山，齊南魯北者。湯湯，水盛貌。彭彭，多貌。言行人至多，而齊子翱翔無恥也。

汶水滔滔，行人儦儦。魯道有蕩，齊子遊敖。

賦也。滔滔，流而不息。儦儦，來而不絕。遊敖，久畱以為樂。

《載驅》四章，章四句。

文姜屢會齊侯，齊人刺之。

附　解

《序》：齊人刺襄公。朱子以為刺文姜，是也。蓋文姜自桓公薨，莊公元年，夫人孫於齊；二年，夫人姜氏會齊侯於禚；四年，夫人姜氏享齊侯於祝丘；五年，夫人姜氏如齊師；七年，夫人姜氏會齊侯於防；又會齊侯於穀。《春秋》所書彰彰，其肆行無恥，誠非人類，詩人故作此詩刺之。或謂齊侯納朔抗王師，夫人姜氏犒齊師，詩人以此刺之，則專指姜氏如齊師而言。然玩詩意，未有專指，蓋以其屢至齊而作也。夫士之淫惡，其可誅固多，而婦女果貞，亦曷敢犯？此詩所以特刺文姜也。

【眉批】此章專刺文姜而重言魯道，蓋歎魯為禮義之邦，而齊子無恥，其汙辱為不少也。

猗嗟昌兮，頎而長兮。抑若揚兮，美目揚兮。巧趨蹌兮，射則臧兮。

賦也。猗嗟，歎詞。昌，盛也。頎，長貌。抑若揚，俯仰有度。美目揚，瞻視高遠。巧趨蹌，疾徐中節。射則臧，言惟射則臧。餘無可述，此其猗嗟之意也。

猗嗟名兮，美目清兮。儀既成兮，終日射侯。不出正音征**兮，展我甥兮。**

賦也。名，猶稱也，言其威儀技藝可名。清，目清明。儀成終事，而禮無違。正，鳥名，畫侯中以為的。展，誠也。姊妹之子曰甥。甥者，因其母而名之，詩人之微詞也。

猗嗟孌兮，清揚婉兮。舞則選兮，射則貫兮。四矢反兮，以禦亂兮。

賦也。孌，儀容麗也。婉，眉目好。選，異於衆。貫，中而貫革。反，中其故處。禦亂，言其技藝可以禦亂，如以金僕姑射南宮長萬之類。蓋惜其不能閑母，致使淫亂，反不能禦也。

《猗嗟》三章，章六句。

魯莊公忘父之讎，縱母淫亂，反與齊親。會齊大夫狩於禚，而齊人刺之。

附　解

此詩諸儒皆以為刺魯莊公，無可疑者。而或謂指公會齊大夫狩於禚一事，尤覺與詩意相合，從之。夫父母之尊一也，然母統於父而子又所以承宗廟之重，故父死則母當從子。桓公為夫人故，薨於齊。為莊公者，誓不共天，宜告於天王伐齊侯而誅之，告於父之靈。以禮事母，禁毋外干，乃為人子。而忘親事讎，甘心苟合且朝於齊，與其大夫共狩，則喪心蔑禮矣。齊人惜其威儀技藝如此，而不能閑母復讐，是以猗嗟而歎之。抑齊襄之事，人類所不忍言，而夫子存《南山》以下四詩，何也？禽獸之行，國人共憤而當局罔聞，卒至於身弒國危，故用以垂訓。且四詩分刺四人，明夫婦父子之道，各有當務，使人謹於其微，毋至決裂而後悔也。

【眉批】微詞止猗嗟二字，而每句悉用兮字咏歎之，所以致其深惜無已之情也。

齊國十一篇，三十四章，百十三句

齊地富饒，其民習為射獵，輕儇，善用之亦易為治。而入春秋未久，齊襄首敗人倫，至於身弒祚斬，太公之教於是大壞。後雖桓公創霸，而禮教弗興，無足繼太公之舊者，溯其由來，皆襄公為之也。故孔子序《雞鳴》於篇首，著其所以興，列《載驅》《猗嗟》於篇末，著其所以衰，有國家者可以鑒矣。

《魏風》一之九

魏本姬姓之國，其始封不可考。晉獻公滅之，而以封畢萬，其地在雷首之北，析城之西南，枕河曲，北涉汾水。民貧俗儉，有聖賢之遺風焉。昔舜都蒲坂，禹都平陽，皆屬魏境內。

糾糾葛屨，可以履霜？[①] 摻摻女手，可以縫裳？要之襋之，好人服音逼之。

賦也。糾糾，繚戾之狀。摻摻，猶纖纖也。要，裳要。襋，衣領。好人，士大夫之通稱女婦未廟見之稱。葛屨不宜於霜，女手不必縫裳，而魏俗儉嗇如此。

好人提提，宛然左辟，佩其象揥。維是褊心，是以為刺。

賦也。提提，安舒之意。宛然，曲避之貌。辟，與避同。讓者以右為上，故左避。揥，所以摘髮，象骨為之。褊心，迫促無禮也。

《葛屨》二章，一章六句，一章五句。

魏俗儉而褊，詩人作此以風之。蓋儉本美德，而無禮以將之，則失於褊嗇，故詩人勖以廣大。而子錄之，以著魏所以失先王之舊也。

① 糾糾葛屨，可以履霜，原本作糾糾葛履，可以屨霜，今據《十三經注疏》本改。

附　解

或謂魏之內子儉不中禮，其媵作此刺之。然詩意乃刺好人，非刺女也。朱子以為縫裳之女所作，近之。

【眉批】衣屨有制，進退有儀，不及與過，其失均也。好人，有位之人，而以此倡之，俗陋而失禮矣！故刺之。明言刺之，實欲其改之也。

彼汾沮洳去聲，言采其莫。彼其之子，美無度。美無度，殊異乎公路。

興也。汾，水名，出太原晉陽山，西南入河。沮洳，水浸下濕之地。莫，菜名。似柳葉，厚而長，有毛刺，可以為羹。美無度，言其美不可限量。公路，官名，以卿大夫之餘子為之。言下濕之地，不無可采之菜，興單寒之地，不無可用之材。彼其之子，實勝於公路也。

彼汾一方，言采其桑。彼其之子，美如英音央。美如英，殊異乎公行。

興也。一方，水外之地。英，華也。公行，官名，以卿大夫之庶子為之。

彼汾一曲，言采其藚。彼其之子，美如玉。美如玉，殊異乎公族。

興也。一曲，水灣之處。藚，澤蕮也。如玉，德性堅潤。公族，官名，以卿大夫之適子為之。《春秋》：閔公元年，晉滅魏。至宣公二年，五十有四年矣，晉始有公族、公行，則詩所言皆魏官也。

《汾沮洳》三章，章六句。

魏之在位非人，而賢人沒於草野，詩人作此歎之。

附　解

《序》：刺儉也。先儒皆從之。我朝《詩義折衷》曰刺遺賢也。古者諸侯世國大夫不世官，故草野之秀皆得登庸，所謂立賢無方也。周衰，王命不行，政逮大夫卿，皆世及，竝官其子弟為公官，於是單寒無由上進，以魏之蕞爾。而備有公路、公行、公族之官，使越在草莽者，雖美如英玉，而不得采用，故君子譏之。其說當矣，敬從之。夫魏地，近唐堯舜禹之風，猶有存焉，而末世俗成嗇陋。如上章所言，其在位者無賢德，乃至於此。夫子次以此二篇，所以著流失敗壞之由，為戒深矣。

【眉批】至美之材，無人采之，以公族、公行竊位蔽賢。相形言之，含諷無盡。

園有桃，其實之殽。心之憂矣，我歌且謠。不知我者，謂我士也驕。彼人是哉音資，子曰何其！心之憂矣，其誰知之？其誰知之，蓋亦勿思！

比而賦也。殽，食也。合曲曰歌，徒歌曰謠。其，語詞。園桃可以助食，而不可專以為殽也。小才可以分任，而不可大任也。歎魏臣皆小才，無謀國之遠略。藉歌謠以自遣，不知者則謂其驕，以彼所為為是。蓋舉國之人皆安於詭隨矣！是以憂之彌甚，而歎其何勿思也。

園有棘，其實之食。心之憂矣，聊以行國。不知我者，謂我士也罔極。彼人是哉，子曰何其！心之憂矣，其誰知之？其誰知之，蓋亦勿思！

比而賦也。棘，棗之小者，亦非佳品也。聊，且，略之詞。行國，出遊國中。罔極，謂責人無已。再言勿思，蓋深冀其思也。

《園有桃》二章，章十二句。

魏日削而用小才以謀國，有遠識者憂之。夫危亡之禍，有目所共惕也，然習為肆慢則不自知，且以憂之者為多事。《折衷》曰：庸臣誤國，大抵如斯。信矣。

【眉批】國未嘗無人也，才技智能可以分理而不能撥亂反正，大才困於下僚，目擊心傷而無人知之，託於歌謠，斥以莫知弗思，情詞悲切矣。

陟彼岵兮，瞻望父兮。父曰：嗟予子，行役夙夜無已！上慎旃哉，猶來無止！

李因篤曰：子，季弟。半句讀，協韻，與《擊壤歌》帝力力字同，亦備一義。賦也。《爾雅》曰：山多草木曰岵。無已，不得休息。上，尚也，旃之猶尚。止，獲也。登山以望其父所在，因想其父思己之言。蓋魏必有不當役而役者，故孝子思其親而寓其慨息之意，可謂賢矣。

陟彼屺兮，瞻望母兮。母曰：嗟予季，行役夙夜無寢！上慎旃哉，猶來無棄！

賦也。《爾雅》曰：山無草木曰屺。季，少。無寐，不得眠。棄，棄母而不歸。

陟彼岡兮，瞻望兄兮。兄曰：嗟予弟，行役夙夜必偕古音几！上慎旃哉，猶來無死！

賦也。山脊曰岡。必偕，同作同止，不得自如。無死，言父母俱在，無輕生以至於死。

《陟岵》三章，章六句。

孝子行役，思其父母而作。夫忠事者，臣子之分也。然苟上無養教之仁，又多非義之役，則忠臣孝子捐軀無補。此詩思父母之念己，則所以體其親者已周，而忠君不待言矣。乃不當役而役之，致使久違色養，虛縻疆埸。觀無已、無寐之言，則魏之非禮勞民可知。然詩人則但序其思親之意而已，所以為忠厚也。

【眉批】思父母望己、無止、無棄，而己之將止、將棄可知矣。忠孝亦豈能兩全，第徒死而無益於君，亦非親之所以望於子也，其義可為役臣者告矣。

十畝之間兮，桑者閑閑兮。行與子還兮！

賦也。十畝之間，所受場圃之地。桑者，採桑者。閑閑，暇逸之貌。行，猶將也。還，歸也。言時難久仕，欲歸田以共樂。

十畝之外音意兮，桑者泄泄兮。行與子逝兮！

賦也。十畝之外，則去家遠矣。泄泄，舒緩自得。逝，長往不返。蓋不特欲歸田，且欲遯世矣。

《十畝之間》二章，章三句。

賢者不容於朝，思歸隱而作。

附解

《序》及毛、鄭解說牽強。朱子曰：政亂國危，賢者不樂仕於其朝，而思與其友歸於農圃。是矣。第君子出處以義，難進易退，非忘君國也。必可以行吾之道，有益君民而後仕。否則，萬鍾何加焉？此人苟未早知時不可為，至此而後思農圃之樂，則恐其無事藉祿養以為榮，有事先全身而遠害，烏得為賢？且世固有先熱中而後歸田者矣，其始以名位為必可得，及所求不遂，日暮途窮，乃返而息影。核其初終，竝無為國為民之實念，而論者亦曰急流勇退，知幾而作也。毋亦與於不忠不孝之大者乎？故此乃有志濟時，而小人在位，不得自展，作此詩而遂歸隱也。不然，第云思之而已，其猶有戀棧之私乎？夫子錄之，以明魏之不能用賢，所以亡也。

【眉批】賢者思去，國事可知。非美人之閑泄也，悲其志之不能展也。

坎坎伐檀兮，寘之河之干兮，河水清且漣猗。不稼不穡，胡取禾三百廛兮？不狩不獵，胡瞻爾庭有縣貆兮？彼君子兮，不素餐兮！

比也。坎坎，用力之聲。檀，木可為車者。寘，與置同。干，厓也。水波曰漣。猗，語詞。種之曰稼，斂之曰穡。胡，何也。一夫所居曰廛。冬獵曰狩，宵獵曰獵。貉子曰貆。素，空。小飯曰餐。言伐檀可以為車，而乃寘之河干，喻有用之材置之無用也。河水清漣，似君子之涵養純潔。因歎有位者不稼穡而多禾，不狩獵而多獸，胡為然哉？蓋君恩也。而何以不稱其職者，河干之君子誠不素餐兮，安得以彼而易此也。

坎坎伐輻音逼兮，寘之河之側兮，河水清且直猗。不稼不穡，胡取禾三百億兮？不狩不獵，胡瞻爾庭有縣特兮？彼君子兮，不素食兮！

比也。輻，車輪中輳轂者，伐檀為之。清且直，喻君子之廉潔正直。十萬曰億，極言其多。獸三歲曰特。食，啗也。

坎坎伐輪兮，寘之河之漘兮，河水清且淪猗。不稼不穡，胡取禾三百囷兮？不狩不獵，胡瞻爾庭有縣鶉兮？彼君子兮，不素飧兮！

比也。輪，車輪，亦伐檀以為之。淪，水旋成文。囷，圓倉。鶉，鴿屬。夕食曰飧。按餐、食、飧本無大異，而此分言之，則指一日三餐云也。

《伐檀》三章，章九句。

美賢者自食其力，而歎在位之遺賢也。

附　解

《序》：刺貪也。毛氏申之曰：在位貪鄙，無功受錄，君子不得進。朱子以為專美賢者食力，非刺在位。呂祖謙曰：此旁觀之詞，若伐檀之君子，方陶陶然不改其樂，豈較量短長者哉。黃氏櫄曰：言君子有其功而無其祿，小人有其祿而無其功。鄭康成、范處義皆同此說。《折衷》曰：無功而貪者食祿，有功而廉者樂飢，旁觀者乃激而為不平之鳴。愚按如是解，乃令經言字字有著落也。

【眉批】食君之祿而不知圖報，河干君子有忠君報國之忱，而無如何自食其力，視尸位者，何啻鸞鷟之分。相形互發，意曲而韻長。

碩鼠碩鼠，無食我黍！三歲貫女，莫我肯顧。逝將去女，適彼樂土。樂土樂土，爰得我所！

比也。碩，大也。陸璣云，河東有大鼠，食人禾苗，兼有五技，或謂之雀鼠，其形大。喻欺君罔利之貪人也。毛云指君，非是。黍，北方以為小秋。貫，與慣同，久而習也。顧，念。逝，往也。樂土，有道之國。爰，於也。

碩鼠碩鼠，無食我麥！三歲貫女，莫我肯德。逝將去女，適彼樂國。樂國樂國，爰得我直！

比也。麥，北方以為大秋。德，恩惠也。直，伸也，得以伸其志。

碩鼠碩鼠，無食我苗音毛！三歲貫女，莫我肯勞。逝將去女，適彼樂郊。樂郊樂郊，誰之永號！

比也。食黍、食麥，猶待其熟，食苗，則未熟而已。徵，斂。勞，苦也，言不肯以為勞苦。永號，長呼，催科之聲。蓋不特欲遠其殘，且求免聞其聲以為樂也。

《碩鼠》三章，章八句。

魏大夫貪戾而民去之。蓋國小每重斂以圖強，而不知民貧國亦難保。故子錄諸篇末，著魏之所以亡。

【眉批】小人惟知剝民以自肥，遑計國是！逝將去女，而畜鼠者尚未知也，可以為鑒矣。

魏國七篇，十八章，百二十八句。

鄭康成謂當平、桓之世，魏之變風始作。蘇轍曰：魏地入晉已久，其詩疑皆為晉而作，故列於《唐風》之前，猶《邶》《鄘》之於《衛》。然考其義，未有以見其為平、桓之世。康成特臆度之詞，而全詩亦無為晉作者，則自成其為《魏風》，而非《邶》《鄘》可比也。觀季札如魯，為之歌《魏》，曰：美哉大而婉，儉而易行。以德輔此，則明主也。是魏之為國，固非小者，特史無世家可考，故多臆詞。若先於《唐風》，則猶是不與衛得滅邶、鄘之意。今直就本文訓解，而其他諸說不悉辨。即魏地狹隘之說，亦置之勿論云。

《唐》一之十

唐本帝堯舊都。始居晉陽，後遷河東平陽。周成王封弟叔虞於其墟，故曰唐。實封太原，南有晉水，至子燮改曰晉。三世至成侯，徙曲沃。八世至穆侯，徙絳。十世至昭侯，又徙翼。自昭侯以曲沃封桓叔，其孫武公并晉，又自曲沃徙絳。春秋景公又遷新田，曰新絳，其地在冀州太行、恒山之西，太原、太岳之野。晉詩而曰唐，蘇子由曰：此堯之舊，而非晉德之所及也。

蟋蟀在堂，歲聿其莫。今我不樂，日月其除音寧。無已大康，職思其居。好樂無荒，良士瞿瞿。

賦也。蟋蟀，今促織也，一名蜻蛚，楚曰王孫，種類甚多。秋冬生於草土壘石之內，白露降則鳴。生草土者身柔，生磚石者體剛。聿，遂。莫，晚。除，去也。太〔大〕康，過於樂。職，主也。居，職位。瞿瞿，卻顧之貌。言歲莫不樂，則勞而無節，第樂不可荒，當思其職業而勉為之，因舉良士之瞿瞿內省以為法。

蟋蟀在堂，歲聿其逝。今我不樂，日月其邁。無已大康，職思其外。好樂無荒，良士蹶蹶。

賦也。逝，往。邁，去之速也。外，餘也。所居之外，凡有關於居者，皆思之。蹶蹶，動而敏於事也。

蟋蟀在堂，役車其休，今我不樂，日月其慆。無已大康，職思其憂。好樂無荒，良士休休。

賦也。役車，方箱，可載任器以供役。歲晚則百工休、農事畢。慆，藏也。《傳》

曰：以樂慆憂，謂日月循環，亦有退藏之侯。憂，意外之患。休休，安閒之貌。葢張弛者，聖人之道。歲晚，勞農休息之時，固宜為樂，而必以太荒為戒，可謂賢矣。

《蟋蟀》三章，章八句。

唐俗勤儉，其民歲晚燕樂而作此詩以相戒，葢帝堯之遺風遠也。

附　解

《序》：刺晉僖公。申之者曰儉不中禮，作是詩以閔之。朱子不從，其見卓矣。愚謂聖人於變風之首，每錄其賢者以見國之所以造。唐叔虞之政教不可考，而其民樂而不荒如此，季札曰：思深哉，其有陶唐氏之遺民乎！故說者皆以為堯之遺澤遠也，而非叔虞有以繼而存之，亦不至此。

【眉批】首四句歎時光之不留而以樂自遣，下四句恐嬉遊之荒職而睠懷良士。後世長繩難繫日，自古共悲辛。有此曠懷，無此禮節矣。

山有樞，隰有榆。子有衣裳，弗曳弗婁。子有車馬，弗馳弗驅。宛其死矣，他人是愉。

興也。樞，刺榆也。鍼刺如柘，葉如榆，類有十種。榆，白枌也。皆可瀹為蔬。曳，行而衣曳。婁，衣妨行而婁繫之。走馬曰馳，策馬曰驅。宛，坐見貌。愉，樂也。言山則有樞，隰則有榆，造物生材，以為人用。今子有衣裳車馬，而弗及時為樂，一旦身死，貽諸他人，則愚矣。葢褊嗇者瘠身以畜財，而不知禮貴乎中，當樂則樂之矣。

山有栲音糗，**隰有杻。子有庭內，弗洒弗埽。子有鐘鼓，弗鼓弗考**音糗。**宛其死矣，他人是保**音剖。

興也。栲，山樗也，讀作糗。似樗，色小白，葉差狹，材可為車輻。杻，檍也。葉似杏而尖，白色，皮正赤，材可為弓弩幹。考，擊也。《抑》之詩曰：洒埽庭內，維民之章。《關雎》之詩曰：鐘鼓樂之。然則洒埽鐘鼓，亦政教所關也。保，守而有之。

山有漆，隰有栗。子有酒食，何不日鼓瑟。且以喜樂，且以永日。宛其死矣，他人入室。

興也。漆、栗，見衛風《定中》章。《易》曰：需於酒食，貞吉。《禮》曰：君子無故不撤琴。然則酒食琴瑟，亦禮樂之大端也。入室，則長據之矣。

《山有樞》三章，章八句。

此詩與前篇若為唱和之詞。葢賢者勤職業以自樂，而敘其相與之意，樂而不過其節，儉而不違乎禮。夫子錄之，以其得乎中正之則，可以為世法也。

附 解

《序》謂刺晉昭公。毛氏曰有財不能用，鐘鼓不能自樂，朝廷不能洒埽云云，殊牽合無理。且詩本無刺意，朱子故不從之。第其所謂答前篇之意者，是也；所謂解其憂者，非也。人之生也，固非徒為飲食衣服、日用自娱之計，然五倫維繫，莫非有情之世宙也。君君臣臣，父父子子、夫夫婦婦、兄兄弟弟，各將其至性之緾縣，各盡其規矩之肅穆，而日用飲食，無非樂境也。即克勤克儉，莫非慮其即於慆淫，違乎天則。第有以節之，而禮無使離樂，無使流正，以長保其樂，非謂不必樂也。世之奢縱者，悖禮法而肆私情，職業不修，倫常不盡，前章之所謂太康者也。矯之者瑟縮以為禮，局促以自封，至於情義乖離，禮樂崩壞，此詩之所謂是愉者也。太過、不及，皆非中道。此二篇，詩人志良士之瞿瞿而不敢太樂，亦警他人之是保而不敢太憂。是其勉勉於職分之所當為而未嘗廢禮，優遊於日用之燕閒而未嘗太康。當時賢者相與唱和之作，而夫子取以冠《唐風》，以明聖人之教，不過如斯矣。後代若兩晉風流、陳隋詩酒，讀《山樞》而不讀《蟋蟀》；若王戎鑽李、祖約障簏，讀《蟋蟀》而未讀《山樞》。是皆未識聖人之道者也。

【眉批】人生日用倫常，無非樂境，衣裳車馬、鐘鼓琴瑟，禮樂之事具焉，優游其中，天機自暢，非縱情肆志之謂也。末二句為蠅營之徒棒喝，非詩人作莊列之見也。

揚之水，白石鑿鑿。素衣朱襮，從子于沃。既見君子，云何不樂？

比也。鑿鑿，巉巖貌。襮，領也。諸侯之服朱，中衣而繡黼，此云素衣朱襮，降於諸侯也。沃，曲沃，今聞喜縣。子，桓叔。云何不樂，設為問之詞，以明其不樂也。蓋大夫奉晉侯之命使於桓叔，見其強而知其將叛，故言揚之水，不能轉石，比昭侯微弱，不能制沃。而因言已見，桓叔有不樂者。曰云何不樂，實則不樂之甚也。

揚之水，白石皓皓。素衣朱繡音嘯，從子于鵠古音告。既見君子，云何其憂。

比也。朱繡即朱襮，襮上繡為黼形也。皓皓，石見水中甚明，比沃之強盛。鵠，曲沃之邑。曲沃為都，而旁更有邑，則其地廣。憂，則不但不樂而已。

揚之水，白石粼粼。我聞有命，不敢以告人。

比也。粼粼，水淺而石厓露也，比晉弱而沃強逼人。我，大夫自謂。言我知其謀，不敢以告人，實已告晉矣。

《揚之水》三章，二章章六句，一章四句。

晉昭侯封其叔父成師於曲沃，是為桓叔。其後沃強晉弱，大夫知其謀，為此詩以貽晉昭侯。昭侯闇弱，蓋不能用也。

附　解

《序》云刺昭侯。朱子謂國人將叛晉歸沃，作此詩。然昭侯特微弱耳，非有大失德也，何以刺之？考《左傳》及《史記》，晉潘父弒昭侯而納桓叔，晉人攻桓叔，桓叔敗還曲沃，晉人立昭侯弟孝侯，誅潘父。孝侯八年，桓叔卒，子鮮代立，為曲沃莊伯。十五年，莊伯伐翼，弒孝侯。晉人復攻，卻莊伯，立孝侯子郗為鄂侯。鄂侯六年卒，莊伯聞喪，又興兵伐晉。周平王使虢公伐曲沃，晉人立鄂侯子光為哀侯。哀侯二年，曲沃莊伯卒，子稱代立，為曲沃武公。哀侯八年，晉侵陘庭，陘庭啟曲沃伐翼，虜哀侯。晉人立哀侯子小子侯。小子侯元年，武公使韓萬弒哀侯。小子侯之四年，武公誘小子侯，殺之。周桓王使虢仲伐曲沃武公，立哀侯弟緡。二十八年，曲沃武公伐晉侯緡，滅之，以其寶器賂周釐王，釐王命為晉君。自桓叔初封以至武公滅晉，凡六十七年，晉人屢拒曲沃，豈初封之時即為所用而代諱其事哉。惟嚴粲《詩緝》以為作詩者設為國人相語之詞，曰我聞有命，不敢告人，正所以泄沃黨之謀，而非叛晉者之自作其說。近是矣。愚謂此乃大夫之賢者知桓叔將謀不軌，作此詩以貽晉，奈昭侯昏弱，莫之能防。夫子錄之，以見凡國之蠹，忠臣義士未有無先知者，特上昏庸不識，則忠言徒切耳。然潘父雖弒昭侯納桓叔，卒弗克，而反為晉所殺。則此詩雖未見信於君，猶必見信於眾人，故得有備而卒殺潘父耳。若邪亂之臣互相容隱，聖人豈錄其詩也哉。

【眉批】當時曲沃強盛，必陰結晉侯左右，以為窺伺計。故此人本不樂，而以為云何不樂，且言不敢告人，蓋無權職而有憂國之心者歟？不然，則知而不明，告君以弭患之道，是為不忠者矣。

椒聊之實，蕃衍盈升。彼其之子，碩大無朋朋，有鵬、崩二音，此與蒸韻協。椒聊且，遠條且。

興而比也。椒，樹名，其實味辛而香烈。聊，《爾雅》曰：科者聊。蓋木下曲而復上干者，喻曲沃本臣，下而上凌。朋，比也。且，歎詞。遠條，長枝也。椒性芳香而少實，今蕃衍盈升，則非其常矣，比沃反盛強，非晉之福。因歎息椒之愈遠愈盛，不可不先事而預防也。

椒聊之實，蕃衍盈匊。彼其之子，碩大且篤。椒聊且，遠條且。

興而比也。兩手曰匊，言椒之聊而下曲者，隨手取之，可以盈匊，比曲沃之黨隨處皆是也。篤，謂相與之固。

《椒聊》二章，章六句。

曲沃初封，詩人知其將大，為此詩以悟昭侯也。

附　解

《序》云刺昭侯。而申之者曰：君子見沃之盛強能修其政，知其蕃衍子孫，將有晉國。鄭康成亦以為有德。考之史傳，昭侯封其叔父以大邑，未為失親親之道。使桓叔能體本支之誼，如周公之於成王，維持安全之可也。乃乘其闇弱，倖據強都，即謀翦公室，其罪不容於誅，曷以見沃之能修其政，有德可紀哉？朱子覺《序》說之不安，故曰不知所指。或以為桓叔初封，師服憂之而作，蓋本左氏以言其說，甚為有見。而必云師服所作，則不必耳。蓋上篇《揚水》作於沃將襲晉之時，此篇作於桓叔初封之日，其詞顯然易見。春秋篡奪甚多，然以同姓翦滅大宗，晉實為魁首，故夫子錄二詩以惡曲沃。論者不察，反若為美沃之詞，不特是非謬於聖人，豈人心天理之公哉？然桓叔至武公，恃強以陰謀滅晉，而武公之子獻公即自殺其子，再傳兄弟，叔姪爭奪，天道曷嘗爽哉？至椒有數種，有香亦有臭者。《爾雅·釋木》曰科上聊，郭註、邢疏均云未詳。然既曰上曲曰喬，下曲曰朻，則首既下曲而復上喬者為聊也。《集韻》亦云：聊，木名。但聊木無考。而此詩云椒聊之實，蓋謂木下曲而復上聊之椒，實比沃大臣下而反凌上，非美詞也。識者詳之。

【眉批】衹就椒聊反復嗟歎，不啻長沙痛哭矣。情文悱惻，在二且字。

綢繆束薪，三星在天與薪協。今夕何夕，見此良人。子兮子兮，如此良人何？

賦也。綢繆，纏縣也。三星，心也。建辰之月，昏始見於東方，古人嫁娶之時。良人，夫之稱。子，謂新婦。民貧不得婚嫁，幸有然者，草率不備禮，詩人見而詠歎之，言其綢繆束薪，貧之至矣。三星在天，幸其猶未晚也。今夕何夕，喜其成室家也。如此良人何，勖其相夫以有成，且憂之也。

綢繆束芻，三星在隅。今夕何夕，見此邂逅。子兮子兮，如此邂逅何？

賦也。芻，賤於薪。隅，東南隅。昏見者轉而在隅，夜已久也。子，謂主人。邂逅，詩人自謂，蓋姻族中相禮者。言其貧無以為禮，亦無以為賓歡，故曰如此邂逅何也。

綢繆束楚，三星在戶音虎。今夕何夕，見此粲者音睹。子兮子兮，如此粲者何？

賦也。楚小於薪、芻，益見其貧也。戶在室南，在隅之星轉而在戶，夜已分也。子，謂娶者。粲者，新婦。言其得此粲者，固可幸矣，然室家之累方長，將如此何？蓋憂其貧而不繼，國之瘠甚矣。

《綢繆》三章，章六句。

民貧失時而後婚嫁，其族黨見而作此歎之。

附　解

《序》云刺晉亂。申之者曰婚姻不得其時，諸儒大略相似。朱子謂此但為婚姻者相得而喜之詞，未必為刺晉之亂。然作相喜之詞，蓋若後世催妝之詩，其語狎褻，無關大義，於唐風初不類也。惟《折衷》以為閔貧，甚得詩意。蓋當時民貧不能備禮，當初婚之夕，族婭見而賦此。言所綢繆者，不過束薪、束芻，則四壁蕭然可知矣。三星在天雖過時，而猶幸其得為婚姻，特貧窶已甚，夫恐難以養婦，婦恐難以相夫。主亦無以酬賓，故閔之而歎之也。夫子錄此，以見晉昭侯之所以微弱，而椒聊之蕃衍，非椒聊之能，乃授之以柄而不自強之故。春秋公室貧，私家富，大類如此，於此詩足以觀焉。

【眉批】禮生於有而廢於無，婚姻之禮廢而室家不正。如此何者，憂之深而思之遠也。

有杕之杜，其葉湑湑。獨行踽踽，豈無他人，不如我同父。嗟行之人，胡不比焉。人無兄弟，胡不佽焉。

比也。杕，特生貌。杜，赤棠子，澀而酢，無味。湑湑，枝葉不相比。踽踽，無所親。行人，謂臣民。我，設為昭侯之言。比，輔。佽，助也。言杕杜特立而無偶，如昭侯踽踽而無親。何以然哉？人情莫不以同父為親，而昭侯則反被桓叔之害，是同父不足恃矣，故嗟歎而深冀焉。謂其弱如此，行人何不輔之？既無兄弟，何不助之？蓋深惡沃而憫昭侯也。

有杕之杜，其葉菁菁。獨行睘睘，豈無他人，不如我同姓古音生。嗟行之人，胡不比焉。人無兄弟，胡不佽焉。

比也。菁菁，盛貌，比昭侯雖弱，猶可為也。睘睘，無所依。桓叔與太子仇同父，與昭侯同姓。

《杕杜》二章，章九句。

曲沃侵陵，晉侯微弱，詩人冀晉人效忠而作。

附　解

《序》謂刺時。申之者曰：君不親宗族，獨居而無兄弟，將為沃所并。夫曲沃於晉，兄弟也。以臣犯君，以支翦宗不之罪，而獨罪昭侯乎？且所謂不親宗族者，史傳固無明文，故朱子不從，而但以為無兄弟而自歎之詞。然考《左傳》及史，桓叔恃強侵陵，至於屢誘殺晉君。天子兩遣王師助晉，則其凶横可見。夫子錄詩，第敍其強而不存懲惡之意，當必不然。況此詩明言人無兄弟，胡不佽焉，其望扶危助困之意顯然。而次於《揚水》、《椒聊》，其為惡曲沃無疑。若謂自求助于人，人無兄弟，人字、胡不字俱無著落，而承接亦強。蓋一起三句歎昭侯微弱，豈無二句歎桓叔反常，末四句冀臣民助晉，頓挫抑揚，流連詠歎，桓叔之可惡、昭侯之可憫，莫不畢見矣。夫桓叔不親其兄弟，而其子孫亦兄弟相殘，孰謂倫常之正可以稍逾哉。

【眉批】著意在無兄弟二句，兄弟不特不足恃，而且相軋，則不得不望助於行人矣。其詞苦矣！

羔裘豹袪，自我人居居。豈無他人，維子之故。

比而賦也。袪，袂。羔裘，大夫之服。羔能羣而豹有力，比大夫之仁且勇也。居居，居集臣民。我人，指大夫。他人，暗指曲沃。言大夫之仁而且勇，吾儕之能居居而不渙散者，自我人之故，所以民心安集，雖沃強晉弱，以子之故，不忍去也。

羔裘豹褎，自我人究究。豈無他人，維子之好音丑。

比而賦也。褎，猶袪也。究究，集而能安，《鴻雁》之詩曰其究安宅是也。好，賢也。

《羔裘》二章，章四句。

沃強晉弱，晉大夫猶有忠主庇民者，詩人美之。

附　解

《序》：刺時也。申之者曰刺在位不恤其民。朱子曰詩中未見此意，而又以居居、究究，僅見《爾雅》，不敢據以釋經。可謂愼矣。然玩詩意，本美詞。《折衷》曰：潘父之弒昭侯也，晉人立孝侯。莊伯之弒孝侯也，晉人立鄂侯。武公之弒哀侯也，晉人立小子侯。以曲沃之強暴，而晉屢世立君。此必有大夫焉，能撫其民而用之，故民不散而國猶存。甚為允當也，敬從之。若居居、究究，但即本字會意，詁解不從《爾雅》，尤是。

【眉批】朱虛存漢，仁傑反周，此大夫其流亞歟？惜乎無繼之者，而曲沃竟篡也！

肅肅鴇羽，集于苞栩。王事靡盬，不能蓺稷黍，父母何怙音古。悠悠蒼天，曷其有所。

興也。肅肅，羽聲。鴇，水鳥，似雁，無後趾，能激糞以禦鷙鳥。孔氏曰：鴇羽連蹏，樹棲則苦。苞，叢。栩，櫟也。盬，與蠱同，壞也。靡盬，無使至壞。蓺，樹也。怙，恃也。言鴇不樹止，而今集栩，失所矣。民以王事之故，不得養其父母，亦如鴇之失所，因呼天而告，何時而有所乎。《春秋》隱公五年，王命虢公伐曲沃，而立哀侯於翼。桓公九年，虢仲、芮伯、欒伯、荀侯、賈伯伐曲沃，此王事之實。

肅肅鴇翼，集於苞棘。王事靡盬，不能蓺黍稷，父母何食。悠悠蒼天，曷其有極。

興也。極，已也。黃佐曰：征役已，則得耕田以供子職。

肅肅鴇行，集於苞桑。王事靡盬，不能蓺稻粱，父母何嘗。悠悠蒼天，曷其有常。

興也。鴇性如雁，羣居有序，故曰行。常，常道。君臣上下各安分為有常。曲沃以臣犯君，君不能制，而王師助之，亦不能正，則反常矣。人事反常，詩人無告而訴之於天。

《鴇羽》三章，章七句。

曲沃侵晉，王師助晉攻沃。而晉微弱，無以恤民，民從征役者作此。

附　解

曲沃以臣叛君，王師助晉討之，此理之正也，民宜喜於從事，無乃怨靡盬而嗟父母乎？蓋王平日果能修明紀綱，諸侯聽命，則曲沃之叛，命將討而正之可矣。否則，晉侯果能自強，則曲沃之逆亦無難翦而滅之也。乃天子不能命方伯以討罪，晉君不能修德以自強，徒勞師旅，從征者知師之必不成功，難以顯斥君上之非，則第歎於王事之靡盬，父母之失所，以致其諷刺。夫子錄之，以戒君上持綱恤民，當裕之於早也。不然，此詩不為亂民乎？而聖人何取之也。

【眉批】竭忠即所以盡孝也，而君上不能恤民，則怨周王、晉君皆失其綱，以致曲沃叛逆。民平日未有以知君上之恩，而徒知王師之必不能勝也，則太息而嗟咏之。

豈曰無衣七兮？不如子之衣。安且吉兮！

賦也。侯伯七命，其車旗衣服皆以七為節：衣三章，華蟲、火、宗彝；裳四章，藻、粉、黼、黻也。子，天子之使。曲沃武公以寶器賂周釐王，因王朝卿士以獻，而作此詩貽之，言其有衣不如子衣。安、吉，皆命於天子，求其代為請也。

豈曰無衣六兮？不如子之衣，安且燠兮！

賦也。天子之卿六命，車旗衣服亦如之。燠，煖也。言己但求如子之六命，亦可以為安燠，蓋天子之卿受地視侯也。

《無衣》二章，章三句。

曲沃武公滅晉，以其寶器因王左右賂王，求為諸侯，而作詩貽之。夫子錄之，以著王之失與武之罪也。

附　解

《序》云美晉。朱子曰：武公篡弒，大逆不道，乃王法所必誅，何以美之？其說正大，足以誅千古之賊黨。但以子為天子，似非。毛氏據《史記》謂武公并晉國，其大夫為之稟命於天子之使而作是詩。其言近是。蓋周天子初不直曲沃，屢以兵助晉。及釐王立，則未聞之。武公於王三年滅晉，以其寶器賂周。是時，必有王臣為之先容，王乃受之。毛氏謂天子之使，蓋指此詩所稱子衣安吉，正以美王卿，而使代請之詞。夫子錄之，一以見周之不綱，一以著武公之惡，所謂直書其事而義自見。誅奸諛於既死，與《春秋》同旨也。後世若莽、操全祖此術，然掩耳盜鈴，欲蓋彌彰，亂臣賊子能勿汗顏？

【眉批】篡逆之徒亦欲其衣之安且燠，而求王命以飾之。然罪狀昭彰，實不足為安也。聖人録其辭，以見其喪心滅理而猶欲欺人之意。

有杕之杜，生於道左。彼君子兮，噬肯適我。中心好之，曷飲食之。

末二句以字詠歎為韻。比也。道左，猶道旁。噬，《韓詩》作逝，發語詞。曷，何也。言杕杜不足以蔭行人，喻德薄不足以來賢士。君子亦安肯適我哉？然中心好之，則願何時得飲食之也。

有杕之杜，生於道周。彼君子兮，噬肯來遊。中心好之，曷飲食之。

比也。周，曲也。遊，翱遊，不但適也。

《有杕之杜》二章，章六句。

或曰晉文公求賢而作。

附　解

《序》：刺晉武公。毛氏曰武公兼其宗族，而不求賢自輔。朱子謂其全非詩意，而但曰此人好賢，恐不足以致之。其見甚是。或又以為美武公好賢，逆取而能順守之。夫逆取順守之言，大非理也。且武公好賢，亦何所據？篡亂之徒即能下士，亦不過材智歸之，如曹操招致謀士，豈能屈臥龍輩哉！有謂美文公好賢者。文公為公子時，即有望，從亡諸臣半皆卿材，其平日必有好賢之實，而反國之後能修政刑，晉用以興。則以此詩歸之，較為可通。衛亡於鶉奔，而子次以定中，見衛所以亡而不亡。晉篡於無衣，而子次此詩，以見晉之所以宜滅而不滅，於義不為無關也。若朱子闕疑之意亦佳，但於晉國盛衰治亂之迹若無所考云。

【眉批】冀其肯適我而飲食之，蓋方求賢也。文公得士而興，其必有此懷抱也。

葛生蒙楚，蘞蔓於野神與反。子美亡此，誰與？獨處！

賦也。蘞，草名，似栝蔞，葉盛而細，有赤、白、黑三種。蔓，延也。予美，婦人謂其夫。亡，卒也。蓋婦人送其夫之葬，而歎葛蘞蔓生之處，夫亡於此，獨處而無與也。

葛生蒙棘，蘞蔓於域。予美亡此，誰與？獨息！

賦也。域，塋域。何楷曰：此其夫所葬之地。息，止也。

角枕粲兮，錦衾爛兮。予美亡此，誰與？獨旦！

賦也。角枕、錦衾，斂襲之具。粲、爛，鮮明。此臨其穴而悼之言，獨宿至旦而無與也。

夏之日，冬之夜。百歲之後音戶，歸於其居。

賦也。居，墓也。言夏日永，冬夜永，百年之內，無時不思，要卒而相從耳。歸於其居，則竟與同處也。

冬之夜，夏之日。百歲之後，歸于其室。

賦也。室，壙也。歸于其室，則有與同息且同旦矣，蓋貞一之志如此。

《葛生》五章，〔三章章五句，二章〕章四句。[①]

婦人送葬其夫而作。蓋夫死，或父母在，子未成人，均無從死之理，而矢志同歸，則堅貞純一矣。

附　解

《序》云刺晉獻公。毛氏曰好攻戰，人多喪。朱子曰：未見其果作於此時，婦人以其夫久從征役而不歸。然葛蘞之興，初無義理，而亡此之言，又

① 底本作五章，章四句。按之詩意，前三章當為每章五句。

非思存。《詩義折衷》以為婦人送夫之葬而作，覺字字有著落，蓋《蒿里》《薤露》之先聲也。

【眉批】婦哭夫之詞，後世不少，然務求深遠，轉少情文。此但就寢處恒情，反復嗟咏，而意已懇到，乃至淺至深之文也。

采苓采苓力珍反，首陽之巔。人之為言，苟亦無信。舍旃舍旃，苟亦無然。人之為言，胡得焉。

比也。苓，大苦也。首陽，山名，在河東蒲坂縣南，亦曰雷首山。巔，頂也。苟，且也。舍，置。旃，之也。然，果舍之也。胡得，不行其讒言。有言采苓於首陽之巔者，且無信之，以為相欺而舍之乎。且亦無然，蓋不遽信之，亦不遽棄之，要在審慎察實而後行。如此，則言者胡得售其欺哉。

采苦采苦，首陽之下音戶。人之為言，苟亦無與。舍旃舍旃，苟亦無然。人之為言，胡得焉。

比也。苦，菜，生山田及澤中。與，許也。

采葑采葑，首陽之東。人之為言，苟亦無從。舍旃舍旃，苟亦無然。人之為言，胡得焉。

比也。從，聽而行之。

《采苓》三章，章八句。

此戒信讒之詩。

附　解

此戒人聽讒。苓不生於巔，不足信也。在山下則或然，亦勿便與之至。葑亦水草，讀平聲，非蕪菁也。晉之所無，奇而視之，則更謬。三者喻讒言揑撰分三事，信與從亦由淺及深，不遽信亦不輕信，勿為所欺，亦不以人廢言。如此，則嘉言罔攸伏，而萋斐不得行。詩詞固甚為周密也，不然，第以為不足信而已，有時君子之言亦以小人之心測之，烏知不反貽誤乎？故詩兩層兼到。至苓，或曰本古蓮字，引枚乘蔓草芒苓，與下巔字叶。然苓，苦菜，生於隰，非山巔所有。明知其不可信，勿輕信亦不遽置耳。

【眉批】不輕信亦不必不信，總在自身有鑑衡，而後去取至當，莫售其欺也。詩人再言苟亦無，反覆丁寧為已至。

唐國十二篇，三十三章，二百三句

唐本堯舜故都，民俗勤儉。唐叔以下，失德無聞，故能葆前聖之遺風。自桓叔父子祖孫翦滅同宗，抗拒王命，為元惡大憝，而唐俗大壞矣。雖其後晉文創霸，主盟中夏，然先王之遺風，罕有存者。其後韓、趙、魏卒分晉室，若踵武公故智而行之者，故夫子敍詩，仍魏、唐舊國之名，而不云晉風。誅亂臣賊子之意，與《春秋》同矣。若獻公自相屠戮，天道宜然，有詩曷足錄哉？故《序》云美沃刺獻。諸說皆當以朱子之辨為是，而詞義則一以本文語氣斷之云。

《秦》一之十一

秦，隴西谷名，其地近雍州鳥鼠之山，今秦州。昔伯益佐禹治水有功，賜姓嬴氏，其子孫或在中國，或在夷狄。有中潏者，居西戎，以保西垂。六世孫大駱生非子，事周孝王，養馬於汧渭之閒，封為附庸，而邑之秦。其曾孫秦仲為宣王大夫，伐西戎不克，見殺。幽王被弒，仲孫襄公勤王，王封為諸侯，曰能逐犬戎，即有岐豐之地，遂有周西都八百里之地，而秦始大。玄孫德公徙於雍，其後竟代周有天下。崔氏述謂柏翳，非伯益，非。

有車鄰鄰，有馬白顛。未見君子，寺人之令力珍反。

賦也。鄰鄰，車眾之聲。白顛，額有白毛，一曰戴星馬，又曰的顙。君子，秦君。寺人，內小臣。令，使也。言秦君車馬之盛如此，而又有此寺人之官，體統肅矣。

阪有漆，隰有栗。既見君子，竝坐鼓瑟。今者不樂，逝者其耋。

賦也。阪漆、隰栗，所種之樹。鼓瑟，蓋初有琴瑟也。八十曰耋。言秦地種植盛，而秦君尤能以情接下，與羣臣鼓瑟相歡，故臣下樂。及時以相歡，其得人心可見矣。

阪有桑，隰有楊。既見君子，竝坐鼓簧。今者不樂，逝者其亡。

賦也。簧，笙中金葉。吹笙則簧動，故曰鼓。逝而不返曰亡。逝者其耋，言老境轉盼即至；逝者其亡，言壯年不可復得。

《車鄰》三章，一章四句，二章章六句。

秦仲始受命為大夫，而國人美其強盛，且言其能通下情。

附　解

秦雖伯益之後，然不再傳而微弱。費昌歸湯，中衍、中潏在殷世為戎狄諸侯，不得與中華齒也。秦仲當周之盛，受命為附庸。史伯曰：嬴之雋也，其將興乎？則其英毅有為，蓋大異於從前。此詩《序》及毛《傳》皆以為美仲，理當然也。車鄰馬顛，畜物盛矣。漆栗桑楊，種植備矣。鼓瑟鼓簧，音樂興矣。寺人之令，以見其體統之尊嚴。竝坐為樂，以見其上下之浹洽。蓋莫非興國之規模，而欣喜之私意然，誇技產、稱寺人、喜竝坐，草草規模，豪放習氣如目覩焉。夫子錄此，以明秦之為秦，不過如斯而已。其強也，固其所以亂也歟？若夫開國首重寺人，若預兆望夷之禍者，聖人其亦有意乎！

【眉批】得人心者，雖其行事不皆合乎道，而亦可興。秦居戎狄之地，初創國基，其規模粗具，人心樂之如此，錄之以誌文武周公之禮樂所由廢也。

駟驖孔阜，六轡在手。公之媚子，從公于狩。

賦也。驖，驪馬。駟驖，四馬皆驪。孔，甚。阜，大也。四馬八轡，言六轡者，兩驂兩轡納之於觖，故在手者止六轡也。媚子，所親愛之人。從公于狩，習武事。言馬壯而人嫻於御，以從公為樂矣。

奉時辰牡，辰牡孔碩。公曰左之，舍拔則獲。

賦也。時，是辰時也。辰牡，冬獻狼，夏獻麋，春、秋獻鹿豕之類。奉之者，虞人翼以待射也。碩，肥大。公曰左之，逐禽左也。拔，矢括。舍拔則獲，矢不虛發，言射獵善而法令嚴也。

遊於北園，四馬既閑。輶車鸞鑣，載獫歇驕。

賦也。田事已畢，故遊於北園。閑，調習也。輶，輕也。鸞，鈴也，效鸞鳥之聲。鑣，馬銜。置鈴於銜之兩旁，故曰鸞鑣。獫、歇、驕，皆犬名。以車載者休息之也，又言其田畢而整暇如此。

《駟驖》三章，章四句。

秦人美其君田獵之詞。夫秦地，周之舊也。而秦人以武勇開國，競尚材技，觀其射御嫻熟，左右用命，駸駸乎英鷙逼人，固宜其崛興，而周先王仁厚之道亦幾盡矣，故〔夫〕子錄之以致慨。蓋亦秦仲時作，舊說以為美襄公，非也。

【眉批】即媚子以見小臣皆有技藝，以概其餘也。與《猩》之什誇美略同，而整暇過之。與《車攻》相較，則王霸之業迥異矣。

小戎俴收，五楘梁輈。遊環脅驅，陰靷鋈續。文茵暢轂，駕我騏馵。言念君子，溫其如玉。在其板屋，亂我心曲。

賦也。小戎，兵車也。俴，淺也。收，軫也。車前後兩端橫木，收斂所載者。大車軫深八尺，兵車四尺四寸，故曰俴收。楘，文貌。輈，轅也。梁輈，輈上鉤衡，穹如梁，懼其不堅也。五分其穹，各以皮束之，其文歷錄然也。遊環，靷環也。在服馬背上貫驂馬之靷於其中，前卻無定，所以制驂馬使不外出。脅驅，當服馬脅，以皮為之，前繫於衡，後繫於軫，所以止驂馬使不內入。陰，揜軓之橫板。靷，引車之韋帶。鋈續，陰板之上有續靷之孔，銷白金以沃灌之也。文茵，以虎皮為車褥。暢，長也。轂，車輪之中外持輻內受軸者。大車轂長尺半，兵車長三尺二寸，故曰暢轂。馬青色曰騏，左足白曰馵。君子，婦人目其夫。溫其如玉，美其德。板屋，西戎之俗，以板為屋。心曲，心中委曲之處，言其君子以此車馬伐戎，但君子溫然，恐不堪勞苦，故念之而亂心曲也。

四牡孔阜，六轡在手。騏駵是中古音蒸**，騧驪是驂**音森**。龍盾之合，鋈以觼軜。言念君子，溫其在邑**音匼**。方何為期？胡然我念之。**

賦也。赤馬黑鬣曰駵。中兩服馬，黃馬黑喙曰騧。驪，黑色。盾，干也。畫龍於盾，合而載之，以為車衛。觼，環之有舌者。軜，驂內轡。置觼於軾前以係軜，故曰觼軜，亦銷白金以為飾。邑，城也。在板屋野處，在邑則築城久居矣。方，將也。言歸期尚不可定，我何為而念之，以義制情也。

俴駟孔羣，厹矛鋈錞。蒙伐有苑，虎韔鏤膺。交韔二弓，竹閉緄縢。言念君子，載寢載興。厭厭良人，秩秩德音。

賦也。俴駟，以俴薄之金被馬，欲其輕便。羣，和也。厹矛，三隅矛。鋈錞，以白金沃矛之下端平底者。蒙，雜。伐，中干也。盾之別名，畫雜羽於干上。苑，文貌。虎韔，以虎皮為弓室。鏤膺，鏤金以飾馬胸之帶也。交韔，交二弓於韔中，顛倒安置之。閉，弓檠，一作䩛。緄，繩。縢，約也。以竹為閉而以繩約之，檠弓體使正也。載寢載興，起居不寧。厭厭，安重。秩秩，有序。既閔其勞，而又思其德性，勖其必能成功也。

《小戎》三章，章十句。

西戎先殺秦仲，後弒幽王，秦襄公奉王命伐之。婦人美其軍容之盛而思其君子，冀其必能成功也。

附解

前二篇美車馬射御之長，雖英騺不羣，然猶不免西戎慓悍之俗，其為秦仲之時詩無疑。此篇則詳述其軍容，而美其君子之德性，已無戎習矣。合上二章而觀，駸駸日盛，用夏變夷，故季札曰：此之謂夏聲。夫能夏，則大大之至也，其周之舊乎？蓋言其由戎而徙西都，浸染周之舊俗，月異而歲不同也。夫子録之，亦以著當周之衰，而秦之造邦如此。其一種強武奮發之氣見於行間，豈周室所能馭哉。或謂襄公遣大夫征戎，勞之而作，詩意未見其然。《序》專以為美襄公，亦非。

【眉批】君子行役而婦人念之者，情也。然此詩毫無怨詞，則秦之能用其民亦可見矣。至描寫車馬，不啻考工之文，亦非後世所能及也。

蒹葭蒼蒼，白露為霜。所謂伊人，在水一方。遡洄從之，道阻且長。遡游從之，宛在水中央。

比也。蒹，水草，似萑而細，高數尺，亦曰蒹，堅實，牛食之肥彊。葭，葦也。蒼蒼，盛而將老。伊人，賢人。一方，猶彼方。宛，坐見貌。逆流而上曰遡洄，順流而下曰遡游。言秋月深而露將為霜，比秦政嚴急，雖盛而不可恃。所謂賢人，肥遯水涯，可望而不可即，其所挾持甚遠也。遡洄，喻不以道見。遡游，喻順理而求。

蒹葭淒淒，白露未晞。所謂伊人，在水之湄。遡洄從之，道阻且躋。遡游從之，宛在水中坻。

比也。淒淒，蕭瑟。晞，乾也。湄，水草之交。躋，升，言難至如升高。小沚曰坻。言氣已肅而法益嚴，非無賢人君子，但不以道則難見耳。

蒹葭采采，白露未已。所謂伊人，在水之涘。遡洄從之，道阻且右音以。遡游從之，宛在水中沚。

比也。采采，摧折。已，止。右，不相值而出其右也。小渚曰沚。

《蒹葭》三章，章八句。

周之遺民有避秦而隱於水濱者，詩人思之。葢秦襄雖盛，然無文、武好德之遺，故賢者去之，而詩人作此。夫子録之，以見其所以不能繼周之德也。

附　解

《序》：刺襄公。毛氏曰：未能用周禮，將無以固其國。朱子以為其說近鑿，而所謂彼人者，仍不知其何所指。或謂賢人，隱於河上，秦人慕之。其說近是。《折衷》曰秦襄始封，作西畤而祀上帝，位在藩臣而臚於郊祀。文公嗣立，初定三族之刑，僭禮變法之端，已兆於此。與三代聖治如春溫秋肅相反，周之獻民，抱道不仕而隱於水湄焉。愚謂秦本戎狄，秦仲始為王朝大夫，襄公始受命，奄有岐西浸淫夏俗？《車鄰》以下三詩，雖見發奮有為之氣，而仁厚之意缺如，則斷以此詩為周之遺民肥遯，信而有徵矣。且曰遡洄從之，道阻且長。遡游從之，宛在水中央。言非道難見，順禮則可求。又見伊人非恝然於世，而秦實無道以致之也。其為慨惜，昭然矣。

【眉批】岐周舊壤，文、武、成、康之遺澤，豈無賢士？而秦不能用，卒無以興道致治，比美三代，詩人所為流連太息於伊人遠也。

終南何有，有條有梅音迷。君子至止，錦衣狐裘音箕。顏如渥丹，其君也哉音資。

興也。終南，山名，其地廣袤，在今西安府。條，山楸。君子，秦君。至止，至終南山之下。錦衣狐裘，諸侯之服。渥，漬也。渥丹，赤色而澤。其君也哉，言稱其為君。言襄公始受命為諸侯，伐戎得其東之地，至於終南山下，容貌衣服皆與之相稱也。

終南何有，有紀有堂。君子至止，黻衣繡裳。佩玉將將，壽考不忘。

興也。紀，山之廉角。堂，山寬平處。黑與青謂之黻，其狀亞，兩已相戾。五色備謂之繡。將將，佩玉聲。壽考不忘，欲其久居此位，毋忘戒慎也。

《終南》二章，章六句。

襄公始受命為侯，伐戎得岐東之地而詩人美之。

附 解

《序》：戒襄公也。毛氏曰：大夫美襄公戒勸之。考史，周平王封襄公為諸侯，賜岐以西之地，曰：能攻逐戎，即有其地。襄公於是始與諸侯通，十二年伐戎，而至岐卒。蓋已略得岐東周之地，故詩云至終南下也，不得謂文公始收周餘民所有之地。疑此詩非襄公，惟其初為侯又闢地，故美之而曰其君也哉、壽考不忘，則欲其無愧為君，長懷恭順，亦賢者之詞。且終南西至褒斜，又西至於隴首，以臨於戎。東至於商顏，又東至於太華，以距於關。其地甚遼，則襄公至於其下，正無可疑。

【眉批】西戎擾害岐周而平王不能制，民苦戎之暴，喜秦之君，實周王不能恤民而棄之也。夫子存此詩，其無深慨也夫。

交交黃鳥，止于棘。誰從穆公？子車奄息。維此奄息，百夫之特。臨其穴，惴惴其慄。彼蒼者天，殲我良人！如可贖兮，人百其身！

興也。交交，飛而往來之貌。從穆公，以之從死。子車，氏。奄息，名。特，傑出之稱。穴，壙也。惴惴，懼貌。慄，懼。殲，盡。良，善。贖，買也。蘇轍曰：臣之託君，猶鳥之止木。黃鳥交交而和鳴，三子乃不得其死，曾黃鳥之不如，因愬於天。言若可貿以他人，皆願百其身以易也。

交交黃鳥，止于桑。誰從穆公？子車仲行。維此仲行，百夫之防。臨其穴，惴惴其慄。彼蒼者天，殲我良人！如可贖兮，人百其身！

興也。防，當也，言一人可以當百。

交交黃鳥，止于楚。誰從穆公？子車鍼虎。維此鍼虎，百夫之禦。臨其穴，惴惴其慄。彼蒼者天，殲我良人。如可贖兮，人百其身。

興也。禦止其侮也。

《黄鳥》三章，章十二句。

秦穆公卒，其子康公以子車氏之三子為殉，國人哀之而作。

附　解

三良殉葬，左氏責穆公死而棄民。然穆公好賢禮士，必不至此，故鄭康成謂三良自殺以從死，而蘇東坡因之，為詩曰昔公生不殺孟明，豈有死之日而忍用其良？乃知三子殉公意，亦如齊之二子從田横。古人感一飯，尚能殺其身。今人不復見此等，乃以所見疑古人。古人不可見，今人益可傷。顧謂康公迫三良殉葬可也，謂三良自殺為忠則非。蓋臣之事君，死生以之固已然，豈以殉為賢乎？使三子果自戕，則亦不足為賢，尤不足為哀，而詩人悱惻纏綿，固不爾也，自當是康公之罪。朱子曰：其初特戎狄之俗，而其後習以為常，王政不綱，諸侯擅命，殺人無忌，莫知其非。誠至論矣！而獨沿左氏以責穆公。予以公平生及《書》録《秦誓》，信其必無以賢殉葬之事。

【眉批】殉葬之事，誠非人理。自此詩留傳，而孔子又推廣作俑之罪，其風乃革，此詩之為功大矣。其詞哀迫，恰肖其事，固不堪卒讀。

鴥彼晨風，鬱彼北林。未見君子，憂心欽欽。如何如何，忘我實多。

興也。鴥，疾飛貌。晨風，鸇也，似鷂，青黄色，燕頷句喙，嚮風摇翅，乃因風急疾擊鳩鴿燕雀食之。鬱，盛密貌。君子，謂賢人。欽欽，憂之不已。言晨風飛疾而北林茂密，比君子之不易見，是以未見而憂心欽欽，思賢人何故而不與我？欲致其招徠之術也。

山有苞櫟，隰有六駮。未見君子，憂心靡樂。如何如何，忘我實多。

興也。櫟，柞櫟。苞，叢也。駮，陸璣曰：馬梓榆也，樹皮青白駮犖，遥視之似駮馬，故謂之駮也。六，據所見之數。言櫟駮非良材，喻朝無正士也，故未見則不樂，而思賢之何以忘我也。

山有苞棣，隰有樹檖。未見君子，憂心如醉。如何如何，忘我實多。

興也。棣，唐棣。檖，赤羅也，實似梨而小，酢可食，一名山梨，一曰楊檖，鹿梨、鼠梨皆是。如醉，憂之深矣。

《晨風》三章，章六句。

詩人憂賢者之不得見而作，或穆公求賢之詩也。

附　解

《序》：刺康公。説者曰忘穆公之業，始棄其賢臣，諸儒皆從之。朱子改為婦人念其夫之詞，引《扊扅歌》為證，謂秦俗也。然未見與不見微別，《周南》曰未見君子，亦既見止相呼應之詞。此但云未見，而云如何如何，忘我實多，若求其故而不得者，故憂之深而至如醉也，非婦念夫可當。若如《序》說，康公既無棄賢實事，而下篇《渭陽》方且美之不應，此獨為刺？且未見二句，謂以穆公之意責康公，尤屬牽強。愚謂穆公好士，西取由余於戎，東得百里奚於宛，求丕豹公孫於晉。詢兹黃髮，昧昧思賢，故能創霸西戎。此詩殷殷以未見君子為憂，而曰如何如何，忘我實多，蓋思所以不得乎賢者，而歎其遐棄，可謂誠且切矣。即以穆公當之亦可，作泛泛思賢詩亦可，要必其語意穩協，不得以古人未有此說為疑。

【眉批】見幾而作，不俟終日，君子之如晨風也。十年樹木，百年樹人，櫟駮之所以不得擬君子也。憂之之意，豈徒慨遺賢歟。

豈曰無衣？與子同袍。王于興師，脩我戈矛，與子同仇！

興也。袍，衣有著者。純著新緜曰襺，雜用舊絮曰袍。戈長六尺六寸，矛長二丈，皆槍屬。王于興師，奉天子命伐戎也。戎弑幽王、殺秦仲，故為秦仇。言己有衣而願與同袍，興王有事而願與同仇，以其為公憤也。

豈曰無衣？與子同澤音鐸。**王于興師，脩我矛戟**音角，**與子偕作！**

興也。澤，一作襗，褻衣也，近垢澤，故曰澤。戟，車戟也，長丈六尺，旁有枝格。作，起也。

豈曰無衣？與子同裳。王于興師，脩我甲兵，與子偕行！

興也。裳，下衣。行，往也。

《無衣》三章，章五句。

秦襄公奉天子命伐戎，周民喜而賦此。蓋西戎侵并周地，民心憤之，一旦命秦征伐，故喜於舍己相從，亦可以見文、武畱遺之厚，民心之大可為也。

附　解

《序》：刺用兵。毛、鄭皆謂刺康公。王志長曰詠古以刺今。朱子謂《序》意與詩情不協，秦俗強悍，樂於戰鬬，故平居相謂如此。而王于興師，初無著落。金仁山據《史記》周宣王召莊公昆弟，與兵七千，使伐西戎，破之。於是復予秦仲後及其先大駱地犬丘竝有之，為西垂大夫，秦人作此。其說近之矣。然考周厲王無道，西戎反王室，宣王即位，命秦仲誅西戎不克，仲為戎所殺。宣王又使其子莊公伐戎，是王先已伐戎，莊公已是第二次，不應詩人乃作此美之。且莊公破戎，僅復其先世大駱犬丘之地，非岐西故壤。莊公立四十四年卒，不能如戎，何其長男世父擊戎反為戎虜？次男是為襄公，襄公當幽王之難，將兵勤王，後周徙雒邑，戎乘勢奪取岐西地，王命襄公伐之。於斯時也，犬戎有弒逆大惡，而又侵奪王室，蹂躪生民，民深憤之，特王室微弱，不能致討，民故飲恨吞聲，受戎暴掠。一旦襄公奉天子之命伐之，民心欣幸，故為此詩。言己非無衣，而愿舍己之衣與子同袍者，以王命討賊，大義宜然，亦以己平日受戎之患深也。厥後襄公伐戎至岐，子文公因之，遂盡有岐豐之地。若非民心悅從，安能竟破戎而據有周疆哉。故或以為襄公伐戎之詩，義無可疑。特簡篇流傳，次序偶誤，當序於《小戎》之後而誤列於此，故後人疑為康公時作。然事實與經文，甚不相蒙也。

【眉批】民之仇戎甚矣，故喜王之興師。使平王因民心之悅，布德行惠，別賞秦以封爵，而命賢者鎮撫岐豐，如後世兩京之制，周何至遽微弱也？讀心能無三歎！

我送舅氏，曰至渭陽。何以贈之，路車乘黃。

賦也。舅氏，秦康公之舅，晉公子重耳。渭，水名。秦時都雍，至渭陽者，東行送之也。路車，諸侯之車。乘黃，四馬皆黃也。

我送舅氏，悠悠我思。何以贈之，瓊瑰玉佩。

賦也。悠悠，長也。送舅氏而念其母，故長思。瓊，玉名。瑰，美石。《序》以為時康公之母穆姬已卒，故康公送其舅而念母不存也，其詞可謂情致纏綿矣。

《渭陽》二章，章四句。

秦穆公送晉重耳反國，康公時為太子，送之渭陽而作此詩。夫舅者，母之兄弟也，孝於母者，安得不篤於舅。後世崇重外戚，不擇賢否而任之以權，故為亂。若別賢任能，恩義兩盡，豈有是哉。聖人録此，所以廣孝也，善乎。《折衷》之言曰：伯叔者，父之兄弟；舅氏者，母之兄弟。列國非同姓宗族即異姓婚姻，苟能因愛父而愛伯叔，因愛母而愛甥舅，則講信修睦，兵戎何自起哉。康公篤於舅氏，文公得入晉國，定伯而安中原，因親廣愛，其仁普矣。世儒以外戚干政為忌，動云防制外戚，然三代之興，皆由外戚，豈不擇賢否概棄之乎？因外戚之不臣者，而遂棄外戚，如兄弟伯叔有不肖者，因而不用兄弟伯叔，可乎？

【眉批】何以贈之，言物不足以達其情也。路車、玉佩，皆舅所有，以乘黃、瓊瑰為異，欲其長享諸侯之榮也。

於我乎，夏屋渠渠，今也每食無餘。于嗟乎，不承權輿。

賦也。夏，大也。渠渠，深廣貌。承，繼也。權輿，始也。作量自權始以準，量，由此而生；作車自輿始以蓋，軫由此而起，故謂始曰權輿。言康公始有渠渠之夏屋以待賢者，而其後禮意寖衰，不能繼其始，故歎之也。

於我乎，每食四簋音九，今也每食不飽。于嗟乎，不承權輿。

此與《騶虞》章同調。賦也。簋，瓦器，容斗二升。方曰簠，圓曰簋。蓋古為竹器，而周人始瓦。四簋，兼盛稻、粱、黍、稷，禮食之盛也。

《權輿》二章，章五句。

秦康待賢有始無終，穆公之業始衰，故詩人刺之。

附 解

《序》：刺康公。說者謂忘先君之舊臣。朱子初從其說，後著《集傳》，則泛言之，而章末引楚元王事，猶是《序》意也。愚謂不必定指其棄先君舊臣，大抵言其待賢有始無終。而夫子錄之，以見秦所以中衰也。不然，以穆公之強，使子孫仍能繼武，引用賢人，文、襄之後，晉亦寖衰，秦以此時修方伯連帥之職，翼戴天室，豈可量哉。而不能然，遂至與晉為讎，反與翟合，終春秋之世，以夷狄視之，皆自康公為之厲階也。故子序此詩於篇末。

【眉批】大賢仕以行道，非徒夏屋四簋可羈也，即此亦不能繼其簡可知。即藉祿仕以為養者，亦去之矣，況大賢，肯俯就乎？

秦國十篇，二十七章，百八十一句。

秦本戎之俗，自秦仲為周大夫，為王室死難，其子莊公亦能奉王命，至襄公勤王伐戎，盡有岐西而秦始大。推原其由，則以忠義故也。德公徙雍，其子三人，宣公、成公遞讓國，以及穆公，好賢禮士，秦因以伯。穆公卒，康公立，《黃鳥》《權輿》，大反穆公之舊，而秦遂中衰。惟《渭陽》一什見思母之誠，秦之不遂凌夷，蓋賴乎此。夫子錄詩，一本此意，以為權衡。至其開國，惟尚武勇而不修文教，中葉棄賢而不能匡周，經史固昭然可見。而說者謂夫子知秦將代周。齊桓、晉文以後，列國不振，而秦始強。故《齊》《晉》之後，繼以《秦風》，然要以人事卜乎？天命非有億中揣測之術也？後之讀者，其盡心焉。

《陳》一之十二

陳，國名，本太皞、伏羲之墟，在《禹貢》豫州之東，其地廣平，無名山大川，西望外方，東不及孟諸。帝舜之後閼父為周陶正，武王以元女大姬妻其子嬀滿而封於陳，今河南陳州，與黃帝、帝堯之後共為三恪，是為胡公。

子之湯音蕩**兮，宛丘之上兮。洵有情兮，而無望兮。**

賦也。子，大夫也。湯，與蕩同，放曠也。宛丘，地名。四方高中央下曰宛丘。洵，信也。望，瞻望也。陳之大夫曰遊宛丘，自行放曠，詩人言：子蕩如是，信有情致矣，而無威儀可望。

坎其擊鼓，宛丘之下音戶**。無冬無夏**音戶**，值其鷺羽。**

賦也。坎，擊鼓聲。值，植也。鷺，鷺絲，步於淺水，好自低昂，故一曰舂鉏。以其羽為翳，舞者之所持，言其無時不歌舞於是也。

坎其擊缶，宛翿之道。無冬無夏，值其鷺翿。

賦也。缶，瓦器，可以節樂。翿，翳也。徐常吉曰：古者春秋教以禮樂，冬夏教以詩書。今值其鷺翿，則無時不舞，《書》所謂恒舞也。

《宛丘》三章，章四句。

陳大夫恒遊蕩於宛丘，詩人刺之。

附　解

《序》：刺幽公也。毛《傳》：子指大夫。鄭康成則曰子斥幽公。朱子曰：陳國小無事，實幽公但以惡謚，故得遊蕩無度之詩，未敢信也。至為卓識。而不以為指大夫，亦非。詩言無望，明係有位之人，蓋陳俗習為遊蕩歌舞，皆自其上化之。其擊鼓而竝擊缶，蓋與下人徵逐以為樂也。夫子錄此篇首，以見有位者棄其國恤而荒於慢遊，是陳之所以衰而大舜之德所以微。若大姬婦人，好巫覡禱祈、鬼神歌舞之事，民俗化而為之之説，經傳皆無明文，漢儒始為此論。果爾，是胡公不能操政而任姬巫禱，甚至釀成風俗，武王何取公妻而封之？而武王、周公明聖，姬乃妄行？姬既愚，而武王、周公亦不禁？其為明備之累多矣！是蓋傳聞之誣而康成信之，據以為說，決不可從。

【眉批】先王制樂導和，無論何人，皆可嫺習陶情，第專務而無禮以節之則蕩，此詩所以譏也。

東門之枌，宛丘之栩。子仲之子，婆娑其下音戶**。**

賦也。枌，白榆也。先生葉卻著莢，皮色白。栩，一名杼，柔木也。其實皁，一曰橡，亦栗屬，徐州人謂櫟為栩，其子為皂斗。子，仲氏也。子仲之子，貴族之子，鄭康成曰：男子也。婆娑，舞貌。何楷曰：或舞於枌下，或舞於栩下，明其非一時一處也。

穀旦于差與麻協，南方之原。不績其麻，市也婆娑。

賦也。穀旦，良辰也。差，擇也。高平曰原。績麻，女工也。市，易也，謂交易而舞也。

穀旦于逝，越以鬷邁。視爾如荍，貽我握椒。

賦也。逝，往。越，於。鬷，眾。邁，行也。荍，芘芣，一名荆葵，又名錦葵，花似五銖錢大，色粉紅，有紫文縷之。言穀旦往邁於是，以其眾行。而男悅女色如荍，女貽男以握椒，互相歡好。詩人述其事以歎之，王安石以為《宛丘》之應是也。

《東門之枌》三章，章四句。

陳俗競為遊蕩，男女無別，舍業而嬉。詩人敍其事以刺之，蓋宛丘之大夫以此倡而下從。夫子類序以明陳之始衰，非胡公、大姬之過也。

【眉批】男女習為遊嬉，政教可知也。直敘其事而失自見，亦《春秋》之旨也。

衡門之下，可以棲遲。泌之洋洋，可以樂飢。

賦也。衡門，横木為門。棲遲，止息也。泌，水名。洋洋，流動深廣貌。言門雖淺陋而可居，水雖充飢而可飲，隨遇而安也。

豈其食魚，必河之魴。豈其取妻，必齊之姜。

比也。魴，美魚。姜，貴族。飲食男女，人之大欲存焉，而違道營求，亦由兹起矣。隨其所處而可自適，舉二者以概其餘。

豈其食魚，必河之鯉。豈其取妻，必宋之子。

比也。子，宋姓。陳政既衰，賢者隱居不仕，蓋有感於徇禄忘身者而發。

《衡門》三章，章四句。

賢者慨世營求身家之計而作，此詩以刺之。

附　解

《序》：誘僖公也。毛氏申之曰：愿而無志，故作是詩誘之。朱子謂未見其然，改為隱居自樂無求者之詞，亦是。但作詩人自言，其樂殊為鄙陋。此蓋賢者見求富貴利達多為宫室飲食男女等事，營營苟苟，甚至寡廉鮮恥，故作此詩慨之。蓋患生於不知足而道奪於嗜欲，惟能安貧，乃能樂道。夫子録此，非特美賢，亦以見陳之將亡，君子之肥遯如斯也。

【眉批】賢者非無意於世，第不肯枉道求榮耳。安有希求富貴之子而可望致君澤民者乎？

詩人目覩世俗之徒營營不已，故作此詩慨之，亦使其早自新也。

東門之池古音沱，**可以漚麻。彼美淑姬，可與晤歌。**

興也。漚，漬也，治麻者必先以漬之。淑姬，賢女。晤，對也。歌，相切化也。言池水可以漚麻，興賢女可配君子，不必求其妖淫也。

東門之池，可以漚紵。彼美淑姬，可與晤語。

興也。紵，麻屬，科生，數十莖，不歲種，宿根在地中，至春自生。答問曰語。

東門之池，可以漚菅。彼美淑姬，可與晤言。

興也。菅，葉似茅而滑澤，莖有白粉，柔韌宜為索。言，議論也。

《東門之池》三章，章四句。

詩人諷好色而進之以德也。

附　解

《序》：刺時也。毛氏曰疾其君之淫昏而思賢女以配君子。朱子謂男女會遇之詞。然其詞氣無狎褻謔浪之意，先儒已議之，則《序》謂刺時是也。必以為刺君，則非。蓋夫夫婦婦而家道正、人倫立，世衰道微，娶妻者重色而不重德，故詩人諷之。言池水可以漚麻，興淑姬可以晤歌，何必取淫豔之婦乎？彼美淑姬，言此淑姬即為美也，蓋美其賢，非美其色。

【眉批】麻紵皆草野之物，喻淑女生於寒賤，可以宜家，不必貴族之麗人也。其詞含蓄味深。

東門之楊，其葉牂牂。昏以為期，明星煌煌。

賦也。牂牂，盛貌。煌煌，大明也。東門，所約之地。昏，所約之時。言如期俟於其地，久而不至，故刺其失信也。

東門之楊，其葉肺肺。昏以為期，明星晢晢。

賦也。肺肺，密貌。晢晢，小明。將曉，則星光微矣。

《東門之楊》二章，章四句。

刺無信也。

附　解

《序》：刺時也。毛氏申之曰昏姻失時。朱子以為男女期會而負約不至之詩。然詩意亦無褻狎。《折衷》曰刺無信也，引《離騷》曰：黃昏以為期兮，羌中道而改路。其說始定。

【眉批】借男女期會之意以刺，蓋朋友間之詞也。不露一毫正意，詩人之常。

墓門有棘，斧以斯音其之。夫也不良，國人知之。知而不已，誰昔然矣。

比也。墓門，墓道之門。棘，惡木，喻公子斯析也。夫，謂陳佗。已，去也。昔，昔日。陳佗稔惡將危宗社，而桓公不知，故以墓門之棘喻佗為公族惡人。而，言國人皆知其惡，而不能去之。誰，實自昔已使其然？咎桓公也。

墓門有梅，有鴞萃止。夫也不良，歌以訊古音誶之。訊予不顧，顛倒思予音與。

比也。梅，美木，喻太子免也。鴞，惡聲之鳥，訓狐也，鵩也，喻陳佗。萃，集也，言佗黨萃於宮闈也。歌，謂作此詩。訊，告也，謂告桓公。告之而不顧，至於顛倒，而後思予，則已晚矣。

《墓門》二章，章六句。

陳佗將為亂，國人知之而莫敢言，詩人以此訊陳桓公。其後佗卒弒太子免而代之。

附解

《序》：刺陳佗也。毛氏申之曰無良師傅，以至於不義。朱子初從其說，後定《集傳》，不以為然。陳佗事見春秋國史所傳，《序》固不為無因，且佗以宗族弒君，比以墓門鴞棘，語義親切。國人皆知而不敢言，佗之凶惡，公之闇蔽，均可概見。斧斯望其斷，昔然警其覺，不顧冀其聽，顛倒惕其禍，通首語意皆有著落，特不必添出師傅一層耳。故《折衷》亦從《序》說。又《楚辭·天問》何繁鳥萃棘，負子肆情，王逸註云：解居父聘吳，過陳之墓門，見婦人負其子，欲與之淫泆，婦人引詩刺之曰墓門有棘，有鴞萃止。《列女傳》又曰：陳辯女，陳國採桑之女也，為歌曰墓門有棘、墓門有梅，其說更異。或又謂孔寧、儀行父從君淫亂，泄冶刺之而作。合觀四說，益知《序》之善矣。

【眉批】知之而不斧斯之，養惡貽禍，痛之深而詞亦悲切矣。

防有鵲巢，邛有旨苕。誰侜予美，心焉忉忉。

此也。防，堤也。邛，丘也。旨，美也。苕，苕饒也，莖如勞豆而細，葉似蒺藜而青，莖葉綠色，可生食，如小豆藿，與陵苕異。侜，張誑也。予美，謂君。忉忉，憂貌。鵲巢大樹而以為在防，苕生下溼而以為邛有，比讒人之妄語，言誰為此以誑予美者，令我忉忉心憂也。

中唐有甓，邛有旨鷊音逆。**誰侜予美，心焉惕惕。**

比也。唐，廟中路。甓，瓴甋也，郭璞曰甎甋。鷊，小草，雜色如綬，故以名鳥者名之。惕惕，懼也。上章以無為有，此言似有而實非有，比設為恍惚之詞以誤君也。憂之深而懼，知國已危矣。

《防有鵲巢》二章，章四句。

陳君信讒，君子憂之而作。

附　解

《序》謂憂讒賊，而毛氏申之曰刺宣公。朱子謂男女有私，憂或閒之之詞。然意殊無褻狎，故程子亦從《序》說，而以予美為心所賢者。第以上二句為正興，則少意味，今從《折衷》之說。或謂泄冶內子所作，於文義無著矣。又《博物記》謂邛地名，在陳縣北，防亭在焉。亦不可從。

【眉批】顛倒是非以欺予美，忠愛者能無忉惕？此《離騷》之所以作也。

月出皎兮，佼人僚兮。舒窈糾音矯**兮，勞心悄兮。**

比也。皎，月光。佼，猶美人，謂賢者也。僚，好貌。舒，舒遲。窈糾，舒遲貌。獨憂曰悄。夜昏暗，而月出則光明，比時昏而有賢者，則心快。因想其從容有度，以不見為憂也。

月出皓兮，佼人懰音柳**兮。舒懮受兮，勞心慅兮。**

比也。皓，月光盛。懰，美而清，言其神宇清亮。懮受，寬綽怡悅之意。慅，煩亂也。

月出照兮，佼人燎兮。舒夭紹兮，勞心慘音懆**兮。**

比也。照則光與人親。燎，光輝見於面目。夭紹，猶夭矯，言其矯矯不羣。慘，哀痛也。

《月出》三章，章四句。

時政衰闇，詩人思君子之度，以不見為憂傷也

附　解

《序》：刺好色也。毛氏曰在位不好德而悅美色。朱子謂不為刺詩，乃男女相悅而相念之詞。然其詞意雍容悱惻，未有以見其為淫詩也。或以為朋友相期不至而作。愚謂此詩與《株林》連敍，蓋陳國危亂，三綱不明，正如昏

夜，故詩人以月出譬賢者，而想其德容光輝，以不得見為憂傷。夫子録之，以見君闇則臣賢者遯世，如皎月之不常出，有識者憂之，而當局不知，陳所以亡也。即謂為朋友相念，亦可。然其所以勞心悄慅，則非為契闊悲，而深為國悲也。數兮字反復流連，其味遠矣。

【眉批】昏夜有月則皎，闇世而賢者益見，奈何無所覩也？詩人所以勞心而反復嗟歎之。

胡為乎株林，從夏南？匪適株林，從夏南！

賦也。株林，夏氏邑。《寰宇記》：陳州南頓縣〔西南〕三十里，有夏亭城，城北五里有株林。夏南，徵舒字也。言胡為乎株林哉，從夏南也。又歎其事在此而意在彼，昏惑為恨也。朱子曰：淫乎夏姬，不可言也，故以從其子言之。詩之忠厚如此。

駕我乘馬音姥，**說于株野**神與反。**乘我乘駒，朝食于株。**

賦也。說，舍也。馬六尺以下曰駒。說，暮來而不反；朝食，未暮而即來。駕馬又乘駒，非一往也，又以見其非微行也。朝暮流連肆行，無恥喪心甚矣。

《株林》二章，章四句。

靈公淫於夏姬，朝夕而往株林，詩人刺之。夫淫亂之人，固未有不忘其國與身家，而至以君父下淫，則三綱淪、人道絕矣。衛之《新臺》，陳之《株林》，為狄入衛、楚入陳之由。聖人録之以戒天下後世，其亦甚不得已也。

【眉批】流連沉溺非復人理，而不直斥之，忠厚至矣。

彼澤之陂古音波，**有蒲與荷。有美一人，傷如之何！寤寐無為，涕泗滂沱。**

興也。陂，澤障也。蒲，水草，可為席者。荷，芙蕖也。美人，賢人。一人，言其少。無為，言無他。泪自目曰涕，自鼻曰泗。言澤陂尚有蒲荷相為掩映，而國止有美一人，則孤立無助矣。因思國不可為，寤寐別無所思，惟念此，為之涕泗滂沱而已。

彼澤之陂與為協，**有蒲與蕑。有美一人，碩大且卷**音權。**寤寐無為**音偽，**中心悁悁。**

興也。蕑，蘭也。卷，鬢髮之美。言其丰儀美盛。悁悁，猶悒悒也。

彼澤之陂，有蒲菡萏。有美一人，碩大且儼。寤寐無為，輾轉伏枕。

興也。菡萏，荷之華。儼，矜莊意。輾轉伏枕，不能成寐，憂其孤立而危也。

《澤陂》三章，章六句。

忠臣孤立於朝，詩人憂之而作。

附解

《序》：刺時也。毛氏曰靈公君臣淫於其國，男女相說，憂思感傷。朱子以為與《月出》相類。而説者曰：《澤陂》，《株林》之應也。然其詞義藴籍，不似淫詩。或謂泄冶被諫而死，國人傷之，然未有以見其實為泄冶作也。第泛作慨惜孤忠之人作，而泄冶亦在其中矣。夫子書陳弑其大夫泄冶，稱官言不愧其官，稱國言國之大夫惟此，而陳弑之，則國無人矣。蓋忠臣乃國之幹，使靈公能用冶言，猶或可以轉禍為福。子録此詩篇末，著陳所以亡也。

【眉批】賢士孤立，何救於敗亡？況又未專任之也。碩大且儼明，非美女之貌，則以為男女相悦者，誤矣。

陳國十篇，二十六章，百一十四句。

陳本舜後。胡公有德，而後武王妻而封之。鄭康成乃謂大姬好巫覡歌舞，後成風俗，於理難信。且舊説多作男女夫婦之詩，而吕東萊以為變風終於陳靈。然按之經義，不爾。且列國之風，不盡可録。夫子録其可存者而終以《檜》《曹》，思周之舊；次以《豳風》，見周之德與公之所以盛，非遂終於陳靈也。

《檜》一之十三

檜，國名，在豫州外方之北，榮波之南，今河南榮澤縣。昔顓頊之子曰黎，為火正，能光融天下，賜號曰祝融。其弟吴回繼黎後生陸終，陸終生子六人，四曰會人，是為檜之祖。祝融之後八姓，為妘姓，居於檜，周武王所封，本王畿之國。周衰，鄭武公滅之。夫子於鄭，惡其侵敗王略於檜，憫其先遭并吞，故存《檜風》，不繫於鄭。且又神明之後也，故與舜之後類次焉。

羔裘逍遥，狐裘以朝。豈不爾思？勞心忉忉！

賦也。羔裘、狐裘，皆大夫之服，朝服。以遊燕狐裘以適朝，惟華鮮之是尚而不修國，是詩人故微言以諷之爾。大夫謂其友言：我豈不爾思而去乎？但一思爾之所為，勞心忉忉，是以不敢安而去耳。

羔裘翱翔，狐裘在堂。豈不爾思？我心憂傷！

賦也。堂，公堂。憂傷，憂之深而傷也。

羔裘如膏音告，日出有曜。豈不爾思？中心是悼！

賦也。如膏，潤澤而明。有曜，照之有光。悼，私心悲也。

《羔裘》三章，章四句。

檜政奢惰，賢者在野。其友招之，為此詩以辭，而諷以宴安之不可恃。

附　解

《序》：大夫以道去其國。不甚瞭如。毛氏謂檜君不用道，好潔衣服，逍遥遊燕而不能自強於政治。鄭康成謂三諫不從待放而去，說益模糊矣。此蓋朝政疏慢，有位者苟圖祿仕，賢者去之，其友挽畱，而其人作此詩以曉之也。言我豈不思與爾同仕，而無如時尚日非矣。夫子取冠篇首，著檜之所以亡。即衣服之華鮮，繪怠荒之情形，只就臣言，而君已可知。毛、鄭貼君身說以爾斥君，於義難通。且曰豈不爾思，豈不二字，下句自應為轉語，而勞心忉忉仍作正承爾思言，於文義亦欠實，今正之。

【眉批】習為華靡，燕雀處堂，不知大廈之將傾，詩人所以去之，而猶憂之也。

庶見素冠兮，棘人欒欒兮。勞心慱慱兮！

賦也。庶，幸也。縞冠素紕，既祥之冠也。黑經白緯曰縞，緣邊曰紕。棘，瘠也。季本曰：棘葉而枝瘦，故謂居喪骨立者為棘人。欒欒，毀瘠之貌。慱慱，憂勞之貌。當時喪禮衰廢，未祥而縞。詩人言幸見此素冠兮，觀其毀瘠之狀，非不知致哀於父母者，而未祥即為此。服三年之喪，秉彝之性，孰非人子而忍忘其親哉。當時喪禮已廢，未祥即為素冠，是不如禮，然其哀戚之誠，亦有不能已者。欒欒毀瘠，詩人見而憂傷之，慨民秉彝，上不能教化也。其詞曲折之至矣。

庶見素衣兮，我心傷悲兮。聊與子同歸兮！

賦也。見人素衣而傷悲，天性中自然之戚，詩人可謂賢矣。聊與子同歸，言其有哀戚之誠，猶賢於無哀戚者也。

庶見素韠兮，我心蘊結兮。聊與子如一兮！

賦也。韠，蔽膝也。以韋為之，從裳色，素衣裳則素韠矣。蘊結，猶鬱結。如一，喜其心志專一，不忘其親。

《素冠》三章，章三句。

三年喪廢，賢者見素冠之人，哀其志之誠，而歎其興教之無人也。

附　解

《序》：刺不能三年喪也。是也。而先儒解曰：庶幾見一行禮者而不得，思念至於憂勞。令本文三句一直說下，殊為語硬，三兮字神味索然。按喪禮，始死，衰麻饘粥，而當時不講，始喪即素冠。賢者以為喪禮已廢，庶幸得見此素冠兮，不幸中之一幸矣。而觀其形容，則棘人欒欒兮，哀痛之誠，足以生感矣。然而不免棄禮，則非此人之為也。我思其故而勞心慱慱兮，蓋悲民之未嘗無良而禮教之不興。二、三章言悲傷蘊結，則有以動其天性之哀而不能自已。又曰聊與子，若節取其志，謂其賢於忘親之流，言外歎教化之無人也。

【眉批】註已詳明，但當逐句玩味兮字神理，詩人之賢可見。

隰有萇楚，猗儺音阿那其枝。夭之沃沃，樂子之無知！

比也。萇楚，羊桃也，葉長而狹，華紫赤色。過尺則引蔓，子赤如鼠糞，故一名鼠矢。兒童食之，其葉與實皆似桃。猗儺，柔順也。夭，少好貌。沃沃，光澤貌。子，指萇楚。以萇楚喻微賤之人，羨其無知而自適其生，已不如也。

隰有萇楚，猗儺其華音敷。夭之沃沃，樂子之無家音姑！

比也。一門之內曰家，樂無家者，苦有家累也。

隰有長楚，猗儺其實。夭之沃沃，樂子之無室！

比也。夫婦所居為室，樂無室者，苦不能養其室也。

《隰有萇楚》三章，章四句。

政亂國危，世臣無權者憂之而作。

附　解

《序》：疾恣也。毛氏曰疾其君淫恣而思無情慾者。鄭、孔從之，呂大臨祖謙亦云然。朱子謂詩人歎其不如草木之無憂，是也。而謂民不堪其苦，玩詩意，似非。夫草木皆無知也，何獨言萇楚？蓋國家將危，世臣舊族誼不容以去國，而又無權挽救，目覩衰孱，知難免於偕亡，轉不如微賤者可匿可去，保室家而少憂危也。《國語》富辰曰：檜之亡由於叔妘。此《序》說所由昉乎？然疾恣慾而至樂無室家，理非中正，決不可從。

【眉批】無知與無家室，非人情所願也，而處亂世，轉覺此等人無係累，其詞悲矣。

匪風發兮，匪車偈兮。顧瞻周道，中心怛兮。

賦也。發，揚起貌。偈，疾驅貌。周道，周之政令。怛，驚憂貌。周道，大路，借以喻周之道。言非曰風，車不寧而驚憂也，乃為周道失常耳。

匪風飄音漂兮，匪車嘌兮。顧瞻周道，中心弔兮。

賦也。飄，回旋貌。嘌，漂〔飄〕搖不安貌。怛，驚其反常；弔，哀其不久。

誰能亨魚，溉之釜鬵。誰將西歸，懷之好音。

興也。溉，滌也。鬵，大釜也，大上小下，若甑。烹〔亨〕魚者，水火剛柔劑平，從容漬味，喻治國損益得中，從容漸摩之意。西歸，歸於周。好音，德音。言苟有志於周，則己願玉成其事，以復周之舊也。

《匪風》三章，章四句。

檜本畿甸。東遷，周室微，而檜因不振，故賢人作此。

附解

《序》：思周道也。而朱子以為適周之路。然詩本意是思文、武之道，不第謂道路。前人已云其然，至周室衰微，賢人憂歎而作此詩。其意與《序》略同則是也。夫檜，王畿之邑，王室不振，畿內諸侯先遭破滅，故子序《檜》於變風之末，明王室所以衰，而又繫此詩篇末，思西周之盛。

【眉批】賢人君子有撥亂反正之學，而苦於無權。誰將西歸？所屬望於君臣者深矣。

檜國四篇，十二章，四十五句。

周制，畿內諸侯尤為近藩。鄭首滅檜，故陳傅良以為東周之始。夫畿內諸侯不足為衛，而後借助於外侯。桓文之霸局開，王畿之卿士盡矣。觀檜詩四篇，《羔裘》朝政衰，《素冠》喪禮廢，《萇楚》民生蹙。檜如此，而周可知，故《匪風》思周道焉。子錄此以慨周衰之故，且思文、武、成、康之隆，故拳拳於懷好音之什也。

《曹》一之十四

曹，國名。其地在兗州陶丘之北，雷夏菏澤之野。周武王以封其弟振鐸，今曹縣，屬山東兗州府，凡十八葉，為宋所滅。

蜉蝣之羽，衣裳楚楚。心之憂矣，於我歸處。

比也。蜉蝣，渠略也，似蛣蜋而小，有甲角，大如指，長三四寸，甲下有翅，能飛，夏月陰雨時地中出，朝生暮死。楚楚，鮮明貌。言蜉蝣之羽亦文彩可觀而不能久，比矜飾而無遠略者。己心憂之，欲其於我而歸處。歸處者，得所而安也。

蜉蝣之翼，采采衣服蒲北反。**心之憂矣，於我歸息。**

比也。采采，華彩。息，安靜也。歸於樸實，則可安靜無事。

蜉蝣掘閱，麻衣如雪。心之憂矣，於我歸說。

比也。閱，與穴通。管子曰：掘閱得玉。如雪，鮮潔意。麻衣，喪服，亦如雪，則居憂亦脩飾矣。說，講論，欲其講求禮度。

《蜉蝣》三章，章四句。

時俗奢麗，賢者憂其非禮，而冀其從己以匡俗。

附　解

《序》：刺奢也。而毛氏以為刺昭公，鄭《箋》、孔《疏》因之。然以蜉蝣比君，語太不倫，故朱子泛言，然以為刺玩細娛而忘遠慮。細娛意欠熨帖，不如仍從刺奢之說。其曰於我歸處者，必老成之士為新進子弟不受箴規而作。蓋奢靡之俗，少年尤易，其始第求鮮潔，其既越禮犯分，亦為之。此服美於人，驕淫矜夸，敝化奢麗，萬世同流，所以慨也。以蜉蝣喻之，已為菲薄之至，而曰於我歸處、歸息、歸說，憫其無所歸宿，無所休息，而欲與講明義理，急求全身保家之道也。不然，無端而令人從己，殊為迂窒。

【眉批】服之不衷，無異蜉蝣。欲挽救之，亦夫子寧儉寧固之意也。

彼候人兮，何戈與祋。彼其之子，三百赤芾。

賦也。候人，掌其方之禁令，以衛賓客者。其徒百二十人，皆得稱候人。何，與荷同。祋，殳也，長尋有四尺。之子，指有位。芾，冕服之韠也。大夫以上赤芾，乘軒。三百，言其多。以候人荷戈言奸宄之眾，而小人方登進至三百之多，其朝政可想矣。

維鵜在梁，不濡其翼。彼其之子，不稱其服蒲北反。

比也。鵜，洿澤水鳥也，一名鵜鶘，俗曰陶河，形如鶚而大，喙長尺餘，頷下胡大，如數升囊，羣共杼水滿胡，渴水食魚。梁，魚梁。鵜本入水取魚，而今在梁，不濡其翼，比小人在位，不盡其職，服不稱矣。

維鵜在梁，不濡其咮古音注。彼其之子，不遂其媾古音故。

比也。咮，喙。遂，稱。媾，歡欲也。貪欲如歡媾之無厭，不濡翼，不入水取魚，不濡咮，則魚出水而亦不喙，方且貪欲無厭，若不遂其求者。

薈兮蔚兮，南山朝隮。婉兮孌兮，季女斯飢。

顧氏炎武曰：詩有一句之中而兼用一韻，如其虛、其邪是也。此章則薈、蔚自為一韻，婉、孌自為一韻，而隮、飢又自為一韻，所謂天籟，自然應節者也。

比也。薈、蔚，草木盛多貌。南山，曹南山，《寰宇記》：在曹縣東南。隮，雲氣升也。婉，少貌。孌，美貌。季女，少而未字，喻賢人也。言南山之草木陰翳而雲氣又朝而已升，闇蔽之至，婉孌從何而辨？以比小人盈朝，守貞待字之賢無由登進，有長貧賤而已。

《候人》四章，章四句。

曹君遠君子而近小人，詩人刺之。

附解

《序》：刺近小人是也。毛氏益之曰遠君子，以君子小人不竝立也，然以候人即君子為之。按候人上士六人，下士十有二人，史六人，皆職官，不得荷戈祋，其徒百有二十人，或荷之，君子值小人之時，豈猶甘為奔走服役？且通章皆刺小人，末章季女句乃一點遠君子也。或謂荷戈祋為赤芾者前導亦通，但二彼字不甚分明。細味文義，乃恠而歎之之詞。蓋候人掌其方之道路，與其禁令官以候迎為名，有四方來者，則致之於朝。今荷戈祋，則盜賊擾攘，賓客戒嚴，國之政令可知矣。而之子赤芾者方盈廷，則君上不明，小人壅蔽其聰甚矣。次章乃言其尸位素餐，惟恐民生國計累及身家，不但不求民隱，即有事及己，亦惟恐黏輿。寫庸臣之狀曲盡矣，而語特藴含。媾作昏媾解，重昏曰媾，又隱陽交媾和合之意，故凡情意相洽者為歡媾。《史記》發重使為媾是也，此詩借言歡欲之情。小人但計身家，安知國計民生？凡情欲稍有不遂，即戚戚然。故媾當作歡欲解，不必泥字書所無。孔《疏》援《左傳》晉文公入曹，數之以其不用僖負羈而乘軒者三百人也，且曰獻狀以毛《傳》云共公故也。朱子疑其強合《左傳》。鄭漁仲謂毛公時左氏猶未出，經無明文，正不必泥定共公而言。

【眉批】此章諷刺顯然而意實委曲。首章言盜賊繁興而在位多人。二、三章申言其不理民事，如鳥不濡翼，咮惟恐沾身已不稱服矣，而其貪求方盛。末乃歸咎於君之不明，小人長而君子消也。

鳲鳩在桑，其子七兮。淑人君子，其儀一兮。其儀一兮，心如結兮。

興也。鳲鳩，秸鞠也，一名布穀，飼子，朝從上下，暮從下上，其性平均，故郯子曰：鳲鳩氏，司空也。如結，如物固結而不散。見鳲鳩養子平均，而思淑人君子之儀一，又推原其儀，一本於心結。蓋誠敬積於中，而英華發於外，故不一者，皆一也。

鳲鳩在桑，其子在梅。淑人君子，其帶伊絲，其帶伊絲，其弁伊騏。

興也。帶，大帶，用素縣，有雜色飾。弁，皮弁。騏，馬青黑色，弁色如之。一作綦鳩在桑，而子在梅，以有定而馭無定之意，興君子帶弁，從容鎮靜，以御羣下。

鳲鳩在桑，其子在棘。淑人君子，其儀不忒。其儀不忒，正是四國。

興也。棘，惡木。忒，差也。子在棘而鳩仍在桑，以平易馭艱難之意。因思君子，其儀不忒，而四國自正也。

鳲鳩在桑，其子在榛。淑人君子，正是國人。正是國人，胡不萬年古音寧。

興也。榛木叢生，鳩在桑而子散處，有國人之象，因思君子一人正萬人。國人皆正，君子之德普矣。一國同親一人，胡不久安也！

《鳲鳩》四章，章六句。

詩人思聖君，而歎今之不然。

附　解

《序》：刺不壹也。蓋亦陳古刺今之意。朱子以為詩無刺意，泛謂美君子。然曹自振鐸以下，無足當此者，而正四國之言，又不止為諸侯咏。《傳》說直謂為美曹叔，然詩乃序於《蜉蝣》《候人》之後，疑亦未合。《折衷》曰，曹叔太姒之少子承文王后妃之訓，習覩武王、成王之政而深識治化之原，曹之人猶有聞而知之者，故思聖王焉。其說允當，敬從之。夫思古即所以傷今也，且其語皆想像之詞，而終之曰胡不萬年。言有如是之德，何不享如是之壽？而今之不然，意在下言矣。人知《下泉》為思周京，而不知此章乃周京之道之實。夫了以先《下泉》，有以夫。

【眉批】□擬君子之德容經濟，而終之以胡不萬年，蓋歎不然者之必速斃也。非實有君子之德者，安能為此言？曹固未嘗無人也。

冽彼下泉，浸彼苞稂。愾我寤歎，念彼周京音疆。

比也。冽，寒也。下泉，泉下流者。叢生曰苞。稂，童粱，莠屬，實如黍，一名狼尾草、狗尾草，水浸則病。愾，歎息之聲。周京，周之西京。王命不行，大國侵害，小國如下泉之浸，苞稂不安其生。詩人愾歎，而思周京之盛也。

冽彼下泉，浸彼苞蕭。愾我寤歎，念彼京周。

比也。蕭，蒿也。稂猶害穀，蕭則野生而已，而寒泉亦浸之，比當時小國有罪無罪皆不免侵削。京周，西京之周，言不同於東遷之周也。

冽彼下泉，浸彼苞蓍。愾我寤歎，念彼京師。

比也。蓍，筮草，似藾蕭，青色，科生。蓍靈草勝稂蕭遠矣，而亦被浸，比小國雖賢，不得免也。京，高丘。師，眾也，高丘而衆居之。昔公劉營京以居民，後因以為王都之號。

芃芃黍苗，陰雨膏之。四國有王，郇伯勞之。

比也。芃芃，美盛貌。郇，國名。解縣西北有郇城，文王子封於郇為侯。昭王六年，王錫郇侯命，蓋繼召伯為伯，故曰伯也。言黍苗芃芃，然又有陰雨以膏之，四國皆知有王，無敢自專，蓋有郇伯以勞之。傷今之諸侯如五霸者，皆不能然，所以寤歎而念周京也。

《下泉》四章，章四句。

周衰，大國侵陵，小國日削。王綱解而方伯無人，賢者傷之而作。

附　解

《序》:《下泉》，思治是也。而毛氏申之曰：曹人疾共公侵刻下民。朱子以為不然，泛作思古，極得。然考共公時，晉侯初霸，執曹伯畀宋人，又分其田，後欲殺之，又賴賄以免。似浸苞稂之實證，而思郇伯以刺晉文，頗不謬矣。但詩言浸，則非一朝一日，又言苞稂、苞蕭、苞蓍，則非一國。是必春秋之時，賢者覩吞并之風而作，不可以晉文一人事當之。夫子以終變風，非特為曹慨，而為天下慨也。若以為美晉文，云傷天下之無霸，其舛已甚。至陳氏謂檜亡，東周之始；曹亡，春秋之終。亂極而不治，變極而不正，則天理滅。聖人於變風之篇末，繫以思治之詩，以示循環〔還〕之理，言亂之可治，變之可正，則至為允當。程子引《剝》卦碩果之義，意亦同然。治亂之故，多起於人心。人心正而後風俗淳，誠意正心之學不傳，雖禮法至詳，久亦必弊。故孔孟教人求仁養氣，存心養性，所以冀天下之長治久安，而即有衰亂，聖賢之臣存焉，撥正易也。

【眉批】西周之時，天子仁義，方伯宣化。今皆不然，故寤歎無已也。末章指斥當時，尤為顯然。

曹國四篇，十五章，六十八句

周衰，王政不行，道湮俗敝，變風斯作。然其變也，不自知其變也。上無道揆，下無法守。或直敘其情事而是非自陳，或賢者之憂傷而興衰悉具。聖人錄之，使人知變故所由生而早慎其始。列國之風不盡於此，而此已得其大全，故止於此矣。若其繫《匪風》《下泉》於終，尤顯然見救變之意，故詩雖變，而自子刪存之，則皆正矣。若如舊說，半屬淫亂之詞，而繁而不殺，聖人奚取焉？學者當以夫子之意說詩，而不必拘泥先儒之說可也。

《豳》一之十五

豳，國名，在雍州之北，今邠州三水縣。后稷棄始居於邰〔郃〕，夏衰，太康廢農官，棄子不窋竄居戎狄之間，歷數傳而至公劉，能修后稷之業，立國於豳。太王徙居岐陽。王季，文王繼之，而武王遂為天子。武王崩，成王幼，周公相之。述當日民間歌咏公劉之詩，以明王業所由，謂之《豳風》，後遂以及民間祈賽等，皆用之。本止《七月》一篇，夫子以周公事附後，明周公之德與周之所以王，以為變風非周公不能正。夫子得志於時，猶周公也。《七月》之詩，本風也，而《鴟鴞》《東山》皆周公作。明主幼，國危，非周公正之則風變矣。故風之變，皆君臣失其道，而變垂戒為至深焉。

七月流火古音喜，**九月授衣**上聲。**一之日觱發，二之日栗烈**音厲。**無衣無褐，何以卒歲**音試？**三之日于耜，四之日舉趾。同我婦子，饁彼南畝**滿以反，**田畯至喜。**

賦也。七月，夏之七月。後凡言月者放〔倣〕此。流，下也。火，大火，心星也。六月火，昏中，至七月則流而西。九月霜降，天始寒。婦功成，授衣之候也。一之日，一陽之月；二之日，二陽之月。變月言日，前人謂陽生矣則言日，陰生矣則言月是也。後凡言日者，倣此。觱發，風寒。栗烈，氣寒。褐，毛布。歲，夏正之歲，二之日為歲終也。于，往也。耜，田器也。舉趾，舉足而耕。饁，餉之也。田畯，勸農之官。周公述公劉之教，以衣食為先，故言大寒在一、二之日，而七月已為之謀。收穫在建酉之月，而三、四之日已為之計，見王政之豫、民心之勤，為全詩總絜也。

七月流火，九月授衣。春日載陽，有鳴倉庚古音岡。**女執懿筐，遵彼微行，爰求柔桑。春日遲遲，采蘩祁祁。女心傷悲，殆及公子同歸。**

賦也。載，始也。陽，溫和。倉庚，黃鸝。懿，深而美。遵，循也。微行，小徑。柔桑，稺桑。遲遲，日舒暄意。蘩，白蒿也，蠶生未齊，先以此食之。祁祁，眾多。公子，公女也。再言流火、授衣，言蠶事之所由起，而豳民心之所豫〔預〕計也。因言當春日始，和倉庚初鳴之候，女則執懿筐以求柔桑，且非特一人一家為然也。當春日遲遲，采蘩以養新蠶者甚多，而採桑與蘩之女感時傷悲。此日與公女同蠶者而私心竊憂，或將同歸以遠其父母為悲也。蓋其時上下以勤儉相師，而女子以忠孝為志，風俗之淳、性情之正，俱可覩矣。

七月流火，八月萑葦。蠶月條桑，取彼斧斨，以伐遠揚，猗彼女桑。七月鳴鵙，八月載績。載玄載黃，我朱孔陽，為公子裳。

賦也，萑葦，即蒹葭也，可為曲薄。蠶月，治蠶之月。條桑，枝落之而取其葉。斨，斧屬，斧隋銎，斨言銎。遠揚，遠枝揚起者。取葉存條曰猗，謂束縛而采之。女桑，小桑。鵙，伯勞也，一日伯趙，似鶷鶡而大，喙黑，鳴能制蛇，夏至應陰而鳴，冬至止，故少皥氏以為司至之官。鵙以五月始鳴，而言七月三陰之後，聞之知寒氣將至也。績，緝麻也。玄，黑而有赤。朱，赤色。陽，明也。又承上章而言蠶事不始於春，當七月流火之時，已念及之，故於八月即蓄萑葦以為曲薄，至次春蠶月，乃肆為採桑，以曲薄早具，取而用之，至便也。蠶事既備，又於鳴鵙之候、麻熟之時，績以為布，而由是以蠶績所成染色，以供公子之裳。蓋勤勞而不自愛，以奉其上。上之所以惠下者，亦可想矣。以上二章，專言蠶績，申首章授衣之意。

四月秀葽，五月鳴蜩。八月其穫，十月隕蘀。一之日于貉，取彼狐狸，為公子裘。二之日其同，載纘武功。言私其豵，獻豜于公。

賦也。不榮而實日秀。葽，遠志也。蜩，蟬名。穫，早禾可收也。實墜曰隕，棄落曰蘀。于貉，《周禮》：有司表貉。貉乃將獵而祭之名。同，竭作以狩。纘，習而繼之。豕一歲曰豵，三歲曰豜。因上章言授衣之事而推及於武功，言陽極而陰必生，治極而亂必伏。故先公之習兵戎，即寓於農桑之間。當四月純陽而微陰已胎，歷五十八日，至一之日而寒氣烈矣，因取彼狐狸為公子裘，以終授衣之事。而二之日，即同習田獵，肄習武功。至其田獵所獲，則必先公后私，蓋教民忠愛之義而不徒遂其材勇也。

五月斯螽動股，六月莎雞振羽。七月在野神與反**，八月在宇。九月在戶，十月蟋蟀入我牀下**音戶**。穹窒熏鼠，塞向墐戶。嗟我婦子，曰為改歲，入此室處。**

賦也。斯螽，蚣蝑也，一名蜙蝑，即一種大青蚱蜢，股長而鳴，甚響。動股，股成而奮迅之也。莎雞，蟲名，頭小羽大，有青、褐兩種，率以六月振羽作聲，連夜札札不止，其鳴以時，故有雞之號，其聲如紡絲之聲，故一名梭雞；其鳴時又正當絡絲之候，故一名絡緯，俗曰絡絲娘。蟋蟀，促織也，亦名蜻蛚，一名吟蛩，以夏生，秋初得寒始鳴。好吟於土石磚甓之下，尤好斗，勝輒矜鳴，其聲如急織，故曰促織。又其鳴時，正織之候，故以戒婦功。在野、在宇、在戶、入牀下，將寒有漸，是物隨之而入也，故以其率萬物以出入，名曰蟋蟀。穹，空穴。窒，塞也，向北牖。墐，塗也。改歲，歲終，將更始也。五月陰生而斯螽動股，感其氣也。七月暑平，故在野。八月露寒，故在宇。九月霜降，故在戶。十月雨雪，故入牀下。物性通於天道也，聖人觀物宜民，農功畢而入息。豳民習知之，故修理其在邑之室，而語其婦子以將改歲可入室處也。以上二章，因授衣而推言，以終首章無衣無褐何以卒歲之義。

六月食鬱及薁，七月亨葵及菽。八月剝棗，十月穫稻古音島**。為此春酒，以介眉壽**上聲**。七月食瓜**音孤**，八月斷壺，九月叔苴。采荼薪樗，食我農夫。**

賦也。鬱，唐棣之類，樹高五六尺，實大如李，正赤，食之甜。薁，一名蘡，一名燕薁，一名郁李，鬱類，故同時熟。葵，菜名，大莖小葉，紫黄色，可茹。菽，豆也。剥，擊也。穫，晚稻皆收，穫稻以釀酒。春酒，凍醪也。介，助也。壽則眉長，故曰眉壽。壺，瓠也。叔，拾也。苴，麻子。荼，苦菜。樗，惡木也。又承上文而言，衣裘具，宫室安矣，則飲食之需，宜有以助之且别之也。果酒嘉蔬以佐粱肉，所以養老；瓜壺苴荼以佐蔬食，所以食壯。植果於園，蓺蔬於圃，種瓜壺於場畔，采苴荼於原野。計周而業勤，荼樗儉薄，養老豐厚，民知孝弟，安分其養也，即所以為教歟。

九月築場圃，十月納禾稼古音古，黍稷重穋，禾麻菽麥。嗟我農夫！我稼既同，上入執宫功：晝爾于茅，宵爾索綯，亟其乘屋，其始播百穀。

賦也。場、圃同地，春則耕治以為圃，秋則堅築以為場也。穀連槀秸曰禾，秀實在野曰稼。先種後熟曰重，後種先熟曰穋。再言禾者，舉以該諸禾也。同，聚也。入為上，出為下，入居邑廬。宫功，宫府之役。于茅，往取茅。綯，絞也，絞茅為索。乘，升也。屋，謂在田之廬，與墐戶在邑者别。播，種也。此章總言農事之終始，而極道其憂勤之意。言禾稼既納，可以稍休，而不敢安也，又當入都邑而執宫功。宫功既畢，可少休矣，而又不能不儲明年覆屋播種之務，其急公遠慮如此。

二之日鑿冰沖沖，三之日納于凌陰。四之日其蚤，獻羔祭韭。九月肅霜，十月滌場。朋酒斯饗古平聲，曰殺羔羊，躋彼公堂，稱彼兕觥，萬壽無疆！

賦也。沖沖，鑿冰之聲。凌陰，藏冰之室。蚤，初旬也。韭，菜名，四月上旬以羔韭祭司寒之神而啓冰，於是先薦寢廟。肅，嚴也。滌，埽也。毛《傳》：兩樽曰朋，眾也。饗，鄉飲也。躋，升。稱，舉。兕觥，大爵也。疆，竟也。此章陳其急公奉上之樂，所謂君以民為心，民亦以君為樂，而上下相孚無已，為全詩結束也。言藏冰一事，乃君上調變陰陽之務，而喪祭賓客無不賴之。故民也，二之日、三之日鑿而藏之，不敢或怠，為其至四之日，即當獻羔祭韭，取以薦也。至於歲晚務閒，則早完農功，行鄉飲之禮而躋公堂以稱觥，祝其遐壽燮理之道，行於日用而孝弟之禮達於里黨。忠愛之忱，仁壽之福，上與下無閒然，此所以為全詩之亂也。以上三章，言農圃、飲食、祭祀、燕樂，以終首章後半之意。

《七月》八章，章十一句。

此公劉之民敍事歌頌之詩，而周公陳之以戒成王，竝令民肄習之以迎寒暑。順天時、授民事，養教之法、禮儀之模，悉寓於此矣。

附解

聖人治世之道，不外富、教二字。而因時制宜，適得乎中，非易言也。此詩以衣食為本，農桑為經，而婚姻、祭祀、田獵、宫室場圃之事，無不畢具。當其初，不過公劉以治豳，而其後則文、武、周公以治天下。睢麟官禮悉本於斯，蓋萬古不易之王道也。而曰《豳風》者，公劉之民歌，咏其事言皆徵實，太王、王季文、武循之以興。周公恐成王未知，故陳於王，且定制民閒，習其事，頌其詩。夫子所以斷為《豳風》也，正不必兼后稷。后稷始教稼，未必規制即詳密如斯。至篤。公劉繫於雅，而此不然者，彼專言公劉締造之勤，而此則詳豳民風俗之事，故應為風，不獨其文體有風、雅之異也。《序》云周公遭變而作。牽連下數章而為此說。夫子明明云《豳風》，是此章為豳詩無疑矣。因詩為周公所陳，而武王末受命，成王年沖，即有流言。武庚之變，非公善為安定，民風必變。故附其詩於此章之末，以見治亂無常，惟有德可以正之，可以繼《豳風》者，惟公也。先儒乃以《豳風》為變風，不可誤乎。若夫《周禮·籥章》歙豳詩，則令民服習先公之教，毋忘其初之意。至豳雅、豳頌之云者，此詩本風也而可以歌於朝，可以歌於廟，與凡風詩不同，故亦稱雅、頌。而鄭氏三分此詩以當之，然半分其詩不以成節奏，朱子嘗疑之。王安石則謂豳詩雅頌，今其詞亡。朱子亦不以為然，以《楚茨》《大田》《甫田》為豳雅，《噫嘻》《載芟》《豐年》諸篇為豳頌。然以雅、頌之詩而被以豳，其說亦為難通，烏知豳雅、豳頌即此詩乎？此詩之外別無雅、頌之豳？亦非以此章三分而為雅、頌。蓋風者，邦國之風；雅者，廟廊之言；頌者，廟祭之樂。此章則雖風詩，而周公制作，導揚先烈，重農桑之原，詳養教之意，其義通於雅、頌，故播諸樂章，而凡上下皆可用之，故其事掌於籥章。籥章之官專主籥器及歙籥之聲，章則豳雅、豳頌，蓋以雅、頌之音節合之耳。以其為豳之風俗，則曰風；以其為國家正始之道，則曰雅；以其頌揚祖德，則曰頌。又何待別生枝節，多為之說耶！

【眉批】公劉創為民間一切制度，而又有仁恩以結之，是以民樂於耕桑稼圃之事，優游咏歌，忠愛其上。瑣細寫來，讀之覺太和氣象宛然在目。宜乎周公採以為法而合，朝野上下皆弦歌之也。後世若儲韋田家詩，亦殊樸雅，而無此氣象，其神采亦遜然。後知至治之時，民氣和樂，草野咏歌，皆非後人所能彷彿也。至商正建丑，而此詩仍用夏正，可知三代民事皆從夏時，特朝正告朔則子丑寅稍異耳。愚於《春秋恒解》詳之。

鴟鴞鴟鴞！既取我子，無毀我室。恩斯勤斯，鬻子之閔斯！

比也。為鳥言以告王也。鴟鴞，惡鳥，鴟類，攫鳥子而食之，喻武庚。子，喻管、蔡也。室，鳥自名其巢，喻王室。恩，愛。勤，勞。鬻，養。閔，憂也。周公為鳥言以呼鴟鴞，言既取我子矣，毋毀我之室，我昔恩勤鬻子，備極憂勞，蓋追念文考、文母鞠子之哀而痛三叔之見，取以傷天倫有變，已無道以善全也。夫子，為文考之子；室，亦文考之室。我子、我室，若為文考之詞以深自咎責，且動成王以追念先王，毋以討亂為喜也。

迨天之未陰雨，徹彼桑土，綢繆牖戶。今女下民，或敢侮予音與**！**

比也。迨，及也。徹，取也。桑土，桑根。綢繆，纏縣也。牖，巢之通氣處。戶，其出入處也。亦為鳥言，以自咎責，言使我先事而綢繆，何至有侮予之憂，蓋深咎己之不能先事預防，至武庚不終，三叔不咸也。

予手拮据，予所捋荼，予所蓄租，予口卒瘏，曰予未有室家音姑**！**

比也。拮据，以爪搊草。捋，取也。荼，萑苕，可藉巢者。蓄，積。租，聚也。卒，盡。瘏，病也。室家，巢也。兄弟子孫相仁愛，為室家之正。亦為鳥言，申明首章恩勤鬻子之意，言當日之成此巢也，辛苦備嘗。曰予未有室家，以比文考當日積德行仁，欲其子孫之仰體而無相害，非謂其謀王業也。

予羽譙譙，予尾翛翛，予室翹翹，風雨所漂搖，予維音嘵嘵！

比也。譙譙，殺也。翛翛，敝也。翹翹，危也。嘵嘵，急也。此乃歎今日之禍亂，而冀王惕厲以保將來。承上言昔之勤勞如此，而今日竟有毀巢之禍。予羽則已譙譙，喻三叔見取傷羽翼也；予尾則已翛翛，喻殷民罹害如尾敝也；予室則已翹翹，喻王室幾危也。所以然者，巢木自乏綢繆，而風雨又漂搖之，喻己本無先事之明，而武庚又挾三叔以為亂也。子維音嘵嘵，言己所以深悲而哀訴，願王之毋以既平武庚為幸，而當以兄弟翦傷為悲，武王封殷之德不終為戚。蓋動以先王，惕其憂患，所以為聖人至忠至仁之心也。

《鴟鴞》四章，章五句。

武王克商，封武庚以存殷祀，三叔輔之。武庚及三叔作亂，周公奉王命平亂，追傷自咎而作此詩。竝以感悟成王，使憂懼也。

附解

此詩先儒紛紛註解，均非詩意，致當日情事不明，竝周公之心亦晦。《序》曰周公救亂，猶無大失也。毛氏申之，引《書》而云成王未知周化之志，公乃為詩以遺王，蓋未明《書》詞，似周公辨謗者然。於是鄭康成謂恐成王不知三叔流言之意，多罪其屬黨。而孔《疏》衍之，通篇取譬，意皆迂晦。宋儒多從毛、鄭，歐陽公力辨避居東都之說，甚是。而朱子亦從鄭說，至蔡沈遂謂居東二年，東征往返又三年，則又衍鄭氏而更誤。其他論說尚煩，茲難殫述，然大抵皆謂周公因流言之故，恐成王疑之而作此詩，以貽王也。故其解此章詩，皆公自敘之詞，亦大非聖人本意矣，今正明之。夫武王之封武庚也，豈為是虛文虛意哉？紂為不道，天下諸侯叛之，孟津之會，不期而集者八百，豈武王要結之哉？彼其苦紂之虐耳。周之仁同時畔紂，若山東豪傑之反秦，先入關者王。使武王不出而統一諸侯，諸侯亦必弑紂而斬殷祀，然成湯之道遂將掃地，而血食亦復無存，天下諸侯尤必有乘亂侵奪，東西爭帝者，元元塗炭，伊於胡底？故武王不得已而應之。諸侯素懷周德，服其命令，紂聞諸侯畔己，倉卒自焚，非武王逼之也。使紂王不自焚，武王除君側之惡，修成湯之政，安慰天下諸侯各歸封域，己留輔王室，庶幾君之一悟。如其不然，如伊尹放桐，更立賢君亦可，不幸紂已自戕，微子早遯，箕子佯狂，武庚又不堪為君，其主無人。若不順天下而王，殷後難存，生民難安。故遂為天下主，修成湯之政，使下仍戴湯德於無既，故曰反商政，政由舊。此時微、箕二賢未出，武庚，紂之胤也，封之舊都，使仍如世守，因其不德，故命三叔輔之。《記》曰：天子使大夫為三監，監於諸侯之國。國三人，蓋古之制，非恐其為亂，監制之也。如恐其為亂，何不勿封，即封，亦何必於故都。三叔不知武王至公仁之心，既不能教化，又從而煽誘之，武庚遂畔。當時成王尚幼，公受武王命輔翼，義不當避嫌而墜先緒，故告二公曰：我之弗辟，我無以告我先王。辟，法也，言不執法討亂，避小嫌而毀國家，則無以對先王之靈。於是以王命東征，至於三年，然後平之，故曰公居東二年，則罪人斯得。言三年，以其餘月統言也。以公之聖，何以至於三年？蓋周家世處岐西，太王、王季文、武僅治其國，非能號令天下。六州歸化，亦聞風感慕，率德改行，心向往之，非竟歸屬之也。紂王無道，海內受其殘毒，而王畿之內，習染淫酗尤深，故康叔之封，武王再三申告。而武庚以不肖之才，仍舊都之封，心懷不忿，民閒未能深知周德。三叔以周公獨秉政權，欲撓敗之，故誘武庚作亂。公不遽加以兵威，而先宣以德意，是以遲遲三年。三年者，計公徂東至歸來時耳，非武庚公然拒敵公暫不能勝。破斧缺斨，言其時之久，非謂其戰之疲也。想武庚不久破滅，公特因殷民頑固，留宣德政，故其歸也，民戀戀之。此詩乃公平亂之後，公恐成王以戡亂為喜，不知返躬自責，故作此詩。《書》曰于後公乃為詩以貽王，名之曰《鴟鴞》。蓋公當流言之後，隱其詞於鳥言，使王自悟先王締造之難，發今日憂勤之意。而王未能深知詩意也，故曰王亦未敢誚公。誚，譏議，言雖不知詩意，亦未敢以公為非，非謂王猶疑之也，特未遂迎公入國耳。《書》言如此，毛氏增王猶未知周公之志也，一句遂使此詩之旨不明，似公斤斤於自辨者。且詩曰既取我子，子固指管、蔡矣，我屬公自言，理何通哉？而居東與東征異，書何嘗有是？豈知周公之心，深咎己之不德，悔不先事綢繆，既使武庚不終，又致三叔不咸，故不勝其情之悽惻，而託為鳥言，若先王冥冥責備者。反復沈潛，意味無極，煞見聖人至情至性，一團天理。若如舊說，何以為周公耶？朱子門人謂此詩幽奧難解，葢亦疑其師說。學者先博觀諸儒之說，再細繹愚言，必有恍然者。葢就經文自然語氣釋之，非故反前人也。

【眉批】首章託為文王之言，次章以下乃為周公之言。痛念文王育子之勞，咎己不能先事綢繆，其詞悲切纏緜，未許草率讀過。

我徂東山，慆慆不歸。我來自東，零雨其濛。我東曰歸，我心西悲。制彼裳衣，勿士行枚。蜎蜎者蠋，烝在桑野神與反。敦彼獨宿，亦在車下音戶。

賦也。三監在周之東，軍行必依山為固，故言東山。慆慆，久也。零，落也。濛，雨貌。裳衣，平居之服。士，事也。行枚，軍行銜以止語者，如箸。東歸、西悲，言自東而歸西，思久役轉生悲悼，所謂痛定思痛也。蜎蜎，動貌。蠋，桑蟲，如蠶。烝，衆也。敦，堆也，衆軍聚處貌。而曰獨宿者，謂無家室也。周公為歸士之言曰：我往東山亦既久矣，當我來自東之時，值零雨濛濛，備嘗辛苦。今自東而歸，欲還家門，轉生悲悼，因而整理衣裳，念自今以往，不事行枚之苦矣。彼蜎蜎者蠋，衆聚於桑野，可謂得其所止，而此歸士，亦敦然各獨宿於車下，安靜無譁，不事戰陣之勞矣。

我徂東山，慆慆不歸。我來自東，零雨其濛。果臝之實，亦施于宇。伊威在室，蠨蛸在戶。町畽鹿場，熠燿宵行。亦可畏也，伊可懷也。

賦也。章首四句重疊言之，所以深著往來之苦也。果臝，栝樓也。施，蔓延。果臝野生而施於宇室，久無人故也。伊威，鼠婦也，室不埽則有之，多足，色如蚓，背有横紋蹙起，大者長三四分，多在鼠坎中，鼠背負之，故一名鼠負。蠨蛸，小蜘蛛也，俗名喜子，戶無人出入則結網當之。町畽，室傍隙也。無人，故鹿以為場。熠燿，螢火也。院落無人，則終夜羣飛。可畏，謂荒蕪幽陰。可懷，謂此境常縈寤寐。此承上章獨宿車下而懸想家室之詞，葢軍士在外，神遊於其家，而有如目覩。聖人擬其情狀而有如身受，所以為類情通德之仁也，非周公其孰能之？

我徂東山，慆慆不歸。我來自東，零雨其濛。鸛鳴于垤，婦歎于室。洒埽穹室，我征聿至。有敦瓜苦，烝在栗薪。自我不見，于今三年古音寧！

賦也。鸛，水鳥，似鴻而大，長頸赤喙，白身，黑尾翅。巢居知風，穴處知雨。天將雨而蟻出壅土，見之長鳴而喜，又泥其巢，一傍為池，含水滿之，置魚其中，稍稍以食其雛。垤，蟻封也。朔地有高大如塚者，謂之蟻塚。此章至家而溯從前，幸今日之歸聚也。言自徂東山，常逢零雨，鸛鳴於垤，則其婦思行者之勞，常歎于室。時洒埽穹窒，以待我歸。及我自從征至家，則有敦瓜苦，已繫蔓於栗薪之上，因歎曰：自我不見家庭此景，于今已三年矣。

我徂東山，慆慆不歸。我來自東，零雨其濛。倉庚于飛，熠燿其羽。之子于歸，皇駁其馬音姥。親結其縭古音羅，九十其儀音俄。其新孔嘉，其舊如之何。

賦也。倉庚飛，昏姻時也。熠燿，鮮明如螢火之閃倏不定也。黄白曰皇，騮白曰駁。縭，婦人之帨。母戒女而為之，施衿結帨也。筐篚之儀，或九或十，言多也。新，新婚，謂初嫁時。舊，謂新歸之舊夫婦。此章代其夫婦慶聚之詞，言我自徂東山，室家久別，今之歸也，倉庚于飛，熠燿其羽，春光明媚。久客歸來，暢然歡聚，因憶昔日之子于歸，皇駁其馬，母戒諄惓，祝以偕老。禮儀之豐，情誼之隆。彼時新婚，誠孔嘉矣。今之久別歸聚，雖屬舊夫婦也，而經從軍之苦，念別離之況，一旦歡會，較之新昏，樂何如也？蓋別久團聚，無異新昏。所以深體其聚首之情，而慰其勤勞之隱。《折衷》曰：離別之憂，上亦憂其憂。懽會之樂，上亦樂其樂。所謂惟君子為能通天下之志是也。

《東山》四章，章十二句。

周公東征而歸，作此以勞歸士。曲體其室家之懷，而深明其忠勤之志，說以使民民忘其死，聖人之所以能盡人情而固民氣也。

【眉批】太王以下至文王，雖仁被六州，而國於西陲，紂之民知其仁，未親覩其禮教也。乃武王滅商，禮樂未備而武王即世，且武王之封武庚也，仍於朝歌使仍修其禮物以存成湯之舊，殷民固猶未見周之禮樂也，況爾時禮樂尚未明備，應未頒行天下。三叔流言誣周公不利孺子，殷民所以惑也。故周公東征，不恃兵力服之，而從容經理至於三年。此亦如苗民逆命，敷以文德，蓋欲民之知周之德及公之志，自然不與三叔為黨也。不然，以國家全盛之時，公之明智，滅此朝食何難，而遲至三年乎？觀此詩及下章，公之仁民與民之戴公，上下同情，何等浹洽，而先儒不察，至留千載疑案，可慨也。

既破我斧，又缺我斨。周公東征，四國是皇。哀我人斯，亦孔之將。

賦也。隋銎曰斧，方銎曰斨。樵蘇之用，借以明征伐不道，若去木之枉橈也。四國，四方之國。皇，匡也。將，大也。東征歸士言周公東征，破斧缺斨，非得已也，所以除不正而匡四國。然公不自安也，以我輩蒙犯艱險，撫懷殷勤，無所不至。其哀我人斯，豈不甚大也哉。

既破我斧，又缺我錡古音阿。周公東征，四國是吪。哀我人斯，亦孔之嘉。

賦也。錡，釜屬，下有足，蓋軍行以炊之物。吪，化也。四國聞武庚叛，不無疑畏，周公伐殷以化四國之疑。嘉，禮也。不惟待之有恩，而且有禮。

既破我斧，又缺我銶。周公東征，四國是遒。哀我人斯，亦孔之休。

賦也。銶，鑿屬，或曰今之獨頭斧。遒，聚而固之，殷不平則民心散。休，息也。言從軍似苦而時常安息，蓋公有以逸之也。

《破斧》三章，章六句。

從征之士作以美周公。蓋公不為一己私計，而以安天下為心，又有以曲體乎士卒之勤，故人諒其志而感其恩、樂其正。四國如此。

附　解

朱子曰：管、蔡流言謗公，使公有一毫自私，則撫之雖勤，勞之雖至，從役之士豈能不怨哉。今觀此詩，可見公之心大公至正，雖披堅執鋭之人，皆能以公之心為心。范氏曰：象曰以殺舜為事，而舜封之。管、蔡啟商以叛，而周公誅之。迹雖不同，其道則一。蓋象禍及於舜而已，管、蔡流言將危周公，以間王室，得罪天下，故公誅之。非周公誅之，天下之所當誅也。周公豈得而私之哉？二説皆得聖人之心，蓋民無不樂居太平也，以周之仁，代商而王，四國安有不欣然者。武庚作亂，四國及民心不免皇皇，及公平之，而後喜可知也。於此見公之不得已，而盛德有以入民心者深。

【眉批】殷民初未見公及公之禮教，既見而知公之哀其染於淫酗也，故其詞之悦服如此。

伐柯如何？匪斧不克。取妻如何？匪媒不得。

比也。柯，斧柄也。克，能也。媒，通二姓之言者。蓋戡亂以武，定亂以禮，惟周公兩全之。故以伐柯之用斧，比東征之用斧斨，而以取妻之用媒，比周公之以禮和合殷眾。想殷民初為三叔武庚所惑，故周公畱鎮三年。公以殷民未喻朝廷之意，以禮感動而招徠之，不徒恃威相劫，故殷遺有以明公之志，而倒戈從王，武庚三叔遂至破滅。為其宣示朝廷之恩德，和合已叛之人心，故取喻於媒也。

伐柯伐柯，其則不遠。我覯之子，籩豆有踐。

比而賦也。則，法也。我，東人自謂。之子，謂周公。籩，竹豆，豆木。豆，禮器也。踐，行列整齊之貌。東人歸服之後，既喜於維新，而言伐柯，以為柯其則不遠，即所執之柯，而是我初惑於流言，誤從三叔。今覯之子，見其禮樂雍容，凡從公者，無不有文有本，是即我之則也，而有不及時更新，服公之教，安公之德哉？蓋公以禮示，而民即歸心。干羽舞而有苗格，籩豆踐而殷頑歸，前聖後聖，其揆一也。

《伐柯》二章，章四句。

周公以禮靖亂，東人喜於從公而作。

附　解

《序》：美周公也。説原不謬，而毛氏申之曰大夫刺朝廷之不知，遂使箋疏妄說，諸儒附會。朱子始亦從《序》，既改為東人喜得見公而言，則亦幾於得之矣，而比意欠明。今從《折衷》而更疏通其文義如此。

【眉批】殷民因公而知周之德，乃得歸周以樂太平，是公不啻媒也。見公之禮而得公之則，尤深悅服，是其則不遠也。

九罭之魚，鱒魴。我覯之子，衮衣繡裳。

比也。九罭，九囊之網也。鱒，似鯶而鱗細，眼赤。魴，鯿也。皆常魚也，殷民之賢者自言平日求賢如網魚。之子，謂周公。衮，衣裳九章，一龍、二山、三華蟲、四火、五宗彝，皆繪於衣；六藻、七粉米、八黼、九黻，皆繡於裳。天子之龍，一升一降。上公但有降龍，以龍首卷然，故謂之衮。周公平殷亂，留撫殷民，殷之賢者喜而曰九罭所得之魚至美不過鱒魴而已，喻平日所見不過如此，今覯之子，則衮衣繡裳，威儀莊肅，非復他比。蓋三叔武庚為亂，不遵周公禮法，殷人始亦未知，今見周公，乃欣歎其儀度之盛，而服其德隅如此。夫光武中興，民曰不圖今日復覩漢官威佼。裴度入蔡，李愬郊迎，使知朝廷體統之尊，況以公之德與威容乎。

鴻飛遵渚，公歸無所，於女信處。

比也。遵，循也。渚，小洲。歸，謂其來東。再宿曰信。又言鴻本高飛，暫時遵渚。公本冡〔冢〕宰，暫時來東，當優禮之，但惜此地微小，亦如渚然，無可以安公之所。今於女信處，不可不敬重也。

鴻飛遵陸，公歸不復，於女信宿！

比也。高平曰陸。歸，謂歸王朝。又言鴻飛遵陸，則將高飛。公歸王朝，亦不復來。今於女信宿，不久之綢繆，尤當思所以厚公也。

是以有衮衣兮，無以我公歸兮，無使人心悲兮！

賦也。是，謂殷地。是以有，言不易有也。言惟公因撫我之故，暫留於此，我東國乃有衮衣兮。王其不來迎公，無以我公歸兮，則無使我心悲矣。夫以暫時之留，而愛戀如此，信乎聖德之入人深矣。

《九罭》四章，一章四句，三章章三句。

周公平武庚亂，暫留安輯殷民，民樂其德，其賢者尤愛之，故咏之如此。

附　解

《序》：美周公也。亦無大謬。毛氏以為周大夫刺朝廷不知。《傳》《箋》、孔《疏》，義皆牽強。朱子改為東人喜得見公，乃得經旨。而以九罭鴻飛為興，了無意義，令詩人之心不明。今以本文神理詰之，然後見公之德入人者深，而詩詞之纏綿，有由來也。起訖皆重言衮衣，蓋紂王蕩棄湯之典型，禮樂衣冠存者如綫。商民未見公時，為武庚所煽動，及見公而覩其禮樂衣冠，欣然肅然。故以取魚興起，言己平日綱羅賢俊，欲存先王之舊，然所得者皆緒餘，如以九罭網魚所得，不過尋常。今見之子衮衣繡裳，乃先之舊，安得不鄭重而敬愛之？是以謀其處宿，欲久留之。既而知其不可久留，則曰自公之來，是地乃有此衮衣兮，毋以公歸使我悲兮。夫聖人之德藴於中者難知，而著於外者易見。公之盛德感人，其一見而即心悅誠服者，人亦不自知其以所然也，而愛敬之心流連於衣冠言動間，故其言如此。而為此詩者，亦必賢者也，為見公而喜，亦為殷民有公而喜。欲久留之，又言己求賢士如網魚，則其平日關心世教可知。或曰子以公為留撫殷民，毋乃臆乎？曰武王克商，所以救民，且其甫下車而即封武庚，至公至仁之心，殷民固已諒之。及武王崩，成王幼，三叔流言，謂公將不利於孺子，殷民惑之，恐公果有二志，不復體文、武之心也。及公東征，禁之以武，和之以禮，民遂豁然，故武庚卒滅。當成王甫立，公之制作禮樂，葢猶有未周及於天下，而三叔武庚謀亂，其不遵公禮樂可知。公平亂而安輯民人，然后歸朝，請于成王，析殷地而別封國君，求微子以繼殷后。此書籍之事可考而知者。惟殷人喜於見公，樂其禮而懷其德，是以願留之衷至於以公歸為心悲。古人記載簡質，往往有可得諸文字外者，況公東征，本末至詳者乎。

【眉批】愛之而欲留之，又知其不可久留也，悅服之至矣。若非此前後數章詩，後人不將疑周公以力服人乎？

狼跋其胡，載疐其尾。公孫碩膚，赤舄几几。

比也。狼，牡貛、牝狼，似犬，銳頭白頰，高前廣後，獸之有才智者，喻管、蔡也。跋，躐也。疐，跲也。孫，讓。碩，大。膚，功也。赤舄，朱履。几几，安重貌。狼奸貪，前高其胡以張望，則後挾其尾以助力，以比管、蔡、武庚相挾以為助亂也，公以鎮靜處之，遜其大功而不居，危疑已甚，仍從容如常也。以赤舄言者，人心有感，足容易動，故觀此而寵辱不驚可知。

狼疐其尾，載跋其胡。公孫碩膚，德音不瑕古音胡。

比也。德音，令聞。瑕，疵也。言狼既疐尾以得力，則益跋胡以進取。比管、蔡既煽動民人，益起跋扈之心，乃流言四起。而公之令聞，卒未嘗少損，葢盛德之至，天下皆信之也。

《狼跋》二章，章四句。

周公居東安民之時，正危疑之候，公處變如常。詩人知公之忠，且美其不改常度，故詠之如此。而子敍於篇末，以見如公之德，則天下無不可正之事，所以示救變風之道也。

附　解

此詩諸儒之説皆同。惟毛《傳》謂狼跋胡疐尾，進退有難，然而不失其猛。以狼比周公，於義欠安。且既跋前疐後，是有難事矣，又曰赤舄几几，文義不貫，故從我朝《折衷》之説。

【眉批】殷民始以三叔為是，既則斥以為狼而美公德音，人心之公好如此。

豳國七篇，二十七章，二百三句。

舊説以《豳》《齊》於十四國之風，同為《變風》。而文中子以為：君臣相誚，其能正乎？其説大謬。夫風之變也，上之教化衰也。夫子冠二《南》以見周之所由興，敍邶、鄘以下十二國，見周之所由弱。列邦之風氣不同，而其思治惡亂則一也。故夫子多採其傷今思古之詩，以明無不可輿於治，特無人以治之耳。因於《曹》《檜》之末，列《匪風》《下泉》以見久亂則思治愈急，而以《豳風》承之焉。夫豳之風，太王、王季文、武所本也，故特録之。武王崩，成王幼，周室幾危，治道幾墮，公陳《七月》以戒成王。而犯危疑以靖大難，文、武之德所以成，而周公之仁政所以旣於無疆，故又以周公之事附焉。是則聖人敍列國之詩，非第存其變而已，自將以周公之治治之，而不果施行，則惟於篇什寄其意耳。若所謂君臣相誚，則毛氏成王猶未知周公之志一句誤之。《書》曰王亦未敢誚公，則成王未嘗疑公也，特未即親迎耳。使王疑公，公尚安能以四國之士東征哉？東征三年，奉王命乎？不奉王命乎？奉之則固不疑，不奉則王方疑而公擅專，與輦帥師何異哉？然則以成王誚公，已不可矣，而況云誚成王乎！至謂終以《豳風》，言變之可正，惟公能正之，則義之允當者。學者當明乎聖人之心，則説之誤者不難決矣，是豈可不於窮理盡性加意哉！

詩經恒解卷之三 晚年定本　同門諸子參校

小雅二

雅者，正也。有位者為風教之主，言行當為坊表。或作詩歌，必可以被之樂章，為人取正，故名其詩曰雅。小、大之名，則夫子删詩時，略分别其義類而排次之，因簡編不一，以小、大别之，猶後世書策分上下篇之意。而其詩雖皆朝廷之作，亦微有不同。《小雅》所載，多朝臣事，雖有天子詩，不過燕享勸戒及庶政之事。《大雅》自《文王》至《卷阿》，皆述先德規君上之詞；《民勞》以下，亦多規箴當宁國家安危大事所繫。則夫子小、大二字，固非無因。而孔氏謂《大雅》述大政，《小雅》述小政，亦略近之矣。至蘇氏謂《小雅》言政事，《大雅》言道德，歧道德、政事而二之，於理不合。鄭氏創為正雅、變雅之論，蓋仿正風、變風之意而云然。然聖人以詩垂戒，無論正、變，皆關勸懲。音有正、變，義無正、變。十五國之風，猶可以正、變云，雅則不可以是云矣，故弗從之。

《鹿鳴》之什二之一

雅、頌無諸國之别。積卷既多，每十為卷，而謂之什。猶軍法十人為什，又以卷首之篇為什長，卷中之篇皆統焉。

呦呦鹿鳴，食野之苹。我有嘉賓，鼓瑟吹笙。吹笙鼓簧，承筐是將。人之好我，示我周行。

比而賦也。呦呦，和聲也。苹，藾蕭陸生者也。我，主人自謂。嘉賓，或本國之臣，或諸侯之使。瑟、笙，所用之樂。凡燕饗之樂，皆鼓瑟而工歌，吹笙以閒之。簧，笙中金葉。承，奉也。筐，所以盛幣者。將，行也，奉筐而行幣帛。飲則以酬賓送酒，食則以侑賓勸飽。周行，大道。以鹿之和鳴喻君臣和樂，即飲食菲薄，亦相歡娱。既自謙，而又願其竭忠告，蓋不特通上下之情，而實竭延訪之意也。

呦呦鹿鳴，食野之蒿。我有嘉賓，德音孔昭。視民不恌，君子是則是傚。我有旨酒，嘉賓式燕以敖。

興也。蒿，菣也，蒿草之高者，其類至多，蒿更賤於苹矣。孔，甚。昭，明。視，如字，看待也。恌，偷薄，言其平日厚於民也。君子，凡有位者。敖，游也，欲久畱之敖游。謙言己飲食之菲，而心則服膺君子之深，美其平日脩己治人，是以竭誠相敬。殺雖薄而酒旨，欲其久燕敖焉。

呦呦鹿鳴，食野之芩。我有嘉賓，鼓瑟鼓琴。鼓瑟鼓琴，和樂且湛。我有旨酒，以燕樂嘉賓之心。

興也。芩，即黄芩，莖如釵股，葉如竹，蔓生。芩，則味苦矣。琴、瑟，堂上之樂。湛，久也。燕，安也。又謙言己飲食不佳而不以為嫌者。君臣和樂，相信已久，以此燕樂，其心忘乎外物矣。三章苹、蒿、芩每下愈況，惟琴瑟旨酒不易，琴瑟和而正，酒之酣人如德之薰蒸，此所以為聖賢燕飲之正也。

《鹿鳴》三章，章八句。

此燕饗羣臣賓客之詩。蓋先王所作，而其後推及於諸侯卿大夫賢士，以教上下和悦，必如是而後可。以後世燕樂無禮者參觀之，而得失見矣。

【眉批】君臣相樂以德，周行也、德音也、嘉賓之心也。次第詠歌，和以琴瑟，將以旨酒，豈徒酒食燕樂哉。

四牡騑騑，周道倭遲。豈不懷歸？王事靡盬，我心傷悲！

賦也。騑騑，行不止貌。周道，大路。倭遲，迂遠也。靡盬，見《唐風》。傷悲，憂勞王事。蓋忠臣於王事，實有不容已之至情，非勉強塞責也。言乘四牡而遠行，久歷勞苦，豈不懷歸乎？特因王事靡盬，是以悲傷，不能自已於行。

四牧騑騑，嘽嘽駱馬音姥。**豈不懷歸？王事靡盬，不遑啓處！**

賦也。嘽嘽，喘息之貌。白馬黑鬣曰駱，駱馬強而耐遠，至於喘息，則病甚矣。遑，暇。啓，跪。處，坐也。項安世曰：古者席地，跪即起身，居則坐。言其無一時之安息也。

翩翩者鵻，載飛載下音戶，**集于苞栩。王事靡盬，不遑將父！**

興也。翩翩，飛貌。鵻，祝鳩，孝鳥也。言鵻之飛也，亦下集於苞栩，而孝子為

王事，故不遑養父母。蓋探其道途所見以興也

翩翩者鵻，載飛載止，集于苞杞。王事靡盬，不遑將母滿以反！

興也。杞，枸杞也。先下而後止，集之勢也；先父後母，言之序也。此二章申言其懷歸之故。

駕彼四駱，載驟駸駸。豈不懷歸？是用作歌，將母來諗！

賦也。驟，馬行疾也。駸駸，驟貌。諗，告也。言以不得養親之情告君，此非實事，乃探其情而勞之也。母思遊子意尤篤，故專言之以該父。

《四牡》五章，章五句。

此勞使臣之詩。不得已而使之，憫其不能養父母，而曲敘其情，以慰其意。

附　解

人臣忠於事君，即所以孝親也。而君則不敢自安，必曲諒其思親之懷，深憫其行役之苦，先王所以視臣如子而深得其心力也。《儀禮》謂為上下通用之樂，蓋以其教忠勸孝之義寓焉，故以是為上下勸也。

【眉批】馬疾而道遠，至於馬倦人疲，敘行役之苦盡矣。然而不遑者無已時，上之曲諒臣下，下之忠勤奉上，面面俱徹。

皇皇者華音敷，于彼原隰。駪駪征夫，每懷靡及。

賦也。皇皇，猶煌煌。華，草木之華。高平曰原，下濕曰隰。駪駪，疾行之貌。征夫，行人。懷，思也。言使臣奉命而行，見皇皇者華被於原隰，而駪駪前征，不暇流覽物華。所以然者，憂國奉公，每有所思，常如不及，思採訪以裨朝庭也。

我馬維駒，六轡如濡。載馳載驅，周爰咨諏

賦也。如濡，鮮澤也。四章皆美其六轡，所謂登車有光，可以為儀四國也。周，徧。爰，於也。咨諏，叔孫穆叔曰：訪問於善為咨，咨事為諏。《周官》：撢人之職，掌誦王志，道國政事，以巡邦國而語之。則是使臣之職，原欲其周咨也。又小行人之職，萬民之利害為一書，有咨事之義焉。

我馬維騏，六轡如絲。載馳載驅，周爰咨謀音媒。

賦也。絲，條理也。謀，籌畫。叔孫曰：咨難為謀。小行人之職，悖逆暴亂，作慝犯令者為一書，札喪凶荒厄貧為一書，有咨難之義焉。

我馬維駱，六轡沃若。載馳載驅，周爰咨度。

賦也。沃若，光潤。度，裁酌也。叔孫曰：咨禮為度。小行人之職，禮俗政事教治刑禁之逆順為一書，有咨禮之義焉。

我馬維駰，六轡既均。載馳載驅，周爰咨詢。

賦也。陰毛雜白曰騆。均，齊一也。咨詢，叔孫曰：咨親為詢。小行人之職，康樂和親安平為一書，有咨親之義焉。

《皇皇者華》五章，章四句。

此遣使臣之詩。《儀禮》以為上下通用之樂，亦以其咨善求益，上下可以同之。然非聖賢之君，臣使之者與使者皆未必有此懷抱也。

附解

毛氏云：送之以禮樂，言遠而有光華。誤解華字，甚非詩意。朱子謂美其行道之勤，而述其心之所懷，亦未見穩協。蓋先王遣使臣，固各有專事，而亦必藉之採訪，故勖望如此。首章言駪駪靡及，則固已深諒其勞而曲體其心。下四章美其登車有光，冀其諏、謀、度、詢，是所以靡及之故而已。所以遣之之意，亦明焉。叔孫以為君教使臣，良以此也。其分析諏、謀、度、詢，意義尤美。叔孫去古未遠，其語必有所受，不必如朱《傳》變文協韻之說。或疑遣之當慰藉，不當責望，不知先王遣使，非但免於驛騷，且必冀其有裨國政。及其還役，則以其果不辱命而勞之。如前章所云，立言次第與情事先後，二詩固相因也。且此詩亦未嘗無慰藉意。

【眉批】此詩蓋採風之使，故兢於咨諏。抑古者天子，凡其所使，皆令其採訪民風、政治得失及守土者之賢否，故諸侯雖各君其國，而吏治無不在天子洞鑒中歟？奉使者必得賢人，亦可見矣。

常棣之華，鄂不音夫韡韡。凡今之人，莫如兄弟。

興也。常棣，棣也，如李而小，子如櫻桃，可食，與唐棣異。程子曰今玉李也。華萼相承甚力。鄂，與萼同，不當作柎。韡韡，光明貌。言常棣之華，萼柎叢生，相比榮發，故韡韡然。興兄弟相親相助，家道乃昌，他人莫如兄弟也。

死喪之威，兄弟孔懷。原隰裒古音蒲牟反矣，兄弟求矣。

賦也。威，畏。懷，思。裒，聚也。以死喪之難可以畏怖，見惟兄弟為能相恤。一或外喪，積尸聚於原隰之閒，惟兄弟求之。此舉變故，以該其處常，而下文反復申明之也

脊令在原，兄弟急難。每有良朋，況也永歎。

興也。脊令，《爾雅》作鶺鴒，一曰雝渠，水鳥也。大如鷃雀，腹下白，頸下黑，如連錢，杜陽人謂之連錢。飛則鳴，行則搖，首尾相應。爭先赴之曰急。況，與怳同。又以脊令在原，飛鳴行搖，比兄弟相依，患難相急。當此之時，豈無良朋，然每怳然長嘆而已，不如兄弟之急也。蓋良朋非不關切，然兄弟近處，故其急難為尤先。

兄弟鬩于牆，外禦其務。每有良朋，烝也無戎音汝。

賦也。鬩，門內之鬭也。務，《春秋》傳作侮。禦，禁也。烝，眾也。戎，助也。又言兄弟即或偶有鬭爭，然苟有外侮，則出禦之，蓋天性之自然，不可得而沒也。每有良朋不過周旋，解釋雖眾而無助力之理，是尤可見兄弟之親於友也。

喪亂既平，既安且寧。雖有兄弟，不如友生。

賦也。承上言患難之時恃有兄弟，及喪亂既平，已得安寧矣，遂有視兄弟不如友生者，其忘本悖理甚矣。

儐爾籩豆古音田故反，飲酒之飫。兄弟既具，和樂且孺。

賦也。儐，陳。飫，饜。具，俱也。孺，孩提之狀。此下乃勉其宜於兄弟，言陳籩豆而飫飲酒，兄弟同歡，無異於孺子和樂之時，則孩提之良可以保也。

妻子好合，如鼓瑟琴。兄弟既翕，和樂且湛。

賦也。翕，合也。妻子，凡兄弟之妻子。兄弟之不和，每由妻子。誠使以身感化，而皆相歡合如鼓琴瑟，由是兄弟益覺和樂，而且能久。蓋其所以正妻子者亦至也。

宜爾室家，樂爾妻帑。是究是圖，亶其然乎。

賦也。帑，與孥同，子也。室家，凡一家中男女。男有室，女有家，故曰室家。宜，善也。妻帑和兄弟者，一人之妻帑，一家之人皆和樂且湛，而後己之妻帑長保其樂，究窮其理，圖謀其事。亶，信也。乎，疑詞。不自以為信而使反求諸心，蓋世之私其妻子而薄兄弟者，以為可保室家也，而豈知天倫既乖，道不行於妻子，妻子亦將畔之，宜室家者幾何哉？即使其妻子相宜相樂，然黨惡助非，亦不久而旋滅耳。

《常棣》八章，章四句。

此燕兄弟之樂歌，而說者以為為管、蔡發，非也。

附　解

自《鹿鳴》以下至《菁莪》，昔人皆以為周公制作禮樂，使天下歌之。其說甚正。此詩先儒亦以為周公作。《序》曰：燕兄弟也。蓋周公制作，有樂即有詩歌，故為此以燕兄弟。而毛氏申之曰閔管、蔡之失道，故作焉。朱子亦以為然，而謂《左傳》《國語》所載一是一非，遂生疑竇。夫管、蔡之事，周公尚忍言哉？其犯天下之不義，成王奉天誅之，周公又奉王命誅之。討管、蔡者天，非成王、周公也。然返諸公心，豈能無戚戚乎？故《鴟鴞》之詩反復自責，未嘗有絲毫芥蒂三叔之見，況用詩歌以教弟，而乃自言兄弟之變示人，豈復成為周公？且本詩詞義，無一毫干涉管、蔡，何必從而附會之曰：然則《左傳》《國語》之言其不信乎？曰：讀者不得其意，非誤也？

《國語》富辰云：周文公之詩曰兄弟鬩于牆，外禦其侮，明乎其為周公作也。《左傳》富辰曰：周公弔二叔之不咸，故封建親戚以藩屏周下。云召穆公思周德之不類，故糾合宗族於成周而作。詩當厲王時，周衰，同姓失歡，周公此詩，蓋鮮肄習，故召穆公糾合之，而重宣此詩以教。作修作樂歌，非謂召穆公作也。故下文曰召穆公亦云，則周公作而召公述之明矣。不然，富辰一人之言而爾不相侔，左氏妄不至此。朱子蓋泥死喪數章，故附會毛氏。然詩即處變以明天性之良，文章進一層說法，非謂管蔡也。朱子惟泥於管、蔡，故於章意承接不明，而又發急難、鬩牆二章為益輕以約，尤非詩意。死喪之威，兄弟孔懷，言即死喪，而兄弟性真可見矣。原隰、裒矣二句，正證其孔懷之實。脊令在原，兄弟急難，申言兄弟密邇相關，有難則必急救。往往有良朋關切，撫心長嘆，而就近急救終讓兄弟居先。即或兄弟素不相睦，而一有外侮，無不出力相禦。至於朋友，即十分相關，其人雖眾，然無為戎首之理。二章一言兄弟相處至近，一言其分誼至親，皆所以申明死喪章之意也。前人誤解，遂有疑輕朋友而重兄弟者，何可不詳繹之。末三章細細詠歎室家和樂必由兄弟之宜，所以然者，其義該《大學》《中庸》在內，聖人不言，非言所能盡也。妻帑、室家，解者亦誤。是皆大義所關，經文久晦，不可不為明辨之也。

【眉批】古人無故不廢弦歌。周公作此詩，使人燕兄弟則歌之，用以發其至情而勖以敦倫，其教深矣。其詞情文悱惻，尤不堪卒讀。一起即常棣之鄂不相依而美言相親竝美莫如兄弟，味無窮矣。接言試觀死喪失所，惟有兄弟可恃。二矣字，哀聲感人矣。又言急難外侮，皆勝於朋友之相顧，為淺人說法，以其易見者曉之。五章乃斥其輕忘兄弟，六章教以毋忘孺子之性，末二章導以功效，反復詳明，莫逾於此矣。

伐木丁丁，鳥鳴嚶嚶。出自幽谷，遷于喬木。嚶其鳴矣，求其友聲。相彼鳥矣，猶求友聲。矧伊人矣，不求友生？神之聽之，終和且平。

興也。丁丁，伐木聲。嚶嚶，兩鳥聲和也。幽，深。遷，升。喬，高。相，視。矧，況也。神之聽之，忠信之至通於神明。友以成德輔仁，故友聲宏而和平之福亦致。伐木者斲削以成材，交友者切劘以成德。故三章皆以伐木起興，伐木者非一人可為，故言伐木於山，其聲丁丁。然而鳥驚起，鳴其聲嚶嚶。然且出自幽谷，遷於喬木，若相引，日進於高明者一己然，欲其侶之皆然。夫以彼鳥耳，尚求友聲，況人而不求友生乎？果能求賢友以相輔，而聲應氣求，則彼此結契之誠，神亦鑒之！喜其能以道德相師，和平之福可致。

伐木許許，釃酒有藇。既有肥羜，以速諸父。寧適不來，微我弗顧。於粲洒埽，陳饋八簋音九。既有肥牡，以速諸舅。寧適不來，微我有咎。

興也。許許，衆人共力之聲。《淮南子》曰：舉大木者呼邪許。釃酒，盪酒而去其糟也。藇，美貌。羜，小羊。諸父，朋友之同姓而尊者。適，偶。微，無。顧，念也。於，嘆詞。粲，鮮明貌。八簋，食器之盛也。諸舅，朋友之異性而尊者。先諸父而后諸舅，親疏之序。咎，過也。又言伐木人多，則聲許許然而有勢，以興朋友多則道廣。因言釃酒之藇，當與朋友共歡，而朋友以德相與，初不必其等夷也。凡諸父、諸舅，道德之所存，即莫非吾友。既有肥羜，牡以速之矣，而尤殷勤冀幸曰：豈其或不來乎？幸無我弗顧，無我是咎也。蓋速之之意切也。

伐木于阪，釃酒有衍。籩豆有踐，兄弟無遠。民之失德，乾餱以愆音遣。有酒湑我，無酒酤我。坎坎鼓我，蹲蹲舞我。迨我暇古音豫矣，飲此湑矣。

興也。衍，多也。踐，陳列貌。兄弟，同、異姓之等輩者。無遠，親近也。乾餱，食之薄者。愆，過也。湑，亦釃也。酤，買也。坎坎，鼓聲。蹲蹲，舞貌。迨，及也。又言伐木于阪，人多則歷陂險而不懼，以興朋友交歡則可備艱險，是故以釃酒之多、籩豆之踐，燕我兄弟，無使相遠。凡民之失德，往往因口腹之間，甚至乾餱亦以自私，其愆孰甚。若我今日，則不然也。我樂友而友亦相信，聚會之時，喜而謂曰：彼此相契，不必盛禮為歡也。苟有酒歟，則湑我而可；苟無酒歟，則酤我亦可。即坎坎鼓我可也，即蹲蹲舞我亦可也。迨我暇時，即從爾而飲此湑矣。蓋甚言其相交之深，即不必肥羜八簋，亦足為樂也。

《伐木》三章，章十二句。

此燕朋友故舊之樂歌，亦上下可以通用也。

附　解

朋友，五倫之一。凡君親、兄弟、夫婦之際，皆必賴賢友匡救輔成，故甚重焉。然朋與友有別，朋，同類而已，友，則愛也。親愛交孚曰友，以德相合，以信相固，修齊治平，無事不可成。夫子之繫《易》也，曰蘭臭。述《鶴鳴》即此章友聲之義。友也而何云？聲德行道，藝非友不成，非友不廣。文王有四友，孔子亦有四友。在一時，則道義孚而氣類日宏。在後世，則淵源衍而教澤無盡。故果友賢士而成聲，則日進於高明，如鳥之遷喬也。其曰神聽和平者，宇宙本有情之世界，情日疏而五倫不相維繫，戾氣以增。有聖賢之師友，道相契而誠相孚，格金石，感風雷，明神有不福之者乎？唐虞師濟洙泗師徒，千秋彪炳。神之聽之，其時可想見矣。首章伐木丁丁，以協力工作。嚶鳴遷喬，興朋友進德修業，相與上達。相彼鳥矣四句勖之，以求神聽，二句極言其效。二、三章專就伐木以興，而二章言友當先施，三〔章〕

言朋友相歡，喜其無遠失德。有酒湑我以下，極言其浹洽無閒，勿論有酒無酒及樂無之厚薄，暇時即相歡飲，此友聲所以成也。友道未施而求應，非友此施而彼不應，亦非友兩面說來，斯為勸厲曲盡，諸父、諸舅，何以及之？孟子曰：友也者，友其德也。忘分親賢，則不必年之相若，不畏勢之相臨。且朋友易狎，臨之以尊長，而禮益肅然，敬益惕然。故燕朋友，而必有諸父、諸舅，其親炙嚴憚，友之意未嘗不在其中。而故舊燕飲，此詩亦可用矣。

【眉批】詩為燕朋友而作，敍所以求友之義，而以和平二字該之祝之，葢友所以輔仁成德，道相合而聲氣宏，即明神亦鑒之而有和平之福，極言友聲之重也。二、三章乃言飲食之事及殷勤之情，竝極言歡聚之事，寫友聲二字，十分酣足。

天保定爾，亦孔之固。俾爾單厚古音戶，何福不除。俾爾多益，以莫不庶。

賦也。保，護。定，安也。爾，指君。謂君為爾者，稱天以為言，如天告語也。固，堅。單，盡也。單厚，鄭《箋》：盡厚天下臣民。除，開也。天下之福，自君而開。多益，道德日增。庶，眾也。臣下稱天以祝曰：天之保定於爾，亦甚固矣。天愛民，而俾爾以德，盡厚天下臣民。天下何福不自爾而開乎？故天之意，欲俾爾積累功德，日多日益，以濟於人莫不眾被爾德。此章總挈福由德致之意，言平日所望於君如此。

天保定爾，俾爾戩穀。罄無不宜，受天百祿。降爾遐福，維日不足。

賦也。戩，盡。穀，善。罄，亦盡也。祿，以所養言。遐，遠也。福，該眾美而言。此乃正言君之受福，承上言天保定爾，果能然矣，君奉天俾爾所行皆善，施之天下無不得宜，是以受天百祿。以天下奉一人而非過，且不但一時，又降爾久遠之福，惟日不足有加無已。

天保定爾，以莫不興。如山如阜，如岡如陵。如川之方，至以莫不增。

賦也。興，起也，盛也，德福相因興起而日盛。高平曰陸，大陸曰阜，大阜曰陵。岡，陵之露石者。如山，蓄之多。阜則突露，岡則峻出，陸則廣大，喻福之蓄積而高大顯露也。川之方至，其流方盛，繼續未艾，增繼而益多也。此章又祝以德福日增，毋稍倦怠之意。

吉蠲為饎，是用孝享。禴祠烝嘗，于公先王。君曰卜爾，萬壽無疆。

賦也。吉，諏日擇士皆吉。蠲，齋戒滌濯皆潔。享，獻也。宗廟之祭，春曰祠，夏曰禴，秋曰嘗，冬曰烝。公，先公，謂后稷以下至組紺。先王，太王以下。君曰卜爾，祭畢君命卜神享否，而得兆曰萬壽無疆也。承上德為天眷，以之事先，而先人亦福之。

神之弔矣，詒爾多福。民之質矣，日用飲食。羣黎百姓，徧為爾德。

賦也。神，總承上天與先公先王。弔，至也。詒，遺。質，實也。黎，黑也，猶秦言黔首。徧，普也。承上言天祖之眷不特祭時乃然，德之既脩，則神無時不至而詒爾多福。所以然者，民生之事簡質無多，惟此日用飲食，今皆爾德所徧。爾之德，莫非爾之福也。《書》曰：天視自我民視，天聽自我民聽。不識不知，若不知君之德而實徧為爾德。詩誠善言天也。

如月之恒，如日之升。如南山之壽，不騫不崩。如松柏之茂，無不爾或承。

賦也。恒，本作緪，弦也。升，出也。月上弦而就盈，日始出而就明；言久照而長。騫，虧也。山亘古而常存，不虧崩也。松柏之葉，新舊相乘而長春。承，奉而弗遠。承上文言神人皆和則自天申之，其福新盛，如日月之初升，而且悠久，如南山松柏之長存。蓋始焉以福應德，天與神司其權，繼焉以德必福，天自我操其券，故一切無不爾或承也。

《天保》六章，章六句。

人臣頌君之詞，或君燕享賞賚之而以此頌也。抑其所以頌祝者，必本於天祖之眷。推原其善世宜民之德，頌不忘規，固為盛世之雅音。

附　解

此詩舊說義多重複，今集諸家而疏櫛之，要令安句分明、章意貫串而已。

【眉批】人君奉天道、承祖德，以天之心為心，必以民之命為命。此詩極其頌禱而中，言羣黎百姓徧為爾德，尤集福之本。首三章重言天保定爾，明非臣下之私祝云爾。

采薇采薇，薇亦作音做止。曰歸曰歸，歲亦莫止。靡室靡家，玁狁之故。不遑啓居，玁狁之故。

興也。薇，菜名，見《草蟲》篇。作，初出土也。莫，晚。玁狁，北戎。遑，暇。啓，跪。居，處也。勞戍役而代其自言曰：我之出戍也，薇始作止。其初出也，亦曰庶幾早歸，而不覺歲莫矣。豈上之人故勞我哉？所以遠離室家，玁狁之故；所以不遑安居，亦玁狁之故。蓋知上之不得已也，

采薇采薇，薇亦柔止。曰歸曰歸，心亦憂止。憂心烈烈，載飢載渴。我戍未定，靡使歸聘！

興也。柔，始生而弱。烈烈，憂貌，人憂則心火熾。載，則也。定，止。聘，問也。言薇亦柔矣，久不得歸，則心憂甚且饑渴，可謂苦矣。而忠勤不懈，念戍事未定，且不使問其室家，以苦況告也。

采薇采薇，薇亦剛止。曰歸曰歸，歲亦陽止。王事靡盬，不遑啓處。憂心孔疚古音几，我行不來音釐！

興也。既成而子剛也。陽，十月也，嫌於無陽，故曰陽。孔，甚。疚，病也。言既至戍所，薇亦剛矣。而玁狁侵擾不已，王事正無已時。我雖不遑啟處，戍卒無多，難以應敵，是以憂心成疾，豈朝廷但以我行役作戍而不以王師來乎？起下章之意。

彼爾維何？維常之華音敷。彼路斯何？君子之車。戎車既駕，四牡業業。豈敢定居？一月三捷！

興也。爾，華盛貌。常，常棣。路，戎車。君子，謂將帥。業業，狀也。捷，勝也。承上言既而常棣華時，王師至矣。君子軍容整暇，我亦不敢定居，效力行間，遂一月而三捷焉。

駕彼四牡，四牡騤騤。君子所依，小人所腓。四牡翼翼，象弭魚服蒲北反。豈不日戒音急，玁狁孔棘！

賦也。騤騤，強也。依，憑也。腓，《釋文》曰避也，謂兵士所依以避患。翼翼，閑整也。象弭，以象骨飾弓梢。魚，魚獸，似豬，其皮背上斑文，腹下純青，可為弓鞬矢服。服，盛矢器也。戒，警備。棘，急也。古人車戰，故即四牡以言軍容。又言戰勝之後，整齊其車馬，而備預其器械，日日不忘警戒。所以然者，玁狁勁敵，其難甚急，恐其攻我無備也。

昔我往矣，楊柳依依；今我來思，雨雪霏霏。行道遲遲，載渴載飢。我心傷悲，莫知我哀音噫！

賦也。楊柳，蒲柳。依依，春色宜人貌。遲遲，長遠。言其歸來，憶去時方春，歸時歲暮，念道遠而常飢渴，轉生傷悲。蓋人情每於平寧之日思患難之時，喜而反生悲也。莫知我哀，上之代言其情，非真莫知也。

《采薇》六章，章八句。

此勞戍卒之詩。揣其情而表其忠勤，慰其勞瘁焉。

附　解

此詩舊謂遣戍役。細玩其詞，蓋遣戍之後，玁狁侵擾不已，王師臨之，戰勝還師，勞戍卒之詞。玁狁族類甚多，環繞西北，周時屢為邊患。周時以德服人，來寇則禦卻之，未嘗窮追。此詩三捷之後，即還師是也。秦漢而下，乃與爭勝攻伐，然中國亦因之疲敝矣。

【眉批】詳味此詩，揣其憂心，歎其勤勞，固已慰藉之者至矣。而克敵制勝，不久勞師，尤見善政。

我出我車，于彼牧音墨矣。自天子所，謂我來音釐矣。召彼僕夫，謂之載矣。王事多難，維其棘矣。

賦也。牧，養馬之所。北方民以養馬為務也。天子，殷天子。載，軍裝。棘，急也。文王奉殷命以伐西戎，而詩人先述從軍者之詞。言我出我車于牧，因西伯有命，奉天子命，令我出車，即召僕夫載軍裝以從。所以然者，王事多難，不可緩也。

我出我車，于彼郊矣。設此旐矣，建彼旄矣。彼旟旐斯，胡不旆旆？憂心悄悄，僕夫況瘁。

賦也。郊，郊外。則，成行矣。設，陳也。龜蛇曰旐，後軍所建。旄，注旄於旗干之首。鳥隼日旟，前車所建。所謂前朱雀而後玄武也。旆旆，飛揚貌。悄悄，憂貌，謂文王也。況，當作怳。言出車在郊，軍容甚盛，旟旐旆旆，而文王憂心悄悄，若有不懌者，蓋憫僕夫之況瘁耳。言僕夫以該士卒，見文王使民之仁。

王命南仲，往城于方。出車彭彭，旂旐央央。天子命我，城彼朔方。赫赫南仲，玁狁于襄。

賦也。毛氏曰：王，殷王。南仲，文王之屬是也。方，朔方，今寧夏等處。蓋北狄與西戎相通，朔方介戎狄之間，城朔方則西北之路不通。彭彭，眾盛。交龍為旂。央央，鮮明也。赫赫，威盛意。襄，駕出其上也。此乃正敘其事，命南仲者，西伯也，而曰王命，本西伯之志言之，言文王承王命而南仲往城朔方以扼要害。一時軍容之盛，出其不意。據險築城，乃宣王命以告士卒言：此城朔方者，天子之命。而赫赫南仲，實董其事，玁狁由是失其外援，此策實駕玁狁之上也。

昔我往矣，黍稷方華音敷。今我來思，雨雪載塗。王事多難，不遑啓居。豈不懷歸，畏此簡書。

賦也。往，謂出壘而往城方。華，秀也。來，來歸壘。載，滿。塗，路也。簡書，天子策命。上三章敘事，此章乃表南仲忠勤之心而為其自言。言初往城方之時，黍稷方華，今我來歸營壘，則雨雪載塗，可謂久矣。然王事未了，不敢寧居，豈不欲即歸乎？以天子之命，當奉若無違，是以畏之而不敢怠。

喓喓草蟲，趯趯阜螽。未見君子，憂心忡忡。既見君子，我心由降音烘。赫赫南仲，薄伐西戎。

興也。鄭氏曰，草蟲鳴，阜螽躍而從之。喻近戎諸侯聞南仲伐戎，踴躍鄉望之是也。君子，謂南仲。南仲已城朔方，移伐西戎，時值草蟲方鳴，因以起興。此章述近戎之人欣愛南仲之意，而亦為其自言。言近戎諸侯素受戎患，聞南仲伐戎，喜而就之。因言未見則心憂，既見則心降，赫赫之南仲，竟伐戎安民也。蓋南仲，文王之賢臣，諸侯素嚮文王，是以見南仲如見文王，而喜其安己也。

春日遲遲，卉木萋萋。倉庚喈喈，采蘩祁祁。執訊獲醜，薄言還歸。赫赫南仲，玁狁于夷。

賦也。卉，草也。萋萋，盛貌。倉庚，黃鸝。喈喈，聲之和也。訊，其魁首當訊問者。醜，類也，同謀者。還，歸國。夷，平也。此乃言還師之事，春和鳥鳴，草木榮盛，於此時而執訊獲醜，平戎歸國。計初出車至今，為時亦已久矣。非南仲，何以至斯？故美其赫赫。

《出車》六章，章八句。

文王為方伯，奉王命征戎，而南仲能其官，於其凱還，廷臣美之。周公以其能盡上下之情，因以為凡勞還帥之詩。

附　解

此詩勞還帥，諸儒無異詞。惟天子與王，論者紛紛，謂自《鹿鳴》以下，皆周公所定之樂，則此詩當屬文王無疑矣。王即天子，毛《傳》之說甚優，當從之。或謂文王無伐玁狁事，不知文王為西伯，逼近戎狄。玁狁緜亘西北，種類甚繁，中夏不能別其醜類，概以玁狁。其不時侵擾邊疆，勢所必有。文王既為西伯，則隨時防禦，亦理之常。南仲能勝閫外之任，城朔方而禦西戎，詩人美之。厥後周公定禮樂，以其述事議論頌揚均中情事，因以為凡勞將帥之詩耳。當時玁狁欲結西戎以為患，文王故遣南仲城朔方，以斷戎狄之交。乃移兵伐戎，戎服而玁狁自夷。此文王之明，亦南仲能善其事也。蓋將帥得人，必由朝廷，主帥雖能，必賴人心悅服。此詩首從軍士歡欣鼓舞而起，文王之仁已見，次言南仲亦由王命，歸美上下。詞義曲盡，故周公以之為法。

【眉批】一、二章敍出兵之始，軍生欣喜之情，在矣字上傳神，則文王平日仁政可知。三章美南仲。四章表南仲忠勤之心。五章言兵捷，時人欣頌南仲之情。六章乃言還師。其情意纏緜，文情斐亹，在雅詩中尤為出色。

有杕之杜，有睆其實。王事靡盬，繼嗣我日。日月陽止，女心傷止，征夫遑止！

興也。睆，實圓貌。嗣，續也。陽，十月。遑，暇也。為戍役之言，曰杕生之杜，有睆其實，蓋一年之歲功成矣。而王事靡盬，方繼續而無已時。因念日月陽止之時，其妻必思己而傷，以為征夫可稍暇也。

有杕之杜，其葉萋萋。王事靡盬，我心傷悲。卉木萋止，女心悲止，征夫歸止！

興也。杕杜復生，則春又來而將暮，而王事猶靡盬，是以我心傷悲。又念卉木萋止，其妻悲念，必以我為將歸。

陟彼北山，言采其杞。王事靡盬，憂我父母滿以反。**檀車幝幝，四牡痯痯，征夫不遠。**

賦也。檀木堅，宜為車。幝幝，敝貌。痯痯，罷貌。承上言女心傷悲，望己之歸。非但私情也，有父母在，故急欲歸養，因言己陟山采杞，以望父母而憂。遙憶父母之憂子彌甚，必曰為時既久，檀車亦敝，四牡亦罷矣，征夫當不遠而將歸。蓋揣其思親而又揣其親之思己。先王曲盡人情，可以感泣臣下矣。

匪載匪來，憂心孔疚音几。**期逝不至，而多為恤。卜筮偕止，會言近**音記**止，征夫邇止。**

賦也。載，裝。疚，病。逝，往。恤，憂。偕，俱。會，合也。此承上章言父母思己之久，不見其束裝而來，憂之甚，病至於過期而猶不至，則百端交集矣。於是卜與筮俱作，以占來否，而其繇告曰征夫近矣，於是父母信之，以為征夫果邇止矣。蓋無可奈何，聊以自慰，戍者思至於此，其情悲矣。而上之人知之，曲得其狀若此，非聖人而能為是乎。

《杕杜》四章，章七句。

此勞遠役而探其未還之思以慰之。

附 解

此詩，朱子作室家思役者之詞。《折衷》作戍役思家念己詞，甚優，敬從之。首二章先言其妻思己，後二章乃言其親思己。豈故倒置哉？女心之傷悲，正為其有父母在，欲征夫歸而侍養耳。不然，苟無父母，王事靡盬，乃其職分。《秦風》之婦人，尚知胡然我念，制其私情，而文、武之民，乃溺情忘義哉？詩於妻之思己，僅言時物變態，女心傷悲，而於父母，則曲揣其車敝馬罷，孔疚多恤，至假之於卜莁以曲狀其癡情。先王能體人子之心，是以人子皆能移孝以作忠也。至鄭氏謂遣將帥及戍役，同歌同時，欲其同心；反而勞之，異歌異日，殊其尊卑。《記》曰賜君子小人不同日，其說亦善也。

【眉批】戍役無戰陳之勞，特久別家庭，思親念室，情所必至，此詩故詳敘之。若曰爾之所懷如此，我固知之，特遣戍有萬不得已者，非故使爾違色養而久別離也。後世瓜而不代，甚且如秦之勝、廣，然後歎先王慮之周而法之善。

南陔

《序》曰孝子相戒以養也。此與下篇《白華》《華黍》皆笙詩。毛公以其無辭，升《魚麗》以足《鹿鳴》什數，而移此於下篇之首，朱子依《儀禮》正之，是也。

或疑三詩相比而什，何析之？然什之為言，特因簡篇太多，以十編次，則此三詩之析乃傳習者之誤，亦無關大義，損益仍之可也。

《鹿鳴》之什十篇，一篇無辭，四十六章二百九十七句。

《白華》之什二之二

《白華》

《序》曰：孝子之絜白也。

《華黍》

《序》曰：時和歲豐，宜黍稷也。

附　解

以上三詩皆笙詩，本有辭而亡之。毛公為其無辭，升《魚麗》以足《鹿鳴》之什，而附三詩於後。朱子依《儀禮》正之，今從之。惟以為有聲無辭，殊非。按鄉飲酒禮，升歌三終，歌《鹿鳴》《四牡》《皇華》，鼓瑟和之。歌瑟既止，笙入堂下，磬南北面立，奏《南陔》《白華》《華黍》，以磬節之，所謂笙入三終也。笙磬既止，堂上歌《魚麗》，堂下笙《由庚》，堂上歌《南有嘉魚》，堂下笙《崇丘》，堂上歌《南山有臺》，堂下笙《由儀》，所謂間歌三終也。由是合樂，堂上堂下，笙磬竝作，歌《周南》《召南》，工歌《關雎》，笙以《鵲巢》合；工歌《葛覃》，笙以《采蘩》合；工歌《卷耳》，笙以《采蘋》合，所謂合樂三終也。夫笙歌相間，皆有樂章，聖人豈以有聲無詞之空名寄之雅中乎？且既無辭矣，竝《南陔》《白華》《華黍》之名，義於何而起？善乎郝氏敬之言曰：詞生於心，聲託於器。凡樂由心生，聲由詞生。有詞然後有聲，聲無詞不成章。若笙自為笙，歌自為歌，一歌閒一笙，風、雅、頌之歌三百，即合有三百笙。奚獨《南陔》《白華》五六篇？朱子又謂《儀禮》於《鹿鳴》《四牡》以下曰歌，於《南陔》《白華》《華黍》曰笙、曰樂、曰奏，而不言歌，以此為有聲無詞之徵。然鄉飲射亦儀禮也，云奏《騶虞》《貍首》，而《騶虞》有詞，亦云奏。《國語》稱金奏《肆夏》《樊遏》《渠》。《肆夏》即《時邁》，《樊遏》為《韶夏》，即《執競》。《渠》為《納夏》，即《思文》，皆有詞，而皆云奏，則奏亦詞也。《南陔》《白華》之名，即九《夏》之類，而獨無詞乎？又周禮，籥章以籥吹，《南陔》亦猶笙吹，《南陔》《白華》《華黍》也，《南陔》有詞而此獨無詞乎？《禮記》：文王世子、明堂位、祭統升歌《清廟》，下管《象》，《象》即《維清》也。管有詞，而笙獨無詞乎？謂歌有詞可歌，笙有腔譜無詞。愚謂有腔譜則腔譜之音自成詞，腔譜所以調詞也。王者作樂，頌功德，未有有腔無詞之樂，所謂鼓瑟而歌者，手彈口和，故曰歌。口吹而詞奏乎其中，故曰笙。曰樂曰奏，《序》謂其詞亡者是也。此說甚明。合樂三終，孔穎達謂工歌《關雎》《葛覃》《卷耳》，笙吹《鵲巢》《采蘩》《采蘋》，近是。而朱子謂當從賈公彥：夫合樂者，堂上堂下，笙磬同作也。三終則二《南》、六詩、三奏，若第歌而不以笙磬和之，則不得為合矣。朱氏載堉亦以孔氏為非，殊謬。又鄭康成始未見毛詩註，《儀禮》謂今亡其義，未聞後得毛《傳》乃云亡於戰國及秦之世，而於《六月・序》又云：《南陔》廢則孝友缺，《白華》廢則廉恥缺，《華黍》廢則蓄積缺，是不得不以《儀禮註》疑《詩箋》矣。然康成解《南陔》三詩之義，殊亦未合。愚詳味升歌、笙歌、閒歌之禮，及夫子《關雎》之亂，洋洋盈耳之言，知先王制禮自有深意。升歌之詩，所以教忠；笙歌之詩，所以教孝；閒歌之詩，所以明上下交而時物順成。至合樂三終，則以明二《南》為風化之原，頌聲所由作。而以此為亂，欲人體之也。夫子洋洋盈耳之歎，非特幸其音之猶存，亦以幸其義之不沒，奈書缺而傳，又復亂之，聖人之意遂隱矣。識者玩之。

魚麗于罶，鱨鯊。君子有酒，旨且多。

賦也。麗，著也。罶，以曲簿為笱而承梁之空者也。鱨，揚也，今黃頰魚，似燕頭魚，身形厚而長大，頰骨正黃，魚之大而有力解飛者。鯊，鮀也，狹而小，常張口吹沙，故又名吹沙。君子，指主人。言罶之取魚甚逸，而麗罶者則大如鱨、小如鯊皆有，可知物產之豐矣。君子以之燕賓，而其有酒又旨而且多。蓋由仁民之政及於庶物，乃得有如是娛賓之樂也。

魚麗于罶，魴鱧。君子有酒，多且旨。

賦也。鱧，元鱧也。圓長而斑點，有七，點作北斗之象，夜則仰首北拱，有自然之禮，故從禮。膽獨甘，可食，有舌，鱗細，有花文，一名文魚，與蛇通氣。多且旨，適口也。

魚麗于罶，鰋鯉。君子有酒，旨且有音以。

賦也。鰋，額白魚也。有，常有。字指曰鱨鯉，其性浮；鱧鰋，其性沈，而罶則寡。婦之笱其用功，寡又以待，魚之自至。今麗罶者沉浮、大小、美惡與其形色之異具有，則餘物盛多可知是也。

物其多矣，維其嘉矣。

賦也。此承上而推廣言之。物，謂水陸之羞。多恐不精，擇其嘉者而用之也。

物其旨矣，維其偕矣。

賦也。物欲其旨，恐味偏勝而不和，乃又偕矣。

物其有矣，維其時矣。

賦也。物欲其有，恐求之而違性，乃又時矣。

《魚麗》六章，三章章四句，三章章二句。

此燕饗賓客而美主人備物備禮也。蓋物產繁昌由於仁政翔洽，雖美其殽飲，而實以美其德，不徒口腹也。

【眉批】古人食必以樂，至燕饗，尤備樂備禮。此下三詩皆賓主相頌之詞，而其言有序。此章初燕之時，故但美其飲饌之豐。下章乃承出嘉賓，而敍其相樂。《南山有臺》則詳其光於邦家，為民父母，頌以德音而祝其黃耇保艾。蓋燕饗之樂由平日以德相與之深，非後世口腹之流所得藉口也。

《由庚》

《序》曰萬物得由其道也。鄉飲酒禮：堂上歌《魚麗》，則堂下笙《由庚》。

南有嘉魚，烝然罩罩。君子有酒，嘉賓式燕以樂。

興也。南，謂江漢之間。嘉魚，鯉質鱒鱗，肌肉甚美，出於沔南之丙穴。烝，眾也。罩，篧也，所以籠魚者。罩罩，以罩罩之也。言南方有嘉魚則羣然罩之矣，興國中有賢人則多方求之。是以君子有酒，惟賢者相與式燕以相歡。

南有嘉魚，烝然汕汕。君子有酒，嘉賓式燕以衎。

興也。汕，樔也，《爾雅》作巢，今之撩罟。范處義曰：恐魚逸則罩之使入，恐魚伏則汕之使出。衎，樂之甚也。陸佃曰：君子求賢，上籠之如罩，下撩之如汕。君子誠於求賢，故賢者樂之而醉飽。

南有樛木，甘瓠纍之。君子有酒，嘉賓式燕綏之。

興也。甘瓠，瓠之甘者。樛木下垂而甘瓠纍之，君子誠於好賢而賢人附之，其情固結而不解，綏安之而不去也。《傳》曰：苦匏不材於人，甘瓠以明其材也。

翩翩者鵻，烝然来思。君子有酒，嘉賓式燕又音肆思。

興也。鵻，孝鳥。思，語詞。鵻鳥翩翩來集甚眾，興君子多賢，故式燕無已，極言其禮意之遞加厚也。

《南有嘉魚》四章，章四句。

此燕賢者而樂其相與以有成也。蓋人君勞於求賢而逸於任人，求賢無已，賢者畢集，則明良相慶，其燕樂如此。

《崇丘》

《序》曰：萬物得極其高大也。鄉飲酒禮：堂上歌《南有嘉魚》，則堂下笙《崇丘》。

南山有臺，北山有萊。樂只君子，邦家之基。樂只君子，萬壽無期。

興也。臺，夫須，謂匹夫所須。可為衣，不可為笠，編之為衣若甲，毵毵而垂。萊，藜也。《爾雅》作釐，葉香可食，兗州人烝以為茹，曰萊烝。基，本也。言其為國育材，如山生草木不一，培國之基也。君子，指賓客。

南山有桑，北山有楊。樂只君子，邦家之光。樂只君子，萬壽無疆。

興也。桑、楊之用至博，其材可以無所不宜。君子育才，以為國用，故為邦家之光榮。

南山有杞，北山有李。樂只君子，民之父母滿以反。**樂只君子，德音不已。**

興也。杞樹如樗，一名狗骨。承上二章，言其興賢育材如此，而平日尤能愛民如子，故其德音不已也。杞、李，可食之物，故以興君子養人如父母。

南山有栲，北山有杻。樂只君子，遐不眉壽。樂只君子，德音是茂。

興也。栲，山樗，可為車輻。杻，檍也，可為弓弩幹。遐，何也。承上德音不已而言山有栲檍利用而堅久，此樂只之君子，何有不眉壽者？是以祝其德音日新月盛於無窮。

南山有枸，北山有楰。樂只君子，遐不黃耇音占。**樂只君子，保艾爾後**音虎。

興也。枸，枳枸樹，高大似白楊，有子著枝端，大如指，長數寸，噉之甘美如飴。八月熟，亦名木蜜、木餳，實形卷曲，核在實外，亦名白石木、石木。實人君燕食之羞。楰，鼠梓木。理如楸，亦名苦楸。黃耇，老人髮黃而面凍梨色，如浮垢也。保，安。艾，養也。此承父母而言，枸登於羞俎，楰利於梁棟，此樂只之君子，何有不黃耇者乎？因祝其長保子孫。首二章之祝壽，願之也，有是德，宜有是壽；末二章祝壽，必之也，既有是德，斷無不得是壽。篇中取興草木，皆就目前食物而言。

《南山有臺》五章，章六句。

此燕飲嘉賓而祝其壽，且美其德也。

附　解

《序》：樂得賢也。毛氏曰得賢則能為邦家立太平之基。蓋《魚麗》《嘉魚》，賓頌主；此章，主頌賓。諸侯世守以承天子之化，君燕樂而願望之如此。當年本燕羣侯之詩，其後通用於上下。或疑萬壽二字，不知萬壽猶言多壽，與俗稱萬福同，非如後世專以為美天子之詞也。臣祝君以萬壽，君亦祝臣萬壽，所以為相得之盛。鄉飲酒用之，亦以明興賢育才之意，為已仕與未仕者勸。或謂嘉賓美主人，或又以為臣頌君。然鄉飲酒以燕賓不應自為頌祝，自當以《序》為正也。

《由儀》

《序》曰：萬物之生，各得其宜也。鄉飲酒禮：堂上歌《南山有臺》，堂下笙《由儀》。

附　解

笙詩六篇，有詞而亡之說已見《華黍》。乃或謂《詩》三百十一篇，而《史記·孔子世家》云三百五篇。孔子皆弦歌之。《漢書·藝文志》亦曰凡三百五篇。王吉以三百五篇諫龔遂曰：誦詩三百五篇，人事浹，王道備。則餘六篇爲無詞之詩有明徵，不知《史記》《漢書》及諸人所言，皆既亡之後所見，而非先秦古本也？若據三百五篇之言以證六詩無詞，則孔子曰詩三百，誦詩三百，執以論今，竝五篇不將為贅乎？鄭康成始註《儀禮》，未見毛《傳》，故曰其義未亡，及得毛《傳》，乃曰六篇亡於戰國及秦之時，後未及改正《儀禮註》。朱子據以言經，亦考之未詳矣。而諸儒必附和朱子，又不可解。

蓼彼蕭斯，零露湑兮。既見君子，我心寫音暑**兮。燕笑語兮，是以有譽處兮。**

興也。蓼，長大貌。蕭，蒿之香者。湑，露潤貌。鄭康成曰：君子，天子也。以德稱，則曰君子。寫，抒也。譽，聲譽。處，安也。諸侯既見天子而賦之，言蓼彼蕭斯，微物耳，而零露湑兮，君子之恩澤及人，何異於此？我是以既見君子，則得以抒誠於上。而且天子略分言情，與我燕樂笑語，是以諸侯蒙獎借而保有名譽，安其職也。

蓼彼蕭斯，零露瀼瀼。既見君子，為龍為光。其德不爽，壽考不忘。

興也。瀼瀼，露蕃貌。龍，寵也。光，榮也。爽，差也。又言零露瀼瀼，被於蓼蕭，光瑩被潤。既見君子，則龍光無有不周。蓋王者以一德視諸侯，無彼此厚薄之意，其至仁至公如此，宜其壽考而不可忘也。

蓼彼蕭斯，零露泥泥音懶。既見君子，孔燕豈弟。宜兄宜弟，令德壽豈。

興也。泥泥，露濡而厚。孔燕，燕禮甚厚。豈，樂。弟，易。壽豈，壽而且樂。兄、弟，同姓諸侯之國。言蓼蕭之露凝獨厚，諸侯之沐恩亦然。既見君子，燕禮甚厚。一出以至誠和樂之心，而凡諸侯之為兄弟者，尤有以宜之。蓋由其令德性成，篤於親親，固宜其壽而且豈也。上章言其德不爽，是待之一體。然諸侯之中固有誼屬親親，尤宜厚者，故又言此。乃見同仁之中亦寓篤親之意，無兼愛之弊也。

蓼彼蕭斯，零露濃濃。既見君子，鞗革沖沖。和鸞雝雝，萬福攸同。

興也。濃濃，加厚積潤意。鞗革，馬轡。沖沖，垂貌。和鸞，車鈴，在軾曰和，在衡曰鸞。雝雝，和聲。攸，所也。同，聚也。蓋天子既燕諸侯而錫之以車馬，故言露零蓼蕭，潤澤加厚。興天子既燕而又錫予恩澤甚濃，賜之車馬，鞗革則沖沖，和鸞則雝雝，是萬國諸侯受福所同也。《采菽》之詩曰：君子來朝，何錫予之。雖無予之，路車乘馬。《韓奕》之詩曰：王錫韓侯，簟茀錯衡，鞗革金厄。即其事也。

《蓼蕭》四章，章六句。

諸侯朝天子，喜於燕賜而賦此詩。

附　解

《序》：澤及四海也。蓋謂天子恩諸侯，四海諸侯無不被恩，未為大失。而朱子謂其臆說淺妄，改為天子美諸侯，蓋從《傳》說，然於各章詞義俱不穩貼。今從《折衷》而又條析其本義如右。至《左傳》寧華定來聘，享之，為賦《蓼蕭》，則節取其語以美華定，非謂來朝可以受寵福也。華定弗知，又不答賦。昭子曰，燕語之不懷，寵光之不宣，令德之不知，同福之不受，將何以在其分？解各章文義，亦衹斥其無知，非謂受魯之福，不可據以明引為天子美諸侯詩。

【眉批】此章與下章若相酬答之詞，故當從欽定《折衷》，作諸侯受賜而美天子，乃字字有著落，其情文斐亹，亦足見忠愛至誠之概也。

湛湛露斯，匪陽不晞。厭厭夜飲，不醉無歸。

興也。湛湛，露盛貌。陽，日。晞，乾也。厭厭，安也。夜飲，私燕也。《楚茨》之詩曰：備言燕私。《儀禮·燕禮》：宵則兩階及庭門皆設大燭。言湛湛之露非至曙不乾，興厭厭之夜飲不醉無歸。蓋謂天子畱諸侯夜飲，以盡其私恩，其言如此。

湛湛露斯，在彼豐草。厭厭夜飲，在宗載考。

興也。豐，茂也。禮，夜飲必于宗，宗，宗宮，蓋路寢之屬。《燕禮》膳宰具官饌於寢東是也。考，成也。劉瑾曰：在宗室而成燕禮。言豐草深茂而湛露在焉，興室深邃而夜飲宜焉。可以期其成禮而後歸。蓋諸侯不敢當，夜飲必辭讓焉，而天子留之盡歡，故其詞如此。

湛湛露斯，在彼杞棘。顯允君子，莫不令德音的。

興也。陸佃曰：杞棘，剛木，故況令德。謝枋得曰：顯者，其心明達；允者，其心忠誠。此燕久而賓益恭，故君子美之也。言湛露在彼杞棘，而杞棘能勝之，不爲靡也，興此顯允之君子飲多而不亂德，故莫不令德。蘇氏轍解，《折衷》引之，將言其無不醉，故以豐草言；將言其醉而不亂，故以杞棘言之也。

其桐其椅，其實離離。豈弟君子，莫不令儀。

興也。陸佃曰：桐、椅，柔木，故況令儀。離離，垂也。令儀，善其威儀。蘇轍曰：椅桐實繁而枝不披，君子雖醉而儀不亂。黄櫄曰：上之所以繩下者愈寬，而下之所以自繩者愈嚴。此所以爲盛時也。

《湛露》四章，章四句。

天子燕諸侯而道其殷勤，喜其有禮也。

附　解

鄭康成以二章爲燕同姓，三章燕異姓，四章燕二王後，蓋泥於在宗之言。然《儀禮·燕禮》有宵設燭之禮，則夜飲亦所時有。但非常之恩，臣不敢當，必讓之而君不許。故首二章道其留歘之意，期於必醉。成禮及燕畢，而喜其令德令儀，則美之。章意甚明，《箋》説不可從也。《春秋》傳甯武子曰：諸侯朝正於王，王宴樂之，於是賦《湛露》。蓋必如詩之所咏，而後爲君能樂臣，臣能樂君也。宗或以爲宗廟，然燕禮不於宗，宗不必定指宗室。人君內室即稱宗室，猶言宗宫耳。

【眉批】上章諸侯以露零喻恩膏，此即借其言而答之，言引露匪陽不晞，今日之飲非醉不止。又言露雖湛湛，而必其物足以承之，美君子有德而可親飲之。於宗親如股肱，其平日既有令德，久飲而有令儀，今日之樂不爲靡也。其詞亦曲折盡致矣。

《白華》之什十篇，五篇無辭，二十三章，百四句。

《彤弓》之什二之三

彤弓弨兮，受言藏之。我有嘉賓，中心貺之。鐘鼓既設，一朝饗之。

賦也。彤弓，朱弓也。弨，弛貌。受，弓人獻而受之。藏之以待有功，不輕與也。嘉賓，諸侯。貺，與也。中心貺，言其誠。鐘鼓，大樂也。用大樂者，饗於廟。饗，大飲也。《周語》曰王饗有體，薦公當饗是也。一朝，禮成於朝也。劉彝曰：湛露，燕也。彤弓，饗也。燕以示慈惠，故至夜而不爲過，所以致其厚也。饗以訓恭儉，故終朝而即成禮，所以致其敬也。言彤弓慎重而藏之，不敢輕以與人，今既有嘉賓，則中心誠而與之。且不徒與也，必於大廟之中，隆以養禮而厚之。

彤弓弨兮，受言載音祭之。我有嘉賓，中心喜去聲之。鐘鼓既設，一朝右音意之。

賦也，載，抗之也。載於弓檠，抗弓體使正，言藏之謹也。喜，悦也。悦其有功。右，尊也。古人以右爲尊，言待之以賓禮也。

彤弓弨兮，受言櫜之。我有嘉賓，中心好音醜之。鐘鼓既設，一朝醻之。

賦也。櫜，韜也。韜於弓衣，使色常新，言藏之密也。好，愛也。言不止喜其功，實愛其人。醻，厚也。主人獻賓，賓酢主人。主人又酌自飲，而遂酌以飲賓。交勸爲歡，故爲情之厚也。

《彤弓》三章，章六句。

諸侯有功，天子賜之弓矢，而以此詩樂之。《春秋》傳曰，諸侯敵王所愾，而獻其功，王於是乎賜之彤弓一、彤矢百、玈弓〔十、玈〕矢千，以覺報宴。胡一桂曰：《王制》所言，謂天子命諸侯征伐，故賜弓矢以將王靈耳。《春秋》傳所載，皆諸侯有功，賜之彤弓以旌伐功，非謂既賜即得專征也。吕東萊曰：不敢輕與之則必以誠，與後世武庫兵賜弄臣，朝鐵券而暮屠戮者異矣。

【眉批】止鄭重彤弓及饗禮用大樂，而受賜者之賢可知。其曰一朝云者，恩加於一朝，而相信則在平日，故曰右也、醻也。

菁菁者莪，在彼中阿。既見君子，樂且有儀音俄。

比也。菁菁，盛也。莪，蘿蒿，即角蒿也。生澤田漸洳之處，葉似邪蒿而細，科生，三月中莖可生食，蒸食味香美，似蔞蒿。大陵日阿。中阿，阿中也。君子，師儒也。儀，禮也。言莪本澤生而在中阿，喻凡民之秀來自田間。既見君子，皆樂其教化而敬其有儀，如莪之菁菁盛也。《周禮》：保氏掌教六儀，祭祀、賓客、朝廷、喪紀、軍旅、車馬之容儀，蓋指此。

菁菁者莪，在彼中沚。既見君子，我心則喜。

比也。莪在沚中，資其灌溉。比士在泮宫，受其教澤。君子之教人也，樂且有儀如此，故天子見之而喜，喜其能爲國家育才也。

菁菁者莪，在彼中陵。既見君子，錫我百朋。

比也。中陵，陵中。古者貨貝，五貝爲朋。百朋，言其多。莪出沚而在陵，以比選造之士進而在位，君子之善教如此，則國家收得人之效，故天子喜之。言所以錫我者，不啻百朋之多矣。

泛泛楊舟，載沉載浮。既見君子，我心則休。

比也。楊舟，楊木爲舟。載，則也。載沉載浮，無定也。休，安而樂之也。此乃總承而歎美之言。楊舟泛泛，浮沉無定，以比人才新進，成敗未可知，天子蓋常憂念焉。既見君子，則以師道得人。賢才易就，心樂而休也。

《菁菁者莪》四章，章四句。

《折衷》曰：天子視學，而燕師儒也。

附　解

《序》：樂育才也。自漢唐以下，諸儒皆從之。朱子始亦從《序》說，而後改爲燕賓客之詩。然燕飲，經無明文，考文王建豐水之辟雝，而《詩》歌之曰於樂辟雝。武王建鎬京之辟雝，而《詩》詠之曰無思不服。成王繼治禮樂，明備造士之法，王制具詳，育才之盛蔑以加矣。此詩雖未定其何王之作，而與上諸詩比類，當是周公相成王時所定之樂，故從《詩義折衷》之說。又按莪即蘿蒿，蒿之爲言，高也。蒿類甚多，《爾雅》曰繁之醜，秋爲蒿。言春時各有種名，至秋老成，通呼爲蒿，皆入藥品。此章莪蒿即角蒿。于以采蘩之蘩，白蒿也。食野之蒿爲青蒿，即《本草》草蒿也。匪莪伊蒿爲牡蒿，即《本草》馬先蒿也。蒿易繁生，比人才之易成。

【眉批】辟雝造士，必得名師，乃人才之所以盛而至治之所以成。此詩樂見君子，而云我心喜休，比於百朋之錫，蓋先王興賢育才之雅意，重托於師儒，故其流連反復如斯也。

六月棲棲，戎車既飭。四牡騤騤，載是常服。玁狁孔熾，我是用急。王於出征，以匡王國音役。

賦也。六月，建未之月。周雖以子月爲歲首，民事皆用夏時也。棲棲，猶皇皇，不安之貌。戎車，兵車也。有五一戎路，王在軍所乘，二廣車，橫陣之車。三闕車，所用補闕之車。屏車，對敵自蔽隱之車。輕車，馳敵致師之車。飭，整也。騤騤，强貌。常服，暑日之常服，以韎韋爲弁，又以爲衣，而素裳白舄，未戰時載之於車也。玁狁，北狄。熾，盛。匡，正也。言當六月之時，而棲棲出師者，以玁狁之患甚急，是以王不得已而應之。司馬法，冬夏不興師。詩人知王匡國應敵，故不怨而諒之也。

比物四驪，閑之維則。維此六月，既成我服蒲北反。我服既成，于三十里。王于出征，以佐天子。

賦也。比，齊也。物，力也。比物而得四驪，力與色皆齊也。《周官・校人》：凡軍事物馬而頒之。閑，習。則，法也，習之使合法。再言我服既成者，六月炎熱，軍在道必服之，天子知恤兵衆，皆使備之也。三十里爲一舍，古者軍行，日三十里。上章言王出師之意，此章軍士自敘也。言比物而得四驪，又皆閑習法度。當此六月出師，既成我服，即從容就道，不失其常。蓋軍實素强，教之者豫，是以民喜而言。王今出征，願佐天子禦敵也。

四牡修廣，其大有顒。薄伐玁狁，以奏膚公。有嚴有翼，共武之服蒲北反。**共武之服**蒲北反，**以定王國**音役。

賦也。修，身之長。廣，腹之充也。顒，首之大。前章四驪，士卒之馬，此將帥之馬也。膚公，大功。有嚴，紀律嚴。有翼，陣法善。共、恭同。武、服，軍事。此言其軍紀之善也，言將帥所乘之四牡，則修廣而有容，以此伐玁狁而成大功。中軍節制，而左右輔之，則有嚴而有翼矣。而且三軍皆各恭其事，號令嚴明，衆皆用命，以此禦狄，而定王國，誠有無難者。

玁狁匪茹，整居焦穫。侵鎬及方，至於涇陽。織文鳥章，白旆央央。元戎十乘，以先啟行。

賦也。茹，度。整居，久駐也。焦、穫、鎬、方，皆地名。焦、鎬，未詳所在。穫，郭璞以爲瓠中。方，即朔方。涇陽，在渭北。織、幟同。鳥章，鳥隼之章，前軍所建。白旆，以帛爲旆，後軍所建。央央，鮮明貌。元戎，軍之前鋒。啟，行，猶言啟程。此乃正敘戰事，言玁狁不自量力，大衆久駐焦、獲，而以其遊兵侵鎬及方，深入至於涇陽，蓋欲致人而不致於人也。我乃以奇兵勝之，中軍堅壘不動，使前軍選鋒十乘先行，而後軍繼發，使之驚擾，於是侵者還，居者走矣。

戎車既安，如輊如軒。四牡既佶，既佶且閑。薄伐玁狁，至於大原。文武吉甫，萬邦爲憲。

賦也。安，安詳。輊，車覆而前。軒，車卻而後。凡車，後望如輊，前視如軒，則車平而安之至也。佶，壯健。閑，調逸。大原，山西太原。蓋玁狁不一類，近大原者當其屬。侵鎬及方時，亦乘機侵擾大原，故伐之。承上言以奇兵擾之，而玁狁果驚而走，我師乃不勞而驅逐之，車安馬閑矣，於是以勝兵伐玁狁之在大原者，至於大原，懼之使走而不窮追。所以然者，由此時吉甫爲大將，有文武全材。文足以綏衆，武足以威敵，可以爲萬邦之法也。

吉甫燕喜，既多受祉。來歸自鎬，我行永久音几。**飲御諸友**音以，**炰鱉膾鯉。侯誰在矣，張仲孝友**音以。

賦也。燕，天子燕之。祉，福。燕而喜之，賜予便蕃，故多受祉。鎬，玁狁所侵之地，非鎬京。御，侍也。諸友，衆臣，此乃言凱旋飲勞之事。言吉甫奏凱而歸，天子燕而喜之，多受福祉。所以然者，以吉甫來歸自鎬，我師之行已久，實有勤勞故也。於是燕飲之際，天子復命吉甫諸友侍之，而饌則炰鱉膾鯉，取其時珍，不敢愛也。而諸友之中，其人爲何？如孝友之張仲是其一焉，而他可知矣。蓋是時，天子明聖，方務修德以來遠人。其侍從之臣，莫非以孝友相先，故即張仲以例其餘。而吉甫之賢，又不特薄伐一事。可想此詩人立言之純，所以其音爲雅也。

《六月》六章，章八句。

宣王承厲王之亂，能修明文武，命尹吉甫禦狄，詩人歌詠其事如此。

附解

整居焦、穫，侵鎬及方，至於涇陽。薄伐玁狁，至於大原。或謂鎬、方在涇陽外，焦、穫又在其外，大原更在焦、穫外。據《漢書》，池陽屬左馮翊，涇陽屬安定，不應先至焦、穫，乃至涇陽，非孔《疏》之説。又謂大原爲晉陽，是玁狁西來，周師東出，不知詩明言玁狁整居焦、穫，乃屯兵於此，而以偏師侵擾他處，非以次進兵之謂。至薄伐至於大原，又言聲罪致討之事，非蒙上文一時事也。元戎十乘先啟行，以禦侵軼者矣，而又從大原進兵以伐之。蓋玁狁緜亘西北，本非一處，今山西沿邊，皆其黨也。上文明言侵鎬及方，朔方在北，言侵擾西北，甚且至於涇陽，見狄之强也。不得疑周兵止卻，其侵兵未嘗又伐玁狁。自此篇至《何草不黄》，鄭氏以爲變雅。正、變之説，六經不言，而康成始言之，前人固有辨其非者矣，其説已見《鹿鳴》篇首。此詩毛氏謂王親行，鄭氏、孫毓皆以爲王不自行，當從孫、鄭之説。

【眉批】玁狁在西周盛時，未嘗爲中國患也，厲王虐而始張。此詩敘宣王中興之烈，其伐玁狁也，以整以暇，不窮追、不黷武，而結以君臣燕喜，見其内修外攘，文德有餘，以爲世法也。

薄言采芑，於彼新田。於此菑畝滿以反，方叔涖止。其車三千，師干之試。方叔率止，乘其四騏。四騏翼翼，路車有奭。簟茀魚服蒲北反，鉤膺鞗革音棘。

比而賦也。芑，似苦菜，青白色，摘其葉，有白汁，肥可生食，亦可蒸爲茹，即苦藚菜，馬亦可食。田一歲曰菑，二歲曰新田。方叔，宣王卿士爲將者。涖，臨也。兵車一乘，甲士三人，步卒七十二人，又二十五人將重車在後，凡百人。其車三千，則三十萬衆也。蓋蠻荆以厲王之故，窺周微弱，故以大衆威之，使不戰而屈也。師，衆也。干，扞也。試，肄也。聚衆而習扞禦之方，訓練之也。率，總率之。翼翼，順序貌。路車，戎車。奭，赤貌。簟茀，以竹簟爲車蔽。魚服，蓋以魚皮飾車，若魚軒之屬。鉤膺，樊纓也。鞗革，轡首也。言采芑或此或彼，以比天子徵師，或於内採，或於外服。而三十萬眾，方叔統之，馬閑車盛，軍容肅然也。

薄言采芑，於彼新田。於此中鄉，方叔涖止。其車三千，旂旐央央。方叔率止，約軝錯衡古音杭。八鸞瑲瑲，服其命服。朱芾斯皇，有瑲蔥珩古音戶郎反。

比而賦也。中鄉，民所居也。交龍曰旂，左軍所建。龜蛇曰旐，後軍所建。旂旐央央，五軍皆啟行也。約軝，以皮束轂。错衡，雜物以爲衡之飾。鈴在鑣曰鸞，馬口兩旁各一，四馬，故八鸞。以三十萬眾而聞鸞聲瑲瑲，行有紀律也。命服，出率則王命加等。朱芾，黄朱之芾。皇，鲜明。瑲，玉聲。蔥，蒼色。珩，佩首横玉也。言采芑中鄉，以比天子選兵於農，皆所素練之眾，而方叔馭以從容。即領兵在道，冠裳佩玉不易其裳，則師行有紀，而方叔之儒雅亦可見矣。

鴥彼飛隼古音之水反，與止協，**其飛戾天。亦集爰止。方叔涖止。其車三千，師干之試。方叔率止，鉦人伐鼓。陳師鞠旅，顯允方叔。伐鼓淵淵，振旅闐闐。**

比而賦也。隼，鷙鳥，一名雀鷹，今呼爲鶻。戾，至。爰，於也。鉦，鐃也，鐲也。伐，擊也。鉦以静之，鼓以動之。鉦、鼓各有人而曰鉦人伐鼓，互文也。鞠，告也，將戰而誓告之。顯允，不尚奇詭而昭信明義。伐鼓，進兵。淵淵，聲和不暴怒也。振，止。旅，眾。闐闐，徐行聲也。言飛隼戾天亦集爰止，比王師猛疾而亦安静。以三十萬眾，而方叔率止，鉦鼓齊集，誓告詳明。由方叔顯允孚於眾人，故軍眾安其德而服其訓。進兵赴敵，鼓淵淵而不聞暴厲。振旅還軍，旅闐闐而不聞躁動。蓋其馭眾若寡，實有將將將兵之才也。

蠢爾蠻荆，大邦爲讎。方叔元老，克壯其猶。方叔率止，執訊獲醜。戎車嘽嘽，嘽嘽焞焞，如霆如雷。顯允方叔，征伐玁狁，蠻荆來威。

賦也。蠢爾，無知之貌。讎，敵也。大邦，猶言中國。齒德俱尊曰元老。壯，大。猶，謀也。執訊，執其爲首者訊問之。獲醜，獲其同謀之類。嘽嘽，眾也。焞焞，盛也。霆，疾雷。如霆，雷車聲也。言蠻荆無知，敢與大邦爲敵，意實輕中國耳。方叔元老，而有善謀。以三十萬眾，方叔率之，而能軍行有紀，秋毫無犯。執訊獲醜，不勞而舉。迨其班師歸朝，乃聞戎車嘽嘽，且也嘽嘽焞焞，如霆如雷之盛，以如是之眾，師出以律，勝敵而民不擾。由顯允之方叔，足以示信於眾人，是以蠻荆望風來服也。

《采芑》四章，章十二句。

蠻荆背叛，宣王命方叔征之。軍眾而行有紀，蠻荆迅服，詩人歌詠之。

附　解

此詩第陳軍容之盛，而不及戰陣之事。蓋蠻荆因厲王之亂，謂中國微弱，故敢背叛宣王，欲以威威之，使不戰而服，故命方叔以三十萬眾征之。第兵眾難將，而方叔雍容儒雅，紀律森嚴，忠信昭著，兵臨蠻荆，荆果懾服投誠，故詩人歌美之。而篇中屢言其車三千，方叔率止，詳及出師振旅之事，蓋非顯允而克莊，其猶不能從容將衆如此。先儒乃謂其車三千，極言其盛，未必實有是事。又謂方叔嘗與於北伐之功，是以蠻荆聞其名而畏服，失其旨矣。《折衷》曰：漢高雄才不過能將十萬，秦之伐楚也，王翦用六十萬人，始皇以爲怯，使李信將二十萬伐之，不克，卒用六十萬而後定。項籍之戰垓下也，淮陰侯將三十萬衆自當之，楚兵來而少卻。楚兵卻而復乘指揮如意，卒困項王，蓋皆祖方叔之餘智。然方叔之用衆也，期於不戰而服之，不惟我師無鋒鏑之苦，並敵人亦蒙好生之德，此則三代以上之將略，非王翦、韓信所能知也。

【眉批】宣王承厲王之衰，不得不振威以服敵，非比文、武盛時，文德素孚，不勞師旅，故其用衆至三十萬。而詩人亦再三言之，美其能用衆也，尤重在方叔之賢，故各章皆提唱之，而再言涖止，再言顯允，是其所以戡亂而成至治。宣王之明，於任人可知矣。

我車既攻，我馬既同。四牡龐龐古音龍，駕言徂東。

賦也。攻，堅固。同，齊也。毛《傳》曰：宗廟齊毫，尚純也；戎事齊力，尚强也；田獵齊足，尚疾也。龐龐，充實。東，洛邑也。言車攻馬同，四牡肥壯，乃往東都，蓋其田賦足而軍實備，養教非一日矣。

田車既好音丑，四牡孔阜。東有甫草，駕言行狩。

賦也。田車，田獵之車。好，善也。阜，盛大。甫草，甫田之草。宣王時屬東都畿內，後乃爲鄭所有也。承上言既至東都，將田以講武，而有甫草之地，可以行狩。蓋田不時則傷農，不地則害物，故美其得地也。冬田曰狩，此則舉以爲田獵之統名耳。

之子于苗，選徒囂囂。建旐設旄，搏獸于敖。

賦也。之子，有司也，大司馬之屬。夏獵曰苗，錯舉與上狩同義。選，數也。囂囂，聲衆盛。旐以致衆，故建之旄，注旄於旐首也。搏獸，校勇也。敖，山名，在滎澤縣西十五里。此章言將狩而選衆肄武之事。

駕彼四牡，四牡奕奕。赤芾金舄，會同有繹。

賦也。奕奕，連絡散布之貌。赤芾，諸侯之服。金舄，赤舄而加金飾。時見曰會，殷見曰同。繹，連屬不絶。此章言諸侯來會之事，其車服禮儀光輝秩紀如此。

決拾既佽，弓矢既調。射夫既同，助我舉柴。

賦也。決，以骨爲之，著於右手大指以鉤弦。拾，以皮爲之，著於左臂以遂弦，一名遂。佽，比也，手指相比次，調弓之強弱與矢之輕重相得也。射夫，諸侯之人。同，協也。柴，《說文》作𢼸，謂積禽也，凡薪禽之積，皆曰柴。此言諸侯之人皆助天子田獵而閑習武事如此。

四黄既駕，兩驂不猗於戈反。不失其馳古音陀，舍矢如破。

賦也。猗，偏倚。馳，馳驅之法。劉瑾曰：五御之法，三曰過君表，五曰逐禽左，即田車之馳法。舍矢如破，巧而力也。此乃總言天子射御，諸侯亦同射獵而安詳有法，從容命中如此。

蕭蕭馬鳴，悠悠旆旌。徒御不驚，大庖不盈。

賦也。蕭蕭、悠悠，整暇之貌。徒，步卒。御，車御。驚，喧譁。大庖，君庖。不盈，取之有度也。古者田獵，獲禽面傷不獻，踐毛不獻，不成禽不獻。擇取三等，自左膘而射之，達於右腢爲上，殺以爲乾豆，奉宗廟。達右耳本者次之，以爲賓客。射左髀達右髃爲下，殺以充君庖。每禽雖多，擇取三十焉。其餘以與士大夫習射於澤宮者，是以獲雖多，而不盈也。此言其既田之後，軍容整肅，寂然無譁，惟聞馬鳴，惟見旆旌。徒御不驚擾，君庖不充盈，禮法嚴而仁儉昭矣。

之子于征，有聞無聲。允矣君子，展也大成。

賦也。允，信。展，誠也。此總言其自始至終，但聞其師之行，而不聞其行之聲。紀律整嚴，恩信昭著，信乎其爲君子而爲德業之大成也。

《車攻》八章，章四句。

周公相成王，營洛邑爲東都，以朝諸侯。周衰禮廢，宣王修明德政，復會諸侯於洛，因肄武而田，詩人美其事如此。

附　解

周都去山東諸侯遠，巡狩之典難以常行。諸侯來朝，道里不均，周公故營洛邑爲東都。天子時往，而諸侯就朝之，則巡狩無煩，供億述職，無庸遠行，甚爲盛典。《洛誥》曰：其自時中乂，萬邦咸休。此之謂也。夷厲以來，久廢不行。宣王興，復舊制。而平日養教有方，臨時軍紀修明，至諸侯悦服之心，士眾材力之美，天子穆然，諸侯肅然，始終秩然，此詩無不備，見信乎中興之盛烈也。晁氏乃謂周公意欲遷洛，成王卒不果遷。《車攻》之説，宣王欲成周、召之志，惜夫宣王亦不果遷，至平王遷而周衰，其説謬甚矣。又曰宣王嘗狩于岐，《石鼓》之詩亦偉，而夫子弗錄，得非岐之狩爲常，而東都之狩非常乎？不知田獵本非異事，東都之狩，乃以厲王之亂，王靈不振，諸侯不無疑貳。宣王既修文、武之政，乃選車徒以行狩，靖彼攜貳之心。而此詩言諸侯來會者，工於射御，助我舉柴，則其平日誠服，修文飭武，已非一朝，故爲中興規模。下篇《吉日》之詩，即岐陽之狩也，《石鼓》文義安能及此？詩之詳盡與音調之諧和，前人以爲宇文氏之物，良然，而韓昌黎倡言貴之，後人遞相稱述，好奇而不酌理，反矯云孔子西行不到秦，故未採錄之，眞庸妄之見矣。

【眉批】自車徒射獵、朝會在道及終事細細描寫，無不周至，而天子明聖、諸侯肅恭及軍容德教，皆昭然可見。至音調之工、氣度之雅，又其餘事。《羽獵》《長楊》，視此風斯下矣，其餘又何論焉。

吉日維戊音牡，既伯既禱音斗。田車既好音丑，四牡孔阜。升彼大阜，從其羣醜。

賦也。戊，剛日也。內事用柔日，外事用剛日。伯，《說文》作禡，祭馬祖也。禱，祭而祈之。既伯既禱而後用車馬，重其事也。醜，類也。羣醜，獸之羣分類者。升大阜而從之，試馬也。既禱而又試之，愼之也。

吉日庚午，既差我馬音姥。獸之所同，麀鹿麌麌。漆沮之從，天子之所。

賦也。庚午，亦剛日。差，分其等次。同，聚也。麀，牝鹿。麌麌，多也。漆、沮，二水名。漆水自同官縣東北來，經華原縣合沮水。沮水出北地郡直路縣東，自子午嶺出，下合榆谷慈馬等川，遂爲沮水，至華原縣合漆水。二水在周西都畿內，涇渭之北，所謂洛水自延韋流入鄜坊，至同州入河。《周禮》所謂雍州其浸渭洛，非河南之洛。順合曰從，言天子從漆、沮既合之地而田獵，以從天子。

瞻彼中原，其祁孔有音以。儦儦俟俟，或羣或友音以。悉率左右音以，以燕天子。

賦也。中原，原中。祁，大也。儦儦，疾走。俟俟，徐行也。獸三曰羣，二曰友。左右，軍士也。田獵之法，作圍場，開二門，從田者分左右而入。燕，樂也。言禽獸繁茂，羣臣悉循田獵之法，率左右而共效其材，以樂天子，則有勇知方可知矣。

既張我弓，既挾我矢。發彼小豝，殪此大兕。以御賓客，且以酌醴。

賦也。發，發矢。豕牡曰豝。一矢而死曰殪。兕，野牛也。言能中微，又能制大。中微，巧也。制大，力也。御，進也。醴，甘酒。周官五齊，二曰醴齊。《坊記》曰醴酒在室，醍酒在堂是也。言所獲之禽不止燕賓客，且以奉宗廟也。

《吉日》四章，章六句。

宣王田獵講武，民安其教，詩人美之。蓋周寓兵於農，田獵講武，所以修軍實、昭忠信，而賓祭之用資焉。厲王中衰，宣王修明政紀，民附國強。上篇美其東都會同，見外藩之所以服。此篇美其畿內田獵，見內政之所以修。而愛戴之誠、恩威之洽，具可覩焉，故爲田獵之雅也。

【眉批】田以習武事，而又以供賓祭之需，若素無教化，則囂張陵競之風作矣。此詩敘得整肅和雅，其民氣之靜可見，不似後人鋪張揚厲但取華麗而已。

鴻雁於飛，肅肅其羽。之子于征，劬勞于野神與反。爰及矜人，哀此鰥寡古音古。

比而賦也。大曰鴻，小曰雁。肅肅，羽聲。之子，流民。征，行也。劬，勞，病苦。矜，憐也。老無妻曰鰥，老無夫曰寡。以鴻雁于飛，肅肅未集，比流民轉徙劬勞未已。爰及父子兄弟離散，竝其家有可憐之人，皆不暇顧如鰥寡，是是可哀也。

鴻雁于飛，集于中澤。之子于垣，百堵皆作。雖則劬勞，其究安宅音鐸。

比而賦也。中澤，澤中。一丈爲板，五板爲堵，板廣二尺。究，終也。此言以工代賑，安集流民之法。蓋救荒，老弱婦女殘廢則賑之，丁壯任之以工。鴻雁集于中澤，則得所矣，比流民築室爲堵，則得安居，雖暫勞而終逸也。

鴻雁于飛，哀鳴嗷嗷。維此哲人，謂我劬勞。維彼愚人，謂我宣驕。

比而賦也。哲人，賢君。宣，示也，謂示民以驕蹇之習。言鴻雁未得所止，則哀鳴嗷嗷，流民未得所安，必怨望于上。惟賢君則知民之劬勞，急爲安集。若玩視民瘼之愚人，則不以爲劬勞可憫，而且謂長民之傲。蓋宣王以戒羣臣也。

《鴻雁》三章，章六句。

天災流行，國所時有。宣王遇災，安集流民，而爲此詩以戒羣臣。

附　解

此詩諸家皆本《序》說，謂美宣王，是也。惟以之子爲使臣，殊謬。朱子用《序說》而謂流民自爲此詩。若然，則此詩當爲風而非雅，今正之。

【眉批】此救荒之詩也。首章拯民之苦，尤重鰥寡。次章百堵皆作，以工代賑。末以恤哀，鳴者爲哲人，否爲愚人，播之樂章，所以發人主哀矜之意者爲至焉。

夜如何其？夜未央，庭燎之光。君子至止，鸞聲將將。

賦也。其，語詞。央，中也。庭燎，大燭也。諸侯將朝，則司烜以物百枚並而束之，設於門內。君子，諸侯也。將將，車行鸞鑣聲。王將視朝，惟恐晏起，故不安於寢，而度曰：夜如何乎？尚未央乎？然而庭燎已有光矣，朝者至而鸞聲將將矣。

夜如何其？夜未艾，庭燎晣晣音制。君子至止，鸞聲噦噦。

賦也。艾，盡也。晣晣，小明，天將曙則火光微。噦噦，車止而聲徐也。

夜如何其？夜鄉晨，庭燎有煇音薰。君子至止，言觀其旂音芹。

賦也。鄉，晨。近，曉也。煇，火氣。天將明則見火煙，觀其旂辨色也。

《庭燎》三章，章五句。

宣王警告於晏起而作。

附 解

《序》曰美宣王也。《列女傳》曰：宣王嘗晏起，姜后脱簪珥待罪於永巷，宣王感悟，於是勤政以成中興之業。然則此詩蓋宣王自警之詞，而夫子以爲得人君勤政之體，故列之於雅也。若以爲美宣王之詞，經文語義，轉多不合。

【眉批】百官待漏而一人燕安，匪特廢事，亦無以諒臣下之志矣。惓惓於君子之至止而驚心向晨，一片憂勤，故宜爲萬世人君之法。

沔彼流水，朝宗于海音喜。**鴥彼飛隼，載飛載止。嗟我兄弟，邦人諸友**音以。**莫肯念亂，誰無父母**滿以反。

比也。沔，水流滿也。諸侯春見天子曰朝，夏見曰宗。水流歸海，猶諸侯朝天子也。我，宣王自謂。兄弟，同姓諸侯。邦人諸友，異姓諸侯大夫。言流水當朝宗於海，飛隼飛止有常，比諸侯拱衛天子。有威當戢，今内外臣工，莫肯念亂。抑思誰無父母乎？國不寧，家何以保？當同奬王室忠君，即所以孝親也。

沔彼流水與隼協，**其流湯湯。鴥彼飛隼，載飛載揚。念彼不蹟，載起載行。心之憂矣，不可弭忘。**

比也。湯湯，波流盛貌，比諸侯勢勝。載飛載揚，隼欲搏擊也，比諸侯怙勢驕恣。不蹟，不循法度。弭，止也。言諸侯盛強，不知斂戢，我心憂其不久。蓋宣王曾戒諭之，而諸侯狃於故習，不知斂戢，故此又申警之，欲其速改也。

鴥彼飛隼，率彼中陵。民之訛言，寧莫之懲。我友敬矣，讒言其興。

比也。率，循也。中陵，不高不卑，中正之地，喻諸侯之循分者。訛，僞。懲，警也。言飛隼率彼中陵，如諸侯安其職分，而民猶或訛言，謂其不靖，寧不以之爲戒而小心敬慎？我友邦果皆敬矣，讒言其猶興乎？戒其忠敬而免嫌疑也。

《沔水》三章，二章章八句，一章章六句。

厲王虐而被出，共和代治，諸侯多不靖。宣王興，作此以諭戒之。

附 解

《序》：規宣王也。毛、鄭以下皆從之，朱子改爲憂亂之詩。然核之語義多強，細細繹之，乃宣王戒勸諸侯之詞也。當厲王出居於彘，共和代理，其時諸侯或驕恣、或怠玩，共和亦不能深罪罰之，日久習爲固然。宣王即位，猶必多仍故態者，王不遽爲削地黜罪之舉，而内修德政，復爲此詩以勸戒諸侯。首章明君臣相依，當思承父母世守之遺，念亂以奬王室。次章言有驕蹇之輩，不忠不靖，必遭罪罰。己不忍遽加以刑，而實爲之深憂，使反側子聞而畏懼改行。三章言訛言多云諸侯不靖，即守法奉公，尚多讒言，況不小心供職勉之以敬？詞意懇切周至，雖明明有賞罰必行之意，而出以蘊含，俾賢者感奮，不肖者悚然，誠中興之明訓也。

【眉批】喪亂之後，新君整肅，乾綱明斷，固宜第患其發之太驟，或不先訓戒使之改過。此詩委婉勸戒，明知其弊不遽加刑威而道之以情，諭之以法，示之以敬，誠忠厚之詞，仁義兼盡者也。

鶴鳴于九皋，聲聞于野神與反**。魚潛在淵，或在于渚。樂彼之園，爰有樹檀，其下維蘀。他山之石，可以爲錯。**

比也。鶴，鳥名，長頸竦身，腳高頂赤，身尾兩翼末端黑白者。秉金性爲上，餘次之。常夜半鳴，聲聞八九里。澤曲曰皋。九皋，九曲之澤，言幽深也。蘀，落葉。錯，礪石也。言鶴鳴九皋而聲聞於野，喻雖隱居而聲譽常昭也。特其不求聞達，見隱無常如魚，或潛淵，而或在渚，有道則見，無道則隱。初無定居，是以當殷勤物色之。雖賢有大小，不盡皆純，然舍其所短，取其所長，不足爲病。如彼園有樹檀，其下維蘀，或大醇而小疵，取檀而棄蘀可也。他山之石，豈足爲奇？然片長不無足錄，可以爲錯也，蓋深明立賢無方不義。

鶴鳴于九皋，聲聞于天。魚在于渚，或潛在淵。樂彼之園，爰有樹檀，其下維穀。他山之石，可以攻玉。

比也。聞于天則不止野，喻大賢在渚而潛淵，喻已仕而或歸隱。穀，一名楮，惡木也。蘀，猶檀之葉。穀則惡木相參，喻賢人溷於庸眾。攻玉，則不但可以爲錯，且大有裨於君子矣。

《鶴鳴》二章，章九句。

宣王求賢自輔，而爲此以告羣臣，使廣登進也。

附　解

《序》：誨宣王也。蓋謂臣下納誨之詞。鄭《箋》謂教宣王求賢人之未仕者。然人臣勸君求賢，而隱約其詞，不實力薦賢，亦何取焉？朱子謂必陳善納誨之詞，而發明詞義，殊欠允協。愚按宣王中興，賢臣如吉甫輩相望於冊，固多世臣，豈無拔自草茅、得諸流俗者哉。苟非賢士贊襄，宣王亦安能成中興之業？此詩即其求賢之詩也。蓋殷殷求賢，恐羣下拘於資格，囿於見聞，故言賢士不自表暴。人才不必求備，冀共相汲引，其言深得求賢之道，故夫子錄之。通篇全用譬喻，不露正旨，是以後人無從測識。然細玩詞義，相承之意固顯然可知，康成解鳴皋、魚潛四句最爲近之，而餘復不合，今爲疏通之。至如諸儒之説，推廣詩意，節取斷章，亦各有見，而非作詩者之本旨，則不可曲爲傅會也。

【眉批】賢者聞望攸隆而隱顯莫測，非殫心攻錯者靡由蹤跡之。此詩曲盡其旨矣。

《彤弓》之什十篇四十章，二百五十九句。

《祈父》之什二之四

祈父，予王之爪牙音吾。胡轉予于恤，靡所止居。

賦也。祈與圻通。祈父，畿内司馬。《書》曰圻父薄違是也。予，兵士自謂。爪牙，鳥獸，所用以爲威，軍士自喻也。轉，移。恤，憂也。祈父役民無度，而民怨之，自言乃王爪牙，胡移我於憂恤之地，使無止居乎？

祈父，予王之爪士。胡轉予于恤，靡所底止？

賦也。爪士，爪牙之士。底，至也。

祈父，亶不聰。胡轉予于恤，有母之尸饔！

賦也。亶，誠。尸，主也。熟食曰饔。獨子無兄弟，已從征而母主。饔，飧也。

《祈父》三章，章四句。

厲王之時，祈父虐用畿甸之民，民怨之而作此詩。夫子録之，以戒虐民者，且以見厲王虐民之概也。

附　解

《序》謂刺宣王，而毛《傳》實之曰宣王之末，司馬職廢，姜戎爲敗。其言蓋據《史記》，而《史記》本於《國語》，《國語》之言，已不足信矣。其詞曰宣王即位，不藉千畝，虢叔諫之，王不聽。三十九年，王師敗績於千畝。據其言，不藉千畝，乃王初即位事，而以其不聽虢公之諫，後至三十九年，乃以王師敗績於千畝，爲匱神乏用之報，何其謬哉！考宣王中興，吉甫、申伯、張仲、韓侯之流，贊襄致治，使其終身不耕藉而猶能内安外攘，理必不能若初即位不藉，而以遥遥三十九年後之敗績爲不藉之應，尤屬不通。此經所載《六月》《車攻》等詩，非重農務本，何以能然？太史公《本紀》既言宣王即位，二相輔之，修政法文、武矣，而以不藉千畝爲十二年後事，與《國語》顯背。且既法文、武，斷無不藉之事，苟不耕藉即無以致

《車攻》《吉日》之盛，是非彼此，決不容誣。故不藉千畝，敗績姜戎，乃詩書所不載。吾儒以孔子删定者爲宗，而他矛盾者直存疑視之，何可據以解經乎？杜預云介休縣南有地名千畝，王師與姜戎在晉地而戰。夫然，則千畝非藉田矣。晁氏曰，天子藉田千畝，非晉地，夫然，則千畝乃藉田之數，非地名矣。二説者均不能無疑焉。謂千畝爲晉地，則敗績之説可通，而不藉不可通。謂千畝爲藉田，則不藉之説可信，而敗績於千畝之説不可信。《國語》《史記》皆以料民大原爲敗績姜戎之後，大原與晉千畝相近，則於義或然，然宣王以中興聲靈，平生所向皆克，一敗於姜戎，何以便計無所出，況謂以姜戎之故，至虐用爪牙之士，致其怨恨而作此詩，豈可信哉？然則此詩果何爲作？蓋厲王在位，榮夷公之流虐用畿甸，故軍衆作此也。《傳》曰王虐，國人謗王，道路以目。又曰榮夷公爲卿國人，畔王。則當時爲祈父者必爲夷公輩無疑。惟其平日虐民，至爪牙之士皆怨，故國人畔，王莫爲扞禦，而太子靖匿召公家，國人亦圍迫之，至於召公以己子易之而後免。若非爪牙與百姓一心，安能變亂至此？王出奔彘，周、召共和十四年而後，宣王立。夫子錄此詩，以見厲王致亂之由，祈父畿甸、司馬爪牙、六軍之士，故其音不列於風而列於雅。考成周兵制，六軍之士出自六卿，本應從軍，特祈父不如法而虐用之耳。鄭康成謂征行之事，例不取王爪牙之士，指虎賁司右之屬言。然虎賁之士居守王宫，舍守王閑，近天子左右，祈父不能如衆虐用之。孟子言武王之伐殷也，虎賁三千人，以明聖王不尚戰陳。且當時虎賁之士，衹是護衛勇士，後周公制禮，乃以爲王宫衛士官名。此詩白文無虎賁字樣，其云爪牙，乃喻六軍之士，衛天子如爪牙耳。

【眉批】呼其官而告以恤，且動以有母尸饔，哀切矣，而不傷厚。

皎皎白駒，食我場苗音毛。**縶之維之，以永今朝。所謂伊人，於焉逍遥。**

賦也。皎皎，潔白。駒，馬之未壯者，賢者所乘也。場，圃也。苗，菜茹之始生者。縶，絆其足。維，繫其靷。永，久。伊人，賢者。逍遥，遊息也。言白駒食我場苗，亦所不惜，但使賢者稍畱，即於心大快。蓋愛其人因愛其駒，畱其人先畱其馬也。

皎皎白駒，食我場藿。縶之維之，以永今夕。所謂伊人，於焉嘉客音恪。

賦也。藿，本作藿①，菽之少者。苗藿非飼馬之物，形容不惜之意耳。嘉客，以客禮賓之暫客。雖終當去，猶幸其愈於即去也。

① 原文如此。

皎皎白駒與侯反，賁然來思。爾公爾侯音胡，逸豫無期。愼爾優遊，勉爾遁思。

賦也。賁然，光采之貌。謝枋得曰：賢人所至，山川草木皆有光采。思，語詞。爾，謂賢人。愼，戒也。遁思，去志。言賢者若肯，賁然來思則以爾爲公爲侯，極其尊榮，不至，勞以吏事，逸豫無期矣，又安見在朝之樂不如在野哉。是以願其戒勿過於優遊，勉其遁思毋太恝置也。

皎皎白駒，在彼空谷。生芻一束，其人如玉。毋金玉爾音，而有遐心。

賦也。生芻，新刈之芻。言賢者終不可畱。皎皎白駒已在彼空谷矣，而且餽贈一無所受，第取生芻一束秣駒而已，是其人品清純潔如美玉。因又祝之曰：爾高尚其志，朝廷不相強屈，然尚冀時誨德音，以匡不逮，毋金玉爾音，而有遐心，遂絶人以逃世也。

《白駒》四章，章六句。

時有尚志不屈之士，周王優禮慰畱而作此詩。葢求賢固不可不切，而有一於肥遯者，亦不可不成其高尚也。此人薄公侯而甘空谷，朝廷禮慰之如是，士安得不矜其廉節而勸於忠愛哉！故以是爲凡畱賢之雅章也。

附　解

《序》：大夫刺宣王也。鄭氏謂刺其不能畱賢。然詩初無刺意，朱子曰：爲此詩者，以賢者之去而不可畱也。其說是矣。而亦以宣王晚年怠心，一生小人乘閒用事。觀《祈父》之詩，則司馬非其人，小人在位，賢者不得志，故畱賢者而不肯畱。然細玩詩詞，纏緜悱惻，禮意優隆，旣知其不可畱而猶必曲致其畱之之誠，終美其人之如玉，而未嘗以不肯畱爲罪。且惓惓於後，此之嘉言，欲毋金玉爾音而有遐心，可謂愛賢之至矣。夫豈不能用賢之人所言哉？如使宣王果簡賢棄禮矣，而猶能爲此詩乎？若謂詩人作以刺王，王棄賢之事，經又無明文，乃以誤解《祈父》之詩，竝誤解此篇，烏乎其可？漢高不屈四皓，光武不屈子陵，唐德宗之闇猶能優禮鄴侯，當周盛時，賢士如林，有一等高尚之士如子陵輩，不樂仕進，朝廷禮而聘之，堅辭不就，因以此詩餞而燕之，所以養成天下節義於無窮也。此其詩所以爲雅，而非風人諷刺之音，讀者奈何不細味文義？

【眉批】守道不屈之士，待以嘉客，聽其逍遙而常冀其德誨。葢自古聖王隆禮耆俊，所以養成一代氣節也。其詞反復纏緜，藹然抑然之意如見。

黃鳥黃鳥，無集于穀，無啄我粟。此邦之人，不我肯穀。言旋言歸，復我邦族。

比而賦也。穀，惡木，解見《鶴鳴》。穀〔穀〕，善也。黄鳥，荟黄雀，非黄鶯也。鶯不啄粟，喻有位之人。無集于穀，喻勿爲惡。無啄我粟，喻無侵害此邦之人。不我肯穀，言爾若不善，我當即去，非果人不容之也。邦族，父兄，隱諭以當相親愛之意。

黄鳥黄鳥，無集于桑，無啄我粱。此邦之人，不可與明彌郎反。言旋言歸，復我諸兄虚王反。

比而賦也。桑，木之美者。粱。粟之美者。明，是非不昧。諸兄，族中之長者。

黄鳥黄鳥，無集于栩，無啄我黍。此邦之人，不可與處，言旋言歸，復我諸父。

比而賦也。處，安其身。諸父，族中之尊者。

《黄鳥》三章，章七句。

時有賢而寓者，見有司不臧，爲此詩以諷之。作者亦有位之人，故不爲風而爲雅。

附　解

《序》：刺宣王也。鄭《箋》謂刺其以陰禮教親而不至，聯兄弟之不固，然於詞義牽強。吕東萊謂宣王之末，民有失所者，亦屬臆詞。朱子謂未見其爲宣王之詩，信矣。而第云民適異國，不得其所，故作此詩，不知雅音皆朝廷之作。此葢賢者退位在家，值有司不職，作此以諷戒之。若民間怨刺之作，則當入於風詩。漢時賢士，有司每延訪吏治，本境賢士亦得獻可替否，葢沿周俗之遺。而夫子錄之，亦以守土不賢，正士早爲思避，民可知矣！後世有司高自位置，戒清議干擾，於是延見吏民長老，問民疾苦之事寥寥，則此詩之義隱矣。

【眉批】諷有司虐民而第以鳥喻，曰無集、無啄，婉詞勸戒。其言此邦之人不我肯穀，亦隱諷有司不穀，已當去耳。此詩人忠厚，善於諷諭之法。

我行其野神與反，蔽芾其樗。昏姻之故，言就爾居。爾不我畜，復我邦家音姑。

賦也。樗，惡木也。壻之父、婦之父相謂曰昏姻。畜，養也。言我行其野，有樗焉，雖惡木而蔽芾，可以休息。以昏姻之故，言就爾居，則所望非特如樗之庇也。爾不我畜，則我何賴焉？亦復我邦家而已。

我行其野神與反，言采其蓫。昏姻之故，言就爾宿。爾不我畜，言歸斯復。

賦也。蓫，牛蘈，惡菜也，似蘆菔而莖赤，可瀹爲茹，滑而美，俗謂之羊蹏菜。宿則暫於居，言菜蓫尚可療飢，今以昏姻之故，言就爾宿，而爾不我畜，則言歸斯復而已。斯復，復其舊業也。

我行其野，言采其葍古音方墨反。**不思舊姻，求爾新特。誠不以富**古音方二反，**亦衹以異。**

賦也。葍，惡菜，商陸也。華白者即葍，赤者別名藑茅，河內曰蓤，幽州曰燕葍，其根正白，可著熱灰中溫噉，荒歲可蒸以禦飢。特，匹也。承上言爾既不我畜矣，我雖家貧，采葍可以禦飢，亦無須必求畜我。但我與爾誼，屬舊姻，爾乃於舊姻全弗思念，而別求爾之新特，因歎人情厚薄，誠不必在富者，亦衹以其人異於刻薄之流，則能恤昏姻也。

《我行其野》三章，章六句。

時有富貴而不恤昏姻者，其昏姻作此刺之。

附　解

《序》：刺宣王也。鄭康成謂刺其不正嫁娶之數，而有荒政，多淫昏之俗，殊爲牽強。朱子曰，其昏姻而不見收恤，故作此詩，近之矣。然以爲民適異國，則非。蓋古無不貴而富之人，此乃在位者不推解昏姻，其人作此刺之。其云言歸，對就宿就居而言，衹是歸其家耳。先王躬行仁義，而又以孝、友、睦、婣、任、恤六行教民，夷厲之衰，斯道弗講，故有此詩。宣王中興，修明政教，以其可風，有位而存之。夫子亦錄於宣王諸詩之列，美宣王也。前人未達其旨，故謬爲之說，今正之。

【眉批】昏姻亞於宗族，故孝友者必睦姻，而富人澆薄，往往厭棄貧親，此詩所以可爲鍼砭也。

秩秩斯干，幽幽南山古音仙，**如竹苞矣，如松茂矣。兄及弟矣，式相好**音丑**矣，無相猶矣。**

賦也。秩秩，齊也。斯，此也。干，水涯。南山，終南山。苞，叢生而固也。猶，尤也。此章總□頌禱之意，言此室之成，取材於水厓山中，竹取其堅者，松取其茂者，室之成也亦然。居此室者，必兄弟相好而無怨尤，祝之也。

似續妣祖，築室百堵。西南其戶，爰居爰處，爰笑爰語。

賦也。似，嗣也。妣祖，猶言父母，倒言，就韻耳。百堵，言其多。西南其戶，在東者西戶，在北者南戶，舉西南以該東北也。爰，於也。此下乃敘作室之事，言嗣先人之業而爲室，居處笑語其中，當鄭重祇行也。

約之閣閣，椓之橐橐。風雨攸除，鳥鼠攸去，君子攸芋。

賦也。約，束板也。閣閣，上下相承也。椓，築也。橐橐，杵聲。除，去也。芋，大也。此言築牆之事，言板築既興，無風雨鳥鼠之害，上下四旁無不牢密，爲君子所居寬大之所。

如跂斯翼，如矢斯棘，如鳥斯革音棘。如翬斯飛，君子攸躋。

賦也。跂，竦立。翼，敬也。棘，急也，矢行緩則枉，急則直。革，變。翬，雉。躋，升也。此言堂成，蓋路寢也。言其規模嚴整，如人之竦立，而翼如其四隅，廉正如矢之端直而有序，其棟宇峻起，如鳥之警而革也。其華采軒翥，如翬之耀而飛也，是君子所升而聽事之所。

殖殖其庭，有覺其楹。噲噲其正，噦噦其冥，君子攸寧。

賦也。殖殖，平正也。庭，寢之前庭。覺，高大而直。楹，柱也。正，向明之處。噲噲，高爽貌，謂向明之柱也。噦噦，深廣貌。冥，奥窔之間。此言寢成，由外入内皆完整，是君子所以居之而安寧也。

下莞上簟，乃安斯寢。乃寢乃興，乃占我夢莫滕反。吉夢維何，維熊維羆古音波，維虺維蛇音陀。

賦也。莞，蒲席也。竹葦曰簟。羆，似熊而長頸高脚，猛憨多力，能拔樹。虺，蛇屬，細頸大頭，色如文綬，大者長七八尺。上文言室之制已備，此下乃爲頌禱之詞。此與下一章言安其寢，興將生男女，先有吉夢。

大人占之，維熊維羆，男子之祥。維虺維蛇，女子之祥。

賦也。大人，大卜之屬，占夢之官也。熊、羆，陽獸，在山而強，故爲男子之祥。虺、蛇，陰蟲，穴處而弱，故爲女子之祥。朱子曰人之精神與天地陰陽流通，故晝之所爲夜之所夢，其吉凶善惡，各以類至，是以先王設占夢之官。其於天人相與之際，察之詳而敬之至矣，故曰王前巫而後史，卜筮瞽侑皆在左右。王中心無爲也，以守至正。

乃生男子，載寢之牀，載衣之裳，載弄之璋。其泣喤喤音皇，朱芾斯皇，室家君王。

賦也。半圭曰璋。喤，大聲也。朱芾，三命以上之服。皇，猶煌煌也。室家君王，言能成其室家，荷君王之寵，蓋受君王恩，室家斯大也。頌其生男子而成德，以輔君王。

乃生女子，載寢之地古音陀，載衣之裼，載弄之瓦。無非無儀音俄，唯酒食是議古音魚賀反，無父母詒罹音羅。

賦也。寢地明其分卑，裼，明其内飾。瓦，製玉作瓦形，非磚瓦也。瓦，土成器者之總名。取婦人從夫如瓦合，而成好合之意。曾見古玉有長闊寸許，如瓦形者，若磚瓦重實，豈初生之孩可弄者哉？非，過失。儀，容飾。惟〔唯〕酒食是議，頌其得賢夫而享安平之福。但議酒食以相燕樂無詒罹，勖其益脩德也。

《斯干》九章，四章章七句，五章章五句。

宣王承厲王之後，築室既成，命臣工作此燕歌，且爲凡考室之樂。

附　解

宫室所以居處，不可廢也。第當豐儉適中，足以耐久，而尤必有修身正家之德，然後可以久安居而長子孫。古宫室之制，貴賤有度，非如後世可以任意爲之，而北方風勁，尤必堅實，亦非如東南之易成。此詩蓋宣王成宫室時，命臣工爲此，以入樂章，且爲凡考室者用之。故其詞若雜亂不一，言斯干、南山，則確有其地，如跂、殖殖二章，言堂室規模非凡，作室者可爲室家，君王亦似專屬天子，則爲宣王之室矣。而首章戒以兄弟相好無相尤，次章以居處笑語爲幸，又非所以施於天子，且熊羆、虺蛇以喻男女弄璋、弄瓦，别於初生及酒食，是議無父母詒罹，尤不可以頌君上矣，故愚詳悉詁之如右。室家君王，不必作爲天子解。無儀，舊説無善，謂有非非婦人，有善亦非婦人，大謬。夫地道無成，婦人有善而不居可矣，若謂無善乃可任姒之德，何以爲王化所基？君子之道，何以造端乎夫婦？無非無儀，謂其無失德，亦不修容飾。議酒食，謂其得賢夫而相之，正内正外，平安好合，常以酒食燕樂，無父母貽罹。祝其如此，而不願其如彼，此爲頌禱之詞也。儀本訓容，無非無瑕，可指無儀，不尚容飾，故爲賢女。自古聖人皆重夫婦，以爲化本，曷嘗謂婦人但議酒食哉？其篇中殖殖、噲噲、噦噦等字，蓋當時常語，詩人用之，後世字書音義互異，不可強以詁古人矣，故通其意而爲之詞。

【眉批】宫室所以棲止，豈必故爲樸陋，但必有德者，斯能不奢不陋，久安而長子孫。此詩詳言作室之美，而首明兄弟式好，屢言君子攸芋攸寧，是其所以長保此室，而生男女皆有發祥之兆也。其以爲考室之樂歌，不亦宜乎。

誰謂爾無羊，三百維羣。誰謂爾無牛，九十其犉。爾羊來思，其角濈濈。爾牛來思，其耳溼溼。

賦也。爾，詩人，指牧人。黄牛黑脣曰犉。三百維羣，每羣三百。牛之犉者九十，其非犉者尚多也。濈濈，和集也，聚而不相觸也。溼溼，潤澤。牛瘦則耳燥，肥則耳潤，飼而動其耳，溼溼然也。誰謂云者，美牧人能修其職，若爲之解也。此先美其畜之多。

或降于阿，或飲于池音陀，或寢或訛。爾牧來思，何蓑何笠，或負其餱古音胡。三十維物，爾牲則具。

賦也。訛，動。何、荷同，揭也。蓑、笠，雨具，晴則荷之。物，謂毛物，齊其色而比之，每物三十也。凡牲，陽事用騂，陰事用黝，望祀各以其方之色，每色三十，則牲無不具備也。此乃正言其牧之善。降阿、飲池，水草豐也。或寢或訛，適其性也。所以然者，由牧人能順其性。

爾牧來思，以薪以蒸，以雌以雄音盈。爾羊來思，矜矜兢兢，不騫不崩。麾之以肱，畢來既升。

賦也。麤曰薪，細曰蒸。雌、雄，謂弋禽也。矜矜，健行。兢兢，爭行。羊行每爭先而實緩，此句狀其行。騫，外馳。崩，隕墜也。此句言牧人閒取薪禽，縱羊所之，亦不外馳、不墜險。肱，臂。既，盡也。升，入牢也。又言牧人出其餘閒採薪搏禽，而牛羊壯健調馴。迨採薪，鳥既畢而來就之，不假箠楚，但以手麾之，使來則畢來，使升則畢升也。

牧人乃夢，眾維魚矣。旐維旟矣，大人占之。眾維魚矣，實維豐年。旐維旟矣，室家溱溱。

賦也。頌其事而託於夢，與前篇意同。蓋未來之事，故假此以頌之也。眾，謂眾人。旐，郊野所建，統人少。旟，州里所建，統人多。溱溱，眾也。夢眾人捕魚，又夢旐忽爲旟，於是大人占之，以爲魚喜羣遊，豐年穀熟之兆。旐忽爲旟，室家生子繁衍之兆。蓋蕃庶物所以育人民，牧事之成由於富庶，就牧人之夢言，以爲頌禱。

《無羊》四章，章八句。

宣王致民富庶，而牧事亦修，命臣工作此，爲勞牧人燕歌之用。

附　解

舊謂宣王考牧之詩，而末章不應自爲頌禱。蓋古人飲食必有樂，宣王考牧，喜牧人能修其職，勞之，而命臣下作爲樂歌。臣下奉命美牧人，而亦歸美天子，故末章及於豐年室家也。《周禮》有牧人、牛人、羊人、犬人、雞人，惟無豕人，鄭以爲豕屬司空，冬官亡，故不見夏官。又有牧師主養馬，此詩獨言牧人者，牧人掌牧六牧，而阜蕃其物，則六畜皆掌於牧人。牛人、羊人之徒，各掌其事，以供官之須者也。牧人來思，蓋牧人所屬下士史徒之流，牧人乃夢，則牧人之官也。獨舉牛羊，以該眾畜。即畜牧之繁，而人民富庶可知，故終之以豐年溱溱。《禮》曰：問庶人之富，數畜以對。《周官》：牧人掌供祭祀之牲牷。蓋事神養人之大端，不可以爲細事而忽之也。

【眉批】古尚田賦，不似後世積金，故畜牧最重，千乘、百乘，以此而名，故考牧爲重。此詩蓋亦宣王命臣下作，以爲考牧燕歌之用。其描寫物情至爲曲肖，何啻畫工也。

節彼南山，維石巖巖。赫赫師尹，民具爾瞻。憂心如惔，不敢戲談。國既卒斬，何用不監！

興也。節，峻貌。巖巖，高而危也。赫赫，顯盛貌。師尹，周大師尹氏。具，俱。瞻，視。惔，燔。卒，猝。斬，絕。監，戒也。言山石高危可畏，大師尹氏，萬民所瞻，而不稱其職，其危更甚於巖石，使人憂心如焚。人畏其威而不敢言，抑思國既猝然斬絕矣，爾又何能長保富貴乎？何爲而不以爲監也。

節彼南山，有實其猗於戈反。赫赫師尹，不平謂何！天方薦瘥，喪亂弘多。民言無嘉，憯莫懲嗟！

興也。實，草木之實。猗，長茂貌。言南山雖若高危，而能生成物類，則實非危矣！若赫赫之師尹，居高而不平，乃實可危，其謂之何哉？薦、荐通，重也。瘥，病。宏，大。憯，曾。懲，創也。天方重加災病，喪亂甚多，民言怨咨，無一吉祥之語，而大師曾無懲創咨嗟之意，可乎？

尹氏大師，維周之氐。秉國之均，四方是維。天子是毗，俾民不迷。不弔昊天，不宜空我師！

賦也。氐，本。均，鈞也。維，持。毗，輔。弔，愍。空，窮。師，眾也。此乃承上二章而明告之，言尹氏位大師爲政，本國樞所以維持四方者也，所以輔天子使之不危，導萬民使之不迷。今既不平其政，不見愍於昊天，則宜引退，不宜久居其位而使我師困窮也。

弗躬弗親，庶民弗信。弗問弗仕，勿罔君子。式夷式已，無小人殆音以。瑣瑣姻亞，則無膴仕音始。

賦也。躬，身任之。親，自爲之。問，察其言。仕，試以事。罔，欺也。君子，謂王。式，語辭。夷，平。已，止也。小人，尹氏所用者。瑣瑣，小貌。壻之父曰姻，兩壻相謂曰亞。膴，厚也。此乃正告之以改過用賢，言政令之大，爾弗躬弗親，獻納之輩，爾弗問弗仕，何以理事而集益？惟平其心以應之，不可信者，己之無任，小人至於危殆。所有瑣瑣姻亞，則無膴仕，庶幾一秉至公，可以下順民心，上報君王矣。

昊天不傭，降此鞠訩！昊天不惠，降此大戾。君子如屆音記，俾民心闋音氣。君子如夷，惡怒是違古音遺。

賦也。傭，均。鞠，窮。訩，亂。戾，乖。君子，謂尹氏。屆，至。闋，息。違，遠也。承上章而惕以天變，冀其速改。言爾惟不平，是以昊天亦爲不均，而降此鞠訩。爾惟不順，是以昊天亦爲不順，而降此大戾。君子如屆，而行必求其至是，可以俾民心靖。君子如夷，而事必求其至平，則民之惡怒亦遠。蓋天怒驗之於民，故冀其慰民心以回天也。

不弔昊天，亂靡有定平聲。**式月斯生，俾民不寧。憂心如酲，誰秉國成？不自爲政，卒勞百姓。**

賦也。酒病曰酲。成，平也。卒，終也。承上轉下，言尹氏乃不能改過，是以不見弔於昊天，而亂靡有定，如月之方生，日漸盈滿，使民不得安寧。我心憂之，如酲不可自解，因歎誰秉國成，乃委政小人，以致勞弊百姓而莫解也。

駕彼四牡，四牡項領。我瞻四方，蹙蹙靡所騁！

賦也。項，大。蹙蹙，縮小之貌。言四牡壯健可騁，而四方無可適者，小人盈也。

方茂爾惡，相爾矛矣。既夷既懌，如相醻矣。

賦也。茂，盛。相，視。夷，平。懌，悦。承上言小人朋比之壯，方其以惡相讎，則視矛如欲鬬者，既而平恨相悦，益爲歡附，如相醻酢然。蓋尹氏導引小人，内外盤踞，四方之所以靡騁也。

昊天不平，我王不寧。不懲其心，覆怨其正。

賦也。不得已而復歸之於天，言國亂若此，其昊天實使之乎？是以我王不得安寧，而尹氏不自懲戒，其心反怨人之正己者，蓋必使忠良結舌，以遂其心，而後已也。

家父作誦音宗，**以究王訩。式訛爾心，以畜萬邦**音崩。

賦也。家，氏。父，字。究，推。訛，化。畜，養也。家父，蓋周世臣，同國休戚，故不憚禍而終言之如此。上文言覆怨其正，則規尹氏者皆不免於禍矣。家父自言：我作此詩，以究王室之所由亂，爾尹氏當速化爾心，以畜萬邦，則上無負於君，下無愧於民。蓋望其速改，愛之之至也。

《節》十章，六章章八句，四章章四句。

尹氏用小人以亂政，家父刺之而作。

附　解

《序》以爲刺幽王。韋昭以爲平王時作。孔穎達謂春秋桓十五年，天王使家父來求車。古人以父爲字，或累世同之，未必爲一人。其見甚是，故朱子從之，惟引吕東萊以卒章爾心爲王心，則於義未穩。蓋家父深刺尹氏任用小人，亂王之政，其曰昊天不平，我王不寧，憫之而呼於天，忠愛之心也。究王訩，言王之亂，皆由尹氏專罪之而使訛其心。又自言己作此詩，深疾元惡，略無忌諱，所以爲忠直之臣。若斥王爲爾，則非臣子之禮。而又公然言己作此詩以正王心，不幾無忌憚之甚乎？雖雅主於規正，亦必温厚始得。至章名，古本名《節》，應如其舊，不必加南山字。

【眉批】國之安危，繫於任相。不恤人言，不畏天變，引用小人，千古奸相皆然。此詩曲盡之矣。

正月繁霜，我心憂傷。民之訛言，亦孔之將。念我獨兮，憂心京京音疆。**哀我小心，癙憂以痒。**

賦也。正月，正陽之月，夏四月。民，謂羣小，諱言也。訛言，奸偽之言。將，大也。京京，毛氏曰憂不去也。癙憂，幽憂。痒、瘍同。痒病多從憂鬱而成，鼠病於穴不知所出，且性多畏，故謂幽憂爲癙憂。詩人葢遭讒被謗者，故言正陽之月而繁霜，陽和變爲肅殺，災異至矣。民之訛言，以戕賊善類，亦孔之將，不啻繁霜矣。小人成羣，念我獨抱忠直，憂心京京而不釋。人或以我爲小心太過，不知我非得已。因自敘此小心之故，亦無人知成癙憂，至於病痒。此章葢總領通篇之意也。

父母生我，胡俾我瘉。不自我先，不自我後音戶。**好言自口**古音苦，**莠言自口。憂心愈愈，是以有侮。**

賦也。瘉、愈同。病，瘳也。莠言，似是而非。愈愈，益甚之意。承上癙憂以痒而言父母生我，惟恐其疾，今我之痒，父母即甚愛我，有何術可使能愈乎？葢此疾非由外致，乃憂國而成。因己不先不後，適丁小人得志之時，好言莠言無有鑒別，而正之者一任小人之口，故痒病不特不愈，而憂心日甚一日，徒招侵侮，大負父母之仁也。忠孝一原，憂國之誠不能自解，又歎累及父母忠孝之志也。

憂心惸惸，念我無祿。民之無辜，並其臣僕。哀我人斯，于何從祿。瞻烏爰止，于誰之屋。

賦也。惸惸，孑然獨憂之貌。無辜，猶言不幸。辜、罪。並，俱也。古者以罪人爲臣僕。祿，養也。此乃正言己之所以憂病也。言己憂心惸惸，念我不幸而當此時，不悲一己之窮，而悲生民之苦，政刑失當，無罪罹殃。哀我人斯，於何而獲安養之所乎？譬彼烏飛無屋可止，葢小人盈朝，民坐困矣。

瞻彼中林，侯薪侯蒸。民今方殆，視天夢夢莫滕反。**既克有定，靡人弗勝。有皇上帝，伊誰云憎？**

比而賦也。侯，維。殆，危。夢夢，不明。有定，謂成敗究竟之時。勝，理伸而勢屈也。皇，大也。上帝，天之神。此承上而推言其禍起於小人，言中林宜有梁棟之材，而今瞻之，則但薪與蒸而已，比朝廷宜有賢人，而今但聚小人。民今危殆方甚，無所控告，而視天若夢夢然者，豈天果不明歟？特其禍敗尚未顯耳，迨久而事定，則爲惡者罰。無有能與天相抗，而天弗能勝者，今則小人之勢方張，而正士反爲所侮。是非不明，竟不知有皇上帝。伊誰云憎也，葢深信天理之不爽，而慨天心之未悔過。

謂山蓋卑，爲岡爲陵。民之訛言，寧莫之懲。召彼故老，訊之占夢莫滕反。具曰予聖，誰知烏之雌雄音盈。

賦也。山脊曰岡，廣平曰陵。懲，戒。占夢，官名。具，俱也。此又申言上文薪蒸之實，言訛言之流，以無爲有，如謂山爲卑，實則爲岡爲陵。昭然耳目之前，小人乃肆行如此，朝廷之上寧遂無有懲治之者？蓋由眾小人共相固結，一倡百和，即召彼故老有深識者訊之，占夢可前知者，然皆不敢直言，其故何也？小人平日罔上脅下，具自以爲聖智，即有一二明人，亦畏禍全身，於訛言之是非，悉諉如雌雄之莫辨，此所以薪蒸之材充斥而不可去也。

謂天蓋高，不敢不局。謂地蓋厚，不敢不蹐。維號斯言，有倫有脊。哀今之人，胡爲虺蜴。

賦也。局，曲身。蹐，累足。維、惟同。號，長言之也。倫，序。脊，理。蜴、蜥蜴，蠑螈、蝘蜓、守宫皆一物。虺蜴，小人，害人如毒蟲也。承上言羣小蔽明，正士結舌，是以天高而己不敢不局，地厚而己不敢不蹐。惟以忠愛之心，不得已而時或號呼，一進正言，自問所言亦殊有序有理，而無如小人之不聽也，因歎小人胡爲必肆毒以害人，不一發其仁心乎？蓋詩人明哲保身，又未嘗不效其忠告，所以委曲進言，哀今之人而欲止其虺蜴耳。

瞻彼阪田，有菀其特。天之扤我，如不我克。彼求我則，如不我得。執我仇仇，亦不我力。

比而賦也。阪田，山田。菀，盛貌。特，特生之苗，喻賢者處閒僻而自適其性。扤，鯢卼。執，迫脅。仇仇，如仇仇之。力，功也。承上言己跼蹐如此，何以不引去哉？蓋受職在昔，臨危去之，義有不可。瞻彼阪田，有菀其特，彼處於閒僻之地固宜然矣，若我義不可去而又無能爲力，蓋天實使我鯢卼而不得，寧天方扤我，如不我克，我亦安能辭其扤哉！憶彼初求我以爲則之時，如恐不得，及其後授我以事權又掣肘於我，幾於以仇仇我，雖夙有功勞，亦不我念也。然則詩人蓋受先王之恩，而不可遽去者乎？

心之憂矣，如或結之。今茲之正，胡然厲音列矣。燎之方揚，寧或滅之。赫赫宗周，褒姒威音血之。

賦也。正，政也。厲，暴惡也。火田爲燎。揚，盛也。宗周，鎬京。褒姒，幽王嬖妾。威，滅也。承上言己義不可以遽去，而目擊朝政，又不能遣，是以心之憂也。如或結之，歎中興之盛烈未遙。今茲之正，胡忽暴厲如此。跡其厲政如燎方揚，莫能撲滅，則赫赫宗周，將來必爲褒姒所滅。蓋褒姒之進，皆由小人也。

終其永懷，又窘陰雨。其車既載，乃棄爾輔。載輸爾載，將伯助予。

比也。永懷，懷長久之道。陰雨，比女子、小人。輔，衛車之物，如今人縛杖於輻以防輔車，喻賢士也。輸，墮也。將，請也。伯，或者之謂。承上言女子、小人惑亂如此，王聽亦有偶然明白之時，而善念不終，譬如欲晴明矣，又窘陰雨。然當國之政，如載大車，棄賢不用，如棄爾輔，車覆乃呼助予者，則已晚矣。

無棄爾輔，員于爾輻。屢顧爾僕，不輸爾載音即。**終踰絶險，曾是不意**音臆。

比也。員，益也。屢，數。顧，視。僕，將車者，喻近習也。承上言無棄爾輔，輔大有益於爾輻者也。爾誠不棄爾輔，而又屢顧爾僕，則可不輸爾載，而終踰絶險之地。蓋宗賢用事，近習得人，國自安也，而曾不以是爲意乎。

魚在于沼，亦匪克樂去聲。**潛雖伏**音逼**矣，亦孔之炤。憂心慘慘**音懆，**念國之爲虐。**

比而賦也。沼，池也。炤，明易見也。承上言小人安於危亡，正如魚在于沼，自以爲安，而自旁觀視之，則亦不可爲樂也。蓋魚以深潛遠害爲安，今沼地淺狹，即潛居沼底，雖若伏矣，而岸上見之甚明，何以爲安？今者樂安利危，我安得不憂之。夫其所以憂者，非欲自全也，念小人虐民亂政，非止虐我一人，乃一國之爲虐。烏有一國受虐，而王可安者乎！

彼有旨酒，又有嘉殽。洽比其鄰，昏姻孔云。念我獨兮，憂心慇慇。

賦也。彼，小人。洽比，和合也。鄰，謂衆小人。云，周旋。獨，獨憂國也。慇慇，憂而心痛也。承上言小人爲虐於國，不知有君，惟知自利，故彼有旨酒，又有嘉殽。以洽比其黨，而厚昵其婚姻。念我一人獨以君國爲憂，是以至於慇慇而心痛也。

佌佌彼有屋，蔌蔌方有穀。民今之無祿，天夭是椓。哿矣富人，哀此惸獨。

賦也。佌佌，小貌。蔌蔌，窶陋貌。穀、祿、夭，禍。椓，害。哿，可。獨，單也。承上言惟小人結黨害民，是以小人皆富，佌佌彼有屋，蔌蔌方有穀矣，而民遭侵削，今皆無祿。是殆上天降禍，椓害斯民乎？蓋不得已而諉之於天，難以顯斥王，忠厚之意也。小人所求者利，在富人尚可賄免，惟此惸獨之人，實爲可哀，已是以反復而憂歎之也。

《正月》十三章，八章章八句，五章章六句。

宗臣之賢者傷讒小蔽王禍民而作。

附解

人臣以道事君，不可則止，何至危亡將及乃反復憂歎而不知幾，故此乃宗臣世戚之言。篇中祇赫赫二句指斥褒姒，因小人進褒姒，故及之。其餘皆斥小人，未斥王也。憂國憂民，反復無已，徐氏謂旁引曲喻，嗚咽淋漓，已開《離騷》門徑，知言哉。

【眉批】俯仰身世，憂國憂民，推原亂本，指斥小人，悱惻纏緜不自禁，其意之複而詞之悲，非宗臣則不必如此矣。

十月之交，朔日辛卯。日有食之，亦孔之醜。彼月而微，此日而微。今此下民，亦孔之哀。

賦也。十月，夏正建亥之月。交，晦朔之交。辛卯，日干支皆陰。日月者，眞陽眞陰之精，即天地之象也。天地未分日月，渾於無形。天地既分，精華昭於日月。先儒謂行度同則相食，不知食者，其氣偏盛也，否則雖當食而不食。醜，災惡，即下文凶字之意，言純陰之月日而日食，此大災也。彼月已嘗食矣，今又日食，則陰陽不和，莫此爲甚，今此下民，必有亂離之禍，可哀也。

日月告凶，不用其行。四國無政，不用其良。彼月而食，則維其常。此日而食，于何不臧。

賦也。行，道也。不用，相侵犯。承上言日月告凶，不由常道，皆由四國無政，不用其良所致。蓋人者，天地之心也，而天子尤三才之主，政事乖違，則謫見於天。月食猶陽勝陰，日食則陰勝陽，其凶更甚，故憂其必不臧也。

爗爗震電，不寧不令去聲。百川沸騰，山冢崒崩。高岸爲谷，深谷爲陵。哀今之人，胡憯莫懲。

賦也。爗爗，電光貌。震，雷也。寧，息。令，時。沸，溢出。騰，湧盪。山頂曰冢。崒，崔嵬。岸崩故爲谷，谷塞故爲陵。憯，曾也。言不但日食而已，又有諸災異如此，是天警告，欲人改過修省，哀今之人，胡曾莫懲也。

皇父卿士，番維司徒。家伯維宰，仲允膳夫。棸子內史，蹶維趣馬音姥。楀維師氏，豔妻煽方處。

賦也。皇父、家伯、仲允，皆字也。番、棸、楀、蹶，皆氏也。卿士，六卿外更爲都官兼統羣職者。司徒，掌邦教。宰，太宰、小宰，皆卿也。膳夫，上士，掌王之飲食膳羞。內史，中大夫，掌爵祿廢置殺生予奪之法。趣馬，中士，掌王馬之政。師氏，亦中大夫，掌司朝得失之事。美色曰豔，豔妻，即褒姒。煽，熾也。方處，其寵方固。承上言災異之來，由小人用事於外，嬖妾蠱惑於內故也。

抑此皇父，豈曰不時。胡爲我作，不即我謀音媒。徹我牆屋，田卒汙萊。曰予不戕，禮則然矣。

賦也。抑，發語詞。時，上文災變疊見之時。作，動也，謂遷動之。即，就。卒，盡也。汙，停水。萊，草穢。戕，害也。皇父尤爲小人之首，徙民以富其私邑，故特咎之。言皇父豈不知天時者，故爲動我遠徙，竝不就我以謀，遽毁我之牆屋，荒蕪我之田畝，此其戕我實甚，而猶曰不戕，下供上役，禮則然矣，所謂天變不懼，民怨不恤者也。

皇父孔聖，作都于向。擇三有事，亶侯多藏。不憖遺一老，俾守我王。擇有車馬，以居徂向。

賦也。向，地名，在東都畿內，所謂河陽也。三事，大夫也。亶，信。侯，維。藏，蓄也。憖者，心不欲而自強之詞。有車馬者，富民也。徂，往也。言皇父自以爲聖，作都于向，擇三事大夫之富者及富民徙居於向，不肯畱人以衛王室，又徙居富民自強其邑，無禮於君，莫此爲甚矣。

黽勉從事，不敢告勞。無罪無辜，讒口囂囂。下民之孽，匪降自天。噂沓背憎，職競由人。

賦也。囂囂，眾也。孽，災也。噂，聚。沓，重複。職，主。競，力也。言己平日黽勉盡職，不敢告勞，而讒口毀之於皇父，致遷徙之，因歎下民之災，非天降之，皆此讒諂之人。聚則面諛，雷同附和，背則相憎，譖愬交搆，以致此禍也。

悠悠我里，亦孔之痗。四方有羨，我獨居憂。民莫不逸，我獨不敢休。天命不徹，我不敢傚我友自逸。

賦也。悠悠，長遠。痗，病。羨，餘。徹，均也。又寬其詞以自解，言己居於故里，亦無好處，但念四方雖苦，猶有餘隙可安，我獨常居憂困，是眾人皆逸，我獨甚勞矣。然此乃天命之不均，我亦不敢傚我友之自逸。蓋隱寓王之不察，而以命自安於勞，不以不徹怠職，賢矣。

《十月之交》八章，章八句。

皇父秉政而侵并人地以自強其私邑，詩人亦有位被侵者，作此詩。

附　解

《周語》：幽王二年，三川皆震。而史以爲三年，又稱六年十月朔辛卯，日有食之，蓋即據此詩言也。史又云涇、渭、洛竭，岐山崩，而此詩云百川沸騰，蓋史不勝書也。幽王所用之人，《傳》稱虢石父，此詩稱七人，而以皇父爲首，是皇父尤用事者。周制，畿內諸侯皆有采邑，向城在東都畿內，去西都千里，皇父何以作都于向？蓋周公營洛，必有東都之田邑，當亦歸王所有。巡狩之典久廢，東都地多荒涼，則王失其政，皇父擅權，作都于向。徙王室卿士及富民以實之，如漢徙豪傑以實五陵也。不修德政，專擅擾民，故詩人歎之。抑皇父妄爲，弊由君上。篇中詳敘天變以見致災有由，指斥小人，明言徂向之事，而王之失政，在隱約之間。忠厚之言，臣子之體也。故不當作刺王而作，刺皇父爲是。或云同州有向城即此，非也。

【眉批】先敘災變，次歎小人盈朝，而歸責於皇父，終言不敢自逸，蓋忠直盡職之臣也。

浩浩昊天，不駿其德。降喪饑饉，斬伐四國音的。旻天疾威，弗慮弗圖。舍彼有罪，既伏其辜。若此無罪，淪胥以鋪。

賦也。浩浩，廣大貌。昊，廣也。言其廣大曰昊天，仁覆閔下曰旻天。駿，大德惠也。穀不熟曰饑，菜不熟曰饉。慮、圖，皆謀也。舍，置。淪，陷。胥，皆。鋪，徧也。言昊天以好生爲德，而今浩浩之昊天亦不駿其德，降喪饑饉，斬伐四國，則天之怒甚矣。夫天固仁愛下民者，今也旻生如此疾威，豈無故乎？而執政者弗慮弗圖早爲彌縫，致使禍敗至此。彼有罪之人遭此饑饉，則理所宜然，既伏其辜矣，若此無罪之民，亦被牽累，淪胥而徧罹於難，爲可哀焉。

周宗既滅，靡所止戾。正大夫離居，莫知我勩。三事大夫，莫肯夙夜音豫。邦君諸侯，莫肯朝夕。庶曰式臧，覆出爲惡。

賦也。周宗，周之宗社。戾，定也。正大夫，六官之長。我，從遷者自謂。勩，勞也。三事大夫，執事之臣也。言西周宗社已滅，東周播遷尚無定局，六卿之長各居其邑，不肯從遷。既莫知我之勞苦矣，而三事大夫從遷者，雖不離居，莫肯夙夜在公。附近東都之邦君諸侯，亦不肯朝夕覲王。我猶望之曰，即不勤王勇義，或能撫綏人民以有寧宇，乃反乘亂暴掠，出而爲惡，是誠出人意外矣。

如何昊天，辟言不信？如彼行邁，則靡所臻。凡百君子，各敬爾身。胡不相畏，不畏于天。

賦也。辟言，法言也。當東遷之時，必有以正言諫阻者。臻，至也。凡百君子，通指上文正大夫、三事、邦君之流。又言國家東遷似有天意，不然，何以辟言不信王必東行？此番遷都，未知後事如何。如彼行邁，無所底至。凡百君子各宜敬畏勉効忠誠，以圖新造，胡爲不相敬畏，不畏于天而苟安乎？辟言不信而猶忠告之，詩人之厚也。

戎成不退，饑成不遂。曾我暬御，憯憯日瘁。凡百君子，莫肯用訊音悴。聽言則答，譖言則退。

賦也。戎，西戎也，西戎常侵擾。成，兵患。遂，順也，年豐順成。暬御，近侍，詩人自謂。憯憯，憂貌。瘁，病。訊，問也。聽言，阿順之言。譖言，讒毀之言。承上不畏言，今西戎兵禍已成而不退，饑歲久而不順成，曾我暬御，小臣憂之至病，而凡百君子，無人問此災變，第於阿諛可聽之言則喜而答之，譖毀逆耳之言，則排退之。如此好諛，惡直安得有靖亂之策？曾之爲言不必憂而憂也。

哀哉不能言，匪舌是出音吹，去聲。維躬是瘁，哿矣能言。巧言如流，俾躬處休。

賦也。哿，可也。承上言好諛惡直如此，故正人君子似不能言，實爲可哀。非不能言也，匪但舌出而不能挽，且必招禍而瘁其躬。可以能言者，其惟巧言如流者乎？彼能變亂是非，阿意曲從，故不特無罪，而且使身處安樂之地。

維曰于仕，孔棘且殆。云不可使，得罪于天子。亦云可使，怨及朋友音以。

賦也。於，往。棘，難。殆，危也。言當此喜諛惡直之時，仕途亦極難矣。云小人不可使，則得罪天子。若王云其可，亦云可使，則朋友必怨我之枉道。此乃微露王任用小人之意。

謂爾遷于王都，曰予未有室家音姑。**鼠思泣血，無言不疾。昔爾出居，誰從作爾室。**

賦也。王都，東都。鼠思，思之狹陋。無聲曰泣。疾，病也。言其貪戀故居，婦子私悲，竊恨無言不是病遷之語。此乃責羣臣之不肯從遷，言謂爾遷於王都，則言此去新都，予未有室家，私居鼠思，泣血無言，不病遷徙。然既爲王臣，理當從遷，爾昔先人初居此地，誰爲爾作室者？蓋亦國恩遺留，爾乃得以有室家也。今王室燬敗，遷都圖存，爾乃不從君父以効忠勤，其可乎哉？

《雨無正》七章，二章章十句，二章章八句，三章章六句。

東遷之初，羣臣有憚於從遷者，暬御之臣作此曉之。

附　解

《序》曰雨無正。《韓詩》作雨無其極，即此詩。多雨無其極，傷我稼穡二句，蓋夫子已删之矣。詩之篇名，往往節取首二句名篇，本無深意，故聖人仍其舊而不改。朱子謂饑饉之後，羣臣離散，其不去者作詩以責去者。然玩詩詞，正大夫離居，周宗既滅，遷于王都等云云，其爲東遷以後詩顯然。故劉氏瑾亦疑是東遷之際。蓋平王東遷，固非良策，然詩人既已不能諫阻，又不忍竟棄君而去，則隨王東遷，亦臣子之誼當然，況當時乘輿播遷，民心靡定，捍衛道途，安輯新都，亟須忠勤之士。乃朝臣不願遷徙，或竟棄王他適，所謂離居者也。或戀戀室家，所謂鼠思泣血者也。而三事大夫、邦君諸侯等，又乘播遷之隙，騷擾民間，所謂覆出爲惡者也。詩人是以深悲之，而因王不納辟言，輕棄舊都，不便斥言，委之於天，推原其由，以王惑於巧言，信任小人也。末云得罪于天子，言王不明在隱約之間。其反復曉譬，皆責凡百君子所以爲臣子之體、忠厚之心。舊解多非，令本文語義皆晦矣。

《祈父》之什十篇六十四章，四百二十六句。

詩經恒解卷之四晚年定本　同門諸子參校

《小旻》之什二之五

昊天疾威，敷於下土。謀猶回遹，何日斯沮。謀臧不從，不臧覆用音庸。我視謀猶，亦孔之邛。

賦也。敷，布。猶，與猷同。回，邪。遹，辟。沮，止。臧，善。覆，反。邛，病也。言昊天本仁慈，乃疾威布于下土，致使謀猶回遹如此，不知何日方止，亦不得已而呼天以訴，非天實使人如此也。下二句正言回遹之實，末歎其爲病於國。

潝潝訿訿，亦孔之哀。謀之其臧，則具是違。謀之不臧，則具是依。我視謀猶，伊于胡底！

賦也。潝潝，相和。訿訿，相詆。具，俱。底，至也。申言謀猶之回遹，以羣小人黨類多也，故時而潝潝附和，時而訿訿排詆，毫無公是，惟憑私心，亦甚可哀矣。惟然，故於君子之謀甚臧者，必違之於小人之謀，甚不臧者亦依之。蓋其心惟欲固結黨與遂其私圖，我視謀猶不知伊于胡底也。

我龜既厭，不我告猶。謀夫孔多，是用不集音雔。發言盈庭，誰敢執其咎？如匪行邁謀，是用不得于道。

賦也。集，成也。盈庭，衆小人同聲相和。承上言小人黨同伐異如此，是以非甚明哲，鮮不爲所惑亂者，豈無龜卜可以決疑？然人事反常，神明亦不降鑒，故問之於卜，而我龜既厭，不我告猶矣。一事而羣小人爭之，謀夫孔多，是用不集，彼小人發言則盈庭矣。即有一二正人，誰敢排之而身任其咎？然小人之謀雖固，究竟一無所成。蓋事非徒坐談也，必課其實。今小人之謀如欲行遠，不行不邁而坐謀所適，是以不達於道路。謀之雖詳，究何裨於實用也？

哀哉爲猶，匪先民是程，匪大猶是經；維邇言是聽，維邇言是争！如彼築室于道謀，是用不潰于成。

賦也。先民，古聖賢。程，法，猶道。經，常。潰，決也。承上不達於道而申言之。彼小人豈不欲其謀之成，然不以先民爲法、大道爲師，維淺近疎陋之言是從。無識之輩競肆其説，如彼築室而與行道者謀，終無决斷，不能成也。

國雖靡止，或聖或否。民雖靡膴，或哲或謀音迷，或肅或艾。如彼泉流，無淪胥以敗。

賦也。止，定。聖，通明。否，不以爲然者。膴，法也。艾、乂同，治也。泉流清喻正人，此下乃勉其虚心納善，言謀之不臧，如此豈無正人可採乎？國雖無一正論，然有聖而先覺其非者焉，有否而心非共議者焉。民雖無法可守，然有明哲能謀者焉，有恭肅治事者焉。誠改行從善，即有善謀，奈安於不臧，如彼泉流，淪胥入于下以敗也。

不敢暴虎，不敢馮河。人知其一，莫知其他。戰戰兢兢，如臨深淵，如履薄冰。

賦也。徒搏曰暴，徒涉曰馮。戰戰，恐懼。兢兢，戒謹。臨深恐墜，履冰恐陷也。承上淪胥而言暴虎馮河危險，易見人情只知其一，不知其他。尋常謀議之失，以爲無傷也，不知國家喪敗，即由於此。君子則必謹小慎微，戰戰兢兢，如臨深履薄，不敢稍肆，然後不至淪胥以敗，而維持國是於無已也。

《小旻》六章，三章章八句，三章章七句。

周大夫憂邪謀之誤國，冀其從善而作。

附　解

聖王至聰明矣，然必闢門納俊，明目達聰，况常人乎！國家任一賢相，則吐握虚衷，可以來天下之善。一不賢，則矜己信讒，可以阻忠諫之口，此詩故深歎之。舊説大夫以王惑於邪謀，不能斷以從善而作，然玩詩意，未嘗顯刺於王，第反復歎謀猶之不臧耳。末歸於無淪胥以敗，戰兢履薄，蓋忠愛之臣既憂羣小亂謀，又冀其改行從善，不徒指斥以自賢。舊説欠貫，末二章尤無著。至篇名與《小明》，其所言之事偶，然與《召旻》《大明》異，不必謂夫子以小别之也。蓋篇名皆採詩時已定者，夫子未嘗筆削之。

【眉批】謀義必集衆善，而持以公允。國事昏亂之時，羣小嘵嘵，是非顛倒，而正人君子讜論遭禍，前明末季以此傾覆，此詩可以爲炯鑒也。

宛彼鳴鳩，翰飛戾天。我心憂傷，念昔先人。明發不寐，有懷二人。

興也。宛，小貌。鳴鳩，班鳩。翰，羽。戾，至也。明發，將旦。先人，謂先王。二人，謂父母也。言至小之鳴鳩，而飛欲戾天，勢微不可得也。我今覩世衰亂，私心憂傷，念昔先人創造艱難，今將敗滅，然位卑力薄，無如之何，亦如鳴鳩空欲戾天而已。惟是明發不寐，思所以保身承天之道。有懷二人，恐貽親憂，是以不得不致望於兄弟也。

人之齊聖，飲酒温克。彼昏不知，壹醉日富音係。**各敬爾儀，天命不又**音肄。

賦也。齊，整肅。聖，睿思也。克，勝也。富，猶甚也。又，復也。當時昏酗尤甚，故首戒之。言人之齊聖者，飲酒溫恭自克，不爲酒亂。彼昏不知壹，以醉爲主，日甚一日。我與汝當各敬爾儀，苟敗德不謹，則天命一去不復，又來爲可惕也。

中原有菽，庶民采之。螟蛉有子，蜾蠃負古音房以反**之。教誨爾子，式穀似**音以**之。**

興也。中原，原中。菽，大豆。螟蛉，土蜂。蜾蠃，桑蟲也。土蜂取桑蟲入空生卵，使負之卵化爲子而蟲盡。式，用。穀，善也。又言不獨自善，其身又當善教其子。彼中原有菽，而庶民采之以養生，螟蛉有子，而蜾蠃負之以成形。凡有情之物，皆曲全其愛，况以父教子，近取諸身，不等中原之菽，以父教子，豈同蜾蠃之勞？當教誨爾子，以善爲法，使其相肖可也。

題彼脊令，載飛載鳴。我日斯邁，而月斯征。夙興夜寐，無忝爾所生。

興也。題，視也。脊令飛則鳴，行則搖。載，則。而，汝。忝，辱也。此乃正言敬爾儀之實，言敬儀而誨子，要必本於修身。視彼脊令，則且飛而且鳴矣。我與汝誼同脊令，我日斯邁，不敢暇逸，汝月斯征，不自怠功。夙興夜寐，求無辱所生可也。

交交桑扈，率場啄粟。哀我填寡，宜岸宜獄。握粟出卜，自何能穀？

興也。交交，往來之貌。桑扈，竊脂也，有青質、素質二種，嘴曲食肉，好盜脂膏，不食粟。填，與瘨同，病也。岸，與犴通，鄉亭之獄也，朝廷曰獄。握粟，持粟問卜也。《管子》曰：握粟而筮者屢中。《史・日者傳》曰：卜而有不當，不見奪糈，古人多用之。此乃曉以時勢之難，起下戰兢之故，言政亂年荒，桑扈無肉可食，至率場而啄粟。填寡本宜矜宥，亦宜岸而宜獄。時事如此，欲求全身之道，試握粟而卜之於神，何自能善乎！

温温恭人，如集于木。惴惴小心，如臨于谷。戰戰兢兢，如履薄冰。

賦也。溫溫，和柔貌。如集木，恐墜。惴惴，戒懼。如臨谷，恐陷也。承上言惟溫溫之恭人，其平日持身涉世如集於木，惴惴小心如臨于谷，用能養晦而全身。我與汝當法之，凡言行動靜，戰戰兢兢，如履薄冰，庶乎可也。

《小宛》六章，章六句。

周大夫戒其兄弟敬德之詩。蓋兄倡弟隨，友弟乃無愧於孝，而長男所以貴也，聖人故錄之以爲法。

附　解

朱子曰：兄弟遭時之亂，而相戒以免禍。是矣。第篇中言爾儀、爾子、而月斯征，多戒警語，自是兄戒弟之詞。夫兄弟，等也，而聖人以敬兄立教，何哉？父母而壯，所以先訓長者之道，必賴其誘弟。父母而衰，凡父母言行，必長者身體以爲弟倡率，故恭兄亞於事親，非徒以長尊之也。奈世俗不知長者以尊自居，不友其弟，而弟遂傲慢焉，此兄弟之所以乖離也。舜惟自責，恐不足以爲弟之型，是以象至無禮而不咎。此詩處亂世而以敬慎修德勉弟，竝望其教誨後人，不爲他趨避之計，賢矣。其明發不寐，恐忝於所生，正其所以愛弟之由。夫子錄之，以爲世勸。六經罕有兄友弟之詞，此詩不可不詳玩也。至桑扈竊脂，《爾雅》明言，而邢氏謂竊脂爲淺白，如竊玄、竊黄之例，殊不必。《淮南子》云：馬不食脂，桑扈不食粟。

【眉批】處亂世而求免，惟以承先立德，戰兢自持爲要，異乎流俗趨避之見矣。其文愷切悲鳴，讀之令人慨處叔季之難。

弁彼鸒斯，歸飛提提。民莫不穀，我獨於罹音羅**。何辜于天，我罪伊何？心之憂矣，云如之何。**

興也。弁，拊翼貌。鸒，雅烏，孝烏也。斯，語詞。提提，羣飛安閒貌。穀，善。罹，憂也。言鸒歸飛而提提，以有父母可依也。民皆有親，故莫不穀，而我獨罹於憂，則鸒之不如矣。因思何辜于天，我罪伊何？思而心憂之，蓋怨己有罪而不自知，是以憂也。

踧踧周道，鞫爲茂草。我心憂傷，惄焉如擣。假寐永歎，維憂用老。心之憂矣，疢如疾首。

比而賦也。踧踧，平易。周道，大道。鞫，塞也，路不行則草塞之。惄，思也。擣，舂也。不脱衣冠而寐曰假寐。疢，猶疾也。言國政爲小人所蔽塞，己心憂傷，惄焉如擣，假寐永歎，未老而先老，不病而如病也。

維桑與梓，必恭敬止。靡瞻匪父，靡依匪母滿以反**。不屬于毛，不離于裏。天之生我，我辰安在**音止**？**

賦也。桑、梓，二木名，父母所植也。屬，連也。毛，髮也。離，麗也。裏，心腹也。辰，猶時也。安在，言不爲所眷。此乃自責其不得於父母，言桑梓父母所植，尚必恭敬，以非父母無所瞻依也，我豈不屬離於父母之毛裏乎？何不能得親之歡心，疑我方生之時，即不爲天所眷，乃至見絶於親也。

菀彼柳斯，鳴蜩嘒嘒。有漼者淵，萑葦淠淠。譬彼舟流，不知所届。心之憂矣，不遑假寐。

興也。菀，茂盛貌。蜩，蟬也。嘒嘒，聲也。漼，深貌。淠淠，衆也。届，至。遑，暇也。此乃正敘己被逐之事，言柳茂而蟬鳴，淵深而葦植，己獨失其庇蔭而無以自存，譬彼舟隨水流，不知所至矣。雖欲假寐，有所不遑，其憂何時解耶！

鹿斯之奔，維足伎伎。雉之朝雊，尚求其雌。譬彼壞木，疾用無枝。心之憂矣，寧莫之知！

比也。伎伎，竝足而俟也。雉鳴曰雊。壞，《説文》作瘣，傷病也。疾，病也，病其壞。欲用之而無枝，喻己無用。此章言申后被黜，己亦被放而託諸喻，言結以心憂。寧莫之知，葢冀幸王之憐之也。鹿奔而猶戀其麑，比人皆愛其子。雉朝雊而求雌，比人皆愛其妻。而今不然，惟餘己一身，如無枝之壞木，自咎深矣。

相彼投兔，尚或先之。行有死人，尚或墐之。君子秉心，維其忍之。心之憂矣，涕既隕之。

興也。相，視也。先，縱也。行，道。墐，埋也。既，盡也。此言王不哀憐母后，己是以不能不憂也。兔急投人，尚有憫其窮迫而縱之者，路有死人，尚有哀其暴露而埋之者。君子秉心，未免太忍，己是以憂之而涕淚皆盡也。

君子信讒，如或醻之。君子不惠，不舒究之。伐木掎古音居我反矣，析薪杝古音徒可反矣。舍彼有罪，予之佗矣。

賦而比也。醻，旅醻。惠，愛。舒，緩。究，察。掎，倚也，以物倚其巔而徐踦之。杝，隨其理也。佗，加也。承上文言君子之所以忍心者，由於信讒言而即行之也。所以信讒言，由君子本不加惠於母后，不肯徐察讒言之是非耳。彼伐木者，於其將仆，尚不遽傾之，而王之棄母后，何猝也！析薪者，欲其剖斷，必用手披之，而王於母后之言，何不細爲剖析，乃舍彼有罪而加諸無罪乎？不顯言罪母，而曰予之佗，諱父之失，且猶望父之察其冤，悟其讒也。

莫高匪山，莫浚匪泉。君子無易由言，耳屬于垣。無逝我梁，無發我笱音矩。我躬不閲，遑恤我後音戶。

比而賦也。言高者莫非山，深者莫非泉，喻左右近習，皆險巇難測。願王無易，由言小人朝夕伺探，一有漏言，即生變端。逝梁發笱，喻變亂朝政也。末又言己身不知所終，遑恤其他？葢深憂而故爲無聊之詞，以自歎也。

《小弁》八章，章八句。

幽王黜申后，廢太子宜臼，宜臼爲此詩以自傷。

附　解

趙岐古注、王充《論衡》皆謂爲尹伯奇被放作，而《序》謂刺幽王，毛

《傳》則謂太子宜臼之傅所作。詳味詩詞，反復沈痛，非伯奇之事可當。《孟子》曰親之過大而怨，又曰《小弁》之怨親親也，則其爲宜臼之詩無疑。因宜臼忘親戎申，非純乎孝者，故先儒以爲其傅所作。然第即詩論，則誠得怨慕之旨，故《孟子》有取焉。而朱子謂維其忍之，不舒究之。明是怨親，然其言不惠不究，皆謂王於母后，非謂王罪己父母一也。使己被廢，而母無恙，猶可以解，王黜申后乃放太子，是其禍由母得罪而起。傷父母不諧，痛母后無辜，安得不惡讒言？雖宜臼未必有十分恭順之心，而其詞則有可原，况國家覆敗由斯而始，故《孟子》以爲過大而怨，不怨是愈疏。蓋此詩之怨，全由痛母之冤，冀父之悟，得人子之正。且父母竝言，未嘗十分顯斥而心之憂矣。凡五見其事屬於君父，其害關於宗社，反復憂傷，出於天性不容已，夫子亦錄之也。若專爲放己而怨，曷足取哉！

【眉批】父母，天地也。天地不和，萬物摧傷，父母不和，人子何依？《孟子》所以取此詩之怨也，尤以其無懟父母之心。宜臼後不得爲孝子，而作此詩時，或在憂患中，天良發見，亦情所有，不以其後而沒此詩之旨可也。自古迄今，天倫不幸之遭蓋所時有，聖人錄此詩以教，豈私宜臼一人乎！

悠悠昊天，曰父母且。無罪無辜，亂如此憮。昊天已威，予慎無罪。昊天泰憮，予慎無辜。

賦也。悠悠，遠大貌。且，語詞。威，猶怒也。憮，愁悶意。已、泰，皆甚也。言悠悠之昊天，如父母然，應愛我矣，乃今民人無罪，無辜遭亂，如此其大何也？是必民實有罪，天乃降災。予惟愼修無至於罪，且天太愁悶，予愼無有小罪。欲人畏天威而自修己，言之忠厚也。

亂之初生，僭始既涵。亂之又生，君子信讒。君子如怒，亂庶遄沮。君子如祉，亂庶遄已。

賦也。僭始，不信之端。涵，如水漸渟蓄。君子，指當國者。遄，速。沮，止。祉，福也，去讒即爲福民。承上而言天災所由生，由執政者優容小人，故讒人得以售其欺。如使君子聞讒而即怒之，亂何由起？如使君子不信讒而信福，生亂已矣。

君子屢盟音古彌郎反，亂是用長。君子信盗，亂是用暴。盗言孔甘，亂是用餤。匪其止共，維王之邛。

賦也。屢，數也。盟，要誓。讒人蠹國害民，故曰盗。餤，餅也。以肉餅甘而餌之曰餤。共、恭同。止共，沮止靖共之流也。邛，病也。承上言君子不惟不怒小人，而又屢盟以長讒間，不惟不思造福，而又偏信盗臣以益暴亂。夫盗言甚甘，君子惡逆耳之言，是以小人得以其說爲餌而進，豈知小人非但沮止靖共之臣，且將爲王大病，何不思也。

奕奕寢廟，君子作之。秩秩大猷，聖人莫之。他人有心，予忖度之。躍躍毚兔，遇犬獲之。

賦而比也。奕奕，大也。秩秩，序也。猷，謀。莫，定。他人，謂執政毚狡也。此戒其自立而勿任小人言。奕奕之寢廟，惟君子能作之，秩秩之大猷，惟聖人能定之。朝廷大功業，非小人所可任。小人志量卑狹，有如躍躍毚兔，雖若易制，而遇犬則獲之。君子以其易於操縱任之，而不知貌爲恭順，內實陰險也。

荏染柔木，君子樹音暑之。往來行言，心焉數之。蛇蛇碩言，出自口音古矣。巧言如簧，顔之厚音戶矣。

比也。荏染，柔貌，喻小人。行言，悠悠之口，喻小人之言。數，辨也。蛇蛇，貌爲安舒也。碩言，善言。簧，笙中金葉。如簧，悦聽也。顔厚，頑不知耻也。又言小人如荏染之柔木，其勢易去，而君子樹之，始焉喜其柔媚，使得近己。既而遂信其言如往來行路之言，無關得失，亦心焉數之。不知其從容先飾爲碩言，出諸其口，心實無有，君子信之。繼乃以巧言惑聽，如簧悦聽，盡皆僞託，君子奈何爲所愚也。

彼何人斯？居河之麋。無拳無勇，職爲亂階音基。既微且尰，爾勇伊何。爲猶將多，爾居徒幾何。

賦也。何人，斥讒人也，賤而惡之，故爲不知其姓名者。斯，語詞。水草之交曰麋。拳，力。階，梯也。骭瘍爲微，腫足爲尰。猶，謀。將，大也。此乃正斥讒人，歎君子若去之難也。言彼何人，斯名位卑微，居河之麋，處於疏賤，又無勇力，而以口舌，職爲亂階。爾實有微尰之疾，爾勇伊何？爾爲猶雖大且多，爾所與居之徒亦有幾何人哉？甚言其不難斥逐，而慨執政之暗且懦也。

《巧言》六章，章八句。

大夫刺讒人而規執政也。

附　解

《序》謂刺幽王，而朱《傳》謂大夫傷於讒而作。然詳味詩詞，殊無陳己誣屈意，第反復憂亂，既咎聽讒者之非，又警讒人，欲啓其悟，蓋忠良規戒同列之詞。君子，向謂指王，以維之邛句推之，當指執政者爲是。蓋執政爲讒人所惑，爲王之邛，詩人憂心君國，自不得不反復規告。若直刺王躬，味如嚼蠟，不特失臣子忠厚之禮也。其字句舊解尤多含糊，今各著於本文，不復贅。

【眉批】大意言天如父母，不至降亂於無罪之人，特執政者惑於讒邪，長亂而拂天意，是以亂生而深，望君子察之。且讒人本無他長，去之尤不難也。

彼何人斯？其心孔艱。胡逝我梁，不入我門？伊誰云從？維暴之云。

賦也。何人，若不知其姓名，忠厚之意也。孔，甚。艱，險也。逝，行也。梁，水橋，喻己之政。誰云從，與何人爲黨。維、惟同。暴，虐戾於民，下文所謂禍也。言彼何人斯，其心甚難測度，向與我相善，今胡逝我梁而不入我門？伊誰相與黨同？一旦惟以暴戾爲事如此。

二人從行，誰爲此禍？胡逝我梁，不入唁我？始者不如今，云不我可！

賦也。從行，同行。唁，弔失位也。承上言此過我門者有二人，此二人同行，暴戾之禍果誰爲之？蓋爲寬恕之詞，意爲暴者或非必故人也。然果非實欲爲暴，胡逝我梁不入唁我？則其心已忘。憶我始之相厚，不如今之恝然，其不入唁我，蓋以我之所爲爲不可也。

彼何人斯？胡逝我陳？我聞其聲，不見其身。不愧于人？不畏于天？

賦也。陳，堂，塗更近於梁，喻己之位也。聞聲不見其身，蓋陰奪己位而亂其政也，故言如此詭譎，豈不愧人知、不畏天鑒乎？蓋故爲疑詞，以警之也。

彼何人斯？其爲飄風。胡不自北？胡不自南？胡逝我梁，祇攪我心！

賦也。飄風，暴風。攪，亂也。承上言彼實何人，其爲飄風乎？飄風無情，喻其變態不常。使非飄風，胡不自北？胡不自南？胡逝我梁？祇攪我心而不他適也。

爾之安行，亦不遑舍音舒。爾之亟行，遑脂爾車。壹者之來，云何其盱！

比而賦也。安，徐。遑，暇。舍，息。亟，疾。車脂則宜於駕。壹者，誠一之人。來，謂居其位。云何，猶如何。盱，張目望也。此申上文飄風之意，言爾之如飄風也，由平日性情躁妄，惟逞嗜欲，不思義理，無一毫誠壹之狀。譬諸行道，爾即徐行，亦不知休息，爾若疾行，尚暇脂爾車哉。我是以望壹者之來，當如何？其盱之也！蓋至誠專壹之士與反側之人相反，己是以望其來而共濟於國，言此以明己非惡其代己，爲其才不足代己耳。

爾還而入，我心易也。還而不入，否難知也。壹者之來，俾我祇也。

比而賦也。還，旋也，不久即反意。入，入其門，喻與己謀議也。易，平。否，不善。祇，安也。承上言己不以失政爲戚，惟以共濟國事爲望。爾如知之，我與爾本故交，爾還而入我之門，共籌可否。我心易也，豈不盡誠以相告哉？爾如長此嫌疑，還而不入，則政令必壞，將來終難知也。如或有壹者之來，則可使我心安。蓋雖知其惡，猶以壹者望之也，厚也。

伯氏吹壎，仲氏吹篪。及爾如貫，諒不我知！出此三物，以詛爾斯！

比而賦也。伯仲，兄弟之稱。土曰壎，竹曰篪，皆樂器。壎大如鵝子，銳口平底，似稱錘，六孔。篪長尺四寸，圍三寸，七孔，一孔上出，徑三分，凡八孔，横吹之。貫，繩連之。諒，誠也。三物，犬、豕、雞，刺其血以詛盟。承上言我之望爾如此者，以比肩事主，有兄弟之誼。同寅協恭，乃臣子之職，譬諸伯氏吹壎，仲氏吹篪，和聲竝濟，國事乃成。我與爾情誼相屬，如繩貫物，繫屬甚親。爾乃如此，則爾誠未知我之心矣無已。願出此三物以與爾詛盟，爾其亦諒我而從我之言乎？蓋深望其共濟，不念其排己也。

爲鬼爲蜮，則不可得。有靦面目，視人罔極。作此好歌，以極反側。

賦也。蜮，短狐也，伏水中，含沙以射水中人影，其人輒病，而不見其形。靦，見人貌。極，窮。反側，反復不正也。承上作轉，言奈爾反復性成，詛盟亦不相信，蓋謂可以欺人耳。然惟爲鬼爲蜮，則不可得而測度耳。若有靦面目，以人視人，豈有無可窮極之事而反側者？顧詭祕禍人，欺其不知，我故作此好歌，以窮反側之情，果知陰險之無益，則不爲反側矣。

《何人斯》八章，章六句。

時有擠陷同列，亂政病國者，詩人作此告之。

附　解

《序》及毛、鄭均謂暴公爲卿士而譖蘇公，蘇公作詩刺之。朱子曰：詩中只有暴字，而無公字及蘇公字，不知《序》何所據而得此事。《世本》云暴辛公作塤，蘇成公作篪，尤紕繆。譙周又從而傅會之，不知適所以章其繆辨之當矣。而《集傳》仍從《序》說，則以此外無考之故。然暴字原不必定指人言，但作者與爲暴者平昔交好，如兄如弟，不料其懷欺詐，傾己之位，忘昔之交，而其才實不足以濟國家，故反復歎之，欲其改過自新，何必暴公、蘇公鑿以求之乎？其心孔艱，所以艱者，安在維暴之云？則其艱之事也，誰爲此禍？禍何所指？即上所謂暴也。逝梁逝陳，聞聲無形，不愧不畏，飄風攪心，皆曲繪其陰狡之狀，而逝梁逝陳，尤非但謂其窺伺也，蓋喻其奪己之位、紊己之政，陰下石而不使人知。爾之安行節則歎其才不勝任，將誤國家。爾還而入節則冀其謀及於己，告以舊令尹之政。伯氏節又明其分誼相關，要之以盟誓，欲其相信，不怨其擠排而冀其和衷濟國。詩人所以爲賢，而夫子取之也。若但惡其譖己則同列相詬詈之言，聖人何以登之哉？末節正言曉之，亦非明斥其爲鬼蜮，只是曉以反側之無益，冀其至誠共濟。昔人不將白文本義細細紬繹，而拘泥《傳》說，故令作者之意不明，識者詳之。

【眉批】斥艱險而冀誠壹之士，以壹則不欺，何至爲暴也！仕途挾詐傾擠，不愧于人，不畏于天，衹是不爲壹者耳，詩故反復而歎冀之。

萋兮斐兮，成是貝錦。彼譖人者，亦已大甚。

比也。萋，小文相錯。斐，衆文交錯也。貝，水中介蟲，有文彩，似錦，言以萋斐之小文組織而成。貝錦，比小人。即小事而文，致之以譖人，奸巧大甚矣。

哆古音昌果反兮侈古音昌果反兮，成是南箕。彼譖人者，誰適與謀音迷。

比也。哆，微張。侈，大也。南箕，四星，二爲踵，二爲舌，踵狹而舌廣，有漸張大意。天文箕主口舌，故以喻讒者。六七月閒，箕見於南，詩人就當時所見言，故曰南箕也。此申言其奸巧太甚之事，始焉微言巧中，漸乃肆其讒毁。哆兮侈兮，遂成箕口之大，不知誰爲之謀，而巧於簸弄如此。

緝緝翩翩，謀欲譖人。慎爾言也，謂爾不信。

賦也。緝緝，口舌聲。翩翩，輕儇貌。此下警戒之，承上言小人不必有與謀者，其平日緝緝其口，翩翩其形，專以譖人爲事，但作惡無不敗露者，因戒之曰：爾雖工於譖，久久人必覺而不信，可慎之於早也。

捷捷幡幡，謀欲譖言。豈不爾受，既其女遷。

賦也。捷捷，便利貌。幡幡，反覆貌。申上不信之實，言爾自恃其長，口則捷捷而便利，情則幡幡而反覆。時時謀欲譖言，彼豈不聽受，然爾能譖人，人亦將譖爾，即聽受爾言者，必既而遷怒於女也。

驕人好好，勞人草草。蒼天蒼天，視彼驕人，矜此勞人。

賦也。驕人，得志之小人。好好，樂也。勞人，忠勤之人。草草，憂也。言讒人如此，是以小人得志，善人無聊。因思天道不爽，視彼驕人，必有以懲之，矜此勞人，必有以慰之。

彼譖人者，誰適與謀？取彼譖人，投畀豺虎。豺虎不食，投畀有北。有北不受，投畀有昊。

賦而比也。投，棄。畀，與也。有北，幽都。猶言投諸鬼神也。承上蒼天意而極言之，言蒼天福善禍惡，必不容此讒人。想讒人必有同謀者，人雖不察，天必深惡。我思取彼讒人投畀豺虎使食之，然豺虎亦不敢食之。其投畀有北使幽禁之，然有北亦不受之，則維投畀有昊，庶幾惟天可以誅之。蓋言其惡逾豺虎，閔不畏死，惟王可以除之也。

楊園之道，猗於畝丘去其反。寺人孟子，作爲此詩。凡百君子，敬而聽之。

比而賦也。楊園，下地。道，路。猗，倚也。畝丘，一畝之丘，高地。寺人，内小臣。孟子，其字也。言楊園之路甚卑，然依近畝丘，所見未必皆卑也。寺人近侍王宫，職雖卑而所見未必亦卑。今述譖人者之情狀，以告凡百君子，其敬而聽之，毋忽邇言，庶於國家有裨也。

《巷伯》七章，四章章四句，一章五句，一章八句，一章六句。

巷，宫内道。伯，其長也。蓋寺人之賢者述讒人之狀，以告有位而啓王聰。

附　解

《序》：刺幽王。毛《傳》謂寺人遭讒被宫刑爲巷伯者所作。班固、司馬遷贊亦云迹其所以自傷悼，《小雅·巷伯》之倫，故朱子從其説。然被宫刑爲巷伯，詩中無明文。詳味詩言，自傷之意殊少，且但自傷而已，則其見甚隘，聖人宜無取焉。觀其末章，自言位卑而言善，冀凡百君子之敬聽，蓋寺人之賢者灼見衆讒人之爲害，既不克自進言於王，又無權力去之，則爲此詩以告。投畀有昊，冀王之覺悟。凡百敬聽，冀諸臣之襄力。以寺人而其見如此，可謂賢矣，故夫子取之。

【眉批】譖人者非至明不能覺之，至勇不能去之。寺人而見及此，蓋文武之遺，侍御僕從，猶有正人也。聖人録以告譖人與聽讒者，而世人能悟者鮮可慨也。

習習谷風，維風及雨。將恐將懼，維予與女；將安將樂，女轉棄予！

興也。習習，連續不斷。谷風，山谷之風。谷風常迅，甚者雨即應之，喻患難也。風雨相須，如朋友相應，言憂患之時，子與女常相親矣，何安樂而轉棄予乎！

習習谷風，維風及頽。將恐將懼，寘予于懷；將安將樂，棄予如遺！

興也。風焚輪曰頽。風雨陰晦，其恐懼猶小谷風與？頽風大作而無雨，則患難之大者也。寘、置同。于懷，親之也。如遺，忘。去當將恐將懼，女常寘予于懷矣，奈何安樂而棄予如遺乎！

習習谷風，維山崔嵬。無草不死，無木不萎。忘我大德，思我小怨。

末二句韻未詳。比而賦也。崔嵬，山巔。風在谷而山甚崔嵬，喻上下皆不善，草盡死而木皆萎，喻友大難也。當大難時，友全之，其德不小，故歎其忘大德而思小怨，且禍之矣。自言小怨，不自以爲無過也，其意厚矣。

《谷風》三章，章六句。

當時有位者曾篤於友誼，患難周全之，其後友富貴而忘恩記怨，作此以歎之。

附　解

舊第云朋友相怨。詳味其詞，乃在位有德於友，而其人得志棄之，又加石焉，故作此慨之。夫友所以輔德，若有德於我，尤不可忘，奈富貴中人往往忘舊德而思小怨，子故録此以戒也。其言谷風陰怨以漸而甚，將恐將懼，至於草死木萎。蓋少小相交，經歷許多患難，又曾拯救之，而友忘棄爲禍。古今如此甚多，故子錄以戒也。

【眉批】孔子於五倫，惟朋友言交，以不交則不成朋友也，故曰義合。友既相棄，何必定與之交？而聖人何以錄此詩也？蓋有位之人當爲國求賢，况於故舊，而乃忘德記怨，輕棄貧交，故錄之以戒也。

蓼蓼者莪，匪莪伊蒿。哀哀父母，生我劬勞。

比也。蓼蓼，長大貌。莪，蘩也。始生爲莪，長大爲蒿。莪猶可食，蒿則無用，比父母生子以爲美材，長大乃無用也。劬，勤也。念父母生己，勤勞而不得其養，爲可哀也。

蓼蓼者莪，匪莪伊蔚。哀哀父母，生我勞瘁。

比也。蔚，牡蒿也。蒿猶有子，蔚乃無有，更不如蒿矣。瘁，病也。勞而至於病，則憊甚矣。

缾之罄矣，維罍之恥。鮮民之生，不如死之久音幾矣！無父何怙，無母何恃！出則銜恤，入則靡至！

比也。缾、罍，皆盛水器。缾所以注水於罍，缾盡則罍無水。子所以養父母，子困親何所依？罄，盡。鮮，寡也，有父母而如無，若孤寡然。怙之爲言祜也，父覆育降祜。恃之爲言恃，賴也，隨時依賴，以生恤憂也。靡至，無歸也。此乃正言其不能孝養之實，是所以匪莪而蒿蔚也。缾罄爲罍之恥，子不能孝養其爲父母之恥，不甚大乎？因歎己同孤獨，宜死已久，乃虚生於世，而父母不存，無所怙恃，出則含憂，入則無所依歸也。

父兮生我，母兮鞠我。拊我畜我，長我育我。顧我復我，出入腹我。欲報之德，昊天罔極。

賦也。生者，本其氣。鞠，局也，成其形也。拊，撫摩之。畜，藴養之。長，養之久而使長成。育，養之備而無乘戾。顧，父母或前，必迴顧其子。復，常反復愛戀之。腹，常在親腹之中。罔，無。極，窮也。此乃正言劬勞勞瘁之實，是所以哀哀也。言父母之於己如此，欲報之以德，而其恩之大，如天無窮，今乃無一毫報，而徒雷哀痛也。

南山烈烈，飄風發發。民莫不穀，我獨何害！

比而賦也。烈烈，高危難犯之貌。發發，迅疾貌。害，亦何也。穀，善也。此下乃言其所以不得終養之故，南山烈烈而難犯，飄風發發而難當，喻時政暴虐，己不得安養父母，故歎民莫不善，而我獨何爲遭此害也。

南山律律，飄風弗弗。民莫不穀，我獨不卒。

比而賦也。律，與嵂同。弗弗，風烈不順物情也。卒，終也。山律律而不可干，風弗弗而不順，情則雖有終養之志，亦必不遂，所以傷己之不卒也。

《蓼莪》六章，四章章四句，二章章八句。

忠臣遭困不得養其父母，作此以自哀。

附解

《序》：刺幽王。毛氏謂民人勞苦，孝子不得終養，朱子從之。然此乃有位之詞，非人民作，故列於雅也。蓋人臣事君，惟聖人忠愛，不分窮達。或爲貧而仕，微職亦必盡忠，終身窮困，不忘致君澤民。若大用之，則必傾心委任，乃出而圖君，下此庶司百職，不必有伊周孔孟之材，而竭忠盡職，亦爲良臣。若圖祿位而仕，即小人矣。然人才不一，非純乎道者不能致身，有才能者得一官一邑，可以自効，亦欲仰事俯畜，無憂飢寒，亦人情之正也。故聖王優禮大臣，而羣臣亦待以忠信重祿，安有用其子而不養其父母，使之移孝作忠者乎？此詩哀念父母，十分沉痛，必非但苦貧，苦其在朝也。桎梏之奴役之必有去不得去、辭不得辭之事。去則獲罪，更貽親憂，留則困窮，不贍朝夕，故哀切如此。而夫子錄之，以戒人君當體恤臣下，然後孝治浹而忠賢効命也。其自言鮮民，又言民莫不穀，則爲有位昭然。以南山飄風喻朝政，亦非但勞苦而已，識者詳之。

【眉批】父母之恩何可言盡，此詩卻已道盡，故遂爲千秋絕調矣。忠孝一原，竭忠何暇內顧，然至於父母失所，孝已大虧，忠安用之？故以之爲戒焉。

有饛簋飧，有捄棘匕。周道如砥，其直如矢。君子所履，小人所視。睠言顧之，潸焉出涕。

興也。饛，滿簋貌。飧，熟食，謂黍稷。捄，長貌。棘匕，以棘爲匕，所以載鼎肉而升之於俎。周道，周之王道。砥，礪石。如砥，平也。如矢，直也。君子，在位。履，行。小人，下民。睠，反。顧，猶言追溯。潸，涕下貌。詩人即己所食以起興，言有饛滿簋之飧，有捄棘爲之匕，已堪果腹，因思先王制禮，但取其宜，不求其侈。即此簋與匕而推之，凡事無不有其制。周道固至平如砥，至直如矢，君子所宜行，小人所視爲則也。乃至今日而迴視先王之禮，不禁潸焉出涕，則逾制久矣。蓋東國厚斂，只緣奢侈，故即此起興。

小東大東，杼柚其空。糾糾葛屨，可以履霜。佻佻公子，行彼周行。既往既來，使我心疚音几。

賦也。小東大東，東方小大之國。杼，持緯者，梭也。柚，受經卷織者也。空，盡也。佻佻，薄弱貌。公子，貴族。周行，大路。疚，病也。承上言所以出涕者，由王制盡壞，奢取虐民，東方大小之國，杼柚皆盡，至於躡葛屨而履霜。佻佻之公子，亦奔走道路，往來供億，民不堪命，使我心疚也。

有冽氿泉，無浸穫薪。契契寤歎，哀我憚人。薪是穫薪，尚可載也。哀我憚人，亦可息也。

比也。冽，寒意。泉側出曰氿。穫，刈也。契契，憂苦。憚，勞也。尚，庶幾。載，載以歸也。承上言民困如此，使上之人及是時而休息之，猶可蘇也。彼薪乾而後可爨，民養而後可用。故有冽之寒泉，毋浸穫薪，薪浸則腐矣。我契契而寤歎，哀我憚人亦如薪之不可再浸。薪是穫薪，尚可載歸用之，憚人稍息，亦可俟時再用也。

東人之子，職勞不來。西人之子，粲粲衣服蒲北反。**舟人之子，熊羆是裘**音箕。**私人之子，百僚是試。**

賦也。東人，諸侯之人。職，專主也。來，慰撫也。西人，從王者。自西而來，故曰西人。舟人，爲西人操舟者。私人，爲西人服役者。僚，官試用也。承上言民宜休息，而乃竟不然，不但不息而已，且東人之子專主勞苦，曾無慰撫之者。西人之子，則粲粲衣服，方競奢麗，下逮舟子，亦衣熊羆之裘。私人之子皆試百僚之位，則東人不堪命甚矣。

或以其酒，不以其漿。鞙鞙佩璲，不以其長。維天有漢，監亦有光。跂彼織女，終日七襄。

賦也。鞙鞙，長貌。璲，瑞玉也。漢，天河也。監，視也。跂，舉踵望也，《衛風》：跂予望之。織女，星名，在漢旁，三星跂然如隅也。襄，駕也，謂織女星終日閒自卯至酉，歷七次至捷也。承上言東人甚苦，而西人方奢，或饋之以酒，而西人不以爲漿。或與之以鞙鞙之佩璲，而西人不以爲長。蓋難給無厭之求矣，因思維天有漢，視之儼然，有光則傾天河以爲酒，庶可供其飲乎？跂彼織女，終日而歷七次，則倩織女使爲佩，庶可給其衣乎？甚言民力竭而求助於天也。

雖則七襄，不成報章。睆彼牽牛，不以服箱。東有啟明彌郎反，**西有長庚**音岡。**有捄天畢，載施之行。**

賦也。報章，成章也。睆，圓明貌。牽牛，河鼓，狀如牽牛星者然。服，駕也。箱，車箱。啟明、長庚，一星而早晚異名，以其先日而出曰啟明，後日而入曰長庚。天畢，畢星也，其星八，二星直上如柄，六星曲爲兩行，張其口如掩兔之畢。行，列也。承上言求助於天，而天不能助，彼織女雖則七襄，徒有織之名，實不能成章，以供布縷之征也。睆彼牽牛，雖以牛名，亦不能服箱，以助轉輸之勞也。且也徵求，惟曰不足。東有啟明，西有長庚，亦豈能使日長晝以資營作之勤？至於有捄天畢，酷肖掩兔之網，宜乎可以助我網取禽獸供上之欲矣！然亦不過施之行列，則天固無如無厭，何也？

維南有箕，不可以簸揚。維北有斗，不可以挹酒漿。維南有箕，載翕其舌。維北有斗，西柄之揭。

賦也。箕、斗二星，夏秋之交見於南方。詩人即時所見而言斗，仍曰北者，以斗爲天樞，不更易其號也。箕四星在天漢之中，上二爲踵，下二爲舌。踵反在上，故曰翕其舌。翕，引也。斗柄西指，正秋時。又言南箕既不可以簸揚穅粃，北斗亦不可以挹酌酒漿。而箕引其舌，反若有所吞噬。斗西揭其柄，反若有所挹取於東。是天非特不能益我，乃亦若助西人也。蓋無聊之極，觸處愁怨，譚大夫曲繪其情以告病，故不嫌詞之甚也。

《大東》七章，章八句。

東遷之初，王室重斂，民困於役，譚大夫作此以告病。

附　解

此詩先儒無異詞，惟鄭《箋》謂譚大夫尤苦征役，非也。詩明言小東、大東，蓋東國大小皆困，譚大夫作此告王，使知民病。惟出於旁觀之詞，故怨怒無聊，不嫌徑直，聶夷中《田家詩》、鄭俠《流民圖》遜其沈痛矣。陳氏曰：古者諸侯無私史，邦國之志，小史掌之，藏於周室，故譚大夫當是王朝卿士，非譚國之大夫也。古譚國，今山東濟南府歷城縣東南，王室無緣役及之。《序》：刺亂。范處義云刺幽王，不合平王東遷。故都之府藏已爲西戎殘燬，王室新定，一切費用不得不重取於東，諸侯而從王之人皆西周來者，故詩怨之也。觀春秋初年，天王使來求車求金，則王室之征求可想。有饛簋飧二句，鄭《箋》牽強，朱《傳》無義。周道與周行同解，上下文義不貫，均不可從。

【眉批】平王因西戎殘燬宮室，故遷東都。其宴安之志，蓋未嘗思發奮恢復，只圖逸樂。故東遷之後，重取於民以自奉。此詩極陳苦累，可以戒後世之徵求無厭者，故聖人錄之也。

四月維夏音戶，六月徂暑。先祖匪人，故寧忍予魚、語二韻。

比而賦也。四月、六月，初行役之時。徂，往也。匪人，非他人，言至親也。忍予，忍視其遭禍難也。首三章以行役之時喻時政不善，而歎己適當其時，不忍坐視，又無權以正之。此以盛夏酷暑喻。

秋日淒淒，百卉具腓。亂離瘼矣，爰《家語》作奚其適歸。

比而賦也。淒淒，蕭瑟意。卉，草木之通稱。腓，病。離，流離。瘼，病之深。奚，何。適，之也。此以秋日淒慘喻百卉具腓，觸目所見，如民之亂離，亦病甚矣，我將何所適歸哉。

冬日烈烈，飄風發發。民莫不穀，我獨何害。

比而賦也。烈烈，猶栗烈。發發，疾貌。言時又臨冬，日烈烈而風發發，征人尤不堪矣，因歎民莫不善而我獨何爲罹害。不言民罹害而言己受害，以告哀於其上，不便斥言也。

山有嘉卉，侯栗侯梅。廢爲殘賊，莫知其尤羽其反。

興也。嘉，美。侯，維。廢，變。殘，禍。賊，傷也。尤，過也。此下三節乃言己行役所見之事。民困苛政，故勉其地有司盡職。此章言有位不臧，有美材可爲善者，皆被毀傷。是誰之過？曰莫知，忠厚也。

相彼泉水，載清載濁古音直谷反。我日構禍，曷云能穀。

興也。相，視。載，則。構，合也。言泉水尚有清濁，而我日日遇禍，何以能善？蓋處處皆酷吏。不言民受禍，而曰己構禍。曷云能穀，無一善者，非謂己不得穀。

滔滔江漢，南國之紀。盡瘁以仕，寧莫我有音以？

比也。滔滔，大水貌。江漢，二水名。即其所見以興紀綱。紀，謂襟帶，包絡之也。瘁，病。有，顧念也。此乃勉之，使盡忠愛民，言民困如此，有位者何以忍而禍之？豈因去朝廷遠，雖竭忠而莫知乎？然人臣愛民，乃所以盡忠，果能仁民，如水澤物，積之於久，民賴其生，善政豈能終掩？彼滔滔江漢，爲南國之紀，爲其澤民也。果盡瘁以仕君，即莫知民，寧忘之而莫我有乎！

匪鶉匪鳶，翰飛戾天。匪鱣匪鮪，潛逃于淵。

賦也。鶉，或作鷻，鵰也。鳶，亦鷙鳥，邢氏曰鴟也。鱣、鮪，大魚。此乃言己所以不敢去位之故，言君臣義不可逃，時雖亂離，豈可恝然而去之。彼鶉鳶則飛戾天，鱣鮪則潛于淵，而人臣非其類也，既仕則當盡忠，亦惟盡瘁而已。

山有蕨薇，隰有杞桋。君子作歌，維以告哀。

比而賦也。蕨、薇、杞，皆見前。桋，赤楝也。樹葉細而歧鋭，皮理錯戾，叢生山中，大者可爲車輞。又言有司尊卑不一，然各有職業，皆當有益於國與民。彼山則有蕨薇，隰則有杞桋，皆可爲民食用。位雖卑也，豈不可以澤民？古之君子當下情不能上達，亦惟作歌告哀，我今亦惟作此詩以告，冀有益於民也。

《四月》八章，章四句。

大夫行役，哀民困於虐政而作此以告有司。

附　解

《序》謂刺幽王，毛氏申之曰：在位貪賤，下國構禍，怨亂竝興。鄭、孔附會之，而其說牽強。或謂大夫遭讒流離南國而作，稍近之矣，而義亦未暢。《孔叢子》曰：於四月，見孝子之思祭。節取先祖匪人立義耳，而王肅遂附會焉。孫毓難之，而所言亦謬。《集傳》以爲遭亂自傷之詩，蓋覺諸說之不安也，然於文義亦多未融。惟朱氏善，謂大夫行役而憂時之亂，乃爲得之，然以爲懼禍，則非也。此乃忠臣行役，見民困苦俱由有司暴虐，故愷切風之。《皇華》之詩勞使臣而勉以咨諏、咨謀，蓋聖王恐下情不能上達，故詳戒之。此詩猶見良法之遺，國家衰亂，固視君相之賢否，而羣有司分職効勞，尤多親民之官。三代而下，往往守土之吏不賢，剝民自利，朝廷不能遠矚，至於民不堪命，土崩瓦解，雖欲救之而無從。故聖人錄此詩，以明有司不良，忠賢太息而堂廉高遠不及知之，爲衰亂所由來也，前人何以忽之？

【眉批】雅詩皆朝廷之作，此詩因行役而傷殘賊，告哀於有司，是忠愛之意也。若但自敍其苦，亦何取焉？

《小旻》之什十篇，六十五章，四百十四句。

《小旻》之什十篇，《序》皆謂刺幽王，然細核其詞義，不盡爲幽王作也。今各就本文釋之，務求通順，不敢拘傳注而晦經文，識者辨之。

《北山》之什二之六

陟彼北山，言采其杞。偕偕士子，朝夕從事。王事靡盬，憂我父母滿以反。

比而賦也。北山寒峻，杞非可食之物，喻陟險行役，所任非要事。偕偕，強壯貌。士子，詩人自謂。言陟彼北山，而所事者采杞耳。偕偕之士子，朝夕從事，本非要事，執政者以王命役之，然王事何窮？我亦何敢辭？但父母無所養，堪憂耳。此章正意已盡。

溥天之下音戶，莫非王土。率土之濱，莫非王臣。大夫不均，我從事獨賢音形。

賦也。溥，遍。率，循。濱，涯也。此乃承出大夫來，大夫，執政者。言土廣臣眾，而執政不均，獨以我爲賢而役之，明其實非王命也。

四牡彭彭音旁，王事傍傍。嘉我未老，鮮我方將。旅力方剛，經營四方。

賦也。彭彭，行不得息。傍傍，勞不得已。嘉，善。鮮，少，以為少而難得。將，壯也。旅，與膂同。脊，骨也。承上獨賢之意而言大夫豈真以我爲賢哉！假王事役我，使不得休息，特以我年壯堪任勞苦耳。經營四方，四方皆至也。

或燕燕居息，或盡瘁事國。或息偃在牀，或不已于行。

賦也。燕燕，安閒貌。此下就己推開，言不均之實，或安居于家，或盡瘁于國，或高卧于牀，或奔走于道，苦樂相懸矣。

或不知叫號，或慘慘劬勞。或棲遲偃仰，或王事鞅掌。

賦也。叫，呼。號，召也。慘慘，苦貌。鞅掌，失容也。或耳不聞徵發之聲，或面常帶憂苦之狀，或退食從容而俯仰作態，或經理煩劇而倉卒失容，極言不均者之眾。

或湛樂飲酒，或慘慘畏咎。或出入風議，或靡事不爲音譌。

賦也。此又言不止勞逸不均而已：或湛樂飲酒，逸而益縱其欲；或慘慘畏咎，勞而猶恐得罪；或出入風議，己不在任勞而且持勞者之短；或靡事不爲，憑權藉勢以苦同列。

《北山》六章，三章章六句，三章章四句。

大夫假君命以役，臣不得孝養其親，其人作此刺之。

附　解

《序》謂大夫刺幽王，《詩傳》謂懿王之時大夫勞於王事，朱子則但以爲大夫行役而作。然詩明言大夫不均，非刺王矣，謂大夫行役勞苦而怨，尤非。人臣盡職盡瘁，乃其本分，即不得侍親，亦忠孝不能兩全，安得怨謗？玩其詞義，乃執政專擅，以天子命役使同列，而其人或係世戚忠賢，義不可去，惡其不均，將使賢能解體，故作此刺之。夫子錄之，亦以權臣擅命，以私意役使忠賢，順則引爲己黨，逆則加以罪戮，往往有之，故以此爲戒也。不然，君子之仕也，揆之於義，義不容辭則盡瘁鞠躬，義不可留則全身高蹈。若受祿而不任勞，戀棧而任不均，乃小人之尤，夫子何以取之哉！

【眉批】王朝之卿亦可稱大夫。此大夫，蓋執政者，而詩人亦必誼居貴戚，故明知不均而不可不從。夫子錄之，則以戒乎後世。

無將大車，祇自塵兮。無思百憂，祇自疧當作痻**兮。**

比也。將，扶進也。大車任載重物，喻執政者也。祇，適。疧，病也。忠臣欲襄執政以濟國，而不知其不可與，故詩人箴之曰：君子慎其所與，憂國必求其有濟，不然，無益於國，有累於身也。譬彼行道，無將大車，將之，則大車未必可行而塵反蔽目，人臣遇事不可爲，亦惟潔身全道，無徒思百憂以自病其身也。

無將大車，維塵冥冥。無思百憂，不出于熲。

比也。冥冥，昏之甚。熲，與耿同，小明也。又言與小人共事，如將大車，其塵冥冥，小人無明白之時，不能有濟，而徒思百憂，止如居暗隙而得天光，所見不出於熲也。

無將大車，維塵雝兮。無思百憂，祇自重兮。

比也。雝，猶蔽也。重，累也。又言小人不但難與圖功，且將爲所累。

《無將大車》三章，章四句。

時有忠臣，欲輔執政濟國而不知其人非也，詩人作此箴之。

附解

《序》云大夫悔將小人。朱子謂行役勞苦而憂思者之作，然以大車喻小人行役，均未當也。大車者，執政之位，時小人當國，君子憂國，思相與扶持而安全之，其意固美，但小人昏庸，不可與明而徒失身，無濟於國，故詩人戒之，欲其知止也。一章言徒自病；二章言小人不明，必不見用；三章言不惟無益而有累。文義甚明，不必舍經從傳也。古今忠義之士，誤從小人，欲濟國而無益，罹禍者甚多。

【眉批】小人不可共事，況衰亂之時，欲因以成功乎？後世賢臣，不明此詩之義者甚眾，是以無濟於國而徒殞其身也。

明明上天，照臨下土。我征徂西，至於艽野神與反。二月初吉，載離寒暑。心之憂矣，其毒大苦。念彼共人，涕零如雨！豈不懷歸？畏此罪罟。

賦也。征，行。西，彘，在晉地。艽，地名，蓋彘之近邑。野，遠之稱。二月，周正丑月。初吉，朔日。毒，禍。共人，周、召，共和二相。懷，思。罟，網。大夫從王於彘，而告朝臣言：明明上天照臨下土，固無微不察，今日之亂，良不虛生也。我行往西至於艽野之遠。其始來也，二月初吉，今已幾易寒暑。心之憂者，此禍太酷。念彼共和守國之人不得同朝，涕零如雨。豈不懷歸乎？但以大義，不容棄君而去以干罪罟耳。

昔我往矣，日月方除。曷云其遠？歲聿云莫。念我獨兮，我事孔庶。心之憂矣，憚我不暇音豫。念彼共人，睠睠懷顧。豈不懷歸？畏此譴怒。

賦也。除，歲除。周之二月，歲除之時。曷云其遠，何能遠也。獨從王，無他人。庶，多。憚，勞。睠睠，勤厚之意。懷顧，共和諸臣遣使問訊也。譴，責也。言己往之時，日月方除。業已從王，王不得還，己曷云能遠乎？歲忽已暮，念己少同僚，任事甚多。心所憂者，勞我以不暇而無濟於于事。念彼共人睠睠，懷顧遠人，我豈不懷歸？恐干大義而受譴怒耳。

昔我往矣，日月方奥。曷云其還？政事愈蹙。歲聿云莫，采蕭穫菽。心之憂矣，自詒伊戚音促**。念彼共人，興言出宿。豈不懷歸？畏此反覆。**

賦也。奥，與隩同。歲除之時，民皆隩處也。蹙，窮急也。詒，遺。戚，憂。出宿，欲遂歸。反覆，謂始從而中變。申言己從王已久，王不得復歸，則己何時還乎？自出居至今，時益久矣，而王無自怨自艾之心，政事益壞。歲云莫矣，采蕭以爲薪，穫菽以爲食。其困如此，心之憂矣，豈他人爲之乎？亦自詒伊戚耳。蓋言王自取而諱其詞於己，念彼共人，興言出宿遂欲徑歸，然終不歸也。豈不懷歸？畏此反覆之行，不可以對共人耳。

嗟爾君子，無恒安處。靖共爾位，正直是與。神之聽之，式穀以女。

賦也。君子，謂共人。恒，常。安處，安居朝廷也。靖者盡心，共者盡職。與，助也。聽，式憑也。式，用。穀，祿。以，猶與也。此乃勉共和之善爲圖國，故嗟歎而言爾君子毋以安處朝廷爲幸，當靖共爾位，與正直之人共圖國是，則神明式憑，必穀女矣。

嗟爾君子，無恒安息。靖共爾位，好是正直。神之聽之，介爾景福。

賦也。息，心安也。好，愛。介，助。景，大也。又言君子無恒安息而忘戒懼，當靖共爾位，正直之人不特當與同謀，更當好之而以誠相信，則神之聽之，必介爾景福。蓋自甘勞苦，又勉内臣忠勤，詩人可謂賢矣。

《小明》五章，三章章十二句，二章章六句。

厲王出居於彘，大夫從王，爲此詩以復朝臣之問也。

附　解

《序》曰大夫悔仕於亂世，鄭《箋》、孔《疏》解說生強。朱《傳》主行役說，於文義亦多不明。或曰厲王流於彘，大夫之從行者，歷時既久，悲念而作是也。而猶未盡宣詩義，今疏通之。蓋厲王暴虐，國人流王於彘，周、召二公共治，號曰共和。夫國人既出，王則畔矣。非周、召二公鎮撫百姓，保護王身，豈有不大亂者？想二公之賢，亦不亞於厥祖，乃能處變定亂。出王於彘，必爲賢臣以輔翼之，而且内安百姓，外撫諸侯，晏然無恙。共和十四年之久，宣王藉以中興，甯俞子鮮從衛君，識者歸功推挽，則當日周、召可知。國人之所以逐王，以其虐耳。周、召以仁安之，所以亂已。而且從王之賢臣，亦必周、召所遣，使之啟沃，冀王改行復辟，奈王不然，故詩言政事，愈蹙而心憂不得還國。既知王必不能改行，將終老於彘，故勉共和諸人靖共正直，以待新君。必知爾忠正不至降罪，厥後宣王中興，果如其言，詩人之賢可知矣。然非周、召實有才德，誠心爲國，豈免於罪？此事與伊尹放桐同一盛烈，蓋千古所無，非此詩何以明之？若子西保路，田單復齊，亦彷彿似之，然難易殊而功業亦異矣。至《小明》篇名，因《大雅》有《大明》，此曰《小明》。歐陽公謂名篇者，偶爲誌別，不關詩義。信矣。

【眉批】屢言豈不懷歸，而終勉以無恒安息，其爲朝臣問答之作顯然。後世擬蘇武、李陵贈答之作，但敍私情，無關國政，其心跡本相懸也。

鼓鐘將將，淮水湯湯，憂心且傷。淑人君子，懷允不忘。

賦也。將將，聲也。淮水出桐柏山，今河南信陽州東會泗，至淮安府安東縣入海。湯湯，水流動有聲貌。淑，善。淑人，君子，謂先王先公。允，信也。言鼓鐘將將，與淮水之湯湯相應，聞之而憂心且傷。念先王以此和民之情，至久而遺音猶在。淑人君子，令人懷思之深而不忘也。

鼓鐘喈喈，淮水湝湝，憂心且悲。淑人君子，其德不回。

賦也。喈喈，眾樂和聲。湝湝，眾水流聲。悲，則更甚於傷。回，邪也。古者作樂，先擊鐘而眾音始作，故鼓鐘以導樂，而眾音和鳴。與淮水眾聲相應，聞之憂心且悲者，思淑人君子有是德而後有是樂，今徒樂存，而不回之德杳矣，所以憂悲也。

鼓鐘伐鼛，淮有三洲，憂心且妯。淑人君子，其德不猶。

賦而比也。鼛，役鼓。《周禮》以鼛鼓鼓役事是也。洲，水中之地，水涸而洲見。妯，動也。猶，似也。言鼓鐘甚樂，而忽伐鼛鼓，民困于役，樂者自樂，憂者方憂。如淮水方盛，忽有三洲不盡安流，是以憂心而妯。思淑人君子，當年和民，其德不如此也。

鼓鐘欽欽，鼓瑟鼓琴，笙磬同音。以《雅》以《南》，以籥不僭。

賦也。欽欽，聲有節。琴、瑟，堂上之樂。笙磬，堂下之樂。同音，言其和。雅，朝廷正始之音。南，二《南》風化之樂。籥，舞器。僭，差也。言鼓鐘有節，而琴、瑟、笙、磬無不諧和，其音則合於《雅》《南》，籥舞亦不差其節，此皆先王遺澤之久長。而今也政治，不若徒有此樂，使人不能無思古之悲也。

《鼓鐘》四章，章五句。

大夫淮水之上聞樂而念先王，歎今之不古若也。

附　解

《序》：刺幽王。齊、魯、韓三家謂刺昭王。考之載籍，皆無確據。或以爲穆王，而援祈招之愔愔，以爲相類似矣。然彼明言思我王度，式如玉、式如金，形民之力，無醉飽之心。此則咏樂，突接憂心且悲，復言淑人君子承接，語意殊甚隱躍。再三玩味，前人謂傷今思古，其說是矣。而必以爲刺王流連則非，蓋流連之樂，尚安得有以《雅》以《南》之盛？况必明指何王，實無所稽，今即本文繹之。蓋周衰，先王禮樂之教猶有存者。周公作樂，無論朝野，皆有詩歌樂舞，樂與詩俱，不可一日離也。但禮主於敬，樂主於和。敬者易肆，久而弛焉。和者樂趣，久猶習焉。此人於淮水之上聞鼓鐘及諸樂猶有古音，而禮教廢弛，故思先王和民情必先節民性。今也不然，是以思淑人君子而歎其德不猶。德之不猶，只以鼛鼓微露之。民非不可教也，上無德則無以導民，樂雖存而所以樂之道不存，故反復流連，慨喟深焉。蓋文、武、周公德澤在人，朝廷政雖衰亂，而草野遺音猶存。夫子所以錄之，爲主世教者勸也。簡兮之碩人，執籥秉翟而思西方之美人，其亦同此懷抱歟？

【眉批】樂以導人心之和。周室雖衰，禮度猶存草野，賢士大夫猶有肄及之者，故能以《雅》、以《南》、以籥不僭也。詩人聞之而反復詠歎，所以思淑人不已也。

楚楚者茨，言抽其棘，自昔何爲？我蓺黍稷。我黍與與，我稷翼翼。我倉既盈，我庾維億。以爲酒食，以享以祀。以妥以侑古音以，以介景福。

賦也。楚楚，盛密貌。茨，蒺藜。抽，除也。我，主祭者自謂。與與、翼翼，皆繁盛貌。露積曰庾，十萬曰億。享，獻。妥，安坐也，《禮》曰詔妥尸是也。侑，勸食。介，助。景，大也。言翦除茨棘，先人何爲如此勤勞乎？蓋以蓺黍稷也。黍稷豐盛，倉庾充盈，然後以爲酒食享祀。先人妥之侑之，以大其福，蓋力農爲祭祀之本也。

濟濟蹌蹌，絜爾牛羊。以往烝嘗，或剝或亨古音普郎反。或肆或將，祝祭于祊古音方。祀事孔明彌郎反，先祖是皇。神保是饗，孝孫有慶古音羌。報以介福，萬壽無疆。

賦也。濟濟、蹌蹌，敬之容也。《曲禮》曰：大夫濟濟，士蹌蹌。絜，與潔同。冬祭曰烝，秋祭曰嘗。剝，解其皮。亨，熟其肉。肆，陳其骨體於俎。將，奉持而進之。祊，廟門內，不知神之所在於彼於此，故祝祭門內以求神。祀事，祭祀之事。孔明，禮甚備。皇，君臨之也。神保，保先祖以來者，護從之屬。慶，幸。求神而神來，乃孝孫之慶，慶其得神之歡，從兹將報以大福與遐壽。此節重祀事，孔明言執事恪而禮儀備，以此神保享而福壽來。

執爨踖踖音鵲，爲俎孔碩音芍。或燔或炙音灼，君婦莫莫。爲豆孔庶音鵲，爲賓爲客。獻酬交錯，禮儀卒度。笑語卒獲，神保是格音閣。報以介福，萬壽攸酢。

賦也。爨，竈也。《禮》有饔爨以煮肉，在門東南北上，有廩爨以炊米，在饔爨之北。踖踖，敬也。俎，所以載牲體。碩，牲體大也，言薦熟也。燔，燒肉。炙，炙肝，言從獻也。《禮》曰：主人獻尸，賓長以肝從；主婦獻尸，兄弟以燔從。君婦，主婦。莫莫，敬而靜，凡祭，必夫婦親之，所以備內外之官也。豆，所以盛肉羞。庶羞，君婦所爲。庶，多也。賓、客，四方來助祭者。賓長為賓，眾賓爲客。獻酬，互飲也。主人酳尸，主婦亞獻，賓三獻，畢，主人遂酌以獻。賓主酌，賓曰獻，賓飲，主曰酢，主又自飲，而復飲賓曰酬，交錯旅酬，眾賓與兄弟皆遍也。卒，盡也。禮儀盡合法度，而笑語盡得其宜。古者於旅也，語恩澤行於禮法之內，和樂生於誠敬之中也。格，至也。前言福壽初獻而冀幸之詞，此則神至而果降以福壽如與之酬酢也。此節推言凡執事之人及主婦眾賓皆無失禮，神尤喜之。

我孔熯矣，式禮莫愆音傾。**工祝致告，徂賚孝孫。苾芬孝祀。神嗜飲食。卜爾百福，如幾如式。既齊既稷，既匡既敕。永錫爾極，時萬時億。**

賦也。熯，竭勞之意。工祝，工於祝者。徂，往。賚，錫。苾，芬香也。卜，予也。幾，期。式，法也。齊，整肅。稷，敏給也。匡，正。敕，戒。極，至也。承上二節而言主人甚勞而行禮莫愆，故神使工祝往告孝孫而賞賚之曰：爾孝祀芳潔，神是以嗜爾飲食而予爾百福，使爾有求即如期而來，不遲晚也，所得皆如法，豐足不偏歉也。所以然者，非但享爾飲食之故，爾之於禮，既整齊又敏給，既正大又謹敕，故不特賚爾於一時，且永錫爾爲眾善之主，萬億無已。蓋言長爲建極之尊也。

禮儀既備音畢，**鐘鼓既戒**音急。**孝孫徂位，工祝致告**音鵠。**神具醉止，皇尸載起。鼓鐘送尸，神保聿歸。諸宰君婦，廢徹不遲。諸父兄弟，備言燕私。**

賦也。既備，禮成也。既戒，樂止也。徂位，祭祀畢而主人往阼階下西面之位。致告，祝傳尸意告利成於主人。神無形而言具醉者，誠敬之至，如見之也。尸稱皇，尊之也。神依於尸，神醉故尸起。鼓鐘，金奏肆夏也。送尸而先祖歸，故神保亦歸。前同享，今同歸也。諸宰，眾宰，非一人之稱也。廢，去也。不遲者，以疾爲敬，亦不留神惠之意。祭畢既歸賓客之俎，同姓則留與之燕，所以尊賓客親骨肉也。燕而言私，非狎昵之謂也，祭重公義，雖諸父亦在臣子之列，燕伸私恩，故天子諸侯皆尊諸父而與兄弟齒也。此節言送神之事也。

樂具入奏古音族，**以綏後祿。爾殽既將，莫怨具慶**音羌。**既醉既飽，小大稽首。神嗜飲食，使君壽考。孔惠孔時，維其盡**上聲**之。子子孫孫，勿替引之。**

賦也。几〔凡〕廟之制，前廟以奉神，後寢以藏衣冠。祭畢而燕於寢，故祭時之樂皆入奏也。綏，安也。人，神之主也。神享既受福燕，又推神惠以及人，故曰以綏後祿。爾殽，即所徹之羞。莫怨具慶，神惠遍也。既皆醉飽，又稽首而言神嗜飲食，既言君壽考矣，則推此誠敬之意以達於人民，使民皆受其惠，使事各當其時，天下事無不盡得其宜，子子孫孫長守此道，勿廢其禮，且引而伸之。蓋必如是，始爲福壽之實，而神之所以賚以人心所願而益信也。此節即燕私之慶言，以收束通篇。

《楚茨》六章，章十二句。

周初，民和年豐，祭事既成，羣臣頌禱君上而作，後遂爲祭畢燕飲之樂歌。夫子錄之，以明洽神人、和上下之義。下三篇仿此。

附　解

《序》謂刺幽王。毛、鄭皆言思古非今。然按之詩文，無刺意。朱子以其在《小雅》，非天子詩，改爲述公卿有田祿者力於農事以奉其宗廟之祭。然鼓鐘送尸，使君壽考，非公卿可當。篇中自農事重粢盛起，詳敘祭事始末而多頌禱語，則明非天子自作，亦非祭時所用。蓋周之盛時，百度俱脩，上恬下熙，自天子宗廟以迄士庶，皆能重農力本以安室家而奉祭祀。此篇則羣臣美天子而頌之，下篇《信南山》美諸侯，《甫田》《大田》則大夫、士也。其初止是臣下頌祝之言，其後相沿，遂爲祭畢燕樂之樂歌。夫子存之，以見盛世上下和樂、神人相孚之概也。神保，朱子以爲尸之嘉號，如《楚詞》靈保之意。然觀五章之下，又言皇尸載起，神保聿歸，則神保非即尸也。蓋詩人神其先人，以爲雲從之者有人，且不敢遽言先祖是享，而言神保，猶言其騶從亦既享我，則先祖可知，謙敬之詞也。故敬從《折衷》之說。

【眉批】神，庇民者也。民氣樂而歲豐稔，又能致敬盡禮，神斯享之。此詩曲盡其義，其詞則被諸弦歌，其義則歸美君上，故不列於頌而列於雅也。

信彼南山，維禹甸之。畇畇原隰，曾孫田之。我疆我理，南東其畝滿以反。

賦也。《折衷》曰：信與伸通，言山之緜亙，如引伸而不窮也。南山，終南山。維、惟同。甸，治也。畇畇，墾闢而平均也。曾孫，主祭者之稱。曾，重也，自曾祖以至無窮，皆得稱之。疆以定其經界，理以達其遂溝。畝，壟也。地之大勢，東南下，爲田必疏其下以利水，故舉以例西北言，信乎。南山之廣袤，惟禹能甸之。此畇畇之原，隰亦惟曾孫能田之，而我亦得因其疆理之舊，得有此田畝也。蓋正疆界、治田畝，諸侯之事，詩人本其先世言之，而竝美其子孫，以爲祭祀粢盛之所由來。

上天同雲，雨雪雰雰。益之以霢霂，既優既渥古音屋。既霑既足，生我百穀。

賦也。同雲，雲一色也，將雪之候如此。雰雰，雪貌。霢霂，小雨貌。優、渥，多也。霑、足，遍洽也。冬有積雪，春而益之，以小雨則饒洽矣。又言得天之時。

疆埸翼翼，黍稷彧彧古音于逼反。曾孫之穡，以爲酒食。畀我尸賓，壽考萬年。

賦也。埸，田畔也。翼翼，整飭貌。彧彧，茂盛貌。畀，與也。承上言地利得而疆埸翼翼，天時和而黍稷彧彧，以曾孫之穡爲酒食而畀尸與賓，乃能荷神之福，壽考萬年。蓋言曾孫有德，即地利天時豐稔以該之，非第謂以酒食奉祀即得福也。

中田有廬，疆埸有瓜音孤。是剝是菹，獻之皇祖。曾孫壽考，受天之祜古音古。

賦也。中田，公田也。八家同井，其中爲公田，内以二十畝與八家爲廬舍，於畔上種瓜以盡地利，瓜成剝削，淹漬爲菹而獻皇祖。此又推言不獨酒食，凡小物亦備，即瓜以明之。夫祭祀之菹多矣，水草之菹，陸產之醢，小物備矣。三牲之俎，八簋之實，美物備矣。而此獨言中田之瓜菹者，田中稼穡之美不待言，即他物亦繁茂，則曾孫平日養民以受天庥可知，故終之以壽考受祜。

祭以清酒，從以騂牡。享于祖考，執其鸞刀。以啓其毛，取其血膋。

賦也。清酒，鬱鬯之屬。騂，赤色，周所尚也。鸞刀，刀環有鈴者。膋，脂膏也。啓其毛以告純，取其血以告殺，取其膋以升臭，合之黍稷，實之於蕭而燔之。此乃正言祭事。祭重黍稷之馨，故清酒爲主，而從以騂牡，以是享于祖考。執其鸞刀，啓毛、取血、取膋以求神焉。

是烝是享，苾苾芬芬。祀事孔明彌郎反，先祖是皇。報以介福，萬壽無疆。

賦也。烝，進也。享，薦也。苾，芬香也，言薦熟也。此總結上文，言以是烝享而苾芬，孝祀禮甚明備。先祖尊嚴臨之，報以介福，而壽無疆也。

《信南山》六章，章六句。

諸侯爲天子守土治民，民安歲稔，祭獲福，而臣下頌之。

附　解

《序》：刺幽王。毛氏以曾孫爲成王，朱子陋之，是矣，而曰與《楚茨》大意略同。今按篇中美曾孫能疆理原隰以富民，得天時而歲稔，以此祭享而神福之。周制，惟諸侯世守，大夫賢乃世官，不賢第世禄，則疆理爲諸侯明矣。其不詳祭之事者，天子爲人神之主，必主祭而百神享之，治民而百姓安之，乃能永祚。諸侯則子奪，聽於天子，惟是土地受之，先君治民事神，分天子之政化，故祗言疆理得宜，時物順成，則賢可知矣。其爲樂歌之義，已見上篇，不贅。

【眉批】古者田禄最重，奉宗廟而長子孫，胥於是賴。此詩所以首明斯義，而子孫之克承先業保世滋大之事，皆寓其中，所以制爲樂歌，而使懷永不忘也。

倬彼甫田，歲取十千。我取其陳，食我農人。自古有年。今適南畝滿以反，或耘或耔，黍稷薿薿。攸介攸止，烝我髦士。

賦也。倬，大也，《韓詩》作菿。甫，亦大也。十千，計公田之入也。一成十里，以萬畝爲公田，一同百里，以萬夫爲公田，皆十千之數。我，在上者自謂。陳，舊制也。農人，助耕公田者。有年，豐年。適，往也。耘，除草。耔，壅本也。薿薿，茂盛貌。介，際也，謂眾人聚集際會之處。烝，進。髦士，秀士。古者士出於農，故力農者多美士。言倬彼之甫田，歲取其十千之人，什一之征，古舊制也。我取其陳補其餘，以食我農人，農人足食，乃不匱，故自昔以來，常有年也。古既如此，今我適南畝而勸，相見農人，或耘或耔，黍稷薿薿，於是於所際所息之處進髦士而勞之，言民之多秀也。

以我齊明彌郎反，與我犧羊，以社以方。我田既臧，農夫之慶音羌。琴瑟擊鼓，以御田祖，以祈甘雨，以介我稷黍，以穀我士女。

賦也。齊，與粢同，《禮》云稷日明粢是也。犧羊，純色之羊。社，后土。方，祭名。迎四方之神，以祭臧善慶福也。御，迎也。田祖，先嗇，謂始耕田者，即神農也。《周禮》：凡祈年於田祖，則吹豳擊土鼓，以樂田畯。穀，善也。承上言農人多秀良而能勤穡事，故我得以我齊明，與我犧羊，祭社祭方。明神佑而田臧，農夫之慶，且作樂以祈田祖，冀長此有年，以穀我士女。

曾孫來止，以其婦子，饁彼南畝滿以反。田畯至喜，攘其左右，嘗其旨否。禾易長畝見上，終善且有音以。曾孫不怒，農夫克敏音米。

賦也。曾孫，爲人子孫者之通稱，告神亦得通用，謂田主也。饁，餉。攘，取也。旨，美。易，治。長，竟。有，多。敏，速也。承上言祈神而神果相之，曾孫來止，偕婦子而餉農人。田畯甚喜，取其左右所饁，嘗其旨否，以獎農人。禾易而竟畝，如一知其終善。且有曾孫，不必怒嗔，而農夫自克敏也。此篇與下篇言田畯至喜皆於饁彼之時。田畯，勸農之官，故喜其勤。而《楚茨》、《信南山》不言，天子公卿尊也。

曾孫之稼古音與庾協，如茨如梁。曾孫之庾，如坻如京音疆。乃求千斯倉，乃求萬斯箱。黍稷稻粱，農夫之慶音羌。報以介福，萬壽無疆！

賦也。秀實曰稼。茨，屋茨，言密比也。梁，車梁，言穹窿也。庾，露積也。坻，水中高地。京，高丘也。箱，車箱。承上言神人兩協，是以曾孫秀實之稼，其在野也，如茨如梁。及其既收也，曾孫之庾如坻如京。乃求千倉萬箱以斂之，黍稷稻粱，無所不有。此皆農夫之功，所致祈神，宜報以介福，萬壽無疆。蓋歸美於下，欲報以無窮之福。古言萬壽，猶今人言萬福，非必天子始云爾也。

《甫田》四章，章十句。

大夫能治民而安之，重農務本以奉祭祀，爲此詩以祈，而其後遂爲凡有位祈年之樂歌也。

附　解

《序》：刺幽王。毛、鄭附之。朱子不取之，云公卿力於農事，以奉方社田祖之樂歌，當矣！蓋農固爲國本，而周家祿采皆取於田，其事尤重。其勸勞之法至多，《禮》經具詳。此詩敘祭祀止以我齊明數句，其餘皆敍農事而歸美於農夫。與上二篇不同者，大夫之分與天子、諸侯異也。大夫采地，其得失尤易頓殊，幸有采田，或受之先人，亦係國恩，當鄭重而愛民竝慰勞之，況周家農即士，士即農，髦士出焉，非可虐用其民，浚脂膏而使不暇耕也。篇首即言不過取於民，冀古之有年，適南畝而烝髦士。蓋勸農之中，課士亦寓矣。次章言己之得奉祭祀與爲民祈年，皆賴農夫，是以已不敢怠荒，嘗饁餉之，而農夫不俟怒責，俱自克敏。自謙之言也，而其人平日有澤於民可知矣。末章言稼庾充盛，隨所取攜而不窮，此皆農夫之慶，已乃得分其慶，祈神報以介福，萬壽無疆。結二語乃祈神之詞，前人不明其旨，所以疑朱子之非耳。此大夫采田受之先人者，故自稱曾孫，亦以其係對神而言，自云乃爾也。

【眉批】念己祿養所由來而鄭重農事，爲民祈年即爲民祈福。情文愷切，作者之賢可知。

大田多稼，既種既戒，既備乃事。以我覃耜，俶載南畝滿以反。播厥百穀，既庭且碩，曾孫是若。

賦也。種曰稼，斂曰穡。種，擇其種也。戒，飭其具也。覃，利。俶，始。載，事。庭，直。碩，大。若，順也。言田大而種多，故先事而擇其種、飭其具，然後以其利器，始有事於南畝，耕而播之。其生既直遂矣，又碩大焉，以是順曾孫之所欲。力田者孝養之本且告神，故曰曾孫。

既方既皁，既堅既好，不稂不莠。去其螟螣，及其蟊賊，無害我田稺。田祖有神，秉畀炎火音毀。

賦也。方，房也。孚，甲始生也。皁，粒汁未滿也。稂，童粱。莠，似苗，皆害苗之草。食苗心曰螟，食葉曰螣，食根曰蟊，食節曰賊，皆害苗之蟲。稺，幼禾也。上文庭碩，言其苗耳。此則言其秀而方皁，實而堅好，既實之後，竝稂莠而去之，則稼美矣。然猶螟、螣、蟊、賊之爲害，此非人力所及也。祈田祖之神，取而畀之。炎火盛夏之時，炎帝司令，故其禱詞如此。

有渰萋萋，興雨祁祁。雨我公田，遂及我私。彼有不穫稺，此有不斂穧；彼有遺秉，此有滯穗，伊寡婦之利。

賦也。渰，水雲貌。萋萋，盛也。祁祁，徐也。雲盛則雨多，雨徐則入土。公田，曾孫之田也。并九百畝，其中爲公田，八家皆私百畝，同養公田。穉，晚禾之幼者。穧，束。秉，把也。滯，刈之所不及者。承上言諸害果無而甘雨，復以時澍，公田私田皆及，於是收斂之時豐穰非常，彼有未穫之穉禾，此有不斂之禾束；彼有遺忘之秉，此有漏滯之穗。不盡取之，畱以爲寡婦之利。先公而後私，利及於寡婦，忠敬之忱、仁惠之俗，皆可覘也。

曾孫來止，以其婦子。饁彼南畝滿以反，田畯至喜。來方禋祀，以其騂黑，與其黍稷。以享以祀，以介景福方墨反。

賦也。曾孫來止，省斂也。饁，餉穫者也。禋之爲言煙也。潔，祭之名，臭陽達於上之義。望祀各以其方之色，獨舉騂墨者，以秉畀炎火之故。《禮》南方以報祝融，雨我公田之故。禮，北方以報以玄冥也。言方穫之時，曾孫來止，田畯亦喜，而以禮報，願神降之福，長茲有年，介景福焉。

《大田》四章，二章章八句，二章章九句。

此士庶以下祈年報賽之樂歌，亦周盛時朝廷所作，使士民用之，而後遂沿爲典常者也。

附　解

《序》：刺幽王，言矜寡不能自存。專以寡婦之利句爲說，迂陋甚矣。周家重農，其法制詳密，載籍具見。前三詩天子、諸侯、大夫，此士庶祈年報賽之樂歌。或制自朝廷，或元公制作之時所製，皆不可考。而必非民間之作，故列於雅也。篇中稱曾孫，田祖享祀義固昭然，而前人或以爲《豳》、雅，大非。愚已著其說於《七月》之詩，茲不贅矣。

【眉批】農爲衣食之原，無貴賤皆賴之，而士庶尤親其事。此詩詳種戒出功等事及苗稼情形，除害祈神雨澤豐……①

瞻彼洛矣，維水泱泱。君子至止，福祿如茨。韎韐有奭，以作六師。

比而賦也。洛，水名，出宏農郡上洛縣冢領山，至洛陽而始大。泱泱，浩蕩貌，喻國家明盛之勢，且據形勝也。君子至止，會諸侯於東都也。如茨，積厚也。韎，茅蒐。韐，韠也。茅蒐染韠，士大夫之戎服。奭，赤貌。作，起也。六師，天子六軍也。言洛水之形勝，天子朝會諸侯於此，臣民以天子之至爲榮，恩施所及，福祿如

① 此處疑底本有脱字。

茨，百官皆備戎服以從行也。

瞻彼洛矣，維水泱泱。君子至止，鞞琫有珌。君子萬年，保其家室。

比而賦也。鞞，刀鞘。琫，刀上飾。珌，刀下飾。蓋天子亦戎服，如今之行裝也。家室，王室。天子以天下爲家。言天子至止，亦著戎服，德威竝著，知其能萬年保固王室也。

瞻彼洛矣，維水泱泱。君子至止，福祿既同。君子萬年，保其家邦博工反。

比而賦也。既同，天子有福，與諸侯同之。邦，諸侯之國。天子有德，則大畏小懷，不特保王室，兼保萬邦矣。

《瞻彼洛矣》三章，章六句。

天子朝諸侯於東都，德威兼著，諸侯頌之如此。

附解

《序》：刺幽王而思古明王。欠安。朱子謂天子會諸侯於東都，諸侯美之。是也。而云講武事，則偏。周公營洛邑以朝諸侯，一者省諸侯時見之煩，二者巡狩、述職竝具，以考禮正刑一德。然必天子平日九經之義俱全，大畏小懷罔敢隕越，而後六軍所至，臣民歡洽。此詩言六師，王行必以六軍從也。天子鞞琫，行裝也，非爲講武而然。《吉日》《車攻》，美宣王，以其值周衰而中興，能振乾綱。此則武王成康盛時恬熙之候，雖朝會而田，講武亦所不廢。然所以福祿如茨，不在乎此。朱氏善謂周人尚文，其弊必趨於弱，故周公戒成王以詰戎兵，畢公戒康王以張皇六師，似圣人惟恐威權不立者，然不知聖人文德武功本無偏廢，德威惟畏，自有相維相輔以一天下之人心者。後世強武則慮其暴，仁慈則慮其弱，由本原不清，故好尚各偏。周之盛時，豈容有此？儒者解經，每因所處之時，寓規諷之意，而各主一說，然已令經文本意大晦，且於聖人維世立教特存載籍之意不明，不可不辨也。

【眉批】會諸侯而修武事，其平日尤有德威惟畏之實，諸侯乃頌美之如是也。

裳裳者華，其葉湑兮。我覯之子，我心寫音湑兮。我心寫兮，是以有譽處兮。

興也。裳，本作常，常棣也。湑，露浥而茂盛也。之子，謂諸侯。寫、譽處，義見《蓼蕭》。以裳華之浥露而潤澤，興之子之容采秀潤。而言己一見則心爲傾寫，蓋喜其實能爲己宣勞，是以有聲譽而安於其位也。

裳裳者華，芸其黃矣。我覯之子，維其有章矣。維其有章矣，是以有慶音羌矣。

興也。芸，黃盛也。章，文章。言其文采昭著於外，是以有福慶也。

裳裳者華，或黃或白音博。我覯之子，乘其四駱。乘其四駱，六轡沃若。

興也。或黃或白，非一色也，興之子或有德有文，或善射御，才亦不一。沃若，柔而潤。上章美其文，此章美其武也。

左七何反之左之，君子宜音俄之。右音以之右之，君子有音以之。維其有之，是以似之。

賦也。左右，猶言外內，才著於外，德存於內。承上二章言其才全德備，左之左之以試其才，而才無不宜；右之右之以考其德，而德無不有。然見於外者本乎內，德者，才之本也。惟其有之，是以著於外者似乎內。此以見先王取人，必由其本，而後取其末也。

《裳裳者華》四章，章六句。

天子美諸侯之詩，所以答《瞻彼洛矣》之意。

附　解

前人多謂天子美諸侯，義實優於《序》說。朱子以爲答《瞻彼洛》，則尤得其情事也。蓋天子會諸侯於東都，諸侯美天子之德威，而天子答之。美其文武才能，歸於內之有德。蓋天子以乾綱爲威，諸侯以承宣德意爲要，故其頌禱之意各殊。且因東都朝會而燕飲，故與《蓼蕭》《湛露》《燕閒》之詩不同。

【眉批】美諸侯之有德有容、有才有技，而喜於覯止。上下相親、君臣一德之象，宛然在目。

《北山》之什十篇，四十五章，三百三十四句。

《桑扈》之什二之七

交交桑扈，有鶯其羽。君子樂胥，受天之祜。

比也。交交，羣飛往來貌。鶯羽有文，采扈之羽類之。桑扈應候而交飛，比諸侯如期而旅見。其羽鶯然而有文，比諸侯秩然而有禮也。諸侯以禮來朝，天子喜而饗之，與之相樂，期其必受天之福也。胥，語詞也。

交交桑扈，有鶯其領。君子樂胥，萬邦之屏。

比也。領，頸。屏，蔽也。言衆諸侯之中其尤賢者，禮儀更盛，如交交之桑扈，其領尤鶯然。天子是以樂與之燕，以爲方伯，萬邦恃之爲屏也。

之屏音丙之翰，百辟爲憲。不戢不難乃多反，受福不那。

賦也。翰，幹也。屏之爲物，禦外以蔽内；翰之爲物，障士以築牆。辟，君。憲，法也。不、丕同。戢，斂。難，慎。受福，謂天子賴其力。那，多也。承上言以此爲屏爲翰，百辟皆以爲法。蓋方伯賢明，宣布天子德威。諸侯皆斂戢戒慎，我之受福甚多。美其平日之功如此。

兕觥其觩，旨酒思柔。彼交匪敖，萬福來求。

賦而比也。兕觥，兕性剛好觸，以兕角爲爵，其狀觵觵然。觩，角上曲貌。酒易發人之剛，故以此寓戒思柔意。謙，下也。彼兕觥其觩，剛直之象似之，而非以剛凌人也。內德溫恭，常思謙退，即旨酒適口，易於亂性，而思則甚柔。所以平日邦交，諸侯不生傲慢，無意於福而萬福自來求也。

《桑扈》四章，章四句。

方伯以其屬旅見於天子，天子燕之，作此詩以美也。

附　解

《序》謂刺幽王。詩無刺意，朱子謂天子美諸侯，是也。但詩意淺深相承，重美屏翰以美方伯之詞，與《湛露》《彤弓》意自各別，又三章三不字，舊説皆作豈不解，亦通。但《書》丕克遠省，馬融作不，《周頌》不顯不承猶《書》丕顯丕承，故秦《詛楚文》曰：不顯大神，巫咸泰和。鐘銘曰不顯皇祖。古不、丕字原通，則作丕字解較爲直捷。

【眉批】古者諸侯各君國子民刑賞予奪不盡由天子，惟禮樂制度一禀王章。方伯之權最重，上承天子，下帥諸侯，苟非其人，凌替所由作也。知此，則知此詩之意。

鴛鴦于飛，畢之羅之。君子萬年，福祿宜魚何反之。

比而賦也。鴛鴦，匹鳥也。止則相耦，飛則爲雙，喻諸侯相親，如後世所謂鴛行也。畢，小網長柄者。羅，罔也。君子，謂天子方伯。承前篇天子之美而言己非有能，乃天子神聖，能懷來諸侯，譬則鴛鴦于飛，或畢之，或羅之。天子德意，足以固結諸侯而諸侯附親。萬年之福祿，惟君子宜之也。

鴛鴦在梁，戢其左翼。君子萬年，宜其遐福方墨反。

比而賦也。石絕水爲梁。戢，斂也。張子曰：戢左翼以相依于內，舒右翼以防患于外是也。遐，遠也。言諸侯來朝，內附天子，斂其才智，如鴛鴦于飛，戢其左翼。此皆天子神聖，羣辟拱附，萬年之遐福。允，相宜也。

乘馬在廄，摧之秣迷，去聲之。君子萬年，福祿艾之。

賦也。乘馬，諸侯所駕。摧，莝。秣，粟。艾，養也。承上言天子有德於諸侯，而諸侯附之。即如今之來朝也，燕惠錫予，固不必言，下至細微，亦皆恩及。諸侯之乘馬，在廄必摧之焉，必秣之焉。蓋其恩意周至，即此已見其概，而歎君子萬年，福祿永爲受養也。

乘馬在廄，秣之摧之。君子萬年，福祿綏之。

比而賦也。綏，安也，謂長享安平之樂。即摧秣一事以例其餘，故反復詠歎以致流連不盡之意。

《鴛鴦》四章，章四句。

方伯答前篇之意而歸善於君，自遜其美也。

附　解

《序》說無理，朱子以爲諸侯所以答桑扈，是矣，第於詞義取興未盡熨帖，今爲疏通之。

【眉批】歸美君王，臣子之常，而頌其畢羅以明懷柔有道，則規在其中矣。

有頍者弁，實維伊何。爾酒既旨，爾殽既嘉。豈伊異人，兄弟匪他。蔦與女蘿，施于松柏。未見君子，憂心奕奕。既見君子，庶幾說懌。

賦而比也。頍，古規字，弁圓貌。弁，皮弁。旨、嘉，皆美也。蔦，寄生也，烏鳥食物，子落枝節閒，感氣而生。葉似橘而厚輭，莖似槐皮而肥脆。三、四月開黃白花，六、七月結實，色黃如小豆。女蘿，兔絲也，蔓連草，上黃赤如金。君子，謂主人。奕奕，憂心不定也。言有頍者弁，伊何人乎？言宗族姻黨多貴者也。因設燕而來，非異人皆兄弟也。兄弟至戚，又素蒙恩誼，如蔦與女蘿施於松柏，幸得所依。故未見君子之時，憂心奕奕，既見君子，庶幾說懌而暢所懷矣。

有頍者弁，實維何期。爾酒既旨，爾殽既時。豈伊異人，兄弟具來。蔦與女蘿，施于松上。未見君子，憂心怲怲音方。既見君子，庶幾有臧。

賦而比也。期，會也。時，得其時。具，俱也。怲怲，憂盛滿也。臧，善也。不但悅懌，而且欲有善以相及也。言有頍者弁，何爲而期會乎？因爾殽豐美。兄弟相約具來，如蔦蘿施于松上，便可干霄。故未見而憂心怲怲。既見，則獲益無窮，庶幾有臧矣。

有頍者弁，實維在首。爾酒既旨，爾殽既阜。豈伊異人，兄弟甥舅。如彼雨雪，先集維霰。死喪無日，無幾相見。樂酒今夕，君子維宴。

賦而興，又比也。阜，猶多也。霰，雪之始凝者也。將大雨雪，必先微溫，雪自上下遇溫氣而摶之爲霰，迨寒勝則大雪矣。言頍弁宜於首，與酒旨殽阜宜乎燕樂。兄弟甥舅因歎良時不再，年將老而先衰，如雨雪之先霰，恐死喪無日，相見無幾多時，是以樂酒今夕，君子特與親戚同宴也。蓋主人樂賓，惟恐不及，賓故揣其意，而美其今夕之宴如此。

《頍弁》三章，章十二句。

兄弟親戚因燕飲而美主人之詩。

附　解

《序》：刺幽王。非也。或以爲燕王族，或以爲燕親戚，朱子兼用之。然玩其詞義，乃卿大夫能篤於宗族昏姻而賓美主人也。三章皆以有頍者弁起，其爲有位之詩可知。人倫之道，自愛親敬，長而推以及於宗親孝友，睦婣任恤，所以六德六行相兼而善。近人或偏厚，或簡棄，皆非也。

【眉批】有位者能惠及親戚，則民不偷，兄弟甥舅，以見君子爲樂，則平日之篤於親可知，非第以酒餚之美也。死喪無日，無幾相見，尤道得沉痛。

間關車之舝兮，思孌季女逝兮。匪飢匪渴，德音來括。雖無好友音以，式燕且喜。

賦也。間關，車舝聲。舝，軸頭鐵也。無事則脱，行則設之。孌，美貌。逝，往。括，會也。言間關然設此車舝者，蓋因彼美之少女故，乘此車以往迎也。在道而如飢渴，非飢渴也。望其德音來括，而心如飢渴也。及其既至，雖無好友，亦當燕飲以相喜樂。

依彼平林，有集維鷮。辰彼碩女，令德來教。式燕且譽，好爾無射轉音豫。

比也。依，茂木貌。鷮，雉也，微小於翟，走而且鳴，其尾長，頭上有肉冠，冠上藂毛，長數寸。辰，時。碩，大。令，善也。前言其少，故曰季；此言其德，故曰碩。前往迎之，故望來括，今已至止，故言來教。譽，美也。爾，即季女。射，厭也。言鷮集平林，以比碩女來於己家。蓋於其初至，即知其有令德，幸有必有以教。已而式燕且譽，好之無射，重其德，非以其色也。

雖無旨酒，式飲庶幾。雖無嘉殽，式食庶幾。雖無德與女，式歌且舞。

賦也。此正言其燕也。女指碩女。謙言雖無旨酒嘉殽，冀其飲食，已雖無德，以女之德，且爲歌舞以慶之。然使其果無德，亦安能好德如是也。

陟彼高岡，析其柞薪，析其柞薪，其葉湑兮。鮮我覯爾，我心寫兮。

賦而比也。柞，堅韌之木。新葉將生，故葉始脱，其材十年中椽，二十年中屋。即析柞之事，以比女德方茂，易成家也。湑，盛。鮮，少。鮮我覯爾，倒句法，言如爾德，我罕覯也，惟其鮮覯，是以覯而心寫。此下皆成婚以後之事。

高山仰音昂止，景行行戶郎反止。四牡騑騑，六轡如琴。覯爾新昏，以慰我心。

比而賦也。景行，大道也。如琴，謂六轡調和。此乃相爲慰勉之詞，言高山則宜仰止，景行則宜行止，喻正身齊家之道，宜於遵行，然必夫婦諧和而後可。不觀之車馬乎？彼四牡騑騑，六轡如琴，則可以行遠。今者覯爾新昏，觀爾之德可以相勖成家，我心以慰也。

《車舝》五章，章六句。

賢士大夫得賢配，於其始至，燕樂之，而夫子錄以爲娶妻之法。

附　解

《序》謂大夫刺幽王。毛、鄭、孔氏傅會之，殊甚牽強，朱子以爲燕新昏，是也。但昏禮無燕，親婚之交何以有此詩？蓋當時士大夫有得賢婦者，作此以相戒勉。而夫子以其得倡隨相勖之正，故錄之。《關雎》爲房中之樂，周公制禮以正內正外，教人固不禁其相燕樂也。但燕樂而相勖，以令德自與狎昵不同。抑此詩之作也，其必周之盛乎？《常棣》之詩，言妻子好合，兄弟既翕，手足伉儷皆和樂且湛矣，而後云宜爾室家，樂爾妻帑，此樂新昏者，其亦必然。不然，兄弟未翕，父母未順，而第自嘉得賢妻而已，君子亦何取焉？此際最宜詳辨。前人解《常棣》，妻子好合，樂爾妻帑，混而莫別，似詩言重復者。然愚已詳釋本文，參觀會通，詩義乃明，毋忽也。

【眉批】婚姻，人倫之始，然必以令德相成，始爲正家之本。聖人以此詩燕樂新昏，使人涵泳而得其中正，其詞亦姍姍有致也。

營營青蠅，止于樊。豈弟君子，無信讒言。

比也。營營，往來飛聲。青蠅，汙穢能變黑白，多集往來，可以亂聽，比小人能變是非。樊，藩也。豈，明切也。弟，樂易也。君子，謂王也。言營營之青蠅，其質汙穢，常止于樊，不可近之，彼讒人亦猶是也，豈弟君子，無信讒言。

營營青蠅，止于棘。讒人罔極，交亂四國。

比也。棘，惡木，多刺。古執囚之處多樹棘。止于棘，比讒人萃處作梗以興獄訟。罔極，言其禍無窮。交亂，離間四國，使諸侯畔王于外。

營營青蠅，止于榛。讒人罔極，構我二人。

比也。榛，枝葉密，比蠅亦止焉，喻讒人藏身之固，窺伺爲姦。二人，聽讒與被讒者。構，架造也，架空揑造。構二人，使君臣不和。

《青蠅》三章，章四句。

忠臣諫王勿信讒言也。

【眉批】讒諂亂明，千古同憾。以汙賤之質，結黨窺伺，外則亂四國，內則構君臣。語雖不多，而意已盡。

賓之初筵，左右秩秩。籩豆有楚，殽核維旅。酒既和旨，飲酒孔偕。鐘鼓既設，舉醻逸逸。大侯既抗音岡，弓矢斯張。射夫既同，獻爾發功。發彼有的，以祈爾爵。

賦也。初筵，初即席筵，因射而燕也。左右，賓主揖讓。秩秩，有序也。楚，列貌。殽，豆實也。核，加籩也。旅，陳也。和旨，甘美也。偕，多而齊也。賓主皆威儀齊一，既飲而設鐘鼓者，將射改縣也。舉醻，舉所奠之醻爵也。主人獻賓，賓酢之，主人醻，賓受而奠之，至旅，乃舉是爵而相醻。逸逸，閑習而安也。大侯，君侯也。天子熊侯白質，諸侯麋侯赤質，大夫布侯畫以虎豹，士布畫以鹿豕。抗，張也。大侯張而弓矢亦張，節也。射夫既同，比耦也。射禮，選羣臣爲三耦，大夫士爲之三耦之外，其餘各自取匹，謂之眾耦。獻，猶奏也。發，發矢的侯之中處。祈，求也。爵，豐上之觶，不中者所飲也。言時而求中者，非好勝也，祈爾飲酒也。姚氏際恒曰：此章言惟射乃飲酒也。前八句言射初燕飲，下六句言射事。祈爾爵，則飲不勝者。言奏爾發矢之功，發而中矣。求爾爵以飲我，爲不勝者之詞，謙言己必不中，願飲爾爵。不以不勝爲恥，而反若以飲爲榮。夫子所謂其爭也，君子也。

籥舞笙鼓，樂既和奏則故反。烝衎烈祖，以洽百禮。百禮既至，有壬有林。錫爾純嘏，子孫其湛。其湛曰樂，各奏爾能音泥。賓載手仇，室人入又音肄。酌彼康爵，以奏爾時。

賦也。籥舞，文舞也。秉籥而舞，與笙鼓相應。烝，進。衎，樂。烈祖，有大功之祖。洽，合也。百禮，言其備也。壬、任通，謂執事者。林，眾也。爾，主祭者。純嘏，大福。湛，久也。各奏爾能，謂子孫各酌獻尸也。仇，讀曰𣪘，挹酒也。室人，有室中之事者，謂佐食也。又，復也。賓手挹酒，室人復酌，爲加爵也。康，安也。康爵，坫上之爵。時，時物也。賓既獻後，室人皆入，又康爵以獻尸，進時物以佐飲。此言祭而飲之事也，言用盛樂，備大禮，以祭烈祖。百禮既備，任事之人林立，無敢或怠肆者。是以三獻之後，神錫之福，祝傳神意，使其子孫長久。子孫聞神受享降福，皆嘉樂之，於是各奏爾能。賓長手挹酒，酌以獻尸，室人又復加爵以獻之，其後又酌康爵，進時物以佐飲。祭之需酒如此，亦非以淫泆爲樂也。

賓之初筵，溫溫其恭。其未醉止，威儀反反音番。曰既醉止，威儀幡幡。舍其坐遷，屢舞僊僊。其未醉止，威儀抑抑古音於逸反。曰既醉止，威儀怭怭。是曰既醉，不知其秩。

賦也。此賓之初筵，謂非射非祭而燕飲者。反反，內顧而慎禮。幡幡，飛揚也。遷，徙。屢，數也。僊僊，軒舉之狀。抑抑，慎密。怭怭，媟嫚也。秩，常也。此言凡飲酒者常始乎治而卒乎亂，未醉如此，既醉而如彼，由既醉則不知禮序也。姚氏曰：此下三章，乃言飲酒之失。古人飲酒，酒酣必起舞，以屬一人。漢人謂之屬某，故二章皆以舞言。然舞可也，屢舞不可也，故皆以屢舞言，而屢舞又有初醉至極醉之不同。僊僊，猶是僅遷徙其坐，蹁躚自得。僛僛，攲傾貌，無復僊僊之狀，且亂有楚之籩豆。傞傞，盤旋不休，致使弁側。由淺而深，備極形容，此詩中有畫，《醉客圖》也。

賓既醉止，載號載呶古音奴。**亂我籩豆**田故反，**屢舞僛僛。是曰既醉，不知其郵**音移。**側弁之俄，屢舞傞傞。既醉而出**音赤，**竝受其福**方墨反。**醉而不出，是謂伐德。飲酒孔嘉，維其令儀**音俄。

賦也。號，呼。呶，讙也。僛僛，傾側狀。郵、尤同，過也。側，傾也。俄，傾貌。傞傞，不止也。伐，害也。此極言醉者之狀，恥之也。又言不幸而醉，但當亟出，則賓節飲而主盡歡，彼此皆無失德，是竝受福也。若醉而不出，僛僛傞傞，如此是自伐其德，何福之有？古人飲酒而孔嘉者，惟其有令儀耳，奈何弗慎之。

凡此飲酒，或醉或否。既立之監，或佐之史。彼醉不臧，不醉反恥。式勿從謂，無俾大怠。匪言勿言，匪由勿語。由醉之言，俾出童羖。三爵不識，矧敢多又音肆。

賦也。監，司正也，史則其屬，燕禮鄉射，竝立司正。淳于髡曰：賜酒大王之前，執法在旁，御史在後，亦其類也。式，發語詞。從，謂隨其意而與之。言凡人見醉者多隨其意而謂之是，使醉者益放肆而至于太怠，故戒與飲者勿如此也。童羖，無角之羊，今陜甘有之。三爵，獻酬之禮，三爵而已。不識，謂不善飲者。識，記也。此乃正言戒酒之意。古人制禮，燕飲之際，既立之監，或佐之史，以糾儀而肅德，意至詳也。今醉者恬不知愧，而不醉者畏觸其怒，隨其意而謂之，是以醉者益肆。然則伐德之事，與飲者亦有過焉。誠使勿從其意而與之言，無使太肆，不當言者勿言，不當從者勿與，醉者雖號呶，無人與之酬答，亦將廢然而止。若有從醉人之意而與言者，罰之使出童羖。如是，則不醉者爲醉者之規戒，而醉者亦少矣。蓋酒能亂性，惟賴禮以維之。三爵之後，於事已多遺忘，矧敢又多飲乎？戒其勿多飲失禮也。

《賓之初筵》五章，章十四句。

衛武公惡困於酒者，而作此以戒人。

附　解

《序》謂衛武公刺時。毛氏以爲幽王，太泥。《韓詩》謂武公飲酒悔過而作，朱子從之。愚按武公睿圣，觀《淇澳》之詩，美公盛德不諼，何至飲酒失儀？雖不爲酒困，夫子亦嘗自謂不能，然子亦以身示戒，非果猶爲酒困？

蓋衛本紂之舊都，淫湎成俗，武王以《酒誥》戒之，數傳而後，至武公時又有蔑禮沈湎者，公因作此示戒。所以不列於風而列於雅。夫酒之爲用大矣，祭賓孝養，禮必需之，而且禦寒解穢、發舒陽氣、和暢神氣、消憂益興，奈世人不知有節，喪德失儀，長傲助惡。自酒德有頌，八仙有歌，而文人才子風流相尚，每托於此。詩酒陶情，貌爲太白猶可言。花柳相酣，大干禮法，不可言也。揆厥由來，皆由任情而無養性之學。性者，不動之心也。情者，氣質多偏也。養浩然之氣，性定而情亦純。聖人也，有克己之學，節情以養性，賢□□謹守禮法，惟恐亂性，亦爲佳士。天質優者自然不躭麯糵，亦可貴焉。非是數者，其失不可勝言，商紂是也。伯倫青蓮，有託而逃，豈得以之爲例哉。

【眉批】酒以成禮合歡，而其失也，喪德失儀，淫酗肆虐。此詩與《酒誥》俱爲紂都遺俗，而云先言射祭當飲，亦必以禮。下乃細陳飲酒之失，描寫惡態，千載如生，妙筆也。

魚在在藻，有頒其首。王在在鎬，豈樂飲酒。

興也。重言在者，甚安之詞也。藻，水草。頒，大首貌，天子爲元首，故以起興。鎬，地名，在今長安縣西北十八里，武王始居之。豈、凱同，和也。言魚在于藻，得所憑依而資養，其首頒然，而大王在于鎬，據形勝以爲天下先，天下歸心，豈樂飲酒以享昇平也。

魚在在藻，有莘其尾。王在在鎬，飲酒樂豈。

興也。莘，長貌。諸侯爲天子之翼，故以尾起興。言魚在藻而尾長，王在鎬而諸侯賓服。君臣無事，但飲酒樂豈而已。

魚在在藻，依于其蒲。王在在鎬，有那其居。

興也。那，安也。藻在水内，蒲則山水外矣。魚在藻，而又依蒲叢密，無網釣之害。王在鎬，而畿内與外諸侯環拱，無傾危之患，故其居其安也。

《魚藻》三章，章四句。

諸侯朝於鎬京，天子燕之而諸侯頌美之，後遂以爲樂歌也。

附　解

《序》以爲刺。然詩本無刺意。黄氏震曰：此與王在靈囿，於牣魚躍氣象同。輔氏廣曰：此與《鴛鴦》相類，詞雖簡而意則節，不頌其德者，德盛非言所能盡。二者庶爲近之。愚謂此武王始居鎬京，諸侯初朝見京都形勝，樂天子恩德而頌美之也。或謂以魚興君，似覺不倫。不知太平日久，中外晏然，萬物無不得所，諸侯遊於囿沼，因所見以起興，即一魚而民物豐盛、昇平景象如覩。即在鎬，而北辰居所之象亦宛爾目前。古人之文簡盡，其取興不必遠大，每如此。後世則非神聖文武覆載日月不能取譬，時勢固不同也。因其爲燕飲頌美之詞，故編於《小雅》。

【眉批】即小以見大，而君臣燕喜，太平之象宛然。

采菽采菽，筐之筥之。君子來朝，何錫予之。雖無予之，路車乘馬音姥。又何予之，玄衮及黼。

興也。菽，豆，蓋牢禮所需，故因以起興。君子，諸侯也。路車，金路，象路也。玄衮，玄衣，而畫以卷龍，上公之服也。黼，如斧形，刺之于裳，子男之服。自玄衮以及於黼，五等之服皆具也。言將采菽，則必先備筐筥，以興將朝諸侯則先備錫予，何予籌之也。雖無，謙詞也。

觱沸檻泉，言采其芹。君子來朝，言觀其旂。其旂淠淠，鸞聲嘒嘒。載驂載駟，君子所屆。

興也。觱沸，泉出貌。檻泉，正出之泉。芹，菜名，菹醢所需，亦就其事起興也。淠淠，動而徐也。嘒嘒，細而節也。驂駟，馬數，言有驂復有駟，形容車馬之盛也。屆，至也。言檻泉盛而芹茂，興君子有德而外觀。旂淠淠，鸞嘒嘒，非但光耀，古人鸞和采章皆有禮度，可覘德也。驂駟之多，諸侯非一也。蓋初至而喜見之。

赤芾在股，邪幅在下音戶。彼交匪紓，天子所予。樂只君子，天子命之。樂只君子，福祿申之。

賦也。赤芾，冕服之韠。脛本曰股。邪幅，偪也，邪纏於足，如今行縢，所以束脛，故在股下。彼交，旅見相交際，已至而近視之。不特朝見敬謹，即彼同僚相周旋，亦不怠慢。紓，緩也。匪紓，不怠慢。言諸侯服此芾幅見於天子，是天子所與也。歎此樂只之君子，天子命之於朝，又命之於廟，而福祿申之，此正言其入覲也。

維柞之枝，其葉蓬蓬。樂只君子，殿天子之邦博工反。樂只君子，萬福攸同。平音駢平左右，亦是率從。

興也。柞，見《車舝》篇。蓬蓬，盛貌。殿，鎮也，能鎮安之。平平，辯治。左右，諸侯之臣從入朝者。上章正美諸侯，此美其左右，以見其德之盛也。言柞枝盛而其葉蓬蓬，興樂只之君子能殿天子之邦，必受萬福。同，衆諸侯同也，竝其左右之人，率從厥德也。

汎汎楊舟，紼纚維之。樂只君子，天子葵之。樂只君子，福祿膍之。優哉游哉，亦是戾矣。

興也。紼，繂也，繂竹爲索，以維舟使行。纚，緌也，舟止以繫於樹。維，繫也。葵、揆同。膍，厚也。是，謂王朝。戾，止也。言楊舟泛泛則紼纚以維之，興諸侯將去則天子揆度而留燕之。蓋尤厚於其賢者也，因祝此樂只之君子，福祿膍之，且欲其優游善養，長此來相見。既惟恐即去，又冀其常來，厚之至也。

《采菽》五章，章八句。

天子燕諸侯而美之，所以答《魚藻》之意也。

附　解

《序》：刺幽王。諸儒皆不從之，以詩無刺意也。或謂諸侯免喪入朝，王賜之燕，於義太強。惟朱子之說爲優。第章内取興之意，或有未明，今悉正之。

【眉批】此與上篇皆當時所作，而後世遂以爲君臣燕樂唱和之樂歌。

騂騂角弓，翩其反矣。兄弟昏姻，無胥遠矣。

比而賦也。騂騂，調和也。角弓，以角飾弓。翩，反貌。弓之爲物，張之則向内，馳之則外反，故以爲比。言騂騂之角弓，忽然弛之，則翩其反矣，兄弟昏姻本相諧和，然苟一不謹，必生離怨。當無相遠爲善，此章渾言不宜遠。

爾之遠矣，民胥然矣。爾之教矣，民胥傚矣。

賦也。爾，謂在上之人。言兄弟昏姻之睦，必倡自在上有位者，遠，則民亦胥遠。不遠而以身教，則民胥傚之矣。此章言有位者尤要。

此令兄弟，綽綽有裕。不令兄弟，交相爲瘉。

賦也。令，善也。兄弟尤親，故特言之。綽綽，寬也。裕，饒。瘉，病也。此乃承出不令來，起下章，言兄弟之善者兩讓焉而常覺寬裕，其不善者兩爭焉而至於交病。

民之無良，相怨一方。受爵不讓，至于己斯亡。

賦也。民，暗指有位不令者，諱而託言於民。一方，猶一隅，所見淺限，囿於隅也。執一隅之見，責人而不責己，受爵不讓，兄弟相爭至於喪亡也。

老馬反爲駒，不顧其後音戶**。如食宜饇，如酌孔取。**

比也。爲，去聲。饇，飽也。孔，甚也。承上而歎之，言不讓者爲子孫計耳。然己之兄弟不讓，其子孫之兄弟，又安能不效尤？此如老馬反爲駒計，而不顧其後之貽害無窮，因歎貪得者所獲已多，如食亦既饇矣，而如酌方且奢取之，何無厭乎！

毋教猱升木轉音暮**，如塗塗附。君子有徽猷，小人與屬**音注。

比也。猱，獮猴也，善升木。塗，泥。附，著。徽，善。猷，謀。屬，附也。此乃明其傷風敗俗，言民本無知，不識用恩誼，而在位復以不讓倡之，是如教猱升木，以塗附塗也。抑思爾本在位君子，有親親之善謀，則小人亦將革薄從忠，何乃然乎。

雨雪瀌瀌，見晛日消。莫肯下遺，式居婁驕。

比也。瀌瀌，需〔雪〕盛貌。晛，日氣。遺，與也。式，語詞。居，平居也。婁、屢同。此乃推其故而戒以毋信讒言，讒邪易消，譬彼雨雪瀌瀌，見晛則化。誠以骨肉爲重，讒言何由惑亂？無如負氣不肯相下，是以平居屢長其驕，而兄弟之誼至於不可復合也。

雨雪浮浮，見晛曰流，如蠻如髦，我是用憂。

比也。南夷曰蠻，西夷曰髦。承上而歎之，言雨雪雖盛而不久，見晛則流矣。乃不察之，以其一言遂堅信之至，使骨肉至親如蠻之異類，少小相親如髦之忽棄，我是以憂之而相告也。

《角弓》八章，章四句。

有位者兄弟不和至於敗亡，詩人作此歎之。

附　解

此詩《序》及諸家皆謂王不親九族而好讒佞，使宗族相怨。然玩詩言，未有以見其爲刺王也。曰爾遠、爾教，明非指斥君上之詞。蓋有位者不睦兄弟至於敗亡，詩人歎之，因以爲凡兄弟戒。亦有位者所作，故列於雅也。首言兄弟昏姻，後專言兄弟。兄弟者，昏姻之本也。薄其所厚，未有厚其所薄，故概言之。受爵不讓，至於已斯亡，是當時實事。蓋參辰相克，久而如蠻如髦。出之有位，其壞裂倫俗何窮？是以憂之而長太息也。

【眉批】五倫惟兄弟不易處，舜有象，周公、柳下有兄，聖人以至誠感之，多方敬讓之，惟舜以兄化弟耳。弟於兄則尤難，惟仁、讓二字，自盡其誠。詩人爲有位言，故反復譬戒之如此。

有菀者柳，不尚息焉。上帝甚蹈，無自暱古音匿焉。俾予靖之，後予極焉。

比而賦也。柳，喻權臣。尚，貴也。上帝，喻王也。蹈，踐也，喻王甚俯就之。暱，近也。靖，安也。極，求之盡也。言柳可蔭而今不貴息焉，所以然者，上帝甚俯就而蹈其地，以柳爲可息而暱之。予嘗爲之矣，彼凡事使予安靖之，而其後薄我已極。

有菀者柳，不尚愒焉。上帝甚蹈，無自瘵焉。俾予靖之，後予邁焉。

比也。愒，息。瘵，病也。邁，遠行，喻貶斥之也。

有鳥高飛，亦傅于天。彼人之心，于何其臻？曷予靖之，居以凶矜古音居銀反？

興也。傅、臻，皆至也。彼人，權小。曷，何也。居，處。凶矜，猶凶禍也。言鳥之高飛，亦至於天，以比人當避患而去之。意言鳥高飛亦至於天，人之避患何不如之？彼人之心有何厭乎？如其有極，何爲恃我安靖而處以凶禍？前車可鑒，不宜更罶也。

《菀柳》三章，章六句。

蓋忠賢有功，小人反傾陷之而王不知，畏罪引避寮友，或罶之，爲此詩以答也。

附　解

《序》及諸家皆言王者暴虐，諸侯不欲朝。然君即無禮，臣安可以不忠？此乃有功之臣，反爲權小所陷而王不察，如秦檜害武穆、嚴嵩禍椒山，高宗、世宗未之知也。人主以小人爲伊傅，委任不疑，忠賢獲罪，天下騷然，而朝廷以爲無事，鼠竊狗偷，至於土崩，後知亦已晚矣。此人有功不賞，反居凶矜，故爲此以復挽駕之人。故夫子錄以爲小人蔽明之戒。蹈，踐履也，言上帝喜柳之菀而常蹈其地，喻王俯就小人，方親任之也。《戰國策》作上帝甚神，《集注》從之，則上下文俱不順矣。

【眉批】作功臣被罪引退解，則見幾之明、忠厚之意皆見而意味亦長，識者玩之。

《桑扈》之什十篇，四十三章，二百八十二句。

此什之詩，《序》皆以爲刺幽王，義殊穿鑿。朱《傳》駁之，是也，而亦多晦解，今集諸家之說而折衷焉，期於合本文語義，非必故與前人異也。

《都人士》之什二之八

彼都人士，狐裘黄黄。其容不改，出言有章。行歸于周，萬民所望。

賦也。都，周之西都。黄，黄狐。裘，色也。不改，有常。章，文章。周，周室也。行歸，于周行事，一遵王制，無失禮也。望，望以爲法。此言當年貴者容服言行之美。

彼都人士，臺笠緇撮。彼君子女，綢直如髪。我不見兮，我心不說。

賦也。臺，夫須草也。緇撮，緇布冠也，其制小，僅可撮髻。草笠布冠，寒素之士。君子女，女之賢者。綢，韜也。直，但也。言韜髪別紒之屬，但求如髪，不加飾也。此言貴者平日居家儉素。不見，今所無也。

彼都人士，充耳琇實。彼君子女，謂之尹吉。我不見兮，我心苑結。

賦也。琇，美石。實，瑱也。尹氏、吉氏，周舊臣也。苑，鬱也。此承上二章，言（此）其人皆貴族而以禮防身，以儉率下，今已無有我心，所爲鬱結也。風俗之變，每始於貴族，而奢泆，婦人爲甚，故詩人即女子反復言之。

彼都人士，垂帶而厲。彼君子女，卷髮如蠆。我不見兮，言從之邁。

賦也。厲，帶垂貌。禮，大帶垂三尺。卷髮，短髮不可斂，故上卷也。蠆，蠍，其尾上曲。邁，遠行。此言當時士女，感於在上之行，俱有儀度質素之美，欲從之遠邁西都，庶幾得一見之也。

匪伊垂之，帶則有餘。匪伊卷之，髮則有旟。我不見兮，云何盱矣。

賦也。旟，揚也，言髮揚起如旟。盱，張目望也。承上而歎想之，言帶非故垂，禮當垂也。髮非故卷，其不可斂者猶如旟，非矯飾爲之也。我不得見，其冀望當何如也。

《都人士》五章，章六句。

東遷俗敝，有位之賢思西周風俗之美而作。

附　解

此爲思西周美俗不待言，惟周字，毛《傳》誤作忠信解，朱子謂鎬京。毛解鑿空，朱註不錯。通篇皆言周初風俗之美，於此一點，周字文法之妙也。

【眉批】即容服以覘禮度，即士女以見衰情。傷今思古，情詞悱惻。

終朝采綠，不盈一匊。予髮曲局，薄言歸沐。

賦也。自旦及食時爲終朝。綠，王芻也。兩手曰匊。曲局，曲而不展，謂髮結也。采綠、采藍，皆貧賤之事，言終朝采綠而不盈一匊者，心有所憂也。以憂之故，予髮久已卷曲，聊歸沐之。此與《卷耳》首章同調。

終朝采藍，不盈一襜音儋。**五日爲期，六日不詹。**

賦也。藍，染草也。前襟曰襜。詹、瞻同。五日、六日，蓋君約相見之期。又言無心采藍，所以然者，期五日而六日尚不見也。

之子于狩，言韔其弓音肱。**之子于釣，言綸之繩。**

比也。之子，謂其君。狩，喻戡亂。釣，喻求賢。韔，弢之也。綸，紉之也。言其君苟奮發有爲，欲狩乎？則己願韔弓以從；欲釣乎？則己願綸絲以待。甚冀之也。

其釣維何，維魴及鱮。維魴及鱮，薄言觀者音渚。

比也。魴、鱮，大魚，喻大賢也。薄言觀者，大賢人之所喜見也。言使一旦而釣，則魴鱮可得。此魴鱮者，眾所願往觀也，而我之喜，亦從可知矣。

《采綠》四章，章四句。

質士憂國，君欲用而不果，作此自歎。

附　解

《序》謂刺怨曠。毛、鄭從之，朱子以爲怨曠者自作，然則宜爲風而不宜爲雅，且三、四語義不協。此蓋賢士貧居，君已知之而欲見之，如魯平公將見孟子，既而不果，故作詩以自歎。夫賢士非汲汲於自見也，憂世憂民之切如斯。期月三年，夫子豈自詡哉？故錄此以戒見賢而命者。

【眉批】賢臣有忠勤之志，而君上怠玩不知，此詩所以憂之也。憂時之意，首二句提明，下皆太息之意。

芃芃黍苗，陰雨膏之。悠悠南行，召伯勞之。

興也。芃芃，盛貌。陰雨，細雨。膏，潤也。悠悠，遠意。南行，召穆公往營謝也。勞，撫慰之也。言芃芃黍苗，惟陰雨能膏之，興悠悠南行，惟召伯能勞之。憫其苦而沛其膏，人心說而忘勞，如時雨之潤也。

我任我輦，我車我牛古音疑。我行既集，蓋云歸哉音資。

賦也。我，民自謂也。任，負任者。輦，人輓車也。牛，所以駕大車。集，成也。蓋，語詞。行役者互相勸勉，言雖任輦車牛皆自民間，而爲公集事，事成自可歸來，毋煩苦也。

我徒我御，我師我旅。我行既集，蓋云歸處。

賦也。徒，步行者。御，乘車者。五百人爲旅，五旅爲師。《傳》曰：君行師從，卿行旅從。召伯，天子之卿，視諸侯，故言師旅也。上章民之轉輸者相勖，此章從軍者相勖，亦方行而即以歸慰勉之。

肅肅謝功，召伯營之。烈烈征師，召伯成之。

賦也。肅肅，嚴正意。謝，邑名，申伯所封國，今河南信陽也。烈烈，威武貌。征師，役衆也。成，和輯也。人衆而役大，非威信不足以成之，故美其如此。《崧高》之詩曰王命召伯，定申伯之宅，又曰有俶其城，寢廟既成，是城郭宫室皆新作之，故曰肅肅謝功，召伯營之。又曰王命傅御，遷其私人，是申國舊人皆遷於謝，故曰烈烈征師，召伯成之也。

原隰既平，泉流既清。召伯有成，王心則寧。

賦也。土治曰平，水治曰清。言功成之後，形勝得而民享原隰水泉之利，王心安之。蓋謝在鄧、宛之閒，南方要地，王封申伯於此，將使南邦是式，非徒尊寵元舅也。召伯能慰王心，而行役之人又能慰召伯之心以慰天子，誠上下一體者乎。

《黍苗》五章，章四句。

宣王封申伯於謝，命召穆公往營城邑，能和其眾以成其功，而行役者美之。夫國家興作必勞民，而奉使之人往往不能上宣君意，下洽民心，此詩所以可貴也。此與《崧高》同一事而列於《小雅》者，《折衷》曰彼作於王朝之卿士而意在申伯，此作於行役之軍人，而專美召伯也。

【眉批】首二句已將召公德惠盡言之，下止敘赴役者之樂事勸功，而重質其功在王室，所謂實處發揮，虛處傳神，實無虛非實，無實非虛也。

隰桑有阿，其葉有難乃多反。既見君子，其樂如何。

比也。隰，下溼之地。阿與婀通，條長而垂也。桑之用在葉，故以喻君子有用之才。難，與儺通，葉鮮而嫩也。隰桑有阿，以比賢人在下位。其葉有難，比君子雖窮約而德容美好。如是之君子，既得見之，其樂當何如哉？幸之也。

隰桑有阿，其葉有沃。既見君子，云何不樂。

比也。沃，光澤貌。葉沃，比君子之英華發越也。鄒泉曰：其樂如何，欲自言而不能。形，容也。云何不樂，欲自止而不能遏抑也。

隰桑有阿，其葉有幽。既見君子，德音孔膠。

比也。幽，黑色。孔氏曰，難為葉之茂沃，葉之柔幽，葉之色是也。膠，固也。以葉之幽比君子之深厚，是以其言深入人心而有合焉，如膠之固也。

心乎愛矣，遐不謂矣？中心藏之，何日忘之？

賦也。遐，與胡通。謂，猶告言，已曾言之於君也。何嘗不盡情薦舉，而無如不聽？中心愛慕，何日能忘也？

《隰桑》四章，章四句。

賢士隱於貧賤，有位者蓋嘗薦之而不用，作此以表其人，致歎惜之意。

附解

《序》：刺幽王。朱《傳》曰喜見君子之詩。然雅詩多朝廷作，但喜見君子，而不達於上，何取焉？此必有位之臣薦賢不用，因作此以見有賢如此，失之當前爲可惜也。隰，卑下，三章皆以爲比，則未用可知。其樂如何，云何不樂，亦虛擬之詞，言既見而樂，則不用爲可惜。三章言葉有幽，則竟無人知矣，惟己見之，故與相契。而如膠遐不謂矣，乃言其薦引不聽，無可如何，思念斯人，何日能忘？向謂與《菁莪》類者，非也。

【眉批】始觀其儀容，繼聆其言語，而終以心藏不忘。由淺而深，知之真，故愛之切也。

白華菅兮，白茅束兮。之子之遠，俾我獨兮。

比也。菅，似茅而滑澤，無毛，根下五寸中有白粉，宜爲索。漚乃尤善，未漚爲野菅，其華白，采白花而漚菅紉。白茅以爲束，喻妻雖脩潔，恃夫以爲約束。今因子之故，而遠于王，使我獨處。之子，謂褒姒也。

英英白雲，露彼菅茅音侔。**天步艱難，之子不猶。**

比也。英英，輕明之貌。白雲，水土之氣，當夜而上騰者。露，即其散而下降者。天步，猶時運。猶，謀也。言白雲英英上騰，降而爲露，被於菅茅，則夜色冥濛矣。喻王志荒怠，如天步艱難，如雲露漸已蔽明，正當謀所以救正之，而之子不然，方以專寵蠱惑爲事，誤矣。

滮池北流，浸彼稻田。嘯歌傷懷，念彼碩人。

比也。滮，流貌。北流，水溢而逆行也。浸，淹也。謝枋得曰：懷傷而嘯歌者，長歌之哀，同於痛哭。碩人，謂王也。下倣此。承上言雲露積而雨零也，水滮流北淹稻田，此其患孰使之哉？我是以嘯歌傷懷，念彼碩人而心憂矣。

樵彼桑薪，卬烘于煁。維彼碩人，實勞我心。

比也。樵，采也。卬，我也。烘，燎。煁，無釜之竈也。申后被廢，蓋有賢臣諫諍者，而王不用，故言桑薪甚美，乃僅烘於煁，賢人可用，而王不明，故念碩人而勞心也。

鼓鐘于宮，聲聞于外。念子懆懆，視我邁邁。

比也。懆懆，愁不申也。邁邁，遠行也。此歎褒姒之將亂天下也，言內鼓鐘而外聞，喻宮闈不正，天下因而不安。今我念子憂愁不申，而子視我遠行不顧，何哉？蓋撫躬自責之詞。

有鶖在梁，有鶴在林。維彼碩人，實勞我心。

比也。鶖，禿鶖也，性貪惡，一名杖老，如鶴而大，長頸赤目，其毛辟水毒，頭高八九尺，善與人鬬，好啗蛇。梁，魚梁也。鶖、鶴皆以魚爲食，而清濁則有間。今鶖在梁而鶴在林，是鶖飽而鶴飢，王之黜后嬖姒，亦猶是也。

鴛鴦在梁，戢其左翼。之子無良，二三其德。

比也。申明上文之意，言鴛鴦在梁，則戢其左翼，比賢妃能讓也。今褒姒之無良，豈鴛鴦類哉？彼二三其德，必且亂王之德，我所以念碩人而勞心也。

有扁斯石，履之卑兮。之子之遠，俾我疧兮。

比也。扁，卑貌。疧，病也。言石卑則履之者亦卑，王非不賢，寵褒姒而亦卑矣。盛德之累，王不之知。之子之遠，俾我病兮。非以其遠，我爲病，以王爲所累而病也。

《白華》八章，章四句。

幽王嬖褒姒而黜申后，申后作此。

附　解

此詩諸儒同解，本文語氣頗涉怨懟，《折衷》以爲申后思幽王，之子指褒姒，碩人指王。其説甚善，敬從之。

【眉批】申后賢否無所考，而幽王所寵者褒姒則后之不容，其必與姒涇渭殊途矣。此詩反復憂碩人之被惑，而歎天步艱難，溫柔敦厚，固爲賢淑之驗。《小弁》之詩，猶遜其恭，况他作乎。

緜蠻黄鳥，止于丘阿。道之云遠，我勞如何。飲之食之，教之誨之。命彼後車，謂之載之。

比也。黄鳥，鶯也。緜蠻，聲相連如緜而如蠻語，喻德音也。阿，丘之幽曲處。我，詩人自謂。後車，副車也。言黄鳥之聲緜蠻可聽，而止于山丘幽曲之處，賢士言足以興，而不求聞達。我欲致之於朝，而道遠不能強之使仕，我思勞苦何如也？其必吾君飲之食之，教之誨之，命後車而載之，乃可致耳。

緜蠻黄鳥，止于丘隅。豈敢憚行，畏不能趨。飲之食之，教之誨之。命彼後車，謂之載之。

比也。丘隅則顯矣，而又高也。憚，畏也。趨，疾行，喻趨公赴事。此下二章，申言賢士止而不出之故，言賢士豈不欲仕？畏不能專任可以自効，或小用之不能盡其才也。

緜蠻黄鳥，止于丘側。豈敢憚行，畏不能極。飲之食之，教之誨之。命彼後車，謂之載之。

興也。側，旁也，有欲起去之勢。極，盡也，謂不足以盡其才。

《緜蠻》三章，章八句。

賢者有濟世之才而不肯小就，詩人作此美之，冀朝廷用之也。

附　解

《序》云微臣刺亂。申之者曰大臣不仁，遺忘微賤。朱子以爲非刺大臣，而猶用其遺忘微賤之意，曰勞苦而託爲鳥言。然按之詞義，殊不相附。夫黄鳥乘春而巧囀，君子有道而言揚，正相似也。乃止于丘阿而不動，其爲喻賢士抱道不仕明矣。知之者欲薦引之而不肯小就，是以思之而勞，冀朝廷以隆禮致之。伊、吕非湯、文不遇，孔明謂其友曰：公等仕進不過郡守，非常之才，必待非常之遇。詩人所以歎美而冀君上之優禮。周衰而賢士猶多，如孔、孟者，未必無其人也。

【眉批】賢士不苟就，非自高也，有命世之才，一官一職安能自効？詩人歎之，其亦曾汲引之歟。

幡幡瓠葉，采之亨普郎反之。君子有酒，酌言嘗之。

賦也。幡幡，葉動貌。采瓠葉而烹之以爲菹。君子，有位者。嘗，主人先嘗也。

有兔斯首，炮之燔之。君子有酒，酌言獻之。

賦也。斯，析也，析其首而以獻。炮，去其毛。燔，燒其肉以爲羞。獻之，主人既嘗，乃酌而獻於賓也。

有兔斯首，燔之炙之。君子有酒，酌言酢之。

賦也。近火曰燔，遠火曰炙。以物貫之，而舉於火上。酢，報也，賓既卒爵而酌主人也。

有兔斯首，燔之炮之。君子有酒，酌言醻之。

賦也。醻，導飲也。賓既酢之，主人又酌，而自飲以導之，然後復酌而進於賓。張彩曰，一物而三舉之，以禮有獻酢醻故也。酒三行而殽惟一兔，益見其約矣。

《瓠葉》四章，章四句。

美大夫之儉也，即其燕飲以明之。《折衷》曰俗壞由奢，而燕飲爲甚。聖人錄《瓠葉》，使知田園所種，罝弋所獲，隨取一二，即可行禮，主無過費，賓無失儀，厚民俗而儲福。君子，有位之稱，故不列於風而列於雅。

【眉批】燕飲以通情好，必求豐美，則人難之矣，故此詩爲維風勵俗之一要。

漸漸之石，維其高矣。山川悠遠，維其勞矣。武人東征，不遑朝矣。

賦也。漸漸，層層高峻貌。悠，長。遑，暇。武人，將帥。朝，旦也。言險遠勞苦，無朝旦之暇。

漸漸之石，維其卒矣。山川悠遠，曷其沒矣。武人東征，不遑出矣。

賦也。卒，與崒同，謂山巔崔嵬也。曷，何。沒，盡也。言登歷何時而可盡也？不遑出，但知深入，不暇謀出。

有豕白蹢，烝涉波矣。月離于畢，俾滂沱矣。武人東征，不遑他矣。

賦也。蹢，蹏。烝，衆也。離，月所宿也。畢，星名，好雨。豕性喜水，羣涉波而蹏白，雨已多矣，而月又離畢，俾之滂沱。言久役又逢大雨，勞苦甚矣。不遑他，不暇他顧，蓋有他當慮而不必東征者，故云。然徐氏謂申與犬戎在西爲患，理或然也。

《漸漸之石》三章，章六句。

《折衷》曰將士苦東征也。古者諸侯有事，天子命方伯連帥征之，王朝卿士鄉遂之。師不輕出，今命武人東征，經歷險遠，大雨時行，天時、人和均失矣。

【眉批】詩中矣字、兮字連用，皆言有盡而意無窮之意。不言所以東征之事，而但歎其勞且久，時事可知矣。

苕之華，芸其黄矣。心之憂矣，維其傷矣。

比也。苕，陵苕也，亦名紫葳，亦名凌霄，花紫赤，今芸然而黄者，衰而將落也。周室衰微，如花將落，是以心憂之而感傷。

苕之華，其葉青青。知我如此，不如無生。

比也。其葉青青，花落而葉盛，比諸侯強王室弱也。痛己無以挽廻而不欲生，忠憤之至也。

牂羊墳首，三星在罶。人可以食，鮮可以飽。

賦也。牂，牝羊。墳，大也。羊瘦則首大。罶，笱也，罶中無魚，水靜而見。三星，又言百物凋敝，茍且得食，鮮能飽者。王室微而饑饉又至，是以憂傷也。

《苕之華》三章，章四句。

王室微而諸侯背畔，忠臣憂傷之詞。

附　解

《序》云憫時，諸儒亦第云傷其不久而已。詳玩詩言，首章以芸黄比衰謝而言憂傷，世運之晦，意已盡矣。次章言葉青青，則非芸黄可比。而下言不如無生，是甚於憂傷也，故義當爲比諸侯強畔。末章又推及於民物之凋殘，則己之不欲生，非爲一人矣。此殆賢臣在下位者乎？雖與《有蓷》《萇楚》略相同，而作自臣工，故當爲雅。其詞痛切，幾乎靈均之志矣！

【眉批】世衰民敝，常人忽之，君子憂之。不如無生，沈痛極矣。

何草不黄，何日不行戶郎反。**何人不將，經營四方。**

興也。草衰則黄。將，助也。因行役所見起興，而言無草不黄，無日不奔走於道，無人不爲國勞役，其故則以朝廷經營四方也。四句繪出勞擾氣象。

何草不玄，何人不矜鰥通，本居銀反。**哀我征夫，獨爲匪民。**

興也。玄，赤黑色。既黄而玄，草枯落矣。矜、鰥通。以草益病，興人久而皆矜，蓋無還期矣。匪民，不得爲人也。

匪兕匪虎，率彼曠野神與反。**哀我征夫，朝夕不暇**音豫。

賦也。率，循也。兕，虎。野獸宜在野，而征夫亦然，朝夕不暇，所以爲匪民也。

有芃者狐，率彼幽草。有棧之車，行彼周道。

比也。芃，長尾貌。狐，邪獸，喻小人當國者也。棧，棚也。有棚之車，士所乘也。言狐安處於幽草之中，而士日乘棧車，行彼周道。小人得志，是所以爲匪民之由也。

《何草不黄》四章，章四句。

小人當國，力役繁興，賢大夫行役，作以憂時也。

附　解

此詩與《我獨賢勞》相似，而意在深斥小人。蓋小人役使君子，以君命將之，忠臣每不敢辭。而已爲匪民猶甘心勞苦，非賢者不能。以此殿《小雅》，誌周之衰，亦以見先王之遺澤長也。

《都人士》之什十篇，四十三章，二百句。

此什《序》多以爲刺幽王，義甚牽強，前人已斥而辨之。十篇之中，刺時者有，而咏賢才者尤多。參觀詳味，足見文、武、周公培植之原，毋徒太息時衰也。

【眉批】小人當國，不知内治而欲經營四方，徒騷擾無已時，此詩可以鑒矣。

詩經恒解卷之五晚年定本

大雅三說見小雅

《文王》之什三之一

文王在上，於昭于天。周雖舊邦，其命維新。有周不顯，帝命不時。文王陟降，在帝左右音以。

賦也。於，歎辭。昭，明也。不顯，晦也。不時，靡常也。左右，言親近。詠歎而起，言文王雖沒，而其神在上，昭明于天。周雖舊邦，其受天命，今已維新矣。周本僻居西陲，人罕知其德者，本不顯也。帝命不時，亦難測也。而命何以新哉？以文王德盛。文王雖沒如生，其神一升一降，常在帝之左右也。此章總旨而起。

亹亹文王，令聞不已。陳錫哉周，侯文王孫子。文王孫子，本支百世。凡周之士，不顯亦世。

賦也。亹亹，自強不息也。陳，敷也。錫，施與也。哉，語助詞。周，周徧。《左傳》曰：陳錫哉周。能，施也，侯，維也。本，本宗。支，支子也。承上言文王所以如此者，由其自強不息，故德盛而令聞不已。所以敷施於民者，德極周徧。逮文王孫子，本支至百世之久。凡周之士，未嘗顯者亦顯，克世其家，為國之楨也。

世之不顯，厥猶翼翼。思皇多士，生此王國。王國克生，維周之楨，濟濟多士，文王以寧。

賦也。世之不顯，言周未有天下時。猶，謀也。翼翼，小心敬飭。思，語助詞。

皇，美、大也。楨，幹也。濟濟，多貌。承上章言周士何以亦世。由周世未顯時，文王德化已敷。士之先人，厥猶翼翼，皆有令德，所以思皇多士，生此王國。惟其君臣同德，乃能生此賢子孫，爲周之楨，文王賴以寧也。此申言不顯亦世之意。

穆穆文王，於緝熙敬止。假哉天命，有商孫子。商之孫子，其麗不億。上帝既命，侯于周服蒲北反。

賦也。穆穆，深遠意。於，歎辭。緝，續。熙，明也。假，大。麗，衆也。不億，不止於億。侯，維也。此乃推言生前之德。言文王沒，有神靈慶畱世德。所以然者，以文王穆穆，而其德淵深，緝熙而敬止不息。有如是之大德，故天之大命降之。有商孫子，其衆不僅十萬。上帝既命，則皆臣服于周矣。所以思皇多士，爲周之楨也。

侯服於周，天命靡常。殷士膚敏，祼將于京音疆。**厥作祼將，常服黼冔。王之藎臣，無念爾祖。**

賦也。殷士，殷之臣也。膚，大也。敏，速也。祼，灌鬯。將，行也。京，周之京師。冔，殷冠也。朱子曰：先代之後，修其禮物，作賓王家。時王不敢變焉，亦所以爲戒也。王，成王。藎，忠也。爾祖，謂文王也。承上言商孫侯服于周，非周迫之，乃天命無常，歸於有德。是以殷士之膚敏者，悉祼將于京。其祼將之時，所服者，猶是殷之黼冔。此亦可見雖聖人之後，無德則且服於有德。王之藎臣，觀於殷士，能無念爾祖文王乎。不敢斥言成王，而託爲告藎臣也。此節承上起下。

無念爾祖，聿脩厥德。永言配命，自求多福方墨反。**殷之未喪師，克配上帝。宜鑒于殷，駿命不易。**

賦也。聿，發語辭。永，長。配，合也。命，天理。師，衆也。駿，大也。承上言念祖在於脩德。當省察言行，長思合於天理，則多福乃致。試觀殷未失天下時，其德足以配上帝而天享之，今其子孫乃如此，宜以爲鑒而省焉。天之大命，甚難保也。

命之不易，無遏爾躬躬，韻不協，未知古人作何音讀也。**宣昭義問，有虞殷自天。上天之載，無聲無臭。儀刑文王，萬邦作孚**古音浮。

賦也。遏，絕。遏躬，猶言自絕於天。宣，布。昭，明。義，善也。問，聞通。有、又通。虞，度。以車承物曰載。溯天之所以爲天，若有載之以行者，故曰載也。儀，象。刑，法。孚，信也。言天命不易，無疏放自絕其躬，當布昭令，聞於天下。又度殷之所以廢興者，思其何以興之自天？廢之亦自天。知天心則能保天命矣。顧上天之載，本無聲臭，非有刑象。言思之可擬，惟以文王爲法，斯萬邦信服矣。蓋天道備於文王，法文即可以合天，故以此勉之。

《文王》七章，章八句。

周公述文王之德，以戒成王。欲其法祖而敬德，以配天命。

附　解

《魯詩》曰：周公追述文王之德，明周家所以受命而代商者。作詩歌於清廟，受釐陳戒之時，以訓嗣王。諸儒之說略同。以其辭義，非周公莫能作也。篇中反覆言文德配天，欲成王法之以承天意。首言在帝左右，非侈而誕也。人心易肆，知上天鑒臨，祖宗靈爽，乃敬畏而能慎獨。蓋天道，一人道也。盡人之理，則可以合天心，享天命。而所以盡道者，無他，亹亹穆穆，緝熙敬止而已。亹亹，言其功之勤。穆穆，想其德之邃。緝熙敬止，該內外動靜而言，此其中有本末次第之功焉。不顯，作丕云，豈不顯？非也。聖人豈以顯爲心，以德之顯望人哉？《皇矣》之詩，美文王也。曰帝謂文王予懷明德，不大聲以色。《中庸》言君子之道闇然。而終以不顯之德，天下可平。以此詩，無聲無臭結之。世儒斤斤於功業之著，以言效應，而不知聖人自脩其德，無一毫求人，知求功效之意也。即或達而君相，亦祇就其心之所得，舉而措之。人皆謂盛德大業，聖人則欿然如無有也。故曰：中天下而立定四海之民。君子樂之，所性不存焉。樂，樂其無負所職，不存非性分中，與天地合德之本也。此詩爲周公作。成王年幼，惕之以天祖，勉之以敬德。而明周之德，亦特舉多士，以言所以明合天在德。德大，乃能生多士，得多賢臣。又言天命不易，宜鑒於殷，以致其警戒。豈如後世侈陳天命，以有天下爲榮，欲萬歲不替哉？《序》曰受命作周，蓋謂受天眷顧造周。而漢儒誤以爲受命王天下。朱子辨赤雀、丹書之說矣，而亦以三分有二，爲受命作周。其注《中庸》大德受命，亦謂受命爲天子，不知聖人盡人道則合天心，或爲君相，或爲師儒，爲天心所倚賴，即是受命。此篇受命，亦如此解。其言文王沒而神靈由生而敬德，故不特佑其子孫，亦竝及於臣庶。成王欲保天命，亦惟自敬其德。所以深明天命之難承，而非徒自誇其有天下之烈也。陋儒乃謂文王受命，改元稱王。歐陽公、蘇子瞻、游定夫，皆能辨之。茲不贅。

【眉批】起訖皆以天言，蓋敬天乃能敬德，法祖即所以承天心，而永天命也。

明明在下，赫赫在上。天難忱斯，不易維王。天位殷適，使不挾四方。

賦也。明明，明之至也。赫赫，威之顯也。即其照臨於下而言曰明明，本其威神於上而言曰赫赫，皆謂天也。忱，信也。殷適，殷之嫡嗣，謂紂也。挾，有也。言天照臨下士，威光赫赫，至難憑信不易爲者維君。從前天位付於殷適，今竟不使有四方，則難忱可見矣。

摯仲氏任，自彼殷商。來嫁于周，曰嬪於京音疆。乃及王季，維德之行戶郎反。大任有身，生此文王。

賦也。摯，國名。仲，中女也，摯國任姓之中女。殷商，摯蓋商畿內之諸侯。嬪，婦也。京，周京，詩人追稱之辭。王季，文王父。行，齊也。身，孕也。將言文王而追本其所從來者如此，言大任來歸，王季同德無忝，乃能生此文王也。

維此文王，小心翼翼。昭事上帝，聿懷多福方墨反。厥德不回，以受方國。

賦也。小心翼翼，恭慎貌。昭，明也。心與上帝一，上帝如在目前，故爲昭事。懷，來也。不回，久而不違。方國，四方歸化之國。言文王敬事上帝，日常對越用能，集福於己，而其德又能永貞，是以四方之國心皆向往，文王能受之也。

天監在下，有命既集。文王初載，天作之合。在洽之陽，在渭之涘。文王嘉止，大邦有子。

賦也。監視。集，就。載，年。合，配也。洽，水名，在陝西郃陽城南。涘，厓也。渭水，在同州馮翊縣入河。嘉，婚禮也。大邦，莘國。子，女也，謂大姒也。將言武王，亦推其本而言。天監在下，其命既集於周矣，故當文王初年，而天已默定其配洽之陽、渭之涘。文王求婚之時，大邦已有子焉。蓋曰非人之所能爲也。

大邦有子，俔天之妹。文定厥祥，親迎于渭。造舟爲梁，不顯其光。

賦也。俔，譬也。文，禮。祥，吉也。造舟爲梁，浮橋也。《傳》曰：天子造舟，諸侯維舟，大夫方舟，士特舟。張子曰：造舟爲梁，文王所制，而後遂以爲天子之禮。是也。不，如字。言文王之德，與天爲一。而大邦之子，其德足以配之，譬則天之妹也。文王卜吉，而以納幣之禮定其祥，乃親迎於渭，造舟爲梁焉。聖人而得聖配，周德已有光大之基，而人不知也。

有命自天，命此文王。于周于京音疆，纘女維莘。長子維行戶郎反，篤生武王。保右命爾，燮伐大商。

賦也。纘，繼也。莘，國名。長子，長女。右，助。燮，和也。承上不顯其光而言。天既命此文王，來嫁於周，嬪于京地。繼大任之德者，乃莘國之長女。天以之命文王，生武王而保之、助之、命之。後來伐商，實由乎此，明不偶然也。伐商而曰燮，言天人翕應和洽。夫子應天順人之言所本也。

殷商之旅，其會如林。矢於牧野神與反，維予侯興。上帝臨女，無貳爾心。

賦也。會，《說文》作旝。如林，眾也。矢，陳也。牧野，邑名，在朝歌南七十里。侯，諸侯。興，尊尚也。貳，疑也。女、爾，謂武王也。上言燮伐大商，由天保佑，恐成王誤認謂有天下專恃天命，故此下二章，言伐商之事，諸侯歸心，賢臣夾輔。言牧野陳師之時，殷商之旅，其會如林，可謂有眾矣，而我周烈眾諸侯歸心，推以爲主。且恐武王不免疑畏，羣告武王曰，上帝眷爾之德，亦既臨女矣，爾毋疑貳。

蓋已本無伐紂之心，而諸侯推戴，迫之使起，此所以爲天命之實也。詳見下五篇。

牧野洋洋，檀車煌煌，駟騵彭彭音旁。**維師尚父，時維鷹揚。涼彼武王，肆伐大商，會朝清明**彌郎反。

賦也。洋洋，廣大貌。煌煌，鮮明貌。騂馬白腹曰騵。彭彭，強盛貌。師尚父，太公望爲太師，而號尚父也。鷹揚，如鷹之飛擊，言猛迅也。涼，《漢書》作亮，佐也。肆，遂也。會朝，猶言終朝。承上言上帝下臨，故紂衆不戰而潰，第見牧野則洋洋無禦敵之兵也。檀車則煌煌，駟騵則彭彭，車馬安靜如常，不似戰鬬之象也。維師尚父，時年已耄，而應天順人，欣然從事，亦有鷹揚之象。佐武王以伐商，不崇朝而遂清明也。蓋言天既命武王以伐商，竝早與之以賢才。故能一旦洗汙穢之俗，答上帝之心也。

《大明》八章，四章章六句，四章章八句。

周公恐成王以天下爲樂，故述武王伐商由於天命。而先述其先人之生，以見世有厚德，非偶然而致，以爲戒也。

附　解

一起即將天命不易提清，見紂失位之速。下乃言周積累之難。知其得之難，則不敢不遵先人之德；知其失之易，則不敢任一己之私。以此爲戒，而非徒侈受命之祥，伐商之烈也。夫生民不可無主，故天必立之君長，而非有德則不能體天心以惠民。德必由已而修。凡爲君長者，其才智必不猶人，而父母、師保訓誨、貽謀尤要。此詩述武王而推本王季、文王初婚，以明世德相承，已非一日，至武王而乃膺天命。聖人之言，天命必本於德，而言德之重又如此。後世草竊之徒，篡逆之輩，視天命爲尋常，而庸臣賊子，又阿諛之，可恨、可歎，又可笑也。抑武王伐紂，後人以其代天討罪，尊之曰伐。在武王初，未嘗有伐商之心也。紂爲不道，天下畔之，不期而會於孟津者八百諸侯，共謀伐商，以周有世德，羣推戴之，迫之使起，故曰維予侯興。使武王不爲安輯，衆諸侯亦必滅紂。且乘亂爭奪，暴掠生民，天下被害，而商祚亦不能延一線，皆勢所必至者。故武王不得已而安撫諸侯，聲明其罪。紂聞天下畔己，倉皇擁寶玉自焚，非武王迫之也。人心翕應，即天心所在，而天下之歸周，亦非一日。故夫子曰應天順人，而後人尚有異言。愚於《論》、《孟》已詳言之，竝見下文《下武》篇，茲不贅。若漢、唐於秦、隋，似天命矣，而民避水火，非漢、唐果有動天之德，黃袍加身，似人歸矣，而畔亂相襲，非趙氏果有順人之德。維世教者，安可不明辨之。

【眉批】古無實錄之典，故周公為詩，述先烈以戒成王，使常聆絃歌毋忘法戒，非如後世侈陳符瑞，以光史冊也。切勿誤認。

緜緜瓜瓞，民之初生，自土沮漆。古公亶父，陶復陶穴，未有家室。

比也。緜緜，不絕貌。瓞，小瓜也。瓜之近本者常小，至末而後大。喻周初興尚微，而後大也。民，周人自謂也。土，《齊詩》作杜，水名也，在扶風杜陽縣南。沮、漆，二水名。《水經》：沮水出北地直路縣，東入於洛。漆水出扶風杜陽縣俞山東，北入於渭。此以其上流而言，在豳地，與《書》所云異。古公，大王號，亶父，其字也。陶，窨也。復，重窨。穴，土室也。言周人初生在土、沮、漆三水發源之地，至古公亶父之時，尚多陶居穴處，未有家室也。按《七月》詩云入此室處，即豳事也。公劉豈無家室？蓋豳近戎，多山谷，其俗多復穴，故舉而言且別之。曰民之初生，非謂公劉也。

古公亶父，來朝走馬音姥。率西水滸，至於岐下音戶。爰及姜女，聿來胥宇。

賦也。此言大王避狄而遷岐也。來朝，明早。走馬，疾行。今日定計，明早疾行，計豫而機敏也。率，循也。滸，水厓，漆、沮之側也。岐下，岐山之下，亦名天柱山，今陝西岐山縣。姜女，大王妃。《大紀》云古公娶於齊有駘氏，曰大姜是也。胥，相。宇，宅也。

周原膴膴，堇荼如飴。爰始爰謀音媒，爰契我龜音箕。曰止曰時，築室于茲。

賦也。周，地名，在岐山之南。廣平曰原，大王始遷居此，後遂以爲國號也。膴膴，肥美也。堇，菜名，今堇葵也。荼，苦菜。飴，餳也。堇、荼皆苦，而甘如飴，極言其地之肥美也。始，已始之。謀，與人謀。契，所以然〔燃〕火灼龜。《儀禮》所謂楚焞也。曰止曰時，龜卜之繇詞，謂可止而適時也。

迺慰迺止，迺左迺右音也，迺疆迺理，迺宣迺畝滿以反。自西徂東，周爰執事。

賦也。慰，安。止，居。左右，公宮在中，營左右以居民也。疆，定其疆界。理，別其道路。宣，導其溝洫。畝，治其田疇。岐在雍西，自西徂東者，拓地向內也。周，徧也。爰，於也。凡所當爲之事，無不周徧。此言定民居，即制民產也。

乃[1]召司空，乃召司徒，俾立室家音姑。其繩則直，縮版以載，作廟翼翼。

賦也。司空掌營國邑，司徒掌役事，故召之。乃之云者，民事既定，而後興役也。縮，束也。凡營作者，先以繩直之，而後束版以載土。首言作廟者，君子將營宮室，宗廟爲先也。翼翼，嚴正也。宗廟之工，理宜敬謹也。

捄之陾陾，度之薨薨。築之登登，削屢馮馮。百堵皆興，鼛鼓弗勝。

---

① 唐石經作迺。

賦也。捄，盛土於器也。陾陾，投土聲。度，納土於版也。薨薨，衆聲。登登，杵聲。削屢，牆成而削治再三也。馮馮，牆堅聲。五版爲堵。鼛鼓，以鼓役事。言民欣事樂功，百堵共作，不俟鼛鼓，而自勸也。

迺立皋門，皋門有伉音岡。迺立應門，應門將將。迺立冢土，戎醜攸行戶郎反。

賦也。毛《傳》曰：王之郭門曰皋門。伉，高貌。王之正門曰應門。將將，嚴正也。朱子曰大王始創此二門，名之如此。而其後遂尊以爲天子之門。冢土，大社也，亦大王所立，而後遂以爲天子之制是也。戎醜，大衆也。起大事、動大衆，必有事乎社而後行。蓋大王避狄遷都，其勢宜弱。詩言其經畫規爲之備，而又特表冢土之立，以爲戎醜攸行，則其勃興有爲之象可見，且以起下文伏混夷也。

肆不殄厥愠，亦不隕厥問。柞棫拔矣，行道兑矣。混夷駾矣，維其喙矣。

賦也。殄，絕。愠，怒。隕，墜也。問、聞通。柞，櫟。棫，白桵也。皆業生之木。拔，起也。兑，通也。駾，奔突。喙，張喙而息也。承上言大王草創之始，規爲宏遠如此。故於狄人之侵擾，雖不能殄絕之，然舍舊圖新，民心悦附，亦不隕其聲聞。蓋其仁心孚於衆者已久，故遷徙而能重新國勢也。及乎末年，則生聚益繁，歸附益衆。凡幽箐皆闢，柞棫拔矣，行道兑矣。混夷畏而奔竄，如馬之駾矣。雖畏之，而無如何，惟有張喙貼息而已。

虞芮質厥成，文王蹶厥生。予曰有疏附，予曰有先後音戶，予曰有奔奏，予曰有禦侮。

賦也。虞、芮，二國名。其君相與爭田，久而不決，朝周質之。入其境，耕者讓畔，行者讓路；入其邑，男女異路，斑白不提挈；入其朝，士讓爲大夫，大夫讓爲卿。二君感而相謂曰：我等小人，不可以履君子之廷。乃相讓以所爭田爲閒田而退，天下聞而歸之者四十餘國。虞在陝之平陸，本帝舜後，所謂西虞也。芮在陝州芮城縣西二十里。蹶，動而疾也。生，起也。予，詩人自謂。疏附，率疏者使親附。先後，相導之使安固。奔奏，宣布之使沛澤。御侮，捍衛之無侵淩。承上言大王遷岐，盛德規模如此。此周家王業之本也。故論者以虞、芮質成之年爲文王受命之日，謂文王蹶然突興矣。予則謂文王雖聖，然實由大王以來即有盛德，所以培植人材者至深，故文王得以光而大之，是由有疏附之臣，乃能懷柔遠人也。有先後之臣，乃能推挽成功也；有奔奏之臣，乃能宣布德意也；有御侮之臣，乃能折衝萬里也。然則大王之造周，正如瓜之有瓞，至文王而成瓜。子孫思肇造之難，能無惕然法祖乎。

《緜》九章，章六句。

周公述大王造周之事，以戒成王，使知創業非易也。

附　解

《序》曰文王之興，本由大王也。深得詩意，而注疏不能申明之。或曰周報大王，周公述其事以訓嗣王，意亦猶《序》也。而歷代儒者，泥末章虞、芮質成，謂竝美文王，莫知此詩專爲大王而言，則誤矣。蓋周家王業，由大王遷岐，故《高山》《荒作》《武成》《大誥》皆云。而追王自大王始，前二篇備言文、武受命之事矣，此又追述大王肇造之事，而終以文王。覩說蹶急行突起之貌，言虞、芮質成之日，人以爲文王德盛，突然而興。不知實由大王締造畱遺，歷王季而至文已多賢士，有四等賢臣佐之，文王乃興。欲成王念肇造之原，亦廣儲人材以光祖烈，此所以爲戒也。前人疑末章突入文王，殊爲不順，而蹶厥生三字，亦不得其故。詩本言人，謂文王突然而興。予則曰有疏附云云，前人之締造，已非一日。如此解，予曰有之義始明，而非頌文王與大王混也。

【眉批】大王避狄遷岐，是時商天子尚明圣，而未嘗禁狄之暴。恤周之危者大王。自公劉以來，自經營于荒裔之地，未受商之寵命。故此詩述大王遷岐營造家室之事，后遂為周興一王之制，而末終以文王之蹶厥生，亦由大王之遺。解此，則湯武俱非夏殷世臣，而應天順人，所以無慚至德。愚於《論語附解》已屢言之矣。

芃芃棫樸，薪之槱之。濟濟辟王，左右趣湊，上聲之。

比也。芃芃，盛貌。棫、樸，皆木名。析木爲薪，積薪為槱。濟濟，德容雍肅。辟，君王，文王也。趣，趍也。此章總冒，言芃芃之棫、樸，薪槱惟其所用。此濟濟之辟王，左右趨事者，亦惟其所使。

濟濟辟王，左右奉璋。奉璋峩峩[1]，髦士攸宜音俄。

賦也。半圭曰璋。祭祀之禮，王祼以圭瓚，諸臣助之，亞祼，以璋瓚。峩峩，嚴肅貌。髦，俊也。此章即祭祀以言人才之美。古與於祭者，必有德。文王濟濟，而左右奉璋者，皆峩峩而嚴肅，蓋皆髦士也。

淠彼涇舟，烝徒楫之。周王于邁，六師及之。

興也。淠，舟行貌。涇，水名，出原州百泉縣東，北入於渭。烝，眾也。楫，櫂也。於，往。邁，行也。六師，天子六軍也。此以武公言人才之美。言涇舟順流以眾楫之力，興周王於邁則六師從之，亦如舟行而楫眾也。國之大事，在祀與戎，故以二

---

① 唐石經、小字本、相臺本作“峨峨”；閩本、明監本、毛本、劉沅作“峩峩”。阮校：“案‘峨峨’是也。《釋文》、《說文》、《爾雅》皆可證。”故閩本、明監本、毛本、劉沅誤之。

者言人才之盛。

倬彼雲漢，爲章于天。周王壽考，遐不作人？

興也。倬，大也。雲漢，天河也。在箕、斗二星之間，其長竟天。章，文章。周王，文王。遐，與何同。作人，變化鼓舞之也。承上而歎美之言。倬然之雲漢，煥然爲章於天。其氣盛大，非一朝夕也。我周自大王以來，世有令德，至文王而又加壽考，所以培植人才者，豈不至深且厚乎！

追琢其章，金玉其相。勉勉我王，綱紀四方。

比也。追，雕也。金曰追，玉曰琢。相，共也。言金玉追琢，而後成章相輝，比人才必教化而後成德。勉勉，敬而無息。我王，謂成王也。凡網張之爲綱，理之爲紀。承上言賢才之盛，必由培養。彼造琢以成章，則金玉相觀而有耀。勉勉我王，其綱紀四方，毋使人才或息，則可以繼文、武之業，而享得人之樂於無窮矣。

《棫樸》五章，章四句。

周公述人才之所由盛，而勉成王以育賢也。

附　解

《序》謂文王能官人。歐陽公附會之。朱子不從其見，卓矣。而第以爲詠歌文王之德，於詞意多欠分明。夫人才之興，至不易矣。即天賦英明，亦必由學問造就。周自大王、王季聖德化民，至文王而享國尤久。所以栽成作育人才者，至周且備，故野人、游女皆爲美材。成王嗣位，周公作此以告，翼其綱紀四方，以育賢才。述文王之壽考作人，以見人才之興，非一朝夕。綱紀二字，有許多禮樂教化在，所謂追琢者也。讀此詩可知周家封建之故，武王、周公，剖土分符，諸侯各世其國，卿大夫多世其家，豈不慮其後之弗率哉？蓋周自公劉以降，世有令德，至文王而累洽重熙，和氣薰蒸，正人積聚。武王受命，亦在末年，故大定之後，選建賢能不難，惟其所用，《書》云侍御僕從，罔非正人。若非文王壽考作人，安得如許賢才而用之？其封建而世傳，非特公天下而不以爲私也，亦以謂當時所用皆聖賢，其脩身齊家以訓子孫者，必有典則，後世不至，即爲非類。況制作明備，禮樂刑賞有以維之，上下等威有以一之。苟敬承勿懈，自可長治久安。無如數傳而後，世繼之制遂生驕淫，世神妙之恩反爲濫予，人心難制，風俗用衰，聖人豈能預禁哉？夫壽考作人，不易得也。人主能勉勉綱紀以育賢才，則世世不乏名世，即隨時可以救弊扶衰。若斤斤以法令相繩，而誠正脩齊之學罕有能者，既渴而後掘井，如前明莊烈焚香卜相，小人滿朝，嗟何及矣！

【眉批】天地生才無盡，然必君相培養有道，斯父作子述，師學弟承，恒有賢才足供上用。周家世有聖君，至文王而益宏，雖野人、游女皆有賢才。此詩特述之以勖成王。追逐二句，乃育賢之實。中有誠正修齊、禮陶樂淑許多功夫在，毋忽視也。

瞻彼旱麓，榛楛濟濟。豈弟君子，干禄豈弟。

比而賦也。旱，山名，在漢中南鄭縣。麓，山足也。榛，似栗而小。楛，似荆而赤，莖似蓍，可以爲箭。上黨人織以爲斗、筥、箱器，又揉以爲釵。濟濟，衆多。豈弟，樂易也。君子，謂先王。干，求也。言瞻彼旱麓平衍，而榛楛乃叢生之。豈弟之君子，因豈弟而禄乃降之。其干禄也，乃惟以豈弟也。此全詩之冒也。

瑟彼玉瓚，黄流在中。豈弟君子，福禄攸降戶工反。

賦也。瑟，縝密也。玉瓚，圭瓚。殷帝乙時，王季受圭瓚秬鬯之賜，爲西伯。黄流，鬱鬯也。周自后稷始封，至王季而始受命，爲方伯，受此玉瓚，用於宗廟。詩人故即所見，以明福禄之實。承上言君子之豈弟干禄，曷由見之哉？彼瑟然之玉瓚，黄流在中，此何物哉？蓋先王以德受賜，遺諸子孫，是豈弟君子，福禄所降，其明徵也。

鳶飛戾天，魚躍于淵。豈弟君子，遐不作人。

比而賦也。鳶，鴟類。戾，至。遐，何也。承上言豈弟之君子，所以有福禄者，非徒自全而已。彼鳶，則飛必于天；魚，則躍必于淵。率其天性之固然，而自極于高深。君子以豈弟自修，即以豈弟化人，何不可以作人乎？得人而後可以有福禄，以此勖成王也。

清酒既載，騂牡既備。以享以祀，以介景福方墨反。

賦也。載，在尊也。騂，赤色，周家所尚。備，合也。承上言君子豈弟而能作人，緜延以迄於今，然後以其德馨享于神明。故清酒既載，騂牡既備，以是而享，以是而祀，以介景福，固非偶然致此也。

瑟彼柞棫，民所燎矣。豈弟君子，神所勞矣。

比而賦也。瑟，茂密貌。勞，慰撫之也。承上言以德享于神明，非徒儀物之豐盛。譬諸瑟然茂密之柞、棫，其材中于薪，民自燎之，豈弟之君子和樂宜於民人，故神自勞之矣。

莫莫葛藟，施于條枚。豈弟君子，求福不回。

比而賦也。莫莫，濃密貌。不回，久而不變也。此又勉其以豈弟和神人，久而勿懈。承上文而歎之言。莫莫葛藟，施于條枚，故長此莫莫。豈弟之君子，久于其德，作人和民，以此求福不回，其德則有無窮之禄。此爲干禄之道也。

《旱麓》六章，章四句。

成王親政而初祭，周公作此以戒之，明受福必本于豈弟也。

附　解

《序》曰受祖也。申之者曰周之先祖，世修後稷、公劉之業，大王、王季申以百福干禄。朱子謂其誤，而曰百福干禄不成文理，然以爲詠歌文王之德，於本文語意亦多未融。愚謂《序》說頗近而未明透，諸家則祇益支離耳。成王親政，初涖祭事，周公恐其祇知祭以求福，而不知必有豈弟之德，作人之化，然後人和而神降之福。干禄之云，就常人言之也，祀事求福，人情類然，不知必由豈弟，故一起即揭明斯意。次章以先王受命，證豈弟得禄。三章言育賢爲豈弟至要之事。四章言己豈弟而臣亦豈弟，乃可以介景福。五章申明介福由德，至而神自勞之，自然之應，非有所強。末章更勉其久道。篇中意義相承，本無難解。前人殊爲草草，蓋因比喻離奇，未得其旨，故強爲之說，而詩意晦矣。至其言主德，而第曰豈弟，何哉？人君不患不尊嚴，而患不與臣民相洽浹。豈弟則忘其尊，而謙敬以下人，恩禮周至，其平日仁育義正，天下愛而親之，和氣〔洽〕浹，故神亦降福耳。

思齊大任，文王之母滿以反。思媚周姜，京室之婦音喜。大姒嗣徽音，則百斯男音寧。

賦也。思，存心。齊，莊敬。周姜，大王妃，大姜也。思媚，常思孝敬以媚之。媚，柔順意。京，周京。大姒，文王之妃。徽，美。百男，舉成數而極言其多也。言思齊之大任，爲文王之母，其思媚之周姜，則京室之婦，亦賢婦也。而大姒又嗣其徽音，用能光大，周家有百男之慶。此章爲全詩綱領也。

惠于宗公，神罔時怨，神罔時恫。刑于寡妻妻與弟自爲韻，至於兄弟，以御于家邦博工反。

賦也。惠，順也。宗公，宗廟之先公。本其未追王時而言。恫，痛也。孔子曰：妻也者，宗廟社稷之主也。刑，與型通，法也。寡妻，寡德之妻。大任、大姒自謂也。御，治也。承上言大任、大姒之賢，能順于宗公，使神無所怨恫。所以然者何也？妻也者，相夫而主宗廟社稷。大任、大姒，平日敬承夫子，輔之以德。惟願其君正身修德，刑于寡妻，至于兄弟，由是而推以治邦家，故能享於神明也。

雝雝在宫，肅肅在廟。不顯亦臨，無射亦保。

賦也。雝雝，和也。肅肅，敬也。不顯，幽隱之處也。射，與斁同。敗，壞也，上文言其承先正家，乃虛寫之詞。此乃實指其敬德之實。言大任、大姒，閨門則極其和，在廟則極其敬。雖幽隱之處，不敢惰肆，亦若有臨之者。雖無失德之事，不忘戒懼，亦小心而自保，所以神罔怨恫也。

肆戎疾不殄，烈假不瑕。不聞亦式，不諫亦入。

此下二章，韻不可考，未知古人作何讀也。賦也。肆，故也。戎疾，大患。若羑里之囚及昆夷玁狁之屬是。殄，絶也。烈，光。假，大。瑕，過也。聞，前聞。式，法。入，採納也。承上言大任、大姒之德如此，故能相王季、文王等成功業。外來大患，雖未盡平，而內行之光大，毫無瑕玷。夫婦人深處宮闈，未必多識前聞，而大任、大姒，則不聞而亦合于法度。宮中嬪御，未必能諫諍箴規，而大任、大姒，則不諫亦能採納。是其天性之美，《大明》之篇所謂天命之也。

肆成人有德，小子有造。古之人無斁音妒**，譽髦斯士。**

賦也。冠以上爲成人。小子，童子也。造，爲也。古之人，指大任、大姒。無斁，無失德。譽，名。髦，俊。斯士，指成王時賢士而言。承上言其德如此，故周之子孫，成人者皆能有德，小子亦皆有造，不徒多男爲慶而已。今雖再世，而賢士挺生，由古之人無有失德，是以譽髦斯士如此。眾，盛也。嗣王可不念哉。

《思齊》五章，二章章六句，三章章四句。

周公述大任、大姒等之德，明文、武所由興，以戒成王，使知內治修而後家國理也。

附　解

《序》曰文王所以聖。亦知詩意不專美文王也，而不能究其說。陳氏櫟以爲詠歌文王之德，由有賢母賢妃，是已，而不敢以爲專美任、姒。蓋泥於地道無成之義，不應置王季、文王而專美其妃。不知夫子釋《坤》卦之義，而以臣子、妻道配之。無成者，不居功也。所謂不以寵利居成功，《坤》承天而時行，柔順爲德，故象如此。若論天地之正，則乾元坤元，一動一靜，互爲其功，不可一毫偏勝。太極動靜，而有五行，五行生成，天地同之。陽奇生陽而陰成之，陰偶生陰而陽成之，非天專主生而地專主成也。於人亦然，君、父、夫主三綱要矣，而無臣子與妻，人倫何以立？家、國何以齊、治？大《易》一書，祇此一陰一陽，參伍錯綜，而成六十四卦。羲、文、周、孔，反復發明，祇是言陰陽和平，中正爲妙，稍有偏勝則凶，不謂陰戒其盛，而陽遂不憂其亢也。文王言家人利女貞，夫子釋之曰：男女正，天地之大義也。正外、正內，其責同，其功同，其效亦無二致。自天子至於庶人，未有內無賢妻而可以修其身、齊其家者，況欲治國平天下乎！周公制禮，以《關雎》爲房中之樂，明夫婦爲起化之原。而《葛覃》以下四章，皆表后妃之德。二《南》之什，婦人、女子之詩居其大半。所以鄭重於陰教者何？如後世止知婦人不可專任，而不知事親、相夫、教子，全賴賢助。其賢者，夫當敬之以修己；其不賢者，夫當正己而化導，故曰君子之道，造端乎夫婦。世俗重色輕德，言好合則但私昵，言夫綱則肆淩虐。而夫之不賢，妻無敢匡正，五倫不修，禮樂不行，由此其始矣。有夫賢矣，而婦不肖，或姑息優容，則其所謂賢者，亦何足爲賢乎？周家世有令德，天即篤生賢配以佐之。《大明》之篇已嘗頌述，然義主於追述，文、武內配之賢，未暇縷述也。此章故特詳言以告成王，欲其謹於閨房燕私之際，深察乎風化敬肆之原，用意良至深遠。論者謂雝宮、肅廟，亦臨亦保，亦式亦入，乃聖人至德，恐非任、姒所及。不知修身寡過爲心，則自能和以處眾，敬以持身。亦臨亦保，特戰兢惕厲之常，亦式亦入，則善念純熟之故。學者苟從事於克己反求，此等境界，即非難至。後人惟任其私而不檢，薄仁義爲常談，故於此種意義視如神明，則實學不講之故也。任、姒等不如此，即不足以爲賢，亦安能篤生至聖哉？至刑于寡妻，自是指王季、文王而言。惟其對夫自稱，故曰寡妻耳。若謂周公美文王之詞，是直以大姒爲寡德，於義何安？且篇首大書特書，稱其思齊嗣徽，忽又云寡妻，何耶？故特辨之。讀者平心察理，就本文上下語脈求之，以其事實證之，乃知愚言非妄耳。

【眉批】君理陽教，后理陰教，非判然不相入也。君正身以齊家，后肅恭以輔君。孔子故曰夫夫、婦婦而家道正，正家而天下定矣。後世不知《大學》之教，惟禁婦人不干外事，而宮闈不肅，內治不修，婦人亦弗自貴，則此詩之誤解貽之咎也。

皇矣上帝，臨下有赫。監觀四方，求民之莫。維彼二國①，其政不獲。維此四國②，爰究爰度。上帝耆之，憎其式廓。乃眷西顧，此維與宅。

賦也。皇，大。臨，視。赫，威明也。莫，定也。二國，夏、商之後。不獲，失道也。四國，四方之國。究，尋。度，謀也。耆、嗜同，好也。憎，當作增。式廓，猶規模，此謂岐周之地。言上天臨下甚明，監觀四方，求民之安定。當大王時，夏、殷二國之後，其政不得天心，故於四方之國察其能定民者，而謀以爲君。惟周爲上帝所喜，以其僻在戎狄，有意增其式廓，乃眷然顧視西方，以此岐周之地爲大王居宅也。

---

① 維彼二國，底本作維此二國。
② 維此四國，底本作維彼四國。

作之屏與平協之，其菑其翳。修之平之，其灌其栵。啓之辟與剔協之，其檉其椐。攘之剔之，其檿其柘古音之恕反。帝遷明德與配協，串夷載路。天立厥配，受命既固。

賦也。作，拔起也。屏，去之也。菑，立死者。翳，倒死者。修，治。平，均。叢生曰灌，横列曰栵。啓、僻〔辟〕，開墾。檉，河柳也，赤色，生水邊，一名雨師，枝葉似松，今曰三春柳。椐，樻也，腫節似扶老，可爲杖，今靈壽也。攘、剔，穿剔去其繁冗，使長成。檿，山桑也，與柘皆美材，可爲弓幹，又可蠶也。明德，謂大王。串夷，即昆夷。載路，滿路而去，所謂混夷駾者也。配，謂大姜。承上言天以岐山爲大王宅，而其地則幽篁險阻，又近昆夷者也。大王不辭勞瘁，於菑翳無用者則拔去之，灌栵叢雜者則治而疏之，檉椐有用者則啓辟而廣植之，檿柘美材則攘剔之使成材。所以然者，由其有明聖之德，故闢土開疆，以奠民人。帝早知之，故特遷明德於此，而串夷載路而去。然不特大王有明德也，當未遷岐之前，天已爲立賢配姜氏，而偕來胥宇，則周之受命已固矣。

帝省其山，柞棫斯拔，松柏斯兑。帝作邦作對，自大伯、王季。維此王季，因心則友音以。則友其兄，則篤其慶音羌，載錫之光。受祿無喪平聲，奄有四方。

賦也。省，視也。拔、兑，見《綿》篇。作邦，興其國作。對，竝生聖賢，無獨而有對，始自大伯、王季也。因心，無勉强也。善兄弟曰友。兄，謂大伯。篤，厚。慶，前人所畱之福。載，則也。錫，與。光，後人所受之榮。奄，大也，覆蓋之義。承上言大王遷岐之後，帝視其山，木拔道通，民歸者衆，是大王實能承天意矣，於是天益眷之。既作其邦，又爲之竝生賢嗣，不特文、武始然，自大伯、王季已肇其端。維此王季，友愛出於自然，能友其兄。大伯欲讓以國，知其必不肯受，故託事以逃，而王季乃不得已而立。然自王季立後，而周先人之餘慶，益以篤厚，竝錫光於後人。所以鈇鉞專征，受祿無喪，而其勢已足奄有四方矣。

維此王季，帝度其心，貊其德音。其德克明，克明克類，克長克君。王此大邦，克順克比。比于文王，其德靡悔。既受帝祉，施于孫子。

賦也。度，忖度。貊，與莫通。静，默也。德音，言也。克明，能察是非。克類，能分善惡。克長克君，伯、仲皆去，爲家之長，而國之君也。王，讀去聲，言興周使大。順，順於事理。比，親於臣民。比于，至于也。悔，遺恨也。承上而言篤慶錫光之實。言王季因二兄俱去，不得已而嗣位，非利而爲之。上帝早知其心，故王季雖不自明而其德自彰。及嗣位之後。果克明克類，無愧於爲長爲君，遂使周邦興王。蓋惟王季之德，凡事皆順乎天理，而恩意洽乎臣民，是以篤慶錫光。至于文王，而王季之德無有稱遺憾者，以是受帝祉而施於孫子也。王季之畱遺，不至遠乎。

帝謂文王：無然畔援，無然歆羨，誕先登于岸。密人不恭，敢距大邦博工反，侵阮徂共。王赫斯怒，爰整其旅，以按徂旅。以篤周祜，以對於天下音戶。

○賦也。帝謂，設爲天命文王之詞。蓋理本於天，天理至處，天心即在，故如聞帝命之也。畔，離而去。援，引而來。無畔援，心純於道，無離合。歆，心動有所喜。羨，過而猶慕好。無歆羨，心超於物，無嗜好也。岸，水涯。人心有欲，則溺而昧道。文王不然，故早登道岸。將言伐密、崇而先言此，以見文之征伐本於天意，無一毫之私見也。密，密須國。姞，姓。《括地志》：密在涇州鶉觚縣西。大邦，謂殷。阮，國名，在涇州。徂，往也。共，阮之地名，涇州有共池。旅，周師。按，遏也。徂旅，密師之往共者。祜，福。對，答也。承上言王季篤慶，而及文王。文王之德，足以合天。天以文王之心無有畔援歆羨，早能先登道岸，故眷之使專征伐。於時密人見殷衰微，不恭其職甚，敢距王命而事侵陵，乃擅兵侵阮，至於其邑。文王赫然震怒，爰整其旅以遏徂共之衆。蓋當時文受命專征，凡不廷者皆可奉命討之。密人不恭，天下所怒，王往遏之，而密人不得爲禍。其澤及於民，益以篤周之福，而答天下仰望之心也。

依其在京音疆，侵自阮疆。陟我高岡，無矢我陵，我陵我阿。無飲我泉，我泉我池音佗。度其鮮原，居岐之陽，在渭之將。萬邦之方，下民之王。

賦也。依，安貌。京，周京。矢我之云者，本其得地後而言。大阜曰陵。大陵曰阿。我陵我阿者，始第見爲陵，得而墾之，則見爲阿。我泉、我池者，飲泉以爲池也。鮮原，地名。將，側也。方，向也。王，歸往也。承上言遏徂旅之事。言文王安然在京，而使奇兵從阮疆以侵之。密人方侵阮，不意周師之猝至也。於是倉皇投竄，而由是我師陟我高岡。無敢陳師於我陵者，我陵皆爲我阿，闢之以居民矣。無有飲我之泉者，我泉皆爲我池，引之以灌漑矣。王見密人所遺之地肥饒，可以濟民，遂乃度得鮮原之地，爲邑以居，然非越境而他據也。其地居岐之陽，在渭之將，蓋猶是周之境內。然天下見文王無畔援歆羨，實能除暴以安民，萬邦以此向往，下民亦以此歸往矣。蓋密雖與周國接壤，文王初未嘗有意伐之。因其恃强横暴，整旅伐之，而兵始至，阮、密已投竄。無矢陵，無飲泉，則民皆棄密而歸周矣。文王無意得之，因度地居民，作邑以安集流亡，故天下知其非貪地黷武，咸歸往也。以此爲無畔援歆羨之實。詩言至精密焉，而惜乎舊解之誤也。

帝謂文王：予懷明德，不大聲以色，不長夏以革音棘。不識不知，順帝之則。帝謂文王：詢爾仇方，同爾兄弟。以爾鉤援，與爾臨衝，以代崇墉。

賦也。予，設爲上帝之自稱也。懷，眷念也。明德，文王之德。聲、色，謂外觀之美。長，上聲。夏，中夏。革，改也。首三句，言天眷文王隱德。不長三句申明之，言文王未長於中夏，而德化涵濡，足以革西陲之陋俗，故民潛移默化，自順天理而行。不識不知，渾樸也。帝則，天理著爲法則者，仇方，謂凡不忠於殷、不順於理之國。惟文王以尊主庇民爲心，故天亦惡其所惡。不然，天豈爲人遂讎忿哉？兄弟，諸侯。鉤援，雲梯也。臨，臨車，在上臨下者。衝，衝車，從旁衝突者。崇，國名，今鄠縣墉城也。崇侯導紂無道，欺君虐民，文王所應仇者。言文有明德，不侈外觀之迹，上帝眷之。其不大聲色，若何文僻處西陲？未長於中夏，而以德革戎民之俗。民日遷善，而不知咸順帝之則，是誠體天之心以爲心者。故帝又謂文王，凡不道之國，爲爾仇方者，爾其詢之。凡有道之國，與爾爲兄弟者，爾其同之。若崇侯欺君虐民，爾其以爾鉤援，與爾臨衝，伐其墉焉。上章伐密，是奉紂命伐侵陵者。此則崇侯已得罪於紂。紂命伐之，故文伐之。而曰仇方者，謂其不臣，當仇也。世傳崇侯譖文王而囚之，詩人恐人以伐崇爲報怨，故歸之帝命。而其實，《史記》所記文王釋囚歸三年伐崇之說，亦不足信也。譖者，崇侯。而囚之者，實紂也。文王忠敬，方且引罪之不暇，而乃遷怒崇侯哉？且紂方囚之，幸而得釋，不久即報怨於崇，紂其容之哉？無論紂容與否也，且跋扈如此，何以爲文王？凡此皆關聖人大節，不可不辨。

臨衝閑閑，崇墉言言。執訊連連，攸馘安安。是類是禡古音暮**，是致是附，四方以無侮。臨衝茀茀，崇墉仡仡。是伐是肆，是絕是忽。四方以無拂。**

賦也。閑閑，徐徐。言言，完固也。連連，相續。馘，割耳。軍法，不服者殺而獻其左耳。安安，罪止於不服者，不驚擾也。類，將出師祭上帝。禡，至所征之地而祭始造軍法者，蓋黃帝、蚩尤也。致，招之使來。附，使附於軍。侮，意狎之。茀茀，强盛。仡仡，堅峻也。伐，聲其罪。肆，陳其兵。絕，滅其爵。忽，亡之速。拂，顯違之也。承上言文王伐崇，雖上帝命之，而不敢遽期其服也。故其始，臨衝雖設而不用，閑閑然也。崇墉可攻而不攻，言言然也。閒或獲其將卒，必一一訊之，不輕戮一人。其有不服者，則依軍法馘之，而民皆服罪，安安不驚擾也。類以出師，禡以施令，未嘗以詭道行之。蓋文之意，惟欲其服罪來歸，不欲徒逞兵力。故或招之使至，或附之軍伍，以誠相待，人皆悅服。而四方聞之，知文推誠及物，無有貌從而心侮者矣。及其再伐，臨衝茀茀，蓋修教之後，師直益壯，猶是軍器獨見其强矣。崇墉仡仡，城池如故，無所用之矣。文王於是聲其罪，陳其兵，而崇人來降。爵命以絕，敗亡忽焉矣。四方知文非無勇者，特以德而不恃力，故皆畏服，無有違逆者矣。《春秋》傳曰：文王伐崇，三旬不降。退修教而復伐之，因壘而降。與此正合。而舊解錯誤，竝聖人之意亦不著矣。

《皇矣》八章，章十二句。

周公述大王、王季、文王之德，以戒成王。明三聖無利天下之心，而天命眷德，欲王愼之也。

附　解

此詩專咏大王、王季、文王之事。蓋武王，《武成》《大誥》已明述三后之德。周公制作，又特追王。恐後人第知三聖肇造王業，而不知其小心敬德，初無利天下之心，故特爲此詩，以告成王也。篇首即高唱皇矣。上帝臨下有赫，見天命不可倖邀。繼乃言大王遷岐，天實啓之，然大王初不知也。第辟土居民，盡其當爲，而帝省其山，知其果克凝承，乃興其邦、昌其嗣。王季越二兄而立，大伯又未顯，然讓國人鮮知之，則不能無所疑，故特表其友兄篤慶。至文王伐密、伐崇，著人耳目，不知者又或疑文有招八州而朝同列之心，特言帝謂文王，明其無一毫私利。而奉天征伐，無非除暴安民，無侮無拂，所以明其順人心而合天理，非詡其能興王也。舊說於語義多欠分明，幾等聖人於莽、操之輩。即如篤慶錫光，解者云王季與其兄，以讓德之光。當日大王未嘗欲廢嫡立少也，不過文王明聖，鍾愛形於辭色，此亦人情抱孫之常。大伯本淡情富貴，又見文王英妙，亦喜後嗣有人，欲傳位及之。然苟顯讓大王，王季必不從，故託採藥以行，竝挈仲雍同去。及大王即世，伯、仲不在，舍季斷無可立。夫子稱伯至德，正以其讓隱微，非大王愛文，大伯讓季，皆有幷商之心。而王季乃力圖王業，與其兄以讓國之名也。弊由不解作、對二字，因以自大伯、王季，爲由大伯而讓季，故上下文義，皆强附耳。王此大邦，奄有四方，竟作王業解。爾時商辛未立，遽以王事歸季，周公豈不誣其祖乎？大邦，指周，謂文王怒不順己者，擅征伐之，可乎？萬邦方、下民王，比於經營宅中，謂文王有心經營，强大以圖吞幷，可乎？《左傳》載，文王聞崇德亂而伐之，三旬不降，後修教而復伐之，因壘而降。錯解此詩，謂文王報怨興師，可乎？夫以子孫而追其祖烈，似不嫌於辭之侈。然聖人之所以爲聖人，正以其析天理於毫芒，行事如青天白日。使大王、王季、文王預有圖王之心，周公盛稱其祖能開王業，而不顧義理之安，何以爲聖人？故凡周公稱述前人，皆推本於明德。屢言天命難保正是恐成王以帝王爲吾家故物，不知祖宗一片小心翼翼之道，而後作爲詩歌，反復指陳也。公私理欲不容兩立，毫釐之差，謬以千里，愚安得不詳辨之哉？曰：然則文王何以伐崇。曰：紂因崇侯譖囚西伯，旣而釋之，復命爲伯專征。則紂固有以諒文之忠，非徒以其獻女贖罪如史所云也。《左傳》稱崇亂，文伐之。則崇必有不法之事，文乃奉命討之。即如密人侵阮徂共，其爲畔亂顯然，故文伐之。我陵、我阿、我泉、我池云者，密、阮疆域僻在荒陲，殷天子羈縻之地，非內地可比。文旣正其罪，紂即以賜文，如周平王賜秦伯岐西之地。文乃辟土居民，故詩人美之云云也。即如邠、岐，亦是荒域，非公劉、大王不能營國布治。詩所以又言度其鮮原，以明文闢疆安民之實，而又申之曰岐、陽、渭，將言地雖初闢，實亦岐陽接壤，非不遵王命越境侵并也。詩詞甚明，奈何舍經從傳，以理揆之。紂初聽讒囚文，既而知文冤，釋之，仍命爲西伯，得專征，故伐密、伐崇、戡黎，文皆以天子命伐之。惟密地近周，紂以賜文。其崇、黎皆仍歸紂屬。在文王，則討不靖之國，使忠於殷；在旁人，則見其德日盛，有不久於有國之勢。故祖伊奔告，惟戒王而無一言及周之非也。聖人大節，《詩》《書》安可不詳參之？

【眉批】詳敍列聖創造，皆由天命。而天命之眷，實由有德。以此爲嗣王法戒，非若後世頌揚瑞應之比也。

經始靈臺，經之營之。庶民攻之，不日成之。經始勿亟，庶民子來。

賦也。經始，創造。國之有臺，所以望氛祲、察災祥。文王創爲之，而民稱曰靈臺，神之也。周後有天下，遂以爲天子之制。其地，今長安西北界。經之，度之也。營之，謀之也。文王方經營之，庶民即攻作之，不數日而遂成。雖文戒令勿亟，而庶民之來，如子趨父事，《孟子》曰：民歡樂之也。

王在靈囿古音肆，麀鹿攸伏蒲北反。麀鹿濯濯，白鳥翯翯。王在靈沼，於牣魚躍。

賦也。靈臺之下有囿，囿中有沼。麀，牝鹿。伏，安處不驚。濯濯，肥澤貌。白鳥，鶴也。翯翯，潔白貌。於，歎辭。牣，滿也。魚滿而躍，言多而得其所。言民安而王閒適，鳥獸魚鼈咸若也。

虡業維樅，賁鼓維鏞。於論鼓鐘，於樂辟廱。

賦也。虡，植木以懸鐘磬，其横者曰栒。業，栒上大版，刻之捷業，如鋸齒者也。樅，業上懸鐘磬處，以綵色爲崇牙，其狀樅樅然也。賁，大鼓。鏞，大鐘也。論，倫也，言得其倫理。辟、璧通。廱，澤也。毛《傳》曰：水旋丘如璧，以節觀者。蓋文王講禮於此，爲小池以止煩囂，而後人遂以爲制。曰廱，取其和也。言文王不徒以爲優遊之所，而即於此興禮樂焉。

於論鼓鐘，於樂辟廱。鼉鼓逢逢博工反，矇瞍奏公。

賦也。鼉，似蜥蜴，長丈餘，其皮可以冒鼓。眸不見曰矇，無眸子曰瞍，樂工也。樂工用瞽者，以其善聽而審於音。公，公庭也。承上而歎美之言。此於論之鼓鐘，於樂之辟廱，豈徒與民同樂哉？聞鼉鼓之逢逢，無不感動，而矇瞍奏樂於公庭，所以化人於和平，潛消其鄙穢者在焉。古之教士，以樂爲主，學樂誦詩，舞勺舞象，小子已然。《周禮·大司樂》以樂德、樂語、樂舞教國子。而典樂教胄，則虞舜已然。殷學名曰瞽宗，故此詩亦云然。

《靈臺》四章，二章章六句，二章章四句。

文王始爲靈臺辟廱，而民歡樂之。周公述以見先王遊觀之所，即爲教化所由興也。

附解

《序》：民始附也。文王受命，而民樂其有靈德以及鳥獸昆蟲，牽强不通。《魯詩》曰：文王遷都于豐，作靈臺，以齊七政，奏辟廱。周公述之，以訓嗣王。呂東萊曰：皆述民樂之辭。二説略近之。夫周家世居荒鄙，太王、王季至於文王，民安物阜，乃漸興禮樂。靈臺以望雲物、察災祥，蓋自古有之。文王爲此，不爲異也，因民心樂附，遂目之曰靈。而文王優游於此，思人無不欲燕閒歡樂，因於暇時聚民於此，講禮肄樂。久之，而民化於禮樂，益以醇和。周公故述之以告成王，使知人君怡情適意，無不可以立教化民，非第詡文王勞民而民不怨也。孟子引之，以告梁王，則意主於歡樂同民，與詩本旨自别。至辟廱爲大學，乃後人立學，借此爲名。文王竝非於靈臺之地立學，何得便以爲大學名乎？且文當時布德行仁，惠鮮懷保。遍乎遠邇而卑服。即田功，周、召各分治，其意欲民無不得所，非如後世立學以教士、耕稼以安民，劃爲兩途。知聖人化民之道，不外《大學》《中庸》，則秀頑皆可造就。若漢代臨雍講學，襲古之貌，便爲盛典。周公所以望成王者，非此意也。

【眉批】詩義，註與附解已詳。但當涵泳白文，得其咏歎不窮之意。乃見周公述先德而感嗣王，但言其事，欲王味之無窮也。

下武維周，世有哲王。三后在天，王配于京音疆。

賦也。下，對上之辭，後也，賤也。武，武功。李厚菴曰：人以周滅紂而有天下，武功大矣。不知下武者，實維周是也。哲王，明君。三后，大王、王季、文王也。京，周京。居周京以配三王也。言我周代商而興，人或以爲武功特盛，不知下武者維周。其所以興者，由世有哲王之故。大王、王季、文王，三后之德極盛，其靈在天，而武王乃配之于周京也。

王配于京，世德作求，永言配命，成王之孚古音浮。

賦也。作求，於三后所作而求之，謂踐其功也。永言配命，常恐不合天心。孚，信也。言王之所以配于京者，以其以世德爲求，遵而行之，常恐不合天理，故能成王者之大信於天下，而天下歸也。

成王之孚，下土之式。永言孝思，孝思維則。

賦也。式、則，皆法也。三后服事殷家，而武王代商，疑於不孝。不知無意於得天下，而人歸。天與善繼、善述，乃所以爲達孝也。承上言所以成王者之信者。謂其行事可爲下土之式，故天下信其與三后無二心，在武王引罪自責，常恐有失三后之德。而一片孝思，天下已以爲法矣。《中庸》言繼述不失，天下顯名。與此詩義正相合。而疑武王者，謬矣。

媚兹一人，應侯順德。永言孝思，昭哉嗣服蒲北反。

賦也。媚，愛也。一人，謂武王。應侯，應天下諸侯之求。順德，順人心天理之正。昭，明也。嗣服，嗣先王服事之事。承上言孝思何以維則。蓋天下之歸武王，非私之也。天下被紂之虐，民不聊生，衆諸侯會集，推戴武王，求其拯民水火，武王不得已而應之。故天下愛戴武王，爲其能應諸侯之求，順天理人心之安，而無一毫利天下之心也。然則武王雖代商而王，其心何嘗與三后異哉？是故武王長言孝思而不忘，昭哉克嗣三后之事也。

昭兹來許，繩其祖武。於萬斯年，受天之祜音古。

賦也。兹，此也。來許，後世也。謂成王之世，繩繼武迹也。承上言武王孝思昭明，不特光大前人，實昭兹來許，使後世子孫長繼祖德，則萬年皆受天之福矣。

受天之祜，四方來賀。於萬斯年，不遐有佐？

賦也。四方，兼外夷而言。賀，朝賀。不，豈不。遐，遠也。佐，助也。承上言受天之祜，則不特中夏，乂安四方，外夷皆來慶賀。於萬斯年長爲藩屏，豈不遠有輔佐乎？此上二章，皆勉成王之辭也。

《下武》六章，章四句。

周公述武王繼述之善以訓成王，使繩武而受祜也。

附解

《序》：繼文也。武王有聖德，復受天命，能昭先人之功，窺見詩意矣。而以爲繼文，不知三后在天，非特謂文也，其言未能瞭如。《魯詩》謂，康王大禘，報祀成王，奏《大武》六成既畢，受釐陳戒之詩。朱子不從，謂只當如舊說是矣。而承接語意，亦未盡協。至下武下字，諸説紛紛，皆爲牽强。本朝李厚菴光地，其說獨優，且下，本訓後也、賤也，與上字相反，當從之。蓋自《文王》以下八篇，皆述先烈而武王頗略，此篇故特表武王。且三后服事殷商，而武王改步，疑其有失前人之雅。周公特明武王之心猶是前王之心，正夫子所謂善繼、善述、不失天下之顯名者也。後儒於武王伐紂不無異說，只因不識此章文義，竝孔子之言，亦朦朧未晰，今疏明之，然後見文、武、周公、孔、孟，心理相符，無毫髮之隔礙也。識者詳之。

【眉批】成王襲武王之業，周公恐其忽創業之由，特述武王能承世德，欲王繩其祖武，非徒侈陳先烈也。

文王有聲，遹駿有聲。遹求厥寧，遹觀厥成。文王烝哉！

賦也。聲，令聞。遹，紹述也。《書》曰：祇遹乃文考。駿，大。寧，安。成，成功。烝，盛也，《說文》：火氣上行，熾盛。言文王有聲於天下，而不知前人已有聲，文王紹述，功大乃益有聲耳。蓋自先公以降，皆無自利之心，惟求民生安寧。而文王能紹述之，前人之功乃觀成，是以其聲益著也。然則文王之德，誠盛矣哉。

文王受命，有此武功。既伐於崇，作邑于豐。文王烝哉！

顧氏炎武曰：八章末句，合爲一韻。賦也。受命，受天子命伐崇事，見《皇矣》篇。作邑以安集民人也。崇侯無道，民人失所，文王奉命討之，因作邑以居民。豐，地在鄠縣杜陵西南，豐水出其東南。承上言文王惟以紹述前人，忠勤爲事。故紂雖無道，亦鑒其忠。當受命專征，乃有此武功。既伐崇而討其罪矣，因作邑於豐以安民，文王誠盛矣哉！

築城伊淢，作豐伊匹。匪棘其欲，遹追來孝音臭。**王后烝哉！**

賦也。淢，《韓詩》作洫，城溝也。方十里爲城，城閒有溝，深廣各八尺。匹，稱。棘，急也。追來孝，自公劉以降，皆闢土以求寧，而文王心亦若是也。王后，言爲王爲后，至公之意。承上言建國築城，非徒防衛，所以奠民居而啓溝淢。文王之作豐也，意亦如斯。故城閒有淢，其廣不過十里。文王作豐，恰與之稱，非急欲完固以遂其欲，乃追述先人求寧之心而來致其孝也。此誠王后至公無我之心，豈不盛哉！

王公伊濯，維豐之垣。四方攸同，王后維翰。王后烝哉！

賦也。公，助也。濯，新也。垣，即城也。王后，謂文王。上言其有王后至公之心，此即以王后目之。翰，蔽也。承上言文王作豐安民，而非以自利。故王功日新，即此城豐而益著矣。四方知王之忠，歸王之仁，不特諒其無翦商之心，且恃以爲商之翰衛。誠哉其爲王后之德，而極其盛哉！此章即孔子言三分有二服事意。

豐水東注，維禹之績。四方攸同，皇王維辟。皇王烝哉！

興也。豐水，出鄠縣東南終南山，自發源北流，經縣東二十里，北流入渭，又東注于河。皇王，有天下之號。辟，君也。此章及下章，乃美豐、鎬。言文王作邑於豐，武王作鎬，雖非有心求盛，而德盛則地亦效靈也。豐水東注，本由禹績。自文王城之，而四方歸心，以其有皇王維辟之德。然則文雖未嘗君天下也，豈不儼有皇王之勢而烝烝日盛哉？

鎬京辟廱，自西自東，自南自北，無思不服蒲北反。**皇王烝哉！**

賦也。鎬，武王所營，在豐水東，去豐邑二十五里。武王有天下後尊爲京。思，心也。此言武王繼文而作鎬京，竝作辟廱。於時周德已盛，雖未代商，而四方無不心服。誠哉爲王者自然之化，極其盛哉！

考卜維王，宅是鎬京音𦣛。**維龜正之，武王成之。武王烝哉！**

賦也。考，稽也。凡理可而以卜考之，慎也。宅，居。正，決也。此章及下章乃言豐、鎬之盛，由於天命，欲成王以德承而守之。言武王作鎬，非喜事紛更，蓋考之於卜，天實啓之，龜示其機。而武王以理斷之，乃成其功。此又武王所以適追來孝也。武王豈不烝哉！

豐水有芑，武王豈不仕？詒厥孫謀音媒，**以燕翼子。武王烝哉！**

賦也。芑，苦菜別種。莖青，白花，或紫或白，子大如珠，熟時或赤或黑，可生食，竝可蒸爲茹。仕，事也。詒，遺。燕，安。翼，輔也。子孫互言之也。又言豐水之地肥美，常生芑菜。武王豈以其不美而別事經營哉？因廣文王之制，考卜而天意若啓之，故遂作邑於此。不意遂詒孫子萬世之謀，安翼子於是地。然則文武本無利天下之心，而德盛民歸，遂成王業。豈得以豐、鎬形勝，遂專恃地利爲萬世之業哉！

《文王有聲》八章。章五句。

周室既興，豐、鎬遂爲發祥之地。周公恐成王誤以爲文、武有意爲之，而不知以德保世，故作此戒之。

附　解

《序》：繼伐也。武王能廣文王之聲，卒其伐功，止說得一半。《集傳》亦止云：言文王遷豐，武王遷鎬之事。而不知其旨也。夫聖人視天下如敝蹝，行一不義，殺一不辜而得天下，不爲。夷、惠且然，何況文、武其作豐、鎬也？不過立國建都之常，公劉疆理居豳，大王拔山通道，皆開闢草萊，立室家以自位，竝爲施政涖民之計。文、武作豐、鎬，亦因民人漸稠，國土漸廣，非此不足以正位施教，而豈若後世窺覬之徒，據地利圖自强哉？因紂無道，武王順八百國之心，不得已而止亂安民。天下大定，遂以鎬爲京師，而竝尊豐邑。若兩京之意，文、武初心未及此也。但成王年沖，襲前人之遺，周公恐其以興王之地爲非常之業，故作此詩以告，述作邑之美。原本先人而以孝思言之，蓋大王、王季以德興周，文、武能承之，故益光大。每章皆以烝哉贊之，謂其德日新月盛，如火氣熾盛也。言王公、王后、皇王，謂其德以漸而光大。由公而王，而后，而君，皇王皆由德盛之故，終以維龜正之，武王成之。見人事也，而天命屬焉。結以燕翼，欲成王體先人之德，乃能保世滋大，豈後世侈陳形勝，祝萬世而不替者乎？首章求寧觀成，該大王、王季、文、武之事，冒起二、三章敍伐崇而後作豐，止是遹追來孝。四章言文王祗思長爲殷之屏翰，而其實已有王后之德。五章、六章言豐亦禹之舊蹟，鎬亦武王彷文辟廱之事，爲之而不料四方攸同，無思不服。七章乃承出中有天意，然止云龜正而已，未誇張天命如何也。末章又特言作鎬，非有意圖王。不守文王豐邑，以鎬爲京師，故特言之。篇中次第甚明，前人不得其解多矣。

【眉批】一代之興必有發祥之地。然地之靈，固由人之傑也。文、武作豐、鎬，豈必規圖王業？亦以安集民人而已。而子孫重之，或第重其地，不思其由。此詩所以作也。

文王之什十篇，六十六章，四百一十四句。

此什皆周公相成王時，述先德以告戒之辭。而先儒多誤會。今悉正之，學者各就本文玩繹，則文、武、周公之意明，孔、孟所言亦明矣。

《生民》之什三之二

厥初生民，時維姜嫄。生民如何？克禋克祀音以，以弗無子。履帝武句，敏音每歆句，攸介攸止。載震載夙，載生載育音益，時維后稷。

賦也。時，是也。姜，姓；嫄，名。炎帝之後，有郃氏之女也。禋，潔敬也。弗，不也。以弗無子，承上句來，言以此不可無子也。履，踐。武，跡。曰帝武神之也。敏，足拇指。姜嫄之拇，非大人跡之武。歆，動。攸，所也。介，際也。止，凝也。震，妊。夙，昔也。育，養也。生、育，仍上文生民，非謂生后稷。下文彌月先生，乃言后稷之生。言民無食則死，其初生民者，實惟姜嫄。蓋嫄生子，能生民，即姜嫄生之也。生民如何？嫄尚未適人，而平日以敬修德。當粒食未興，獨能潔己敬祀。上帝鑒之，以其不可無子，是以無心履武而已拇忽動，其氣若有所際，營衛止而不行，遂妊焉。其妊也，非偶也，天命夙定，將生聖人生育萬民，故有此異。是后稷之所由來也。

誕彌厥月，先生如達。不坼不副音闢，無菑無害。以赫厥靈，上帝不寧。不康禋祀，居然生子。

賦也。誕，發語辭。彌，終也，終十月之期。先生，首生也。達，小羊，羊子易生者也。坼、副，皆裂也。赫，顯也。康，安享。居然，猶儼然也。言姜嫄有身之故如此，宜其必有怪異。乃誕彌厥月，其生如達，竝無坼副之苦以菑害其母，此亦足以顯其靈異矣。而姜嫄則以無端而妊，事屬不經，豈上帝之心有不寧乎？平日禋祀，帝不安享之乎？何爲而儼然生子也？此則其見棄之由也。

誕寘之隘巷，牛羊腓字之。誕寘之平林，會伐平林二林字自爲韻。誕寘之寒冰，鳥覆翼之。鳥乃去矣，後稷呱矣。實覃實訏，厥聲載路。

賦也。隘，狹。腓，脛腨。字，乳也。蓋牛羊以腓衛而乳之，如虎乳子文也。會，值也，值人伐木也。覆，蓋。翼，藉也。以一翼覆之，一翼藉之。呱，嗁聲。覃，長。訏，大。載路，其聲滿路。承上言姜嫄疑子不祥而棄之，乃寘之隘巷無人之地，而牛羊腓字之。又寘之平林，益幽僻矣，適值有人伐木。不果，乃寘之寒冰，則必斃矣，而鳥又覆翼之，迨鳥去，而后稷嗁聲滿路，於是姜嫄異而始收養之。蓋天之所生，非人所能棄也。

誕實匍匐音必，克岐克嶷，以就口食。蓺之荏菽，荏菽旆旆，禾役穟穟。麻麥幪幪。瓜瓞唪唪。

賦也。匍匐，手足竝行。岐，峻立。嶷，端重。就口食，能食之時，就可食之物而即知之，如下所云也。荏菽，大豆。旆旆，枝葉揚起。黍、稷、稻、粱，皆曰禾。役，行列。穟穟，多實，美好。幪幪，茂密。唪，與䏺同。唪唪，實多也。言其匍匐之時，即有岐嶷之象。於口食，就而別之。稍長，種蓺菽禾等物，均繁盛異常，蓋其天性然也。

誕后稷之穡，有相之道。茀厥豐草，種之黃茂。實方實苞，實種實褎，實發實秀，實堅實好，實穎實栗，即有邰家室。

賦也。要其成功而言，故專言穡。相，助也。以人力輔相天地。茀，治也。黃茂，嘉穀。方，房也。苞，甲而未拆也，謂漬其種也。種，甲拆而種之。褎，漸長。發，長盛。秀，吐華。堅，莖節堅。好，枝葉完好。穎，實繁而穎垂。栗，顆粒圓足。言后稷之穡有輔相天地之道，故自始至終，完美如此。堯嘉其功，乃對以官，使即其母家而居，以主姜嫄之祀。故周人亦世祀姜嫄。《周官·大司樂》所謂享先妣者。

誕降嘉種，維秬維秠，維穈維芑。恒之秬秠，是穫是畝。恒之穈芑，是任是負，以歸肇祀。

賦也。降嘉種于民，《書》曰稷降播種是也。秬，黑黍。秠，黑黍一稃二米者也。穈，赤粱。芑，白粱也。恒，徧也，謂徧種之。肇祀，始以奉祀。后稷以前，未嘗無黍稷之種也。特莫辨其美惡，而各遂其生性。自后稷始別而蓺之，大降嘉種于民，其中尤美者，則有秬、秠、穈、芑四種。自稷降之，於是天下徧種秬、秠，刈穫成畝，民或任或負以歸。而奉祀先神，稷始之也。

誕我祀如何？或舂或揄，或簸或蹂。釋之叟叟蘇九反，烝之浮浮。載謀載惟，取蕭祭脂。取羝以軷，載燔載烈。以興嗣歲。

賦也。舂，擣於臼。揄，抒臼也。既舂而抒米以出臼，簸箕揚之。蹂，手揉之。釋，淅米也。叟叟，其聲。浮浮，烝之氣。謀，備祭具。惟，誠專也。蕭，蒿也。脂，膟膋也。以蕭合膟膋，爇之尚臭也。羝，牡羊。軷，祭行道之神。鄭康成曰：行在廟門外之西，爲軷壤，厚二寸，廣五尺，輪四尺。祀行之禮，北面設主于軷上。燔，燒也。烈，炙也，所以爲羞也。嗣歲，新歲。言備物盛禮，報祀而祈來歲之有年也。承上言祀事如此。

卬盛于豆，于豆于[①]登。其香始升。上帝居歆，胡臭亶時。后稷肇祀，庶無罪悔，以迄于今。

賦也。卬，我也。木器曰豆，以薦菹醢。瓦器曰登，以薦太羹。居，安也。鬼神食氣曰歆。胡，何也。臭，香。亶，信。時，是也。承上言后稷肇祀之事如此，至今日而遵爲典禮。我每以黍稷盛于豆、登，其香始升，而上帝即安享之。胡爲黍稷之臭，其誠信若是哉。蓋由后稷有神明之德，肇祀以達幽明，其心恒惕修省欲，庶幾無罪悔以招咎。世世相承，以至於今也。然則后稷之烈在天，誠足爲子孫凝承之地。此所以祀於郊而以之配天也。

《生民》八章，一章十一句，三章章十句，四章章八句。

周公制禮，尊棄爲稷神，祈穀上帝則以配之。而作是詩，以明其由也。

附　解

此詩諸儒皆謂周人尊后稷以配天，然猶有不可不辨者。古以柱爲稷神，自商以下祀棄，周因之。而周公作此詩，以明其故。啓蟄之月，上辛之日，祈穀于上帝，以后稷配。魯之郊祀，即謂此，非燔柴祭天之郊也。後儒誤認爲一，故於夫子言郊禘非禮，及或問禘章義不明。愚於《論語》及《禮記》郊禘非禮節已詳辨之，茲不贅。履武敏歆。毛公謂姜嫄履帝嚳之迹而行，將事齊敏。然無解於棄之之說，故鄭《箋》、孔《疏》均惝恍，而王基駮、王肅尤詳。朱子亦云其引張子天地之始，未嘗先有人之說，已爲善矣。然猶有未盡者。天地者，萬物之父母，而人尤得其正氣。神聖之生，皆由祖功宗德，積累至深。人之正氣與天地之正氣合，而後篤生聖人。其下則氣質多駁，須學問以變化之，迄乎成功。陰滓盡而天理純，心亦合乎天心，氣亦貫乎陰陽矣。姜嫄之生后稷，本於克禋克祀，則其寅畏天命有非常者。《魯頌》所謂其德不回，上帝是依者也。履大人跡，亦非有心。史乃云欣然踐之，不亦誣妄乎？惟無心踐之，而忽若有感遂震，故甚以爲不祥也。天愛養萬民，生稷以明稼穡事，既無所師法，則人必獨稟神靈，履武敏歆，曷足怪哉？第天之生稷，爲生民計，非爲周家發祥計。觀稷之後不再傳，而即失官竄于戎

① 相臺本作䒣。

狄，則天非私於姜嫄一人矣。若公劉、大王等，不克修德行仁，安見后稷之緒不墜？故人事者，天命之本。周公此詩，亦是敍稷功德，見其德可配天，非故誇神異。首章不善解之，即同妖妄，故愚字字詁之。後世僭竊之流，亦概尊祖配天，然不忠即爲不孝，其禮是而其所以非也。舊云姜嫄帝嚳之妃，果然，則履大人跡、棄之隘巷，皆不可通。馬融以爲姜嫄妊而帝嚳崩。崩十月而生子，恐衆疑之，不可申說，知稷神奇，必不可害，故棄之以著其神，尤爲妄說。夫夫在而孕，必非竟無人知。孕十餘月而生，亦屬常事，堯固十四月而生者也。元妃之尊，豈同委巷之婦？而以逾十月之期，自懷疑畏，姜嫄亦村婦行徑耳，然何以又知其神奇？神奇之實，安在寒冰、陋巷，不可以殺嬰孩乎？腓字、翼覆，惟出於不及料，故復收之，而豈知其不死，故棄之乎？漢儒篤信緯書，必委曲以實其說，不思經文明明詳載，其事不可誣也。因經文人多誤解，遂使實事不明，今正明之。庶人知其事雖異，實不出情理之外也。唐陸鴻漸不知所生，有僧晨起聞湖畔羣雁喧集，覆一嬰兒，遂收養之。既長，以《易》筮之，得蹇之漸、乃以陸爲氏，名而字之。《左傳》：齊頃公之母，惠公賤妾也。頃公初生而棄諸野，亦有貍乳鸇覆之異。《元史》亦都護三尙公主，子孫世襲高昌王，而其先世產於樹癭。夜郎王祖產於竹中。夫餘國王之母，索離國王之侍兒也。侍兒無夫而生子，棄於豕牢，又棄於馬欄，豕、馬皆以氣噓之，得不死。高句麗之先，其母感日光而生。皆史傳之有徵者。況天生聖人，辨五穀以養民，爲萬世利乎？姜嫄必是未婚之女，其克禋克祀，詩明其有敬天修德之意。因履武而震，周公神之，故云天以其不可無子使然耳。若嫄夫尙存，非處女，則天第佑之使生賢子足矣，何必履武？惟未嫁而生，故嫄自咎。上帝不寧不康，禋祀有此怪異而棄之？馬融乃謂預知其神異，豈非不解經文乎？姜嫄就母家而居，故后稷既長，堯命之仕，仍就有邰國而成家室。前人誤以爲封於有邰，大誤。蓋邰與駘通，本古國名。若謂爲后稷始封之國，則大王何以又娶於有駘氏？不窋失官，未聞有國也。至姜嫄，若果嚳元妃，則稷嫡子也，何以不立而堯立？堯，洪水時年已七八十，稷亦耄老，堯始知有稷乎？匍匐而就口食，亦非胄子所爲。史記生代尙不知高祖、父母名氏，何以上知古人之實？故當以《詩》《書》斷之耳。

【眉批】天生百穀以養民，惟五穀得中和之氣。后稷始教民稼穡，所以粒食之利，功配彼天也。其生不偶，其沒也靈，此詩特詳其義。而後世有天下者，或悉尊其祖以配天，然功德無愧者，頗罕矣。

敦彼行葦，牛羊勿踐履。方苞方體，維葉泥泥。戚戚兄弟，莫遠具爾。或肆之筵，或授之几。

比也。敦，聚貌，謂叢生也。行，道也。勿，戒止之詞。苞，甲而未拆。體，成形。泥泥，柔澤貌。戚戚，憂貌，謂兄弟之疏遠而戚戚者。具、俱同，爾，然也。肆，陳也。筵，席。几，案也。言初生之行葦，牛羊勿踐履之，然後茂盛。彼疏遠之兄弟，常懷戚戚，當莫遠而與之親近。親而安之，或肆之筵，或授之几，蓋周篤宗盟。此詩專爲同姓兄弟而言，故以行葦喻之。葦在行，本易敗，而牛羊又踐之，何以長成？兄弟宗族，本易疏，而弗親邇之，何以能安？此章爲全詩總冒也。

肆筵設席，授几有緝御。或獻或酢，洗爵奠斝古音古。醓醢以薦，或燔或炙。嘉殽脾臄，或歌或咢。

賦也。緝，續。御，侍也。有，相續代而侍者也。進酒於客曰獻。客答之曰酢。主人又洗爵酬客，客受而奠之，不舉也。夏曰醆，殷曰斝，周曰爵。醓，肉汁。醢，肉醬。燔，燒肉。炙，炙肝。殽，切肉而升於俎。《國語》曰：親戚燕饗，則有殽烝。是也。臄，口上肉也。歌者，此於琴瑟。徒擊鼓曰咢。此言燕饗親兄弟也。肆筵設席，承上以爲文，非已肆又設也。

敦弓既堅，四鍭既鈞，舍矢既均，序賓以賢。敦弓既句顧氏讀拘，既挾四鍭古音胡。四鍭如樹，序賓不侮。

賦也。敦，雕，通畫也。堅，勁也。鍭，矢也。《爾雅》：金鏃翦羽謂之鍭。鈞，停也。鏃與幹輕重稱也。舍，發也。均，皆中也。賢，射中多者也。句、彀通。引，滿也。《射禮》：搢三挾一。四鍭皆挾，則皆發矣。如樹，如手就樹之言，皆中也。不侮，敬也。不以中病不中者也。射以中多爲雋，不侮爲德。此言燕賓，兄弟亦與也。

曾孫維主，酒醴維醹，酌以大斗古音滴主反，以祈黃耇音矩，黃耇台背，以引以翼。壽考維祺，以介景福方墨反。

賦也。曾孫，主祭者之稱。醹，厚也。大斗，長勺也。柄長三尺，勺挹於尊而注諸爵。斗，挹於大器而注諸尊也。祈，求也。黃耇，老人之稱，猶曰以祈眉壽云耳。台，隆起之意。老人腰曲，故背隆起。引，導。翼，輔也。祺，吉也。言冀兄弟咸壽考，輔導曾孫。壽考維祺，以介景福。此言祭畢而燕兄弟也。以上三章，申明首章之意。

《行葦》四章，章八句。

此燕同姓之詩。蓋周公訓成王，而後遂爲凡燕兄弟之樂歌也。

附　解

此詩《序》說無謂，朱子駁之，允當。而以爲祭畢而燕父兄耆老，蓋主末章立義，然於首二、三章，殊不貫也。詳味詩意，行葦何以比兄弟？蓋同姓之疏遠者，其繫於一本，如葦叢生，其漸遠恩薄，幾如行路，故以爲比。而牛羊之踐，則以爲外人賤薄之意也。周家大封同姓，不盡文、昭、武、穆，周公爲此詩以告成王，言兄弟服屬疏遠，不蒙恩惠，久則愈疏。戚戚之兄弟，所謂鬱鬱不得志者也。莫遠具爾，言毋遠之，使凡兄弟皆相親厚。首章先揭明，遠兄弟宜加親厚，下乃以燕禮、射禮、燕私三事明莫遠之意。夫兄弟之睦，必愛敬周至，非徒酒食也。而天子高遠，與兄弟相親頗難。此詩故舉禮之所在，以明其概。舊說不得其義，故割裂偏缺也。何氏元子據《吴越春秋》、《列女傳》、《潛夫論》，謂此詩美公劉。然三書皆誤解此詩，抑或斷章取義，何可以爲正旨？

【眉批】天子至尊，不能褻見宗族。燕射燕私之禮邇兄弟以致其親愛。天子且然，則下此兄弟宗族之宜相愛何如？故以此詩爲燕兄弟之樂歌也。

既醉以酒，既飽以德。君子萬年，介爾景福方墨反。

賦也。醉酒，言飲食之豐。飽德，言禮意之厚。介，助也。感之而祝以萬年之景福。

既醉以酒，爾殽既將。君子萬年，介爾昭明彌郎反。

賦也。殽，俎實也。將，進也。昭明，智慮通達。謂人有敬德，則天啓其明。此上二節，先祝以福德。

昭明有融，高朗令終。令終有俶，公尸嘉告。

賦也。融，明之盛。《春秋》傳曰：明而未融。是也。高朗，即高明。令終，善終。俶，始也。公尸，君尸也。公尸，通指先公。以上承上言君子之景福，由於昭明，而其昭明極盛，久而彌光，必有令終，故知萬年之景福也。然其令終，有所由始，其敬德不特孚於臣民，早已通于冥漠。當祭祀受釐之時，公尸已有嘉言以告矣。

其告維何？籩豆靜嘉。朋友攸攝，攝以威儀音俄。

賦也。以下皆公尸嘉告之詞。靜嘉，嚴肅而精潔。朋友，助祭之賓客。攝，檢也。承上言公尸之嘉告。維何，言其明德以薦馨香。籩，豆。靜嘉，即助祭者，皆能威儀肅敬，而君子可知矣。

威儀孔時，君子有孝子。孝子不匱，永錫爾類。

賦也。孔時，猶言時中。君子，謂先生、先公。孝子，主人也。匱，竭也。類，善類也。承上言朋友之威儀，皆本於主人之威儀。其威儀孔時，誠哉君子之孝子也。孝爲萬善之原，既爲孝子，則其理不匱，天亦推恩於其類。如下文所云也。

其類維何？室家之壼。君子萬年，永錫祚胤。

賦也。壼，宫中之巷也。祚，福。胤，子也。承上言錫其類者維何？孝子必有孝婦，故錫之於其室家之壼。配皆賢淑，使君子萬年，永錫以凝福之子。

其胤維何？天被爾祿。君子萬年，景命有僕。

賦也。景命，天之大命。僕，附屬也。承上言其胤如何？天既畀以賢德，即被之以祿，使君子萬年景命，猶有附屬之者。

其僕維何？釐爾女士。釐爾女士，從以孫子。

賦也。釐，子也。女士，女有士行者。從，隨也。孫子，女子所育。承上言其僕維何？其胤既賢，又子其胤。以女士之賢配，從而孕育子孫，無不賢也。

《既醉》八章，章四句。

祭畢而燕羣臣，頌美其君，歸本於神明之詩也。

附解

《序》曰太平也。醉酒飽德，人有士君子之行，全非詩意。朱子以爲答《行葦》。然前詩非祭畢而燕父兄也。此篇則祭畢而燕宗族羣臣，頌美其君。其詞次第相承，本無難解。前人未達其旨，遂令明者皆晦，至先儒以此詩爲備五福。君子萬年，壽也。天被爾祿，富也。室家之壼，康寧也。昭明、有融、攸好，德也。高朗、令終、考終，命也。然即本文核之，其所謂富與康寧者，殊不似也。詩意美君上，而歸本於昭明至孝，固非徒貢諛而已。後世頌禱，每援經義以飾之，往往失實。《洪範》言五福本於皇極之建，以爲斂福、錫福之原。此詩亦非徒祝以多福。人臣以聖人望其君，主德昭明，令終萬福斯來，豈必區區以五福配合哉？

【眉批】開端即言飽德，則非徒酒食矣。承出高明，令終歸於公尸嘉告。所以嘉告，由其孝思錫類，頌而有規，豈尋常諛詞可比？

鳧鷖在涇，公尸來燕來寧。爾酒既清，爾殽既馨。公尸燕飲，福祿來成。

比也。鳧，水鴨。鷖，鷗也。鳧、鷖，水鳥之謹願者，其行徐，其性馴，以比公尸從容嫻雅。涇，水清，喻公尸之神明清朗，無愧爲尸也。寧，安也。公尸有清明之德，而主人不足以安之，則誠與禮不備也。今公尸來燕、來寧，則主人之敬可知。酒、殽，即祭食。清、馨，將以敬潔，不至陳腐也。來成，祭祀所受之福祿，至此而成。蓋古之爲尸者，必慎選有德。主人敬尸，即所以敬先也。

鳧鷖在沙音娑**，公尸來燕來宜**音俄**。爾酒既多，爾殽既嘉。公尸燕飲，福祿來爲**音譌。

比也。沙，水旁。宜，禮宜然也。多，豐。嘉，美。爲，助也。沙，漸遠於水矣。公尸初猶存謹肅之意，既見主人之盡誠盡禮，則意安而以爲禮亦然也。酒多殽嘉，莫非神惠，故公尸燕飲，助主人以福禄也。

鳧鷖在渚，公尸來燕來處。爾酒既湑，爾殽伊脯。公尸燕飲，福禄來下音戶。

比也。渚，水中高地。處，則身亦安之，拘謹忘而歡情洽矣。湑，酒去糟。脯，乾肉。湑、脯，則非但祭食，又有佐者。來下，主人尊尸，初不意其愉悦醉飽，故若福禄自天而下也。

鳧鷖在潨，公尸來燕來宗。既燕于宗，福禄攸降戶工反。**公尸燕飲，福禄來崇。**

比也。潨，水會也，比尸燕于宗室聚會之地。來宗，衆皆尊之于宗，在宗室也。言公尸來燕于宗，凡同姓，無不尊而將敬先人，親親之惠益洽，其福禄益崇高也。

鳧鷖在亹，公尸來止熏熏。旨酒欣欣，燔炙芬芬。公尸燕飲，無有後艱。

比也。鄭康成曰：亹之言門也。水流峽中，兩岸如門。熏熏，微酣意。無後艱，後無患難之事。言鳧鷖在亹，比公尸燕畢而送于門外。因言公尸來止，其意熏熏然。樂主人之誠，禮交至覺旨酒猶欣欣，燔炙猶芬芬。蓋有餘歡者，若有餘味也。因歡公尸之樂如此，祭事始終，庶無咎失。自今燕飲之後，庶無有後艱矣。孫鑛曰：見古人之兢兢戒慎意。是也。

《鳧鷖》五章。章六句。

此燕公尸之樂歌，蓋周公所制也。

附　解

漢、唐、宋諸儒，皆以此詩爲祭之明日繹而賓尸，無可疑者。毛公以爲，燕宗廟之尸，其義尤長。蓋古人祭必有尸，尸以象神，必擇其有德者。但於行爲孫屬，使第祭則用之，過即置之，幾如兒戲矣。故祭之明日，繹而賓尸。繹者，以申餘敬，且告將以神嗜之飲食，賓尸而明神惠也。聖人孝敬其先，安得不敬爲尸之人？第尸皆臣屬，恐主人易視之，則非制此禮之意。或尸不安於爲賓，尤非分神惠以禮尸。既祭，猶不忘敬先之意，周公故爲此詩，令賓尸奏之。若以爲主人頌尸，尸頌主人，則爾字及公尸字，俱説不去，而文義阻滯矣。故正之。鄭康成分帖宗廟、天地、社稷、山川、四方、萬物、七祀之尸，近鑿，歐陽公知駁鄭説矣。而謂沙、渚、潨、亹皆不過水旁，囫圇殊誤，豈知詩人立言，固有次第。公尸當祭祀之後，齊肅之意猶存，拘謹之情亦甚。詩比以在涇，清之至也；在沙，則漸遠於水。比公尸謹畏漸舒，故下云來宜在渚，則無水；在潨，比于宗；在亹，謂送出于門外。

蓋在公尸，則以爲尸之後，嚴肅未舒，得主人之愛敬，而漸次坦然。在主人，則方祭之後，餘敬猶存，喜公尸之盡歡，而幸無罪咎。古之人爲一事，則必至誠專一，盡其一事之理，而惟恐遺憾。況尸者，所以象神。爲之者，必本有德，乃能合神明之體而通幽顯之情。主祭者，對尸如對天。祖亦不特將敬於臨時，尤必致忠敬於祭後。即此一詩，而當時人心義理之熟、精誠之通，可以見焉。非聖人不能致，亦非聖人不能作也。讀者能無盡心哉。至朱子謂公尸燕飲，受福禄，蓋泥。下篇公尸答《鳧鷖》，故不言主人之受福也。然文義自明，無容曲說。

【眉批】尸以相神，敬尸如敬神。而爲尸者，皆臣屬，則必有拘謹之意。此詩詳敍尸所在，而次第言其情貌。蓋惟恐尸意不安，即祭者尊親神明之意不洽，非徒頌美公尸而已。曰爾，曰公尸，若爲神式。憑告語之詞，以此互相慰也。

假樂君子，顯顯令德。宜民宜人，受禄于天。保右命之。自天申之。

賦也。假，當作嘉。君子，君也。顯顯，光明。民，庶民。人，有位者也。右，與佑通。申，重也。言可嘉可樂之君子，有顯顯之令德以宜民人，是以受禄于天，既保右之，如或命之，又申其保右之命于無窮。此章總冒下文也。

干禄百福方墨反，子孫千億。穆穆皇皇，宜君宜王。不愆不忘，率由舊章。

賦也。干，求也。以德必天，以下干上，如求之焉。百、千、億，極言其多。穆皇，鄭氏曰天子穆穆，諸侯皇皇是也。愆，過。忘，遺。率，循。由，行。舊章，成法也。承上言天何保佑申命？蓋君子有德干禄，而百福應之，子孫至於千億，或則穆穆，或則皇皇，皆有君王之度。不過於度，不忘前王，率由舊章。有是令德，故天佑之也。

威儀抑抑，德音秩秩。無怨無惡，率由羣匹。受福無疆，四方之綱。

賦也。抑抑，謙下。秩秩，有序。匹，類。羣匹，謂庶民也。天子雖貴，依民而立，不敢自外於民也。此申言宜民、宜人之意。凡爲民上者，多卑視斯民，徇私悖理。君子則威儀抑抑而不自恃，德音秩秩而不改。常無有私怨，無有私惡，惟視乎民心天理之公，率由而行。是以民心悦而天命合，受福無疆，爲四方之綱也。

之綱之紀，燕及朋友音以。百辟卿士，媚于天子。不解于位，民之攸塈。

賦也。燕，安也。朋友，羣臣。從上謙下，言曰朋友；從下奉上，言曰百辟。卿，士也。媚，愛。不解，敬也。塈，息也。承上言持其綱而紀亦理，以此朝廷清明，天下無事。安及朋友，而百辟卿士亦體上之意，親愛天子不解其位，民之所以安息也。勉其敬持綱紀，以永天命。

《假樂》四章，章六句。

此公尸受燕，而奏此樂歌，以答《鳧鷖》，亦周公所制也。

附解

《序》曰嘉成王也。輔廣謂不明所用，則僅奉上之諛詞。朱子曰《大雅》受釐陳戒之詞。自《行葦》以下四篇，其受釐之詞歟？以此詩有戒意，不敢斷然以爲公尸答《鳧鷖》，而但作疑詞。然詳玩之。開端即頌以嘉樂令德，美其宜民人而受福。若在羣臣，無緣突作此頌禱之語，且繫於上篇之次，則爲公尸之詞無疑，第非公尸作以答也。周公制燕公尸之禮，即爲此二詩。一頌一答，以盡賓客之歡，即以寓儆戒之意。首章頌其受天申命，下文申言其義，本甚瞭如。後人未明大旨，故論說多而詩意轉晦耳。

【眉批】天子頌公尸，則公尸必有以答天子，宜也。而其詞頌不忘規，所以為盛時之作歟。

篤公劉，匪居匪康。迺場[1]迺疆，迺積迺倉。迺裹餱糧，于橐于囊，思輯用光。弓矢斯張，干戈戚揚，爰方啓行。

賦也。篤，深厚之意。《書》曰：公劉克篤前烈。言其德厚而謀遠也。公劉，鞠陶子，稷遠孫。公，號，劉名也，如古公之稱亶父。康，安。場，小界。疆，大界。積，露積。餱，乾糧。糧，米食。無底曰橐，有底曰囊。輯，和。戚，斧。揚，鉞。方，始也。言周自不窋失官，竄于戎狄，篤厚之公劉，不以其地爲可居，而即安之。迺經理疆界，裕其積倉，迺裹餱糧，盛以橐囊。思輯和其民人，用光大其國家。竝繕其弓、矢、斧、鉞之備，於是啓行，而遷都于豳焉。深謀遠慮，動出萬全，此公劉之所以爲篤也。

篤公劉，于胥斯原。既庶既繁，既順迺宣，而無永歎。陟則在巘音言，復降在原。何以舟之？維玉及瑤，鞞琫容刀。

賦也。于，往。胥，相。原，平原。庶，繁，謂民從之衆。順，安。宣，布。巘，山頂。舟，帶也。鞞，革鞘。琫，玉飾，謂鞞。容，飾也。尋常應用小刀，佩之以爲容飾，故曰容刀。承言公劉啓行而往斯平原，維時從者甚衆，然皆樂遷。公劉既順民之欲，迺宣布其教令，示以相土安民之意。民雖遷徙，而無永歎。於是公劉乃陟巘降原以揆土。宜然從容暇豫，初無驚擾也。爲觀其儀，何以舟之？則第見佩玉、佩刀，下上於山原之地。

① 唐石經本誤作場。

篤公劉，逝彼百泉，瞻彼溥原，迺陟南岡，乃[1]覯于京音疆。京師之野神與反，于時處處，于時廬旅，于時言言，于時語語。

賦也。逝，往也。謂遠至其地。百泉地名。杜佑云：唐爲百泉縣，屬平涼郡。魏於其地置原州。溥原亦即其處。南岡，百泉之南山。覯，遇。京，地名。師，眾。言京地居民甚眾，爲都會之地。而後世因以所都爲京師也。時，是也。處處，處其已處之民。廬旅，安其新從遷之民。毛《傳》：直言曰言，論難曰語。謂施教令也。承上言公劉陟巘降原，所相伊何地哉？蓋遠適至于百泉，見此百泉，知其必有異者。迺陟南岡，乃遇京之美地。此京地者，眾民所會，平曠之野。公劉審其可以建國，於是處其舊已處者，廬其初旅附者。于是言言以施教令，于是語語以致丁寧。蓋初立國，新舊民人必詳爲訓化也。

篤公劉，于京斯依音倚。蹌蹌濟濟，俾筵俾几。既登乃依，乃造其曹。執豕于牢，酌之用匏。食之飲之，君之宗之二之字自爲韻。

賦也。依，安也。地利人情符合，故安之。蹌蹌濟濟，祭之容也。建國以宗廟爲先。俾，使也。筵、几，爲神而設。《祭統》云：鋪筵設同几，爲依神也。登，謂升主于筵。依，安也。曹，羣牧之處。執豕、用匏，新國從殺禮也。食之飲之，頒惠也。君，尊以爲主。宗，隆以爲法之名。承上言公劉既立國于京，于是以京爲依。乃先嚴宗廟之事，以一人心。於是羣臣執事于廟者，蹌蹌濟濟，皆有威儀。公劉乃使爲筵几，以安神位。既登筵，而依几矣。乃造羣牧之處，執豕于牢，酌以匏尊，頒神惠于羣臣，飲之食之。且使臣民各立廟以祀其先人，使有所統屬，立宗法以齊其尊卑，使有所稟承。蓋萃渙之義，初建國而即急務之也。

篤公劉，既溥既長，既景迺岡，相其陰陽，觀其流泉。其軍三單，度其隰原，徹田爲糧。度其夕陽，豳居允荒。

賦也。溥，廣也。言土地漸闢，既廣且長也。景，測日。岡，升岡。相，視也。陰陽，向背、寒煖之宜。流泉，水泉，灌漑之利。三單，大國三軍，以其餘卒爲羨。公劉初立三軍，無羨卒，故曰三單也。徹，通也。一井之田九百畝，八家皆私百畝，同養公田。使通力合作，而收其所入以爲糧。周之徹法自此始，周公蓋因而廣之耳。山西曰夕陽。曹粹中曰：豳在梁山之西。其東，蓋迫于山，乃復自西而度之以益其封域。允，信。荒，大也。承上言宗廟既建，遂及闢土居民之事。篤公劉地既廣長矣，於是考日景，升高岡，相陰陽，以定土宜，察水泉，以疏溝洫。而其荷干戈戚揚，偕來者合成兵卒，可足三軍之制，但無羨卒耳。此三單之軍，非徒軍也，皆授之田也，寓兵于農。其下隰高原，畫井分疆，徹田爲糧，助國用而充軍，實又廣其夕陽之地，益務墾辟，於是民附而兵强。豳居於此，益大矣。

---

① 乃，唐石經作迺。

篤公劉，于豳斯館。涉渭爲亂，取厲取鍛。止基迺理，爰衆爰有音以。夾其皇澗，溯其過澗。止旅迺密，芮鞫之即。

賦也。館，客舍。横渡曰亂。張守節曰：公劉從漆水横渡渭水，而至南山也。厲，砥，鍛，鐵也。止基，謂館基。理，治也。衆，來歸者多。有，財用富足。皇、過，二澗名。夾，夾水而居。遡，泝水而上。止旅，居止之賓旅。密，繁稠。芮，水名。鞫，水外。即，就也。承上言豳居益大，公劉乃于豳營館舍，以安處賓旅。由漆、沮而涉渭爲亂，取厲鍛以供用。於是居止之館基乃理，遠人聞而趨之。人益衆，財益足。有夾皇澗而居，遡過澗而來者，及其日久，居止旅人益密，幾無所容，則就芮鞫而居之。蓋新附之衆，莫非公劉之篤有以致之，而周遂日興矣。

《篤公劉》六章，章十句。

此詩述公劉締造之事，以見創業非易。而《序》以爲召、康公作也。

附　解

《序》：召、康公戒成王。而説者曰：公以成王將涖政，當戒以民事。詳玩詩文，美公劉艱難創造之意多，民事之意少。以爲召、康公作，理或然也。金仁山以爲豳之舊詩，與《七月》同。然夫子編之於雅，則必周、召二公所作。前人謂詩中無戒辭，然敍述祖德，第言其事，使後人知而慎守，亦不必定有戒辭也。公劉舊以爲後稷曾孫，然與十五王而文始平之之説不合。即以殷家世紀核之，亦不合。愚於《孟子》引《公劉》詩，附解已詳之，兹不贅。朱子謂公劉遷豳，蓋不出其封內。非也。周自不窋失官，竄於戎狄之間，即今慶陽府也，與戎狄雜處，地皆荒裔，非夏殷封之。公劉有聖德，而人多歸之，迺道慶陽經今平涼府，而達於今西安府之邠州，疆理立國。周家之慶自此而篤，所以稱之爲篤公劉，亦非若太王避狄乃遷豳也。前人未明此義，故以周爲商之世臣，而於武王克商，不免疑議。愚於《四子註》已詳辨之，兹亦不贅。邠州，乃涇流所經，而百泉自平涼來，入于涇水，故詩及之。維玉及瑤，佩玉也。鞞、琫容刀，佩刀也。鞞刀，鞘。琫，刀上玉飾。珌，刀下玉飾。此但言琫不言珌。容刀、君宗、三單，及各章承接次第，舊説紛紜，今悉正之，皆詳本註，不復贅辨。李安溪謂處處廬旅是權且住下，商量行事。則下章即説到蹌蹌濟濟，承接不去。又云豳地多高山，少夕陽，人苦寒，故度其有夕陽處。斯人不苦寒，然上文已言徹田爲糧田，非無夕陽之地可爲。此句自連下句説。凡若此類，似新而實與上下文義不貫。凡講家之説，當以此類推之，亦不悉贅。

【眉批】前此周人世處夷域，至公劉因避狄遷豳，始經營立國。自疆里、民居、宗廟、兵戎、器具，以及賓旅皆有規模，此詩詳悉寫來，無不周至。《兩京賦》視此為詞費矣。

泂酌彼行潦，挹彼注茲，可以餴饎。豈弟君子，民之父母滿以反。

比也。泂，遠也。行潦，流潦。挹，取也。孔穎達曰：取而置之大器，待其澄清，又挹而注之小器。是也。餴，飯將熟而沃之。饎，酒食也。豈弟，和易。悅，安也。君子，成王也。言行潦至賤，然遠取之而澄其滓。挹彼注茲，則可以餴饎矣。民雖至賤，然採納親近，可裨聖聽，故惟豈弟之君子，爲民之父母。美王也。

泂酌彼行潦，挹彼注茲，可以濯罍。豈弟君子，民之攸歸。

比也。罍，祭器。言行潦雖賤，挹而注之，不特可以自養，亦可濯罍以事神。故豈弟之君子，親民而得其歡心。民心所歸，即神所憑依也。

泂酌彼行潦，挹彼注茲，可以濯溉音既。豈弟君子，民之攸塈。

比也。溉，滌器而去其垢。比引民之善以自去其慝。塈，息也。小民一言一行之善，上不採録，則無所用之。豈弟之君子，片善必取，故民皆以爲安息之所也。

《泂酌》三章。章五句。

成王親政而能採擇善言，召公作此美之。

附解

《序》云召、康公戒成王。言皇天親有德、饗有道，意太廓落。朱子亦以爲戒成王。然玩詩詞，竝無戒意。上二句採善，下二句歎美，係就現成說。當是成王親政之後，能虛己下賢，召公作此美之。蓋將順其美，俾益發奮自強，乃人臣之義也。觀成王告君陳言，嘉謨嘉猷，入告而顧命，猶云文、武之臣，罔非正人，已嗣守文武大訓，無敢荒豫，則王之採納善言，不自滿足可知。夫子敘此於十六篇之後，以見周公輔導周詳，卒致其君爲令主。而次以《卷阿》，明天下清明，人才蔚起，所以承文、武之化而致刑措也。《序》以此及上下篇皆召公作。其傳授必有所本，仍之無害也。行潦無餴饎酌罍之理，極言採擇愚賤，可以裨至德耳。兒子椅文問曰：周、召，一也。此詩及下篇，多頌詞，周公何以不然？曰：豈特召公，太公亦同夾輔矣，而無詩。周公位冢宰，以叔父而兼師保之尊，且專制作。故告戒獨詳，所作詩亦多。孟子言太公望、散宜生見知，而不及周、召。論古豈可執一以概哉。

【眉批】採納意止於比意，反復詠歎而情致彌佳，美君子亦止。豈弟二字，蓋非豈弟必不能以貴下賤，為人親附。

有卷者阿，飄風自南。豈弟君子，來游來歌，以矢其音。

興也。卷，曲也。阿，大陵也。君子，謂王。矢，陳也。卷阿，幽曲而風入之，與僻地而王來游。飄風自南，暑月也。作歌以矢其音，蓋王偕羣臣避暑。歌中必有美臣鄰贊襄之詞，故召公亦歸美於王，竝以雝喈勉羣賢也。

伴奐爾游矣，優游爾休矣。豈弟君子，俾爾彌爾性，似先公酋矣。

賦也。伴奐，精神舒展。優游，起居自適。休，暇也。彌，充而滿之也。酋，久也。承上言來游、來歌若此。伴奐優游，休暇甚矣。惟王有豈弟之德勤政，慮其過勞，今以此涵泳德性，彌益充其和平，則可壽考似先公之久矣。

爾土宇昄章，亦孔之厚音戶矣。豈弟君子，俾爾彌爾性，百神爾主矣。

賦也。昄，當作版。版章，猶版圖也。言爾土宇版章，亦甚厚矣。山川城邑，無處不有神靈。願豈弟之君子，益充滿其德性，不徒暇逸。以百神皆於爾是主，蓋民神之主，惟豈弟之性純，神斯主之也。

爾受命長矣，茀祿爾康矣。豈弟君子，俾爾彌爾性，純嘏爾常矣。

賦也。命，天命。草多謂之茀。茀祿，言得福蕃茂也。常，常享之。承上言似先公而爲百神主，則爾受命甚長，而茀祿爾安矣。然尤願豈弟君子益彌爾性，純嘏長享於無窮矣。

有馮有翼，有孝有德，以引以翼。豈弟君子，四方爲則。

賦也。馮者忠諒，可託心膂。翼者才猷，可任股肱。孝仁於親，德全其性，引導之於前，翼輔其左右。承上言君子得以優游彌性，受天純嘏，豈倖致哉？蓋由君子選賢與能，有馮翼孝德之人，或引於前，或輔於左右，是以豈弟君子，四方奉爲法則，而後得此伴奐優游之一日也。

顒顒卬卬，如圭[①]如璋，令聞令望。豈弟君子，四方爲綱。

賦也。毛氏曰：顒顒，温貌。卬卬，盛貌。圭、璋，皆瑞玉。剡上爲圭，半圭爲璋。令聞，美譽。令望，威儀也。爲綱，爲賢士之主。承上言君子有馮翼孝德之士爲輔，而因以自彌其德性。是以體貌顒顒卬卬，性情如圭如璋，而令聞宣昭，令望爲法。豈弟君子，四方賢士咸以爲綱領也。上言得賢，故爲四方之則。此言己德，實可爲賢士之綱。義相足也。

鳳凰于飛，翽翽其羽，亦集爰止。藹藹王多吉士，維君子使，媚于天子。

興也。鳳，靈鳥。雄曰鳳，雌曰凰。其象麟。前鹿後，蛇頸、魚尾、龍文、龜背、燕頷、雞啄，五色備，飛則衆鳥從之。翽翽，羽聲。藹藹，和羣貌。忠厚慈祥曰

① 唐石經、小字本、相臺本作珪。

吉。鄭康成曰：因時鳳凰至，故以爲喻，而言鳳凰爲百鳥之王，非時不見，今則翙翙其羽，而飛集爰止矣。此藹藹王多有之吉士，因豈弟之君子而至。維君子使各親愛于天子，亦如百鳥之隨鳳也。

鳳凰于飛，翽翽其羽，亦傅于天。藹藹王多吉人，維君子命媚，于庶人。

興也。吉人，亦吉士也。在朝曰士，在外曰人。媚，順愛于民。承上言彼鳳凰于飛，翽翽其羽，則傅於天矣。此藹藹王多吉人，非但媚于天子，其維君子命媚于庶人。民心即天心也，民心悦而天應之，如鳳凰之傅于天。所謂善言天者，必驗於人也。

鳳凰鳴與生協矣，于彼高岡。梧桐生矣，于彼朝陽。菶菶萋萋，雝雝喈喈。

比也。山之東曰朝陽。菶菶萋萋，桐生之茂。雝雝喈喈，鳳鳴之和。總承上二節而言：吉士、吉人，媚天子而及庶人，皆維君子使之故。是則非君子不能有衆賢，非衆賢亦無以輔君子。彼鳳凰鳴矣，則于彼高岡，梧桐生矣，則于彼朝陽，惟梧可以棲鳳，惟鳳可以樂梧。故桐有菶菶萋萋之盛，鳳有雝雝喈喈之祥。

君子之車，既庶且多。君子之馬音姥，既閑且馳音佗。矢詩不多，維以遂歌。

賦也。車、馬，所以待賢。庶，衆。閑，習。馳，中法也。遂，達也，謂達其歌意。此總結上文，言君子之伴奐優游彌性由于得賢人之力如此。則得人之樂，固君子所以成其豈弟，而不可一日忘者也。即今來游卷阿，君子之車既庶且多，君子之馬既閑且馳。國不患其不富庶，特患無賢人以共守之。故我因王之歌而作此詩，其詞不多，惟求達王歌詞之意。蓋成王當時歌中，必有求賢意，公因將順其美而戒之。然不可考矣。

《卷阿》十章，六章章五句，四章章六句。

召公從成王遊，因王之歌而作此詩，欲其求賢自輔，長享太平也。

附　解

聖賢進德修業，終日乾乾，未嘗一息荒怠也。然當事舉政修之候，亦不妨伴奐優游以適其性，蓋心不可肆，以禮節之；心不可鬱，以樂和之。故曰張而不弛、弛而不張，非文、武之道也。成王游于卷阿，喜而作歌，雖人情之常，其歌中必有君臣同樂之意。伴奐優游，實景實事也。召公卻推原所以得伴奐之由由於多賢，且祝其彌性，以似先公而主百神，此爲頌不忘規。蓋游覽之時，無往而非學問之意也。彌性者，涵養中和。蓋人勞則神疲，鬱則氣滯，人君得人而任伴奐優游以養其清明之體，則天機暢而志氣日新，非如世俗陶情聲色詩酒，日增昏垢反以爲達也。後世人主，耽於逸樂，諂臣競效頌揚，間有一二規諷者，罕能推見本原，深微若此。至若詞臣曲士，侈宏博之才，諷一勸百，雖曲終而奏雅，實推波而助瀾。君子是以歎三代之君臣，不可及也。

【眉批】非有德者，不能同民樂，即不能自樂其樂。成王賢君，召公賢臣，於時禮樂興而民物安和，成王偶遊卷阿，作歌自適，召公答之。以此屢言豈弟君子，重美人才衆多，此其所以不妨伴奐優游，此其所以能伴奐優游。文情容與悠揚，亦風致無窮。

民亦勞止，汔可小康。惠此中國，以綏四方。無縱詭隨，以謹無良。式遏寇虐，憯不畏明彌郎反。柔遠能邇，以定我王。

賦也。汔，幾也。中國，國中。詭隨，懷詐而面從也。謹，斂束之意。憯，曾也。明，天之明命。柔，寬而撫之。能，馴而習之也。言民已勞矣，庶幾可以少安。其施惠於此中國以綏四方，蓋中國安，而後四方安也。惠綏之道無他，無縱詭隨而已。詭隨之人，無良而肆爲寇虐。憯不畏明神者，誠無縱之，則無良之人肅，寇虐無畏之人止，乃可柔遠能邇，以定我王也。

民亦勞止，汔可小休。惠此中國，以爲民逑。無縱詭隨，以謹惛怓。式遏寇虐，無俾民憂。無棄爾勞，以爲王休。

賦也。休，息也。逑，聚也。民得休息，則聚而不散。惛，昏。怓，亂也。勞，功。爾勞，謂先人之成功。休，美也。上章言無縱詭隨，則可以柔遠能邇，爲天下望。此章言無縱詭隨，乃可以承先烈而爲王休。

民亦勞止，汔可小息。惠此京師，以綏四國。無縱詭隨，以謹罔極。式遏寇虐，無俾作慝。敬愼威儀，以近有德。

賦也。罔極，爲惡無已。惡匿於心曰慝。此章言既無縱詭隨，小人不至陰爲惡矣。又必敬愼威儀，以近有德。蓋非親賢，不能遠小人，非身修，則賢亦不可得而親也。

民心勞止，汔可小愒。惠此中國，俾民憂泄。無縱詭隨，以謹醜厲。式遏寇虐，無俾正敗。戎雖小子，而式弘大。

賦也。愒，猶憩也。泄，猶洩也。勞憩，則憂洩矣。醜，穢。厲，害。醜厲，爲穢言以害正人也。小人害正，則正人必敗，而所以爲冦虐者，酷矣。戎，汝也。小子，年幼也。蓋世卿秉政者，言汝雖年幼，而進君子、退小人，爲式於國者甚大，不可以不謹也。

民亦勞止，汔可小安。惠此中國，國無有殘。無縱詭隨，以謹繾綣。式遏寇虐，無俾正反。王欲玉女，是用大諫。

賦也。殘，害。譴〔繾〕綣，固結，謂小人之黨，與正反，與正道反。小人以非爲是，以是爲非，國人化之，則正亡矣。玉，寶，愛之意。言王欲玉成於汝，委任方隆，我是以大諫於汝，曉以君恩，自明其忠告也。

《民勞》五章。章十句。

蓋世卿有年少而柄政者。周、召之徒，作此規之。

附　解

《序》謂召、穆公刺厲王。然詩明言：定我王、爲王休、王欲玉汝，何以爲刺王哉？或曰厲王之時，公卿憂亂，同列相戒而作。其説近之。然未有以見其爲厲王時也。詳玩詩文，五章皆言民勞可休，無縱詭隨。蓋成、康之世，昇平日久，老成漸凋。周家世官，如周、召子孫，世爲王朝卿士。有新受命爲卿者，老臣之徒，年衰致仕，慮其優柔養奸，故戒以嚴斥小人，親近有德，安民而定王。曰無縱、無俾、無棄，小子、玉女，詞嚴義正，其必十亂之内，老成告戒之辭，非同列相戒者也。

【眉批】詩人諷勸多婉辭，而此詩嚴正，故必老成規新進之辭。屢言民勞，發其仁心，終言玉女，啟其忠忱。曰小子、曰女，非可施之於等夷也，況君上乎？

上帝板板，下民卒癉。出話不然，爲猶不遠。靡聖管管，不實於亶。猶之未遠，是用大諫。

賦也。板，木片也。平正之物，俗稱一定不移者爲板。板板，言天道有常，平正不變也。卒，盡。癉，病。猶，謀。靡聖，非聖也。管管，見小也。言其非聖而固執管見。亶，誠也。言天道有常，而今下民盡病，何哉？惟任事之人出話無理，謀事甚疏，不以聖人爲依據，不實措諸至誠之事。彼固自以爲率心，而行不知謀國如此。非所以爲遠慮，我是以大諫也。此章冒全篇之辭。

天之方難，無然憲憲。天之方蹶，無然泄泄。辭之輯矣，民之洽矣。辭之懌矣，民之莫矣。

賦也。憲憲，猶欣欣。蹶，蹎而起也。泄泄，猶沓沓也。辭，即上文出話也。輯，和。洽，合。懌，悦。莫，定也。承上文板板、出話，而言天運艱難，無憲憲而自喜。天步方蹎。無泄泄而怠弛。誠能出話之際，求其順理。爾辭能和則民合矣，爾辭能悦則民定矣，何至有不然者哉？而民亦何以卒癉哉！

我雖異事，及爾同僚。我即爾謀，聽我囂囂。我言維服，勿以爲笑。先民有言：詢于芻蕘。

賦也。事，職事。僚，同官也。即，就也。囂囂，自是也。服，事也。實可見諸施行，所謂實於亶也。先民，古賢人。芻蕘，採薪者。此承上文爲猶不遠而言：我與爾雖異職事，同爲王官。我即爾謀，欲遠，猶以利國也，爾乃囂囂而不受言，豈知我言切於事情，爾勿以爲迂闊而笑之。先民有言，當詢及芻蕘，况僚友乎。

天之方虐，無然謔謔。老夫灌灌，小子蹻蹻。匪我言耄，爾用憂謔。多將熇熇，不可救藥。

賦也。謔，戲侮也。老夫，詩人自稱。灌灌，猶款款，忠告之狀。蹻蹻，驕貌。耄，老而昏。憂謔，以憂爲戲。熇熇，熾盛也。承上二節言：出話不然，爲猶不遠者非他，以爾童心未化，戲侮善言也。然天方暴虐，爾無依然。謔謔老夫，灌灌以抒誠，而爾小子蹻蹻以自是，其意以我爲耄，豈知我言非耄，乃爾以憂爲戲耳？及今猶可挽回，若玩侮益多，將如火之熾盛，不可救藥矣。

天之方懠，無爲夸毗。威儀卒迷，善人載尸。民之方殿屎，則莫我敢葵。喪亂蔑資。曾莫惠我師。

賦也。懠，怒也。夸毗，體柔也。夸飾其外，而内比於人，所謂色厲内荏也。威儀卒迷，亂其度也。載尸，善人緘默，無用如尸。殿屎：《説文》作唸吚，呻吟也。葵，揆也。蔑資，無所藉以生。惠，順。師，衆也。承上言：何以多將熇熇哉？蓋今天方含怒，宜承之以忠正，無爲夸毗之狀，盡喪其威儀而使善人尸居也。天之方懠，何以驗之？民生不聊，愁苦殿屎，莫有敢揆其所以者，則以當國不納善言故也。方今勢雖未蹙，而饑饉喪亂，民多無資矣。豈身秉國政，曾無以順衆人之心？

天之牖民，如壎如篪，如璋如圭，如取如攜。攜無曰益，牖民孔易。民之多辟，無自立闢。

賦也。牖，窗。天啓其明，如室暗而開牖使明也。壎倡而篪和，璋判而圭合。取，物在他處而取之。攜，物在地上而手舉之。益，自利。益，辟邪也。承上言莫惠我師，豈以天爲無知乎？豈知天以民爲主，觀天者必驗諸人。天之愛民，而啓牖之也。如壎篪之相和，無二氣也；如璋圭之相合，無二形也。只此一理，命於天而具於人，如取攜之甚便，不他求也。在上者誠攜誘其民，無徒自求利益，則牖民亦甚易也。况今喪亂蔑資，民多邪辟，豈可自立於辟以導之乎？

价人維藩，大師維垣，大邦維屏，大宗維翰。懷德維寧，宗子維城。無俾城壞，無獨斯畏。

賦也。价，善也。藩，籬。師，衆。垣，牆。大邦，成國之諸侯。大宗，大夫之强宗。宗子，同姓，蓋執政者，爲貴戚之卿，故云然。無獨斯畏，言無獨自隕越貽人憂也。承上言無自立辟，亦惟以德而已。蓋國之所與立者不一，善人爲國輔衛，如藩；大衆爲國依賴，如垣。大邦諸侯維屏而作障蔽，大宗强族維翰而爲捍衛。此四者，必懷之以德乃可恃以爲安，而尤要者，則在同姓之宗子。蓋宗子、勳戚，重望於國則如城也。藩垣屏翰雖美，然不得與城比。今爾以宗子而秉政允宜，無自立辟，無使藩垣四者皆全而城獨壞，天下獨以斯爲畏也。

敬天之怒，無敢戲豫。敬天之渝，無敢馳驅。昊天曰明彌郎反，及爾出王。昊天曰旦，及爾游衍。

賦也。豫，怠也。渝，變也。馳驅，縱恣也。王，與往同。衍，舒徐也。承上言修德之事，不外於敬。敬者畏天命以自謹其心也。方虐方懠，天之怒也。敬之則不敢戲豫，而謔謔夸毗之狀除矣。方難方蹶，天之渝也。敬之則不敢馳驅，而憲憲泄泄之態斂矣。且天之當敬，亦不待其怒與渝也。雖平居作息，天何處不在焉？昊天明矣，爾必有所出，有所往，天亦及爾出王，無之而天隨也。昊天旦矣，爾必有所游，有所衍，天亦及爾游衍，無所處而不在也。知而敬之，則戒慎恐懼，不敢懈於隱微。此修德之功而遠，猶所由本也。

《板》八章，章八句。

時有宗臣柄政戲怠無誠者，老成作此戒之。

附　解

《序》曰凡伯刺厲王。然玩其詞，非臣下所以施於君上。或謂責用事之臣，近之。蓋當時宗室世胄柄政，怠玩自用，不信老成，而老成作此戒之。其反復言天理以警之，而終以旦明敬畏之學，非聖賢，而能言此乎？夫子類編之，以見周家再傳之後，老臣重望猶有人焉。而因以戒夫少年新進，不可自用，忽於老成也。舊說各章，承接未明。价人節尤不順，李安溪略辨之。而獨字亦誤解，且未貫通上下，今疏通之。如右板板、管管。舊解云：板，反也，言天道反常。天道有常，人自反常耳，安得云然？管管，猶言區區，區區執管見耳。

【眉批】周初，宗族多賢，如周、召，其最著也。數傳之後，宗臣或非賢而秉政，此詩所以大諫而始終以敬天惕之意。其時君德已衰，惟望執政者畏天命而恤民隱，故不以君威怵之，而以天意資之。自稱老夫，亦舊臣勳舊。

《生民》之什十篇，六十一章，四百三十四句。

《蕩》之什三之三

蕩蕩上帝，下民之辟。疾威上帝，其命多辟。天生烝民，其命匪諶。靡不有初，鮮克有終古音眞。

賦也。蕩蕩，廣大貌。辟，君也。疾威，猶暴虐。辟不正命，多辟謂災異不正之事。烝，衆也。諶，信也。言廣大之上帝，固民之主也。今乃疾威下民，多災異不正之事。豈天生烝民，其命不信，忽而愛之，又忽而禍之哉？蓋以人之承天者無常，有始鮮終，故天亦難以全之。此起下文之詞。

文王曰咨，咨女殷商！曾是彊禦，曾是掊克，曾是在位，曾是在服。天降滔德，女興是力。

賦也。此下託爲文王之詞，以儆厲王。曾是，不當然而然之詞。彊禦，暴虐。掊克，聚斂。服，事也。滔，漫，興起也。力，用力。託爲文王嗟歎殷紂而言，其用人不明，曾是彊禦、掊克之臣，使之在位任事，是其人皆滔德之人。以爲天降滔德，實女極力興起其人使爲害也，而豈眞天降之哉？

文王曰咨，咨女殷商！而秉義類，彊禦多懟。流言以對，寇攘式內。侯作侯祝，靡届靡究。

賦也。而爾也。秉，用也。義，善也。懟，怨也。流言，浮浪不根之言。寇攘式內，彊禦仇害善類。寇攘不在外而在內。作，讀作詛。祝、咒同。届，至。究，窮極也。承上言女興滔德，豈女之本志哉？蓋其始爾用善類，亦欲致治也，其奈小人彊暴，嫉賢妒能，見女用善類，反生怨懟，而採取流言以對，誣謗善類，是故善類不能安於其位。寇攘居內，君子無由進身，而民心愁怨、詛咒，無所窮極矣。上章言其興滔德，此章乃推其故，由於正不勝邪。

文王曰咨，咨女殷商！女炰烋於中國，斂怨以爲德。不明爾德，時無背無側。爾德不明，以無陪無卿古音羌。

賦也。炰烋，武健貌。怨，指詛咒而言。背，反。側，傾。陪，貳三公。卿，六卿也。承上言民多咒詛，宜自修飭，庶可弭謗。而女不然也，女恃其暴戾，方且炰烋于中國，斂怨而自以爲德。雖小人盈朝，爾德不明，則以爲無反復傾側之人也。故爾德不明，遂至無陪、無卿，非眞無也，非其人，則有如無也。

文王曰咨，咨女殷商！天不湎爾以酒，不義從式。既愆爾止，靡明靡晦。式號式呼，俾晝作夜音豫。

賦也。湎，沈溺也。式，用也。止，容止。言爾德不明，以女溺於酒也。夫酒者，祭祀燕饗所需，亦天之爲也。然以之行禮，非以之亂性。天固不湎爾以酒也，因爾不義是從，故遂爲所困。至于喪德失儀，無有明晦，號呼痛飲，以晝作夜，沈湎如此，安得明乎？

文王曰咨，咨女殷商！如蜩如螗，如沸如羹音岡。小大近喪，人尚乎由行音郎反。內奰于中國，覃及鬼方。

賦也。蜩，蟬之一種，形大而黑，五月鳴聲雄壯。螗，一名蝘，首方廣，有一角，如花冠，黃碧色，四五月，先諸蟬而鳴。沸，水湧也。小大，指政言。近喪，將喪亡。奰，本作𥈭，多目以視之也。《國語》曰：厲王使衛巫監謗，道路以目。詩蓋指此。覃，延也。鬼方，北方夷名，以其幽遠號之。此云鬼方以該夫凡外夷也。承上言王湎於酒，上下若狂，如蜩如螗，無靜默之時，如沸如羹，無清淨之所。小大政事，皆幾喪亡矣，尚且由此而行，不知變更。人民蓄怒忿盻，內滿於中國，延及鬼方皆然，怨怒亦已甚矣。

文王曰咨，咨女殷商！匪上帝不時，殷不用舊古音忌。**雖無老成人，尚有典刑。曾是莫聽，大命以傾。**

賦也。上帝眷顧，則得天時。不時，不爲天所佑也。舊，即下典刑。老成，耆碩有德。典刑，舊法也。承上而歎之，導以用賢法祖也。言非上帝不以天時佑汝，乃自不用舊，故天棄之。今雖老成凋謝，而典刑尚在。曾是莫聽，是以大命傾覆，而莫救也。

文王曰咨，咨女殷商！人亦有言：顛沛之揭，枝葉未有害，本實先撥音撇。**殷鑒不遠，在夏后之世**音泄。

賦也。顛沛，僕也。揭，本根蹶起之貌。撥，絕也。鑒，視也。夏后，桀也。總承上文言：人亦有言，大木將仆，其枝葉未害，而根本先絕，故遂揭然而不可挽。今殷商所爲如此，其爲根本之傷，不已多乎。昔夏后之衰，桀虐用其民，至於喪亡。殷之所當鑒者，不在其遠，即夏后可知矣。託爲文王歎紂，欲其鑒夏，實欲厲王以商紂爲鑒也。

《蕩》八章，章八句。

厲王無道，詩人託詞以諫之。

附　解

《序》曰召、穆公傷周室大壞。申之者曰：厲王無道，天下蕩蕩，無綱紀文章。蘇氏曰：蕩蕩名篇，以首句有蕩蕩字耳，《序》說非詩本意。是也。朱子謂詩人知厲王之將亡，故爲此詩。然詩意極陳弊政，終之以殷鑒不遠，是深冀王之改過，非徒歎其將亡而已。惟託爲文王之詞，乃得痛指流弊，盡其忠告。漢代文人多言亡秦之弊，全祖此詩。舊謂厲王無道，召、穆公諫之，託詞諷諫。託詞諷諫，無可疑者，惟必指召公，則無以明其然。袁子才嘗謂韓昌黎《拘幽操》天王明聖句爲不通。以此詩文王曰咨，咨女殷商云云，謂文王不以紂爲明聖。然詩人託詞，非文王果有是言也，亦可謂鹵莽矣。昌黎不知文王非殷世臣，亦相沿而誤。

【眉批】厲王監謗則其肆虐拒諫可知，此詩託為文王歎商之言，臚陳弊政，可謂痛哭流涕之情也。而王竟不悟，所以亡也。

抑抑威儀，維德之隅。人亦有言：靡哲不愚。庶人之愚，亦職維疾音祭。哲人之愚，亦維斯戾。

賦也。抑抑，謙下。隅，廉角。內德著於威儀，如物有廉角，不能自祕也。哲，明。職，主也。言抑抑威儀，爲德之廉隅外見者，何今日而明者？亦不知哉！人言無智不愚，以其不自知則愚也。然庶人之愚，不知威儀，固其氣質昏昧，常有此疾。若哲人而亦愚，則反常矣。蓋發端即爲怪歎之詞。

無競維人，四方其訓之。有覺德行，四國順之。訏謨定命，遠猶辰告。敬慎威儀，維民之則。

賦也。競，爭也。無競維人，與物無爭之意，即上章所謂抑抑也。覺，明也，謂自明其德行。訏，大。謨，謀。定命，定其命令於早，謂慎於未事也。辰，時也。則，法也。承上言威儀何以貴抑抑哉？蓋哲人莫患於自恃而淩人，誠能無爭而虛以從人，則四方皆將以善來告矣。自反而德行有覺，則四國自將聽命而行。故抑抑者必先求之於己，審之於先，大其謀以預定其命，而不爲淺隘倉猝以至遠之。猶時時播告深慮，小心若此。此所以敬慎威儀，維民之則也。

其在于今，興迷亂於政。顛覆厥德，荒湛于酒，女雖湛樂從，弗念厥紹。罔敷求先王，克共明刑。

賦也。今，武公自謂。興，尚也。女，公使人命己之詞。後凡言女、言爾、言小子者，放〔倣〕此。紹，緒。共、恭同。刑，法也。承上言威儀之當敬慎如此，而至於今所尚者，迷亂于政，顛覆厥德，荒湛于酒。汝雖湛樂是從，獨不念女承先王之緒，竟不求先王之成法而敬守之，其愚不已甚乎？

肆皇天弗尚，如彼泉流，無淪胥以亡。夙興夜寐，洒埽廷內，維民之章。脩爾車馬，弓矢戎兵必良反，用戒戎作，用逷蠻方。

賦也。弗尚，厭棄之。淪，陷。胥，相。章，表。戒，備。逷，遠也。承上言湛樂于酒，皇天所弗尚。蓋一耽湛樂，必廢時失事。職業不脩，如泉流然，愈趨愈下。爾毋淪胥以亡也，必當夙興夜寐，以圖自强。洒埽廷內，不敢怠荒，爲民之表。果其文德既修，又以其暇修爾車馬、弓矢、戎兵，用戒兵事，用以戒飭蠻方。蓋康叔受命爲方伯，武公承之，亦有統馭遠人之責，故云然也。

質爾人民，謹爾侯度，用戒不虞。慎爾出話，敬爾威義音俄，無不柔嘉。白圭之玷，尚可磨也。斯言之玷，不可爲音譌。也。

賦也。質，對也。侯度，諸侯度，諸侯之法度。不虞，意外之患。話，言。柔嘉，安和而善。玷，缺也。承上言自修若此，用以質諸人民。謹爾侯度，常以意外之事爲戒，不得謂身脩可以無患。人民觀法於爾言動之微，視爲向背。必當慎爾出話，敬爾威儀，無不柔嘉。蓋一言雖微，其得失眾著。彼白圭有玷，尚可磨去；斯言有玷，即悔之無能爲也。此章又言臨民尤當敬愼。

無易由言，無曰苟矣，莫捫朕舌，言不可逝矣。無言不讎，無德不報。惠于朋友音以，庶民小子。子孫繩繩，萬民靡不承。

賦也。易，輕。苟，草率。捫，持。逝，去。讎，答。承，奉也。承上言言語之當愼，不特臨民也。即平居，皆當無易由言。無曰，出之無心，雖莫捫朕舌，言固不可逝矣。蓋人與人相接，必以言爲先。無言而人不答，無有言之德而人不報。故當審愼於理而言，務求順於朋友，以及庶民小子，則言無不善。不特一時感服，即子孫繩繩，萬民亦靡不承矣。言其可易乎哉？極言愼言之效，捷而遠如此。

視爾友君子，輯柔爾顔，不遐有愆。相在爾室，尚不愧于屋漏古音路。無曰不顯，莫予云覯古音故。神之格思，不可度思，矧可射轉音豫思。

賦也。視，視以爲法。友，君子，朋友中之君子。輯，和。不遐，不至。愆，過。相，亦視也。屋漏，室中明處。覯，見。格，至。度，測。矧，況。射，斁，通厭也。承上言出話威儀之當，愼固已然，其功必取集于人，愼之于獨。視爾友中有君子焉，親而敬之，輯柔爾顔，庶不至于有愆矣。而退而獨居之時，尤宜敬愼。蓋爾室之中，有默相之者，庶幾立心動静，不愧于屋漏。夫爾室非衆著可比矣。然無日不顯，無人見也。神明降格，不可測度，持之以敬，尚恐有罪，矧可厭斁而不敬乎？此又推及于顯微，皆愼功，愈密而理愈精矣。

辟爾爲德，俾臧俾嘉。淑愼爾止，不愆于儀音俄，不僭不賊，鮮不爲則。投我以桃，報之以李。彼童而角，實虹小子。

賦也。辟，君也。辟爾爲德，謂正其君德，即上文所謂侯度也。止，容止。僭，差。賊，害。則，法。童而爲角，欺誑之輩，謂小人也。虹，與訌同。潰，亂也。承上言動静敬愼如此，則成爾人君之德。俾無不善而見於容止者，淑愼不愆，施諸政事者，不僭不賊，人鮮不以爲則矣。敬者，德之輿。我敬人，人乃敬我，譬諸投我以桃，報之以李。彼謂可以不必愼而人服者，如以童爲角，必無之理，實虹小子而已。此章推其效於及人，以歆動之。

荏染柔木，言緍之絲。温温恭人，維德之基。其維哲人，告之話言，順德之行。其維愚人，覆謂我僭，民各有心。

興也。荏染，柔忍貌。緍，綸也。承上言敬愼之效如此，此所以抑抑爲民之則者也。上言敬愼功效，此下乃勉之以聽從。言荏染之柔木，乃可以受綸，温温之恭人乃可以成德。其在哲人，則告之話，言即順之，行而無所忤。其在德人，則反謂我言有差。蓋民各有心，不可强也。我今言抑抑威儀之實如此，爾其願爲哲人耶？愚人耶？蓋與首章相應，而冀其聽言也。

於乎小子，未知臧否。匪手攜之，言示之事。匪面命之，言提其耳。借曰未知，亦既抱子。民之靡盈，誰夙知而莫成？

賦也。盈，滿，足也。靡盈，多不足也。承上言哲愚惟所自命。於乎小子，今猶未知臧否，則我甚慮其不爲哲而爲愚也。今言詳盡如此，匪但手攜又示以事，匪徒面命又提其耳矣，豈猶不知耶？借曰知識未開，亦既長大而抱子矣。凡人才德靡有足者，惟在知而自脩。苟知不足而從善，誰蚤知而暮乃成德者？寬其詞以勉之也。

昊天孔昭，我生靡樂。視爾夢夢，我心慘當作懆慘。誨爾諄諄，聽我藐藐。匪用爲教[1]，覆用爲虐。借曰未知，亦聿既耄。

賦也。我，託爲誦詩者自言。靡樂，不敢安樂。夢，夢昏也。慘，慘憂貌。諄諄，詳熟也。藐藐，忽略貌。虐，害也。八十、九十日耄。時武公年九十有五也。承上言：若安於不足，而不知臧否，則非上天設君治民之意矣。人君代天治民，天鑒至明，可危懼而無可安樂。今觀爾夢夢無知，我心實憂，誨爾諄諄，亦甚不得已矣。爾乃聽我藐藐，不以我爲教，爾反以我爲虐爾。借曰無知，亦聿既耄矣，何不悟耶？

於乎小子，告爾舊止，聽用我謀音媒，庶無大悔。天方艱難，曰喪厥國。取譬不遠，昊天不忒。回遹其德，俾民大棘。

賦也。舊，舊章。止，語詞。喪國，蓋當時有亡國者。忒，差。回，邪。遹，僻。棘，急也。又咏歎而言：我告爾前人舊章，聽用我謀，庶無大悔恨事。方今天運艱難，鄰國有喪亡者矣，前鑒不遠。昊天福善禍淫無有差忒。若不敬慎而回遹其德，則民將大困，而爾亦何以自全乎？

《抑》十二章，三章章八句，九章章十句。

朱子曰：衛武公作此詩，使人日誦於其側以自警。蓋所製之樂歌也。

附　解

《序》說：刺厲王，亦以自警。韋昭註《國語》，謂懿即抑，以此詩當之，疑之者頗多，而姚際恒辨駁尤詳。然詳味其詞，曰爾、曰小子，語亦嚴正，必非臣子斥君之言。《序》既云刺厲王，又云自警，故來疑者之口。胡一桂、劉瑾，疑武公詩何以入雅。不知雅者，朝廷之作箴規諷戒之詞。武公，諸侯，其詩何不可入雅？且史言其佐周平戎有功，平王命之爲公，則疑嘗爲王朝卿士，第書缺無考矣。開端從威儀起言，哲人亦易有愚時。蓋威儀爲德隅，臨民之要也。自恃哲人而不納善，即愚之根也。其爲自戒意已顯。然次章申明敬慎爲威儀之本。三章入敬慎反面，以湎酒爲荒迷之證。蓋武公所深惡者，酒也。四、五、六章教以脩職業、慎話，言皆威儀之實事，故下

① 閩本、明監本、毛本作爲用。

章即接言輯柔爾顔，當本於愼獨，不可藐視神天。八章承言如此，則德脩而威儀爲民之則，民必親而尊之，如投桃報李矣。荏染以下三章，乃諄諄告以聽。此告戒爾也、小子也、抱子也。既耄也，雖戒朋友，不可云爾，而况君乎。末章正言所告，皆前人之舊。以喪亡惕之，以毋回遹終之，其爲武公自警，又何疑哉？至懿、抑二字相通，則不知韋昭何所本。以全詩文義斷之，他説無容泥而詳辨可也？

【眉批】人君尊重，疇敢面斥其非。武公自省其身，作此使人諷誦，時時入耳警心，則平日念念克己可知矣。其詩反復丁寧，大抵不越敬、慎二字。而詞繁而不殺，蓋以被之管絃，彌為流連盡致也。

菀彼桑柔，其下侯旬，捋采其劉，瘼此下民。不殄心憂，倉兄塡《釋文》音釋兮。倬彼昊天，寧不我矜居銀反？

比也。菀，茂。旬，與均同。毛氏曰：陰，均也。捋，歷取。采，摘。劉，伐也。瘼，病。殄，絶。倉兄，與愴怳同。塡，塞也，言憂傷氣塞。倬，明貌。矜，憐也。言菀然之柔桑，其陰之濃，蔭下甚均。然一朝而捋之、采之、劉之，則無以蔭庇，瘼此下民矣。以周之盛，而一旦凋敝，何以異茲？我是以不殄心憂，而倉兄塡胸。彼昭明之昊天，寧不我矜乎？此章總挈大意。

四牡騤騤，旟旐有翩。亂生不夷，靡國不泯音民。民靡有黎，具禍以燼。於乎有哀！國步斯頻。

賦也。騤騤，不息貌。翩，飛揚也。夷，平。泯，滅。王滅，則國皆滅也。黎，黑，言憂心髮白也。燼，灰餘也。頻，蹙也。承上言：吾何以倉兄憂塡哉？當今天子，蒙塵兵戎，起於輦轂，四牡則騤騤矣，旟旐亦有翩矣。亂生不平，無國不有滅亡之憂。民心愁甚，首無復黎，俱受禍而等於灰燼。於乎可哀，國運之蹙至矣。此言厲王被逐之事。

國步蔑資，天不我將。靡所止疑，云徂何往？君子實維，秉心無競。誰生厲階，至今爲梗？

賦也。國步，猶國運。蔑，無。資，賴。國賴於民，民畔則無所資。將，扶持意。止疑，以止爲疑。徂，亦往也。言民既居王於彘，則只合順其意而居之，無所疑者，否則欲徂又何往乎？君子，指王。維，思也。無競，言勢已至此，王試思之，何可與亂人爭勝？不如且安居以圖復。因歎誰生厲階，而使至今爲病。蓋咎榮夷公之流也。此傷王居彘也。

憂心慇慇，念我土宇。我生不辰，逢天僤怒。自西徂東，靡所定處。多我覯痻，孔棘我圉。

賦也。土宇，謂社稷。僤，厚也。覯痻，遇難也。棘，急也。我圉，謂王室。承上言：王既出居，民怨已甚、無可奈何。我之憂心慇慇者，念我土宇耳。我生既不遇時，逢天盛怒。今民畔王奔，中外洶洶，自西徂東，無所定處。人以我之遇難甚多爲惜，而我則不自傷，但憂王室不安爲甚急耳。申起二句，意故承上作，轉起下共和之事。

爲謀爲毖，亂況斯削。告爾憂恤，誨爾序爵。誰能執熱，逝不以濯？其何能淑？載胥及溺古音弱。

賦而比也。毖，慎也。況，景況。削，減也。憂恤，撫民。序爵，用賢也。執熱，手持熱物。淑，善也。承上言民叛王奔，國家無主，此時謀安定之必須慎密，而後亂況斯可減也。謀毖之道安在？惟有憂恤百姓，序用賢人。蓋王虐民棄賢，以致斯亂。今以此救亂，如執熱以濯，誰能執熱，逝不以濯者？如謀之不慎，猶往執熱而不先預備濯手之涼水，其何能善？亦惟相與陷溺，以底喪亡而已。當時，共和攝政，定亂安民。蓋芮伯實贊成之，故其言如此。

如彼遡風，亦孔之僾。民有肅心，荓云不逮。好是稼穡，力民代食。稼穡維寶，代食維好。

賦也。遡，鄉。僾，唈。肅心，懼心。荓，竝也。代食，相代而食，謂百工交易也。申言憂恤之事，言當今恤民與平常異，民怨王而畔亂，若必以威禁之，衆怒難犯。如彼遡風而行，必多僾者，即善處之，使解散，民有懼禍之心，且以我爲相罔。凡有所使，竝云力不能逮。故今恤之之道，惟使農者歸農，不農者歸工。蓋民各顧其身家，無罪而各歸本業，愛其稼穡，仍保一家。工者仍以力代食，保其身命，則民安矣。

天降喪亂，滅我立王。降此蟊賊，稼穡卒痒。哀恫中國，具贅卒荒。靡有旅力，以念穹蒼。

賦也。痒，病也。恫，痛。具，俱。贅，贅疣，危如贅也。卒，盡也。荒，蕪廢。旅，與膂同。穹蒼，天也。穹言其形，蒼言其色。申言上文之意。言天降喪亂，既滅我所立之王矣，又降此蟊賊禍君禍民，使民失業愁痛，稼穡盡病久矣。中國哀恫，視此生俱如贅疣，稼穡盡荒，似無有旅力以自給者，常以此念穹蒼而哀恫。今使歸農，故民安易也。蓋厲王任用小人，剝民已甚，流離失所者多，蕪田亦衆。芮良夫故以此爲靖亂安民之要也。

維此惠君，民人所瞻古音章。秉心宣猶，考慎其相，維彼不順，自獨俾臧。自有肺腸，俾民卒狂。

賦也。惠君，慈惠之主，謂共和二相也。相，輔也。狂，惑也。此乃勉周、召二公安民定國也。言當此具贅卒荒之日，所恃以定國者惟二公。二公有順德，爲慈惠之師，民人所瞻仰。其秉至公之心，宣布謀猶，不敢自是，必考慎其輔相之人。蓋一以國事爲重，無私心也。維彼不順之人，則不以爲是，獨出意見，自以爲臧，則是別有肺腸，使民狂惑無主，二公勿顧忌之。蓋當時同朝有不順二相，妄出意見者，故詩人告以勿避忌，而力任其事。

瞻彼中林，甡甡其鹿。朋友已譖，不胥以穀。人亦有言：進退維谷。

興也。甡甡，衆多竝行之貌。譖，謗也。胥，相。穀，善。谷，窮也。言中林之鹿，尚和羣而竝行。今當危疑之時，朋友已多譖言，不相善而自用。若以爲避忌，則必如人之恒言，進退維谷，不能自如矣。

維此聖人，瞻言百里。維彼愚人，覆狂以喜。匪言不能，胡斯畏忌。

賦也。上章慰勉之，而此又譬曉之。言維彼聖人，則能見遠察微，安定邦家，雖百里，如在目前。維彼愚人，則反覆狂悖，自喜其狂也。不自以爲無能，又何所畏忌乎！何必慮之？蓋當時妄言阻擾者多，故明其狂，使二公勿信也。

維此良人，弗求弗迪古音鐸。維彼忍心，是顧是復。民之貪亂，寧爲荼毒。

賦也。迪，從也。顧，復。重，念也。荼，苦菜。氣能殺物，故曰荼毒。上三章告以勿忌小人，此乃勉以仁民。言覆狂之人，於良人則弗求教、弗信從，於彼殘忍之人，則既顧而又復之，善惡顛倒，以致民不聊生。今民方貪亂，寧可又用小人以害之乎？

大風有隧，有空大谷。維此良人，作爲式穀。維彼不順，征以中垢古音古。

比也。隧，道。式，用。穀，善。征，行也。中垢，中心汙穢。此二章，又言朝中小人成羣，居心不良，結黨拂善，使二公慎防之。蓋指小人之有權者。言大風之起，必有隧道。其道維何有空？大谷是也。人之善惡由心，猶風之起由空谷。維此良人，其心既良，故作爲之事，皆出於善。維彼不順之人，其心爲私，而不爲公所行，皆以中垢。其中既垢，欲求行之善，不可得也。即託言爲國，實圖私便，可勿防哉？

大風有隧，貪人敗類。聽言則對，誦言如醉。匪用其良，覆俾我悖。

比也。又言小人結黨惡正，當斥去之。言大風有隧，猶人之有類。貪人以貪為事。同類之言則對，非其類者，規誦之言則如醉不省。此等人，使在高位，必不用善良，且多方阻擾，使人悖亂。覆，反也。我，設身爲二公言也。

嗟爾朋友，予豈不知而作？如彼飛蟲，時亦弋獲。既之陰女，反予來赫音壑。

賦也。朋友，指小人。飛蟲、弋獲，蠅蝨之屬。飛食小蟲，閒弋獲之，言倖中也。陰、蔭同。陰女，倒裝句，謂已受其蔭也。赫，威怒也。言今日之事，予豈不知而作愚者，千慮亦有一得。如彼飛蟲，時亦弋獲。今日之言，因平日予以女爲蔭庇，故効忠告，豈反怒我多言乎？

民之罔極，職涼善背。爲民不利，如云不克。民之回遹，職競用力。

賦也。爲，去聲。職涼，專爲涼薄之事。善背，善反覆也。爲民不利，謂不能定亂。不克，不勝也。職競，盡職自强，用力竭忠也。此又勉以盡力襄助二公，言民心無極，專主涼薄之見。雖貌作，實善相背。今爲民安定之計，如與鬭然，每云不勝，然民回遹已甚，必大加懲創。但能盡職自競，用力圖治，則以上治下，何患不克，可共勉之也。

民之未戾，職盜爲寇古音苦故皮。**涼曰不可，覆背善詈。雖曰匪予，既作爾歌**音箕。

賦也。戾，定也。陰取曰盜，明取曰寇。涼，信也。覆背善詈，言民必不能遽信。爾雖用力，必反復背逆，且加之詈言。今民之所以未定者，以多爲盜寇也。盜寇之人，安知順理信？必以安定之爲不可，則爾所云不克者，亦有由也。然爾當各盡其職，徐徐化導。雖爾平日嘗言喪亂匪予之咎，然今日義不容辭，當勉力効忠，以安社稷。予既爲爾作歌，告爾以已亂之道，如上文所云矣，安可自諉哉。

《桑柔》十六章。八章章八句。八章章六句。

厲王虐，周人逐之，周、召二公共和攝政，而大臣尚有小人。芮良夫作此詩勖二公，且安小人。其反復詳盡，可謂忠愛周至矣。

附　解

《序》云芮伯刺厲王。朱子以其與《春秋傳》合，從之。又疑滅我立王詩，當作於共和之後，而未敢定。《折衷》亦謂作於厲王失國時。或謂追刺厲王，則非也。詩凡十六章，繁複無逾於是者，故前人之說，多不得其條貫。今細繹之，庶詩意以明。夫民敢逐天子，則皆畔矣。然怨止於王一人，不似後世焚劫擅立君長等事。故周、召二公，以好言安慰，居王於彘，而共立國政，恕民之罪，使各還本業。民知二公忠賢，必能安己，且幸免誅戮，亦遂解散。其王居於彘，二公自必爲之夾輔，厚奉起居，故王亦安之以終其身。此當時一定情事，亦千古僅有之事。一者，文、武、成、康之德在人；二者，當時天子止治畿内。王虐，畿内之民畔，天下諸侯之民未畔；三者，周、召、望、散之裔尚多忠賢，王所任小人，不過榮夷公類，此詩所謂中垢貪人。剝民自肥，導君逸樂，非有擅權覬覦如莽、操之輩，故只當如此善辦。不然，民也而敢逐天子，若斬木揭竿之徒，其可優容姑息乎？故此詩夫子録之，以存此事情形，使後人知之。惜解者囫圇未晰。芮良夫，賢者。不深斥王非，但委曲爲周、召畫策，以滅我立王歸於天意。先勉二公盡心定亂，使民復業，次戒其勿爲小人所惑。葢小人雖壞，有君子正之，亦可革面反正。當擾亂之時，勢不能一朝盡斥，但當專意公忠，勿聽其言，則不能阻撓功業矣。至小人情狀，不過自恃貪亂、中垢結黨等弊，歷歷言之，使二公愼防屏斥。然國已無君，二公以臣攝君，欲同僚甘心聽命已難，况小人異類，暫且不能使之改行，又不能盡行黜退，使之在位，又不聽其言，保無忿怨生禍乎？故後數章，又婉言勸慰。稱曰朋友，自謙弋獲，曉以民之回遹，勸其職競用力。若不知其平日不良，反謂其忠於國家者，使之聞而心喜，庶幾改惡從善，在彼有自新之美，在二公亦收得人之助，此心寬厚化導妙用。如云不克，雖曰匪予，皆小人平日諉過之辭。故代白其心，而勸其勿以不克自謝，勿以禍不由己自安。其懇懇勸慰，欲其與二公襄贊，可謂苦口婆心矣。舊解含混甚多，明者細察之，自當瞭然。

【眉批】厲王虐，國人逐之於彘，而推周、召當國。二公因民之欲，撫輯而共治之，王亦無恙，國賴以安。此為權而不失其正，若在後世，則變亂興矣。蓋當年輔弼之權至重，亦實有裨益於國家。如此觀之，此詩指陳利弊，曲盡事宜。芮良夫固賢者，而當時去文武未遠，朝廷猶多正人，亦可見矣。

倬彼雲漢，昭回于天。王曰於乎！何辜今之人？天降喪亂，飢饉薦臻。靡神不舉，靡愛斯牲。圭璧既卒，寧莫我聽。

賦也。雲漢，天河也。其象似雲非雲，故曰雲漢。漢，金之散氣，其本曰水。天將雨，其兆先見于漢，故望雲漢而占之。昭回，光隨天而轉也。薦、存通，重也。臻，至也。靡神不舉，所謂國有故則索鬼神而祭之也。圭璧，禮神之玉也。卒，盡也。寧，猶何也。言雲漢昭回，久晴無雨。王嗟歎而言，人有何罪致此？至于禱祀甚勤，帝莫之聽也。

旱既大甚，蘊隆蟲蟲。不殄禋祀，自郊徂宮。上下奠瘞，靡神不宗。后稷不克，上帝不臨音隆。秏[①]斁下土，寧丁我躬。

賦也。蘊隆，陽氣蓄積驕亢。蟲蟲，熱氣熏也。殄，絕。郊，祭天地。宮，祭宗廟。上祭天，下祭地。奠，置之于地。瘞，埋之于土。皆禮神之物，酒、食、牲、玉之屬。宗，尊也。斁，敗也。丁，當也。言旱既甚，而禱祀無功。后稷欲救旱而不能，上帝能救旱而不至。與其秏斁下土，寧使我躬當其災。不愛其身以救民，仁之至也。

旱既大甚，則不可推。兢兢業業，如霆如雷。周餘黎民，靡有孑遺。昊天上帝，則不我遺。胡不相畏，先祖于摧。

① 秏，唐石經作耗。

賦也。推，去也。兢兢，恐也。業業，危也。如霆如雷，畏之甚也。孑，孤特貌，遺畱也。不我遺，民無，則我亦不遺也。摧，滅也。言旱甚，而無術以去之。兢業畏懼，恐周之民無孑遺。民靡有遺，則昊天、上帝亦不我遺矣如此。胡不相畏，慮先祖之祀將自此而滅。蓋憂民竝憂先祖，而欲君臣共相戒懼，可謂誠切矣。

旱既大甚，則不可沮。赫赫炎炎，云我無所。大命近止，靡瞻靡顧。羣公先正，則不我助。父母先祖，胡寧忍予？

賦也。沮，止也。不可止，久也。赫赫，旱威。炎炎，熱燄也。無所，無容身之所。大命近止，死將至也。瞻仰，顧望也。羣公先正，雩祀所及百辟卿士之有益于民者。又言旱甚，而不可止。赫赫炎炎，人皆云置身無所，死期將近。此時無所瞻顧，惟望羣公先正助之，而竟不然，父母、先祖，則至親矣，何忍而使我至此極乎？朱子曰：所謂垂涕泣而道之也。

旱既大甚，滌滌山川。旱魃爲虐，如惔如焚。我心憚暑，憂心如熏。羣公先正，則不我聞。昊天上帝，寧俾我遯平聲。

賦也。滌滌，山無木，川無水，如滌濯也。魃，旱鬼也。《神異經》曰：南方有人，長二三尺，袒身而目在頂上，走行如風，名曰魃。所見之國大旱，一名旱母。惔，燒。火田曰焚。憚，畏。熏，灼。遯，逃也。言旱甚而山川如滌，皆旱魃爲虐之故。故其勢如惔如焚，我心憚之，憂心如熏矣。而羣公先正，則不我聞，豈昊天、上帝將使我遜位以謝之乎？甚言己無德也。

旱既大甚，黽勉畏去。胡寧瘨我以旱？憯不知其故。祈年孔夙，方社不莫。昊天上帝，則不我虞。敬恭明神，宜無悔怒。

賦也。去，遯也。胡寧，寧也。瘨，病也。憯，曾也。祈年，孟春祈穀于上帝，孟冬祈來年于天宗也。方，祭四方。社，祭土神。莫、暮同。虞，度。悔，恨也。承上言己欲黽勉畏罪而去，又念上天至仁寧，故病我以旱。蓋必有自取之故也，無如我曾不知其故。若但以禱祀而論，則我祈年甚早，方社亦不暮。宜昊天、上帝之我諒矣，而竟不然，則我但有其文，無敬恭之實德故也。自今以後，敬恭明神，上天宜無恨怒于我。

旱既大甚，散無友紀。鞫哉庶正，疚哉冢宰音滓。**趣馬師氏，膳夫左右**音以。**靡人不周。無不能止，瞻卬昊天，云如何里。**

賦也。友紀，人君以羣臣爲友，君持其綱，臣理其紀，故曰友紀。鞫，窮也，謂窮于治略。庶正，眾官之長。疚，病也，謂內省有疚。冢宰，相臣。趣馬、師氏、膳夫，見《十月之交》，左右侍御、僕從。靡人，無賢人也。周，至也，密也。無不能止，言皆己所得正之者。里、理同，治也。上章以敬恭自勖，此乃言己用人行政之失，思所以治之。言旱既大甚，其殆由我無乾綱之德，以至散亂而無友紀。或庶正窮極其欲于民；或冢宰實有大疚；或趣馬之官蕃畜牧以糜民食；或師氏之人，置朝廷之得失于勿問；或膳夫恣珍奇以長奢；或左右工逢迎而不直。凡諸此類，皆非其人。政事不周，我無有不能止而正之者。自今悔過更新，瞻卬昊天，如何治之而後可也？

瞻卬昊天，有嘒其星。大夫君子，昭假無贏。大命近止，無棄爾成。何求爲我？以戾庶正。瞻卬昊天，曷惠其寧？

賦也。嘒，明貌。贏，餘。成，勞也。何求爲我？何所求以助我？戾，定也。承上言：今祈免于旱，而瞻卬昊天，有嘒其星，則尚無雨徵也。大夫、君子，無謂昭假上帝者，已無餘憾。雖大命近止，宜益加修勵，無棄爾之成勞，當各自思何所求，以助我不逮，用以定庶正而爲之法。如此不忘勤修、瞻卬昊天，或惠我以安寧乎？然尚不知其在何時也？

《雲漢》八章，章十句。

宣王承厲王之後，遇旱而懼，引罪自責，作此以祈，且告羣臣也。

附　解

此詩諸儒無異說。惟《序》以爲仍叔作，或以爲史籕作，不同。夫天災流行，國所時有也。然賢君則不敢以爲氣數之適，然必增脩其德，慄慄危懼。宣王作此詩以自責，告於神天，且告有位。觀其詞之反復沈痛，可見其心之悱惻周詳。而其修明政刑，亦可知矣。故夫子録以爲法。沈氏守正曰：或曰三年餘一年之食，九年餘三年之食。遺人掌邦之委，積以待施舍。此周制也。先時無備臨變，而君臣同憂，是棄本而修末也。蓋云漢承厲王之後，百物凋弊，有不可得爲者。其說是也。舊解後三章，不合語氣，今正之。

【眉批】《桑林》之後，僅見此詩。其詞痛切，可泣鬼神矣。

崧高維嶽，駿極于天。維嶽降神，生甫及申。維申及甫，維周之翰。四國于蕃。四方于宣。

賦也。崧、嵩同，中嶽。崧高維嶽，言其最高，爲五嶽之尊。甫，尹吉甫。申，申伯。翰，幹。蕃，蔽也。言崧高維嶽之首，其大上極于天，維嶽降神以輔王室，生尹吉甫與申伯。維申及甫，維周之翰，四國于以蕃蔽，四方于以宣治者也。蓋吉甫有文武才，實與王定謀，封申伯以控制南方，故詩人美申伯而竝美之，詩故以吉甫始終也。

亹亹申伯，王纘之事。于邑于謝，南國是式。王命召伯，定申伯之宅。登是南邦博工反**，世執其功。**

賦也。亹亹，勤勉。纘，繼也。王纘之事，王以前人言伯之事使纘之也。謝，在南陽鄧、宛之間，南方要地也。式，法也。召伯，召穆公虎也。登，進也。世執其功，使世守其功。言此勤勉之申伯，王知其賢，使繼前人之事。其事維何？南方隣于蠻服，易多邊患。王爲之邑都以居之，相度要害于謝，而邑之使爲南國之式。又不欲煩其自營也。王命召伯定申伯之宅，進于南邦諸侯之上，子孫世執其功。

王命申伯，式是南邦見上。因是謝人，以作爾庸。王命召伯，徹申伯土田。王命傅御，遷其私人。

賦也。因是謝人，順謝人之欲。庸，功。徹，徹法也。傅，附。御，治，輔以治事者。蓋召伯之副，貳也。召公世爲司空，建國營繕，蓋其所職。私人，家人。遷，使就國也。承上言王命申伯式是南邦，非徒威制也。蓋南邦遠極海隅，謝人素願重臣鎮輔之，故戒申伯順謝人以爲之式，又恐土田荒穢，命召伯以徹法理之。又命召伯傅御之屬，遷申伯私人以實之，蓋所以體申伯者至矣。

申伯之功，召伯是營。有俶其城，寢廟既成。既成藐藐，王錫申伯音博。四牡蹻蹻，鉤膺濯濯。

賦也。俶，始作也。藐藐，高深貌。蹻蹻，壯貌。濯濯，光明貌。承上言申伯之功，而召伯營之，始爲城垣，次成寢廟。其既成也，高深藐藐，足爲雄鎮。王乃錫申伯以四牡之壯馬，又錫以馬首之金鉤，馬膺之樊纓，而濯濯可愛焉。

王遣申伯，路車乘馬音姥。我圖爾居，莫如南土。錫爾介圭，以作爾寶。往近王舅，南土是保。

賦也。遣，使之國。圖，謀也。《爾雅》：圭，大尺二寸謂之玠圭。何楷曰：介圭，天子之鎮圭。王命申伯鎮撫南國，故使執介圭，如天子之自行是也。王舅，即申伯。往近王舅，南土是保，倒裝句法。言女往而南土之人得近王舅，恃以爲保也。此章述王命之詞。

申伯信邁，王餞于郿。申伯還南，謝于誠歸。王命召伯，徹申伯土疆。以峙其粻，式遄其行戶郎反。

賦也。再宿爲信。邁，行也。郿，地名，在陝西鳳翔府郿縣。曹粹中曰：郿，近岐，周先王之廟在岐。申伯受封冊於先王之廟，時王在岐，因飲餞于郿也。江漢言召虎，亦曰于周受命。還南，申伯之國在南也。謝于誠歸，始誠歸于謝。峙，積。粻，糧。遄，速也。言申伯從容信宿而後行，又受命于岐周，王餞之于郿。申伯然後還南，決意而歸于謝，此後則無畱滯矣。蓋召伯營謝之時，已徹土疆而斂其賦稅、預峙其粻，倉廩實而廬市有委積，申伯故得速行歸國。蓋王之爲申伯計者，周密矣。此言啓行之事。

申伯番番，既入于謝，徒御嘽嘽。周邦咸喜，戎有良翰。不顯申伯，王之元舅，文武是憲。

賦也。番番，武勇貌。嘽嘽，衆盛也。周邦，通指天下諸侯而言。戎，汝也，隣邦，指謝人之詞。翰，幹也。不、丕同。承上言王命申伯，原以控御南方，及其就道，果見申伯番番而有威武，既入于謝，則徒御嘽嘽，頓覺改觀。於是周之庶邦，咸喜天子得人，謂謝人曰：女今有良翰矣。此丕顯之申伯，爲王元舅，而其才兼文武又足爲憲，故甫入謝而人已共慶之也。

申伯之德，柔惠且直。揉此萬邦，聞於四國。吉甫作誦，其詩孔碩，其風肆好，以贈申伯。

賦也。以手搏物曰揉，有不如意，揉之使善。吉甫，氏尹。誦，作詩以贊其行。孔碩，義理甚大。風之爲言諷也。肆，故。好，善也。此乃總結全詩之意，言申伯之德，柔和惠愛，而又剛直不撓。其在朝也，與吉甫等同輔王室。凡萬邦有不順者，揉而治之，名譽早已聞于四國。此行也，吉甫與王定謀，既優其恩禮，而吉甫又作誦以慰勉之。其所誦之詩，義理甚大，風示申伯之意甚好，而以贈申伯，益堅其行。蓋吉甫贊成之功，爲不可沒矣。

《崧高》八章，章八句。

宣王封申伯于謝，以撫南邦。尹吉甫始其事，召伯成之。詩人爲詩以美也。

附　解

《序》謂尹吉甫美宣王。天下復平，能建國，親諸侯，褒賞申伯。朱子非《序》，而以爲尹吉甫送申伯。然吉甫送申伯，自云其詩孔碩，其風肆好，何以通耶？家父作誦以究王訩，因尹氏箝諫者之口。家父忠憤，自陳作誦，谷其式訛爾心，不畏强禦也。寺人孟子作爲此詩，自謙卑賤，冀凡百君子之聽也。下篇穆如清風，亦旁人之詞。美其誦，以冀其永懷也。若自贊孔碩、肆好，則不可同論。且以爲吉甫作，故首章生甫遠舉作《吕刑》之甫侯。朱子覺其不安，則曰作《吕刑》者之子孫。鄭註《禮記》時，未見《毛詩》以甫爲仲山甫。王伯厚謂《外傳》稱樊仲山甫則樊國之君，必不得與申伯同爲嶽神所生。凡此曲説，皆一誤再誤也。不知宣王因南服多故，選重臣以鎮撫之。尹吉甫文武足備，與王定謀，封申伯于謝，控制蠻方。又命召伯營之，於其行也，吉甫作詩以贊其行。詩人美宣王君臣此舉之善，而作此詩。至吉甫所作之詩，固未傳也。先儒誤以爲所作即此，故令本文不明。又許白雲據《史記》四岳佐禹有功，虞夏之際，或封于申。謂申舊國，非宣王始封。然史但言或封，或，疑詞也。此詩詠召伯營謝，鄭重周悉，其爲新建之國何疑？考周初封建，惟中原爲版圖，其他多聽其君長之自爲治。鬻熊爲文王師，而但爵之以子，封于楚國，何也？楚地據江漢之上游，下極吴越，上通巴渝，旁包苗獞，不止數千里多蠻荒，故以大賢鎮撫之。至宣王時，土地益闢，風俗益張，厲王無道，南方乘釁侵擾。宣王即位，命方叔征定之，因與吉甫輩籌畫，封申于邑，于謝據要害以制之。王纘之事，王纘武王之事，申伯纘鬻熊之事也。先儒因地志謂國在宛、謝，城在棘陽。申、謝兩地，故以爲遷徙，實則地志不可信者居多，且安知非封謝後，又遷徙乎？至崧，即嵩也。尹吉甫、申伯，生世不可考，大都皆近崧嶽，人故神其降生，以美之。毛、鄭拘泥姜姓之説，謂四岳之後遠舉《吕刑》之甫竝稱。而朱氏善竟謂四岳佐堯有功，故其後愈久不替。孔穎達謂四岳掌岳祭，當岳神之意，故岳降神助其子孫。然詩人之意，不過美其誕育不偶耳，豈必四岳之後嶽始降神也哉？又云堯之建官，惟立四岳，不主中岳。不知四岳，四方諸侯之長，尊其官曰嶽，故亦稱太嶽，非舉五嶽而遺其一也。四岳受姓爲姜，其後繁衍，未嘗長爲四岳之官。詩言崧之高也維嶽，非凡爲山比也。駿極于天，正言其高。生甫及申，爲時良佐，句意甚明，何勞曲説？舊説多誤，若傅御往近、信邁周邦等義，今皆正之，不能悉辨也。

【眉批】詩人美申伯，實美宣王，此舉之當也。而贊成之者惟吉甫，故始終以吉甫言前人，弗詳繹之何也？

天生烝民，有物有則。民之秉彝，好是懿德。天監有周，昭假于下音戶。保茲天子，生仲山甫。

賦也。烝，眾。則，法。秉，執。彝，常。懿，美。監，視。昭，明。假，至。保，佑也。仲山甫，樊侯也。言天生眾民，有一物必有一理以宰之，爲之表則。此理無論貴賤皆然，故民秉此常性而生。凡全此物則之理而有懿德者，民皆好之，此天理也。有周有懿德，上天監其能，昭假于下，故保茲天子。生仲山甫以相之，則其生不偶然矣。

仲山甫之德，柔嘉維則。令儀令色，小心翼翼。古訓是式，威儀是力。天子是若，明命使賦。

賦也。柔，和。嘉，美。柔而能嘉，非徒柔也，中禮而和美也。儀，一身威儀。色，顏色也。翼翼，恭敬。式，法。威儀是力，又言有令儀而不敢懈肆。命，令。賦，布也。承上言：仲山甫之懿德若何？蓋其德性柔嘉，可以爲則，故以一身而言，則有令儀；以容貌而言，則有令色。小心翼翼，惟古人之法言是法，威儀之脩節是勉，以此能順于天子，而布其明命也。

王命仲山甫，式是百辟，纘戎祖考，王躬是保。出納王命，王之喉舌，賦政于外，四方爰發。

賦也。式，法。戎，女也。祖考，謂周公與獻公。權德與曰魯獻公仲子曰山甫，入輔于周，食采于樊。是也。保，匡輔也。出，承而布之。納，行而復之。喉舌，所以言也。發，起而應之也。此言其平日懿德，王以其有懿德，命式是百辟，纘女祖考之事，以保王躬。出納王命，如王之喉舌，賦政于外，四方皆起而應之。首章所謂好是懿德者也。

肅肅王命，仲山甫將之。邦國若否，仲山甫明彌郎反之。既明且哲，以保其身。夙夜匪解，以事一人。

賦也。肅肅，嚴也。將，奉行。若，順也。否，不順也。明，察理。哲，通微。保身，身無過舉則安而且久。解，怠也。一人，天子也。承上言其素有懿德如此，故肅肅王命，惟仲山甫將之，邦國順否，惟仲山甫明之。有察而於理無不通，且濬哲而幽微畢貫。以此保其身于無過，夙夜匪解，以事一人，則德全而忠謹尤至矣。

人亦有言：柔則茹之，剛則吐之。維仲山甫，柔亦不茹，剛亦不吐。不侮矜寡音古，不畏彊禦。

賦也。人亦有言，諺語也。茹，納也。不茹柔，故不侮矜寡；不吐剛，故不畏彊禦。又言仲山甫立朝之風節如此，而其柔嘉維則，非柔曲亦可知矣。

人亦有言：德輶如毛，民鮮克舉之。我儀圖之，維仲山甫舉之，愛莫助之。袞職有闕，維仲山甫補之。

賦也。輶，輕。儀，度。圖，謀也。袞職，王職也。天子龍袞。不敢斥言王闕，故曰袞職有闕也。承上言山甫之全德如此。人亦有言德輕如毛，其理細微，民鮮克舉之，我儀圖之，維仲山甫舉之，故人愛慕之，然無以助其高深也。此人此德，袞職有闕，維仲山甫補之。言其當留輔王室，不宜徂齊也。

仲山甫出祖。四牡業業，征夫捷捷，每懷靡及。四牡彭彭，八鸞鏘鏘。王命仲山甫，城彼東方。

賦也。祖，行祭。業，業健貌。捷，捷疾貌。每懷靡及，山甫忠勤盡心也。東方，齊也。此乃言仲山甫奉命徂齊之事，勤而不怨也。

四牡騤騤，八鸞喈喈。仲山甫徂齊，式遄其歸。吉甫作誦，穆如清風方凡反。仲山甫永懷，以慰其心。

賦也。式遄其歸，不欲其久於外也。吉甫作誦，蓋別有所作，非即此詩。穆，淡遠。穆如清風，言淡而有意也。永懷，欲其深思，所言勿忘朝廷。其心，即吉甫之心。蓋尹吉甫亦不欲山甫久于外也。

《烝民》八章，章八句。

宣王命仲山甫遠城東方，詩人爲此送之，而冀其遄歸。

附解

《序》謂吉甫美宣王。於義無著。朱子曰：宣王命樊侯仲山甫築城于齊，尹吉甫作詩送之。然自言作誦，穆如清風，於義欠安。蓋山甫此行，吉甫嘗作詩以送之，而其詩未傳其意，亦與詩人合，故詩人稱之，而欲山甫味其詞，思其意也。毛氏謂齊獻公元年徙薄姑都治臨淄。孔氏謂獻公當夷王時，與此傳不合。朱子曰：豈徙於夷王之時，至是而始備其城郭之守歟？愚按：《史記》云：胡公徙都薄姑，哀公之同母弟山怨胡公，率營丘人襲殺胡公而自立，是爲獻公。獻公元年，盡逐胡公子，因徙薄姑都治臨淄。果如史言，諸侯簒奪私徙，夷王既不能治，宣王即位，不問其罪足矣，又爲之城，理所必無者，蓋必別有所防禦而城之。或又謂毛公在馬遷前，其言當有據。鄧展註《韓詩》，以爲封于齊。杜欽亦云，諸家之說不一。愚謂使不當城而城，山甫、吉甫必明白諫諍。山甫不至勉强以行，吉甫亦必不徒以詩諷。然則城東方之事，亦理所當行，但不必山甫往耳。山甫重臣，宜相朝廷，故詩人備陳其德，以感悟王，亦使山甫知此意，勿久畱於外也。開端即以民好懿德起，末以式遄其歸作結。想宣王必未深知山甫，有不慊於心者，故出之於外，而詩人乃作此詩也。至《國語》言宣王晚年事多不臧，今以《詩》、《書》考之，夫子未嘗言其失，當闕疑。

【眉批】城東方之事，不可考，蓋亦所當城者。第山甫重望，吉甫不欲久留於外，欲以此達於王也。至其美山甫之德，義極精微，而語無迂滯，後人談理之文，鮮有及者。

奕奕梁山，維禹甸之。有倬其道，韓侯受命，王親命之。纘戎祖考，無廢朕命。夙夜匪解，虔共爾位，朕命不易。榦不庭方，以佐戎辟。

賦也。奕奕，大也。梁山，在涿郡。《水經注》云：濕水經良鄉北界，歷梁山。是也。甸，治也。毛《傳》曰：禹治梁山，除水災。是也。倬，明也。韓，國名，武王之後。王肅曰：涿郡方城縣有韓侯城。纘，繼。戎，女。虔，敬。榦，正也。不庭，不來庭之國。辟，君也。《折衷》曰：禹之功大矣，今將修明其道，故命韓侯爲方伯。王親命之，重其事也。韓侯祖考，有曾爲方伯者，故命纘之。朕命不易言，寵命不易得，戒之也。欲其正不庭之國，以佐女君，此命爲方伯之詞是也。蓋本其受命之初以發端。

四牡奕奕，孔脩且張。韓侯入覲，以其介圭，入覲于王。王錫韓侯，淑旂綏章，簟茀錯衡，玄衮赤舄，鉤膺鏤鍚，鞹鞃淺幭，鞗革金厄。

賦也。脩，長。張，大也。介圭，天子之鎮圭，命爲方伯者錫之。《崧高》之詩曰錫爾介圭是也。淑，善也，旂之善者。交龍曰旂綏。章，染鳥羽或旄牛爲之，注於旂竿之首，爲表章者也。簟茀，錯衡，見《采芑》。玄衮，孔氏曰：王子母弟出封者，侯伯車服，皆如上公也。鏤，刻金也。鉤膺，樊纓。鍚，當盧也。鞹，革也。鞃，軾中也。兩較之間横木可憑者，以鞹持之，使牢固也。淺，虎皮。幭，覆式也，一作幦，又作幎，以有毛之皮覆軾上。鞗革，轡首。金厄，以金爲環，纏搤轡首。蓋厄蟲大如指，似蠶，以金接轡之端，如厄蟲然也。此乃詳其入覲錫予之禮。

韓侯出祖，出宿于屠。顯父餞之，清酒百壺。其殽維何？炰鼈鮮魚。其蔌維何？維筍及蒲。其贈維何？乘馬路車。籩豆有且，侯氏燕胥。

賦也。既覲而返國必祖者，鄭氏曰：尊其所往，去則如始行也。屠，地名，即杜也。古屠、杜字通。晉杜蒯，亦作屠蒯。顯父，王之卿士，奉王命而餞之也。蔌，菜殽也。筍，竹萌。蒲，蒲蒻也。蒲始生，取其心，中入地蒻，大如匕柄，正白，生噉之甘脆，鬻而以苦酒浸之，如食筍法。路車、乘馬，王所贈也。且，多也。胥，相也。言韓侯與顯父相樂，榮君寵也。此詳序其餞贈燕飲之禮，昭恩示儉，悉於是具矣。

韓侯取妻，汾王之甥，蹶父之子。韓侯迎止，于蹶之里。百兩彭彭音旁，八鸞鏘鏘，不顯其光。諸娣從之，祁祁如雲。韓侯顧之，爛其盈門。

賦也。汾王，厲王也。厲王流于彘，在汾水之上，故名汾王，猶言莒郊公、黎比公也。蹶父，周卿士，姞姓。蹶之里，蹶父之采邑也。諸侯娶夫人，迎、送皆以百兩。不、丕同。諸娣，諸侯娶同姓，媵之以娣姪從，獨言娣者，舉其貴也。祁祁，徐而靚也。如雲，眾多也。楊氏愼曰：《儀禮》，親迎，御輪三周，下車曲顧。韓侯所以顧也。蓋正其始，男先于女者，禮體之嚴止，而說男下于女者，禮用之和。此又敘韓侯親迎之事，族貴而禮隆也。

蹶父孔武，靡國不到。爲韓姞相攸，莫如韓樂。孔樂韓土，川澤訏訏，魴鱮甫甫，麀鹿噳噳。有熊有羆，有貓有虎。慶既令居，韓姞燕譽。

賦也。靡國不到，爲王聘使之人也。婦人稱姓，以姓配夫之國，故曰韓姞。相攸，擇可嫁之所也。訏訏、甫甫，大也。噳噳，眾也。貓，似虎而淺毛。慶，喜。令，善也。喜其有善居。燕，安。譽，樂也。又言蹶父周覽列國，爲女擇嫁，莫如韓者。韓爲樂土，水陸之產無所不有。既幸其有此善居，即韓姞亦安樂之。蓋夫婦和樂，爲成家教國之原，故備舉之也。

溥彼韓城，燕師所完。以先祖受命，因時百蠻。王錫韓侯，其追其貊。奄受北國，因以其伯。實墉實壑，實畝實籍。獻其貔皮音婆，赤豹黃羆音波。

賦也。慱〔溥〕，大也。韓城，在涿郡。王肅曰：聖水出方城縣北，東南經韓城。即此詩所云是也。燕，召公之國。師，眾也。韓初封時，召公爲司空，王命以其眾，爲築此城。先祖受命，韓侯之先祖曾受命爲伯，以撫百蠻。時，是也。追、貊，北方之國。墉，城。壑，所以畜水。貔，白狐也。一名執夷，毛赤而文黑曰赤豹，毛白而文黑曰白豹。羆，大於熊。其脂如熊，白而麤，理不如熊白美也。此章總收全篇，言韓城築自先朝，其祖昔受命撫百蠻。王令錫韓侯以追、貊之國，統制北國，以爲方伯。復爲築城垣，通水道，定疆畝，籍民數，而韓國益大。韓侯果能纘其祖考，虔共匪懈，幹不庭方。於是獻其貔與赤豹、黃羆之皮，而天子遂無北顧之憂矣。

《韓奕》六章，章十二句。

王命韓侯爲方伯，以靖北方。詩人敘其事，以美之也。

附　解

詩意甚明，而《序》曰尹吉甫美宣王能錫命諸侯。於義不全。諸儒因謂此詩無甚大義。程子曰：文、武盛時，不以爵賞有度、錫命有禮爲盛。至於厲王衰微，賞罰不行於上，則褒美申伯爲可嘉；錫命不行於下，則錫命韓侯爲可嘉。不知詩稱先祖受命，因時百蠻，是武周盛時，震疊懷柔已不廢鎮撫之策，因厲王失政，百蠻復横。韓侯英年嗣位，即有才略。王因命爲方伯，使纘其祖考，奄受北國。君臣相際，允爲中興，盛軌何得少之？且王之命之也，曰夙夜匪懈，虔共爾位，幹不庭方，深得大禮。而且錫命之隆，賚予之盛，足令重臣感恩，永作藩籬，北顧無憂，豈不以此？何得謂爲但美錫命也？又按周初武王封建，周、召、太公、鬻熊皆上聖。而熊僅子爵，周、召、太公遠封東北。所以然者，楚地遠極，南方淮奄時方盛强，多肆侵擾，故以伯禽、呂伋賢嗣鎮之，而二公遙制其柄。北則玁狁之屬，毗連西戎，其類不下百十餘種。但時未鴟張，故召公封此。至宣王時，葢漸强大矣，故薄伐玁狁。詩美中興，而此詩亦因此特美韓侯。前人不明地理，又不察時勢，妄爲之詞。疏矣。

【眉批】韓侯入覲，便道迎親。詩人備敘其事，虔共而幹不庭，其人必有文武才。蓋北方要地得人鎮撫，所以喜而詳美之也。莊重語與風雅語並行，大事與瑣事同敘，各極其妙，以成全文，後人未易有此筆力。

江漢浮浮，武夫滔滔。匪安匪遊，淮夷來求。既出我車，既設我旟。匪安匪舒，淮夷來鋪。

賦也。江、漢，二水，名竝舉之者。漢至夏口，合于江也。征淮夷而言江、漢者，是時蠻荆已服，江、漢道通，故徵南國之師，使順流而下，繞出淮夷之後，以絕其去路也。浮浮，水盛貌。滔滔，順流貌。匪安，不遑處。匪遊，不遑息。求，責也，聲其罪以責之。舒，緩。鋪，陳也，既至而陳師以伐之者。王者之師，有征無戰，揚天威以臨之，使懼而服斯已耳。

江漢湯湯，武夫洸洸。經營四方，告成于王。四方既平，王國庶定。時靡有爭，王心戰寧。

賦也。湯湯，安流貌。洸洸，武貌，勝而威也。四方，淮夷四旁之國。庶，幸也。承上言既至淮夷，陳師而夷即畏服。江、漢則湯湯而安，武夫則洸洸而武。淮夷既平，又經營其四方之國，使皆向化，而後告成功于王。蓋淮夷倡亂，四方必多觀望，四方既平，王國庶定。天下無有爭鬬，而後王心始寧也。

江漢之滸，王命召虎，式辟四方，徹我疆土。匪疚匪棘，王國來極。于疆于理，至于南海。

賦也。滸，水厓也。虎召，穆公名。辟，與闢同。疚，病。棘，急。來極，猶歸極也。《書》曰：淮海惟揚州。自淮至于南海，中界大江。凡徐、揚之域，皆江漢之滸也，人繁而地廣。故王命召虎以勝兵開闢疆土，一以徹法行之，非以病民，亦非急于辟疆也，乃使之咸歸王化。故以次疆理，至于南海，莫非歸化之土，則淮夷之平，其關係大矣。

王命召虎，來旬來宣。文武受命，召公維翰。無曰予小子，召公是似。肇敏戎公，用錫爾祉。

賦也。旬，與徇同。撫，徇之也。宣，布也。召公，康公奭也。予小子，王自稱也。肇，開。敏，疾也。戎，汝。公，功也。言其肇開疆理之事，敏疾而功大也。承上言疆理已畢，王命召虎：爾來爲我撫徇人民，宣布德意。昔文武受命之時，爾祖召公爲翰。今日之事，爾無曰以予小子之故也，惟召公之業是嗣。此疆理南方之事，爾肇開敏速，可爲大功，予用是錫爾以福。如下文所云也。

釐爾圭瓚，秬鬯一卣，告于文人。錫山土田，于周受命，自召祖命。虎拜稽首，天子萬年。

賦也。釐，賜也。秬鬯，以秬黍爲鬱鬯。卣，尊也。文人，文王。《書》曰：追孝于前，文人是也。周，岐周。召，本康公分陝之采地，畿内之國。宣王以岐内山與土田益封召虎。召祖，虎之祖康公。承上錫祉而言賜以圭瓚、秬鬯，告于文人，錫山土田于岐周先王之廟，受命又自召祖康公之廟。命之益重，以先王使似其祖也。虎拜稽首，受王命之策，《書》稱天子萬年。朱子曰：人臣受恩，無可報謝者，但言使君壽考而已。謝枋得曰：三代令主，不徒責臣子以事功，而惟勉之以忠孝，本於人心天理以感動之。是也。

虎拜稽首，對揚王休。作召公考，天子萬壽。明明天子，令聞不已。矢其文德，洽此四國。

賦也。對，答。揚，稱。休，美。考，成也。作召公考，成召公之功。矢，陳也。承上言虎拜稽首，對答而揚王之美，曰今日開闢疆土，成召公之成功，非臣之能，實天子萬壽，有文、武之令德，而臣因得以効微勞。願明明之天子，益勉令聞，永無已時，陳其文德使教化四國，則臣之榮多矣。嚴粲曰：王方以武功褒虎，而虎乃以文德勉王，不矜己功，而引君於道，意度遠矣。

《江漢》六章，章八句。

詩人美召穆公平淮夷，而竝述其君臣詔對。以見其尚德之意。

附　解

此詩諸儒無異詞，惟《序》以爲尹吉甫作，未見其必然。黃氏櫄謂詩乃召公遠師，奏凱論功行封之時所作。近之陳鵬飛曰：淮夷之地不一，此章是淮南之夷，下章是淮北之夷。然此篇伐淮夷，下篇伐徐。雖徐亦近淮，而徐夷與淮夷自二也。南邦在周初爲荒域。今江、浙、閩、粵以及苗獞等地，皆覊縻之，統於鬻熊。惟近楚上游諸地，析爲小國，以封諸姬。其時百蠻皆少騷動，故南國化行，文、武無用兵此地之文，至宣王而多事。非宣王中興平治，則南方不靖，不待春秋時矣。此詩美召公，敘平夷武功少，敘疆里旬宣意重，蓋美其君臣能繼文、武、召公，故竝述君命與召公對答之言，而以作召公考、明明天子，雙收終之。曰矢其文德，洽此四國，詩人固非徒侈平淮夷之功也。文、武受命，召公維翰，即此可知。召公布文王之化，至於南蠻荒服之地，此《甘棠》所以遺愛歟。後世奏凱紀功頌揚之詞，罕有如詩人者。豈獨臣工見不及此？抑其內安外攘，所由來者異耳？召公疆里至於南海，蓋於是南土盡屬周疆，爲後世吴、越、閩、廣之所由肇。夫子録此，美其君臣，亦以見天下大勢日漸開闢之故。《折衷》曰：虎之式闢四方，至於南海，其功偉矣。然詩未嘗侈言之，當經營之初，已期庶事靡爭，銷兵革於不用。曁式闢之後，惟事疆理旬宣，奠生民于永安。至其錫命對揚，君惟訓臣以忠孝，臣惟告君以道德。三代君臣之際，所以互相勸勉者，此足以見焉。

【眉批】周初規方定製，險遠各聽其君長之自為治。東南之不封□者多矣，後彌傳彌雜，恃以侵擾者有之。宣王中興，克亂宣猷，用綏中外，賴有賢臣佐之。此詩及後章句，可以見其文德武功兼用之概，蓋與文武初興時之遇不同。而其氣象之英烈亦異，時勢宜然也。

赫赫明明，王命卿士，南仲大祖，大師皇父：整我六師，以脩我戎音汝。既敬既戒，惠此南國。

賦也。赫赫，威嚴。明明，光顯也。萬時華曰：夷厲以來，威靈不振。宣王奮然親總六師，如雷霆乍驚，日月重朗是也。王命，親命之也。卿士，舉其官，見其爲王之親臣也。大祖，始祖。此下六句，皆王命之之詞。大師，皇父之兼官。皇，氏。父，字。蓋傳世稱之者也。言淮夷不靖，王赫赫明明，震怒興師，乃命卿士。皇父曰南仲，昔佐文王，著有武功。實爲爾之大祖，爾今又爲大師。世臣勳臣，惟爾是任。今淮夷不法，南方騷動，爾其整我六師，以脩我戎，敬愼戒懼，順此南國之望也。

王謂尹氏，命程伯休父：左右陳行，戒我師旅。率彼淮浦，省此徐土。不留不處，三事就緒音渚。

賦也。尹氏，吉甫也。程，畿内邑，在豐。伯，爵。休父，名也。皇父大將，故王親命休父副之，故令尹氏命之也。左右陳行，副中軍也。浦，水濱。使休父將前軍先行，循淮濱以覘徐土也。萬尚烈曰：淮在徐南，其勢相倚，此徐夷逃匿之所。王師自西北來，若惟直擣順攻，不爲東南壅截之計，彼將歷淮浮海而遁。故命將之初，即定策循淮浦以省之，使不得越淮南奔，即後所謂截彼淮浦者也。留，逗留。處，久處。三事，三卿之事。天子自將三卿居守，三卿從行：司馬掌戰伐，司徒比卒旅，司空平道塗、治營壘。《牧誓》曰嗟我友邦冢君，御事司徒、司馬、司空是也。兵貴相連，故戒以勿遲留久處，早如計行。比天子之來，而三事所掌，莫不就緒矣，所謂先人有奪人之心也。

赫赫業業音岳。有嚴天子。王舒保作，匪紹匪遊。徐方繹騷音搜。震驚徐方。如雷如霆，徐方震驚。

賦也。業業，敬也。嚴，威也。舒，從容意。保，安。作，行也。紹，緩也。繹，絡繹。騷，擾動也。承上言王命將已定，乃率衆親征。赫赫然、業業然，人皆畏敬，有嚴之天子矣。而王乃從容安行，非故爲遲緩，亦非遨遊自適也。蓋此行因徐方絡繹騷動，故親征以震驚之，豈必兼行疾馳哉？但王一親行，即如雷如霆，徐方已震驚矣。蓋徐方恃其險遠，不意王之親征，故聞風而已震驚。

王奮厥武，如震如怒。進厥虎臣，闞如虓虎。鋪敦淮濆，仍執醜虜。截彼淮浦，王師之所。

賦也。闞，勇貌。虓，虎之自怒。言將自忠奮，非激而怒之也。鋪，陳。敦，厚，厚其陳也。濆，厓。仍，就。截，堵也。言天子至淮，而徐猶不服，故震怒奮武，移師前進，爪牙之臣勇如怒虎，厚集其陳於淮濆，而時出奇兵以執其醜虜。天子又以王師居於淮浦，而截其去路，彼欲拒不能，欲奔不可，所以服也。前言由江漢以伐淮，截淮夷之後，此又截徐戎之後也。

王旅嘽嘽，如飛如翰，如江如漢，如山之苞，如川之流，緜緜翼翼，不測不克，濯征徐國。

賦也。嘽嘽，眾盛貌。翰，羽。苞，固。濯，洗也。凡戰陣之法，分合動靜，縱橫奇正而已。王師眾盛，當其分也，如飛如翰，兩翼竝張；及其合也，如江如漢，二水交會。時而靜也，如山之苞不可搖；時而動也，如川之流不可禦。縱而計之，緜緜相續不絶；横而觀之，翼翼比附不亂。當其用奇，變化無端不可測也；當其用正，紀律嚴明不可克也。用以洗徐方之汙染而征之，咸與維新，此爲正其不正也。

王猶允塞，徐方既來。徐方既同，天子之功。四方既平，徐方來庭。徐方不回，王曰還歸。

賦也。猶，謨也。允，信。塞，實。庭，朝。還歸，班師而歸也。承上言徐方服矣。而所以服徐者，則不專係乎戰也，由平日王之德政信實而無詐僞，徐方僻遠，早蓋未知，今見天子如此，遂來服而自同於諸侯。此天子之功，非武臣之力也。徐方服，則四方皆平。徐方來庭，徐方感於王猶之允塞，而革回邪之心也。天子初意，原欲服共心，而非黷武。徐方不回，王曰還歸，無多求矣。此則所謂正人之兵，所以爲常武者也。

《常武》六章。章八句。

宣王自將以平徐，而詩人美之。

附　解

徐伯，益之後也，而淪於東夷。一叛於三監流言之時，再叛於伯禽就封之日，穆王失馭，遂爾僭號。其負固可想矣。宣王以其屢服屢叛，故親征以威之。蓋夷性難馴，綏之以德，德立而不知恩，則生狎。臨之以威，威行而乃畏服，則施恩。王之初行也，即命大師敬戒，以惠南方，爲安民計，非爲耀武計也。其繼又從容而行，期於止其繹騷，但令震驚。朱氏善所謂先服其心者是也。徐既怵兵威，乃知天子平日以德懷柔，非不足於武者，而來同來庭，自不容後。詩人以爲此德威竝立，即馭制遠夷之道，故名之曰常武。而前人之説，尚未全也。

【眉批】中興與創業相似，所以必親征徐方也，非黷武之謂，愚于附解已詳。其敘用兵方略及王猶允塞，備極詳盡。行間有英鷙之氣，末終以和平之音，事業與文章均妙矣。

瞻卬昊天，則不我惠。孔填不寧，降此大厲。邦靡有定，士民其瘵。蟊賊蟊疾，靡有夷届。罪罟不收，靡有夷瘳。

賦也。填，久。厲，亂。瘵，病也。蟊賊，害苗之蟲。自外來曰賊，自内生曰疾。夷，平。屆，止。罟，網。瘳，愈也。言昊天不惠甚，久不寧矣。國政大亂，無一定之經。士民皆受其病，如穀之受害，有蟊賊焉，有蟊疾焉。內外交病，靡有平夷止極之期，如張網羅，以陷人於罪。而日夜不收，則民之病無有平愈之日矣。此章總冒下文。

人有土田，女反有之；人有民人，女覆奪之；此宜無罪，女反收之；彼宜有罪，女覆說之。

賦也。反，覆。收，拘。說，縱也，此乃入小人亂政殃民。言先王分人以土田，民人所以崇德報功也。必有其罪，然後褫之。今則人之土田，女無故而反有之，人之民人，女無故而反奪之。此宜無罪，女反收之，則善人無所容身；彼宜有罪，而女覆脫之，則惡人日益縱肆，此其所以大厲而爲士民瘵也。

哲夫成城，哲婦傾城，懿厥哲婦房以反，**爲梟爲鴟。婦有長舌，維厲之階。亂匪降自天，生自婦人。匪教匪誨，時維婦寺。**

賦也。哲，智也。城，猶國也。哲婦，蓋指褒姒。傾，顚覆。懿，美也。梟、鴟，惡鳥。長舌，多言也。階，梯。時，是也。寺人，奄人也。此乃申明蟊賊、蟊疾之事，言男子爲國家之主，故有智則可成城。若婦人陰干陽位，逞其私智，則足以傾城。今美其哲婦，以爲可用，而不知其爲梟、鴟。此婦長舌，能辯亂是非，維厲之階。然則亂匪降自天也，特生自婦人耳。夫婦人，何能亂國？彼固以夫君爲依歸者。乃不教誨之，而維婦寺之言爲是，是以得階亂也。寺人與婦人，常相倚爲奸，故及之。

鞫人忮忒，譖始竟背。豈曰不極？伊胡爲慝？如賈三倍，君子是識。婦無公事，休其蠶織。

賦也。鞫，窮。忮，害。忒，變也。譖，不信也。竟，終。背，反。極，至。慝，惡也。三倍，獲利之多。識，志同。公事，朝政。休，息也。承上言小人、婦寺，以其智辯，窮人其心，忮害變詐。既譖妄於前，至後而其言不驗，則又背其前說以自解。此其爲害，豈曰不極乎？而信任之者，則曰伊何能爲害？是以其黨益熾，競爲掊克之行，如賈收三倍之利。古君子有言，婦人無公事，今則休其蠶織而干預朝政矣。

天何以刺？何神不富方二反**？舍爾介狄，維予胥忌。不弔不祥，威儀不類。人之云亡，邦國殄瘁。**

賦也。刺，責。富，猶福也。介狄猶言大惡，蓋齒小人於狄也。胥，相。忌，害。弔，憫。殄，盡。瘁，病也。承上文而惕以天災，言神天庇民，今天何以責爾王？神何以不富爾王？因王舍爾爲大害之人，惟予胥忌，是以天不弔之，神不降祥。非天與神無恩，實由王威儀不類。現已賢士無人，邦國不久而將殄瘁矣，將奈何哉？

天之降罔，維其優矣。人之云亡，心之憂矣。天之降罔，維其幾矣。人之云

亡，心之悲矣。

賦也。罔，不正，謂小人也。幾，危也。承上言小人道長，君子道消。天降罔類甚多矣，正人安得不亡？我是以心憂，而不可解。天降罔甚危矣，正人已亡，勢安可久？我是以心悲，而無如之何！

觱沸檻泉，維其深矣。心之憂矣，寧自今矣。不自我先，不自我後音戶。**藐藐昊天，無不克鞏**音古。**無忝皇祖，式救爾後。**

興也。觱，沸湧貌。檻泉，水上出也。藐藐，遠貌。鞏，固也。以泉之日出，喻亂之日甚。不先不後，適當其時也。欲救不能，欲恝不忍，所以心憂。又言昊天雖遠，而神功不測。雖壞亂之極，無不能鞏固之者。苟能改過自新，無忝皇祖，則已往不諫，來猶可追。式救爾後，不至於殄瘁也。此作詩之本意。

《瞻卬》七章，三章章十句，四章章八句。

幽王嬖褒姒，任小人，忠臣被斥。爲此，詩以刺小人而冀王之改過弭亂焉。

附　解

《序》：刺幽王大壞。朱子亦曰刺幽王致亂。然詩一起即言天降大厲，次言人有土田、民人，女有且奪之，則爲指斥小人之詞顯然矣。三章承出哲婦，言小人由褒姒而進。四章言小人情狀，剝民罔利，褒姒内爲之主。五、六章仍歸到天降大厲，由小人得志、君子罹殃。則小人倚褒姒而專政，不特剝民，亦禍賢士。末章乃歎禍日益深，已遭其難，冀王法祖補救。曰女曰爾，皆謂小人也，何嘗明斥幽王而刺之？傳註誤會語氣，曲爲之說。又或以爲專刺褒姒，寺人帶說，皆非。玩舍爾、大狄二句，作者蓋已被斥去位，而猶冀王改過救亂，忠厚之至也。惟作詩者已去位，故此詩未嘗告王，而但私作以刺小人，且欲王聞之而感悟耳。

【眉批】指斥弊政，痛哭流涕，可謂切矣。玩其詞，豈宗戚老臣之作歟？不然，何言之直也。且王亦豈不罪譴之。屢言天以悚之，終以皇祖感之，冀之者深矣。

旻天疾威，天篤降喪。瘨我饑饉，民卒流亡。我居圉卒荒。

賦也。篤，厚。瘨，病。卒，盡也。居，國中。圉，邊陲也。言仁覆閔下，謂之旻天，今則疾威可畏，蓋天既厚，降我以喪亂，病我以饑饉。人民盡皆流亡，中國邊陲，莫不荒蕪，不知何以致此也。

天降罪罟，蟊賊内訌。昏椓靡共，潰潰回遹，實靖夷我邦博工反。

賦也。訌，潰也。昏椓，昏亂椓喪之人，謂刑餘也。共，恭同。潰，潰散，亂也。回，遹。邪，僻。靖，治。夷，平也。承言天所以降罪者，由於蟊賊自内而生。

小人昏椓，不共其職，而潰潰回遹，乃以之執政，欲其治平我邦，旻天安得不疾威？

皋皋訿訿，曾不知其玷。兢兢業業，孔塡不寧，我位孔貶。

賦也。皋皋，愚頑傲慢。訿訿，煩言讒謗。玷，缺也。塡，久也。承言小人潰潰回遹之實。小人皋皋訿訿，曾不自知其玷，而是己非人。兢兢業業，敬愼之流，甚久不寧矣。而我位亦加貶黜，蓋其毁正排賢若此。

如彼歲旱，草不潰茂，如彼棲苴《洪武正韻》：音阻。**我相此邦，無不潰止。**

賦也。潰，遂也。棲苴，水中浮草，棲於水上者，相，貌。潰，亂也。止，語詞。承上言君子無所容身，如彼歲旱，草不遂茂，如彼棲苴，枯槁無色。我視此邦，無不潰亂者，蓋小人甚多矣。

維昔之富不如時，維今之疚不如茲。彼疏斯粺，胡不自替？職兄斯引。

賦也。時，是。疚，病。疏，粗糲也。粺，精米。替，廢也。職，專主也。兄、況同。引，引用小人。承上言於此之時，君子貧而小人富，且受其害。昔時，朝臣亦有欲富者，不如今小人之甚。君子亦有受害者，不如今之病。譬諸禾稼，小人特疏與粺耳，何不自量早辭職？而况又引用小人於朝乎。

池之竭矣，不云自頻。泉之竭矣，不云自中。溥斯害矣，職兄斯弘，不烖我躬。

比而賦也。頻，當作濱，厓也。溥，廣弘，大也。池，水之所鍾也。其竭，必由外之無水，而今不自頻竭，喻禍由內生，指褒姒也。泉水之所發也，其竭由內之不出，而今不自中涸，喻禍由外生，指小人也。本內寵小人，互相爲害，反易其詞以言之，忠厚之旨也。現在害已溥矣，况若等專務，更益大爲害，有不害及我躬者乎？

昔先王受命，有如召公，日辟國百里，今也日蹙國百里。於乎哀哉！維今之人，不尚有舊音忌。

賦也。先王，謂宣王也。受命，謂中興。召公，謂召穆公也。爲宣王式辟疆里之事。蹙，促也。此乃陳先王用人之明效，以冀王之覺悟也。言昔先王受命中興，有如召公助王宣化，日辟國百里。曾幾何時，今也日蹙國百里乎？於乎哀哉，遺澤未遠，維今之人，不尚有舊臣如召公者乎？苟一旦起而用之，則依然中興之業也。奈何不然哉！不尚有舊。上文所謂兢兢業業之流是也。

《召旻》七章，五章章五句，二章章七句。

幽王棄賢用奸，饑饉喪亂。詩人憂傷而作此以悟王。

附　解

篇名《召旻》，朱子曰因其首章稱旻天，卒章稱召公，故曰《召旻》，以別於《小旻》是也。詩意與前篇大略相同，而此章指斥內寵小人互相固結，賢士無所容身尤切。觀我位孔貶、不裁我躬，亦忠臣被黜者作，而無顯刺幽王之語。終之以今人尙有舊臣，欲王替小人而用之，其忠厚與前篇類。末以召公爲言者，周家諸侯，各理疆土，原有易於跋扈之勢，全賴天子總禮樂征伐之權。召公佐宣王中興。觀《江漢》所咏之事，見公能承宣王之德，式辟四方疆里，至于南海，王因以中興。幽王若能任用賢臣，以撫諸侯，則雖嬖褒姒，猶不至大亂。故特言之日蹙國百里，以諸侯多畔悚之，忠臣不得已之苦心也。陳氏傅良曰：《周南》係於周公，《召南》係於召公，豈非化之盛者？必有待乎二公也。至於風之終係以《豳》，雅之終，係以《召旻》，豈非化之衰者？必有思乎二公也。其言夫子編詩之意自合。

【眉批】周家封建諸侯，各君其國，各子其民，惟賴天子有道，能主禮樂征伐之權，乃可賓服。幽王無道，諸侯背散，所以疆宇日蹙，而此詩所太息也。

《蕩》之什十一篇，九十二章，七百六十九句。

《大雅》之終，繫以幽、厲，而中多宣王中興之詩，蓋以文、武厚澤，不容遽斬。先之以厲國幾危而復興，繼之以幽亂彌甚而不滅，此以見文、武之澤之長。而當其昏亂，忠臣、賢士反復陳詞，冀以挽救，作人雅化，奕祺未艾，尤足以觀。此固聖人編詩之意，而不特以其詞莊嚴愷切乃繫之於《大雅》也。

詩經恒解卷之六 晚年定本　同門諸子參校

頌　四

頌，古容字，通用。《大序》曰：美盛德之形容，以其成功告於神明也。而考之此書，亦不盡然。周公當太平之後，制此以爲樂歌，頌先王、先公及羣神，歸美於神明先德。而其後遂相沿頌禱君親等，皆謂之頌。張老發、趙文子、成室亦曰善頌禱矣。故夫子以商、魯附焉。《周頌》三十一篇。鄭康成謂作於周公攝政，成王即位之初。蓋因《國語》時邁思文，爲周文公之頌。王褒云：周公詠文德而作《清廟》，故云然也。然今考其詞義，殊不盡然。則當各以本文斷之，而不必拘牽先儒之說。至列魯於頌，孔子所以思周公之德，文、武之功所以成也。次商於魯，所以明征誅之局，禪讓之德無以愧也。

周頌《清廟》之什四之一

於穆清廟。肅雝顯相，濟濟多士，秉文之德。對越在天，駿奔走在廟。不顯不承，無射於人斯。

賦也。於，歎詞。穆，深遠。清廟，賈逵曰：肅然清靜也。肅，敬。雝，和。顯，光明。相，助祭之公侯也。濟濟，美盛。多士，執事之人。秉，執。對，配。越，於也。駿，大而疾。不、丕同。承，尊奉也。射、斁同。斯，語詞。言於穆哉清廟，其助祭之公侯皆敬且和。而凡執事之多士，又無不秉文之德。其德之合，既可對越其在天之神，而其執事之敬，又駿奔走於在廟之際。所以然者，文德久而愈光明，故人心久而愈尊奉，無有厭射於人也。蓋神之靈，靈以德，德至而人心嚮之，非徒廟祀尊嚴也。然人之德不足以合神，則無亦以知神之盛。詩言文王之顯承，而先言肅雝秉德，所以發明文之德，在人人之德契，於文彌久而彌光，天人始終，一以貫之矣。

《清廟》一章八句。

周公奉成王朝諸侯於明堂，因率以祀文王之樂歌。

附　解

《序》謂周公既成洛邑，朝諸侯，率以祀文王。或曰成洛而奉成王見諸侯，宗祀文王於明堂，以配昊天、上帝。其說尤長。蓋詩意重美文王，止首句贊美《清廟》。下言今日之肅雝顯相、濟濟多士，莫非秉文之德，對越、駿奔，在天、在廟之靈，若或使之，以此見文之顯承人心。自然無射，是合萬國之歡心以祀其先人，明今日朝諸侯而將孝享，莫非文德之遠也。朱子引《書》烝祭歲謂公攝政之七年所作，此其歌之詞。然《書》云：周公誕保文、武受命，惟七年。非謂攝政之七年也。至烝祭在冬，歲舉之祭，亦非率諸侯祀文王。其《大傳》所言，周公升歌《清廟》，苟在廟中，嘗見文王者愀然，如復見文王，則此詩近之。此與下二篇皆同時之樂歌，故文義相承。後人離而爲三，其實如今三獻，各有歌詞也。

【眉批】廟中樂歌，主於頌揚先德，然亦未嘗不勉勵子孫之承先也。蓋周公制禮時所作，垂為典耳。

維天之命，於穆不已。於乎不顯，文王之德之純。假以溢我，我其收之。駿惠我文王，曾孫篤之。

賦也。天命，天理之主宰。於，歎詞。穆，深遠。不已，無息也。不顯，幽深意。純，不雜也。假，《春秋》傳作何。溢，《春秋》傳作恤。收，受也。駿，大。惠，順。篤，厚也。言維天以一理主宰萬物，即以一氣運化不窮。於哉穆而不已，於乎不顯文王之德亦然。其至誠無僞，至深不顯，而周於萬物之表，亦猶是也。今文雖沒，而其神在天。何以恤我？我其受之。惟體文之德，大順我文王，則文自溢我，其事在曾孫篤之而已。

《維天之命》一章，八句。

此章承上章，頌文德之純，而勉成王之法祖。與下本一章，後人析之耳。

附　解

上章止於穆句，贊其廟。下七句，皆就助祭者言，以見文德及人之遠。

然文德之實，未詳言也。此章承上而歎其純德。如天欲嗣王駿惠而益篤其慶，文義顯然相承，不得歧視也。至天命二字，先儒以命令言，亦通。然謂天與人以理似，析理與天而二之矣。天道無爲，理、氣自然運化。萬物皆天所生，而人獨得天、理、氣之全。此理乃天之所以爲天，如人之命依此而生，故曰天命。言天所以主宰萬物之理，穆然深遠而自然運化不窮。人秉此理，亦與天同。但有生以後，汩於質，逐於欲，便不全矣。文王盡性立命，仍全乎受中之本。然即如天之穆不顯德，在身心無可名言，至爲深遠。德造乎純，其穆亦如天。不顯字與上篇字不同者，上篇與不承連文，自當如《書》所云。讀此篇，與於穆對言，明是說德在身中，原是不顯者。故先以於乎歎詞，起言文王不顯之德，人不能窺見也。而其德之純，乃亦如天之穆。先儒以豈不顯詁此詩，而於不顯維德，又云借以爲幽深玄遠之意。以下文無聲無臭之喻，不能易其詞也。夫心性之理，安有顯而易盡者？聖人著於外者，不過言行動静，雖可觀德，豈能盡德之全。先儒避忌空玄之説，將聖人心性之功俱說向外邊，然無解於淵淵浩浩、江漢秋陽等義也。苟不明正之，天下人馳騖於外者無已。即檢攝於外者，亦不能詣中和之極，其禍豈淺鮮哉？

維清緝熙，文王之典。肇禋，迄用有成，維周之禎。

賦也。清，清明。緝。續。熙，明。肇，始。禋，祀。迄，終也。此總上二篇，言文德如是，故其清明緝熙、垂爲典則者，曾孫所當法其肇造。周室有此禋祀，苟子孫篤守勿替，久遠終有成功。是即周之禎祥矣。

《維清》一章，五句。

此承上二篇而終言篤之之事。

附　解

以上三詩，皆同時祭文之樂歌。《折衷》曰：《清廟》，初獻之樂。維天之命受嘏，維清送神。愚按其用雖次第不可考，而三篇文義相足，其爲一時之樂歌無疑。《序》以此章爲奏《象舞》。朱子曰詩中無《象舞》之意，最爲卓見。蓋文王雖有《象箾》《南籥》，然詩未及之，不得舍本文而别爲之解也。

列文辟公，錫茲祉福。惠我無疆，子孫保之。無對靡于爾邦博工反，維王其崇之。念兹戎功，繼序其皇之。無競維人，四方其訓或讀爲馴之。不顯維德，百辟其刑之。於乎！前王不忘。

賦也。烈，美也。辟，公，諸侯也。祉福，所止也。封，封殖。靡，奢侈也。王，謂先王。戎、皇，皆大也。無競，莫强也。言此烈文之辟公，今日來助祭事，使我獲福，則是諸侯錫此祉福。而惠我無疆，使我子孫保之也。我將何以報哉？亦惟願爾諸侯，念先王之靈，無封靡于爾邦，則先王當崇尚而福之。又念爾從前助定天下之大功，願爾子孫繼序而益大之。所以然者何也？莫强于人，爾能無封靡，則四方其訓之。莫隱于德，爾能常保戎功，則百辟其刑之要，必法前王而行。蓋我君臣相與保邦致治，受福無疆，皆前王之德也。今日對越，如在平日，亦何可忘乎？於乎，念念體先王可也。

《烈文》一章，十三句。

成王即政，諸侯來朝助祭，三獻尸後，主酌酒獻賓，歌此詩以美之。

附解

《序》曰成王即政，諸侯助祭。朱子謂詩中未見即政之意。然頌作于成、康之時，若成王即位，諸侯祭而無樂歌，則後當不復有之矣。且篇中詞義森嚴和婉，非周、召之徒莫能作。蓋成王時諸侯助祭之詩，而後遂以爲凡諸侯助祭之樂歌。朱公遷曰：賓三獻尸後，主人酌酒獻賓，歌烈文，《序》說非誤，毛、鄭之解之者誤也。或以爲成王祭宗廟，而獻助祭諸侯之樂歌，尤爲簡明。從之，義見頂批。

【眉批】諸侯助祭，□特效□□萬國之歡心以事其先人，孝之至也。故主人必有以酬之，以神惠惠之，以此詩奏而侑之。若先王式憑酬之者然，故列於頌而不列於雅也。

天作高山，大王荒之。彼作矣，文王康之。彼岨矣，岐有夷之行戶郎反。子孫保之。

賦也。天作，猶言天造地設。高山，謂岐山也。荒，治。康，安也。岨，險僻之意。夷，平。行，路也。言天作此高山，以待我周，而大王始荒之。既作之于前矣，而文王復安之。於是拔山通道，大畏小懷。彼岨險之岐山，其行皆成坦道。雖創自大王，而文王實成之。子孫其兢業保持，世世勿替也。

《天作》一章，七句。

此祭岐山之樂歌。

附解

《序》以爲祀先王、先公。然詩只有大王、文王，而無先公。朱子以爲祭大王，而遺文王。二者殊爲偏漏。自漢唐以下諸儒大抵皆從《序》説。然祭先王，何以獨言岐山？蓋周之王業，由大王還岐而始盛。文王益光大之。後得天下，於巡方祭嶽之外，更祭岐山，如今報祭長白山之類，作此以爲樂歌。《易》曰：王用享於岐山。即此詩可知矣。其竝及文王者，文王大王之孫，以德承祖，無意於求福，而子孫光大。成王，文之孫也。今以岐爲發祥之所，豈知大王非擇而居之？若非文王有德，豈及此乎？以此明子孫保之之意耳。

【眉批】王業發祥之所，必有望祭。祭必有樂歌。雖頌先王，尤望子孫之保之也。

昊天有成命，二后受之。成王不敢康，夙夜基命宥密。於緝熙，單厥心，肆其靖之。

賦也。成，定也。二后，文、武也。成王，名誦，武王之子也。基，積累於下，以承藉乎上者也。宥，宏深。密，靜密。於，歎詞。單，盡也。靖，安也。言昊天眷德，本有一定之命，二后能受之。而成王繼二后之烈，惟恐失墜，不敢康寧，夙夜基天命於宥密之中。於哉，其德繼續而光明，盡其心以承文、武。故遂安定天下，亦能受昊天之命也。

《昊天有成命》一章，七句。

此祀成王之樂歌。

附　解

《序》説郊祀天地。朱子從《國語》及歐陽公之言，斷以爲祀成王。無可疑者。成王世稱令主，其德人多不知。此詩實已發明至矣。惜罕有能識者。命者何？天之理，而我之所以爲德，宥密人身，太極之所也。天地之理氣，流行不息，而其主宰渾然。動而無動，靜而無靜，萬古不窮者，所謂上天之載也。人受天地之中以生，得天之命爲我之性。未生以前，渾然在中者，與天地同，故人性皆善。既生以後，氣質拘而七情擾，非復受中之本然。故必有復性之學，知宥密而基命於此，緝續而不已，光明而日新，單心不留一隙之疏，主靜立極之要盡矣。成王之德如是，則周公之教，而文、武聖學之的傳。世儒以宥密爲心而已，不知心在後天，不能純乎天性。養性者，退藏此心，止於其所。一念不生，萬象渾忘，至虚至靜，而中致矣。一或動而爲言行一切以禮準之，是則擴充，非則克治，此動察也、誠意也，即所以致和也。要惟靜存者有主，然後動察者無疏。靜者，動之本，而靜非强持此心也。養浩然之氣，必先有諸己而後充實光輝，化神以次，而幾基命宥密，至虛至靜，而浩然之氣生焉。故不動心，必由乎此。孔子之立與不惑，至不踰矩，其功皆自此。爲基緝也、熙也，則基命之久而理純，自然不息，性體虛明，自然光輝。然猶曰單厥心，何也？性，心之體；心，性之用。心純乎性，固已動靜皆天理矣。然虛靈之用，逐物而易遷，故曰人心惟危。純一之性，有感而易雜，故曰道心惟微。聖人於理，精且一矣。猶必允執其中，不以爲德，至而無煩。敬，愼也。單厥心者，動靜交養，務盡其心。夫文王之德，不過緝熙敬止，而成王亦如是，可不謂至德乎？三代以下，三教分門，只因不知宥密所在。即有知之者，亦不能循序深造，盡其始終本末之功。孔子曰：成性存存，道義之門。聖人洗心，退藏於密。《大學》曰至善，《中庸》曰天下大本，皆謂此也。曰元牝、丹鑪，曰性海、法竅，名稱甚多，無非以宥密爲天人所共，不敢名言，設爲譬喻。而儒者不察，以虛無清寂爲異端，不知其乃言存養之功耳。心不可以強制，必至虛而後寂。然無，則虛之至矣。至清而後理純，靜則清之極矣。夫豈謂人倫日用皆虛無擲之哉？聖人與天命合德，極於無聲無臭，亦不外此四字。故佛曰空，子曰屢空，言其虛明耳。道曰玄，言虛明之妙耳。誠者，實有此理於身，人所得於天曰德。天、地、人，止此一理，如路然，故曰道、曰性。人所以生之心曰仁，天地生生之理，而豈外此有他途哉？因僧、道怪妄，而咎歸佛、老。將因儒生不肖，而咎孔、孟乎？世俗相沿，以僞亂眞，至使人人所有之理，人人所能爲之事，視爲畏途。於是天、地、人合一之旨不明，安得不詳辨之？

【眉批】成王之德，略於《書》而詳於《詩》。此章尤為簡盡。

我將我享，維羊維牛音疑，**維天其右**音以之。**儀式刑文王之典，日靖四方。伊嘏文王，既右饗之。我其夙夜，畏天之威，于時保之。**

賦也。將，奉。享，獻。羊，實柴之羊也。《周禮·羊人》：凡祭，供其羊。牲是也。先柴而後獻，故羊先於牛。右，饌右。神位西而向東，故在饌右。儀，威儀。式，制度。刑，與型通，法也。伊，語詞。嘏，錫福也。言我有所將，享以祀上帝。所將維何？羊是也。所享維何，牛是也。天道高遠，或者降鑒而在饌右乎？夫天亦何所私於我也？我昔文王能代天以垂法，我今威儀制度一法文王之典，日以安靖四方爲念。伊錫福之文王，既在右而享我祭矣。天其獨棄我乎？然我雖冀天之享，實不敢妄期必於天，亦惟夙夜敬愼，畏天之威，于時保之，庶幾不悖文王，即不至獲罪于天也。

《我將》一章十句。

蓋季秋祀上帝于明堂，而配以文王之樂歌。

附　解

《孝經》曰郊祀后稷以配天，宗祀文王于明堂，以配上帝。所以發明德，莫大於孝。意其實，乃郊天而以后稷配，祀天于明堂而以文王配也。儒者倒其詞，謂此詩祀文王于明堂以配上帝。抑思詩首稱將享牛羊，維天其右之言。物薄而意微，未敢必天之降也。下文儀式刑文王云云，乃轉一解，言天昔日不棄文王，我今刑文之典，日靖四方。文王既享，想天亦必享我。然其冀天之享，不過愛天之誠，而敬畏則不敢懈。以此庶保天威，是其意專於享天，而藉文之德以邀天眷，是所以配以文王之故也。經義甚明，諸儒何用曲說？天地之氣機，一陽生於子而老於南。《河圖》所以天地定位，於此四時之氣，化生於東，而成於西。冬至，祀天於圜丘。一陽之始，生氣所胎，配以后稷，生之始也。稱天以其氣，言季秋祀帝于明堂，萬物所悅，成功之地，配以文王，德之成也。稱帝以其神，言古人祭祀，必有配享天地至尊，必以功德之配天地者配享之。其實，周公制禮之意，義主於敬天地，非徒誇耀其先人。否則，瀆天且誣其祖矣。諸儒之說多非。茲不悉辨。

【眉批】天，至尊也。惟聖人立德以承天，而天之功乃就。此所以祀天而以文王配也。然文王豈遂與天配哉！小心翼翼，昭事情上帝，文之德也。畏天之威，于時保之。子孫體文德以事天者也。

時邁其邦，昊天其子之，實右序有周。薄言震之，莫不震疊。懷柔百神，及河喬嶽。允王維后，明昭有周，式序在位。載戢干戈，載櫜弓矢。我求懿德，肆于時夏。允王保之。

賦也。時，巡狩之期。《書》曰：六年，五服一朝。又六年，王乃時巡。是也。邁，行也。邦，諸侯之國。右，尊也。尊之於諸侯之上。序，次也。次之於歷代帝王之列。震，動。疊，服。懷，來。柔，順。允，信也。在位，指凡有位者。載，語詞。戢，斂。櫜，韜。肆，陳布。夏，中夏也。言人君以時巡狩，遠至諸侯之國，代天布化，昊天其子之乎？天亦何私？惟能安民者，則子之。今天實右序有周，使天下人震動維新，天下固莫不震服矣。而予則益加寅畏，惟恐不當天意。故因巡狩而告祭，懷柔百神，及于河之深，嶽之喬，無不敬禮，庶乎信可以爲天下君乎？我明昭有周，奉天以治世。凡在位者，皆度德量能，式序之焉。而干戈弓矢，戢櫜不用，惟求懿德之人，布於中夏，以敷王化。祈神相之，庶乎信可以爲王，而爲百神所保乎？

《時邁》一章，十五句。

武王克商巡狩，祭告山川所作，而其後遂爲巡狩祭告之樂歌。

附 解

《春秋》傳曰：武王克商，作頌曰載戢干戈。而外傳亦以爲周文公之頌。詳味詩言，爲武王巡狩祭告山川之詩，無可疑者。而曰其子之允王維后、允王保之，皆自謙希冀之詞。蓋不敢謂天誠子之，神即保之也。天子，人神之主。愛民如子者，未有不敬天。巡狩，以周知下情，故時邁而冀昊天子之。天心眷屬，然後人心益固。故右序震之，天下斯莫不震疊，民安而神懷，乃無愧於后。其所以協乎神人者，則由以懿德式序，在位偃武修文也。此見武王所以得天下、治天下者，皆無愧於心，而兢兢惟恐不當天意，未嘗自詡也。後世創爲封禪之舉，黷天誇功，誕妄無禮，而託於聖經賢傳，其僭誣不亦甚乎？夫天子，奉天出治即已治已安，猶恐一夫不獲，盈滿爲災。堯舜三代，至治極隆，未嘗曰吾德已至無可議也。而陋儒乃謂大平功成，告成於天。援禮器因名山升中于天句爲證。夫升中之禮，即柴望之事，而豈必登泰山，禪梁父，玉檢金泥以誇功哉？天人一理，心理無愧，天自享之，奚俟登高而天始知？鄭、孔諸儒無識，貽誤後人。而諂臣媚子，從而附會之，可恨、可笑。至吕叔玉以《肆夏》即《時邁》，因有肆于時夏之語。然亦未見其必然也。

【眉批】山川百神，分司天之功化者，故首言昊天。右序乃所以得祭山川百神之故。偃武修文，以安海内，百神斯享之也，而豈徒求諸祀禱？

執競武王，無競維烈。不顯成康，上帝是皇。自彼成康，奄有四方，斤斤其明彌郎反。鍾鼓喤喤，磬筦將將，降福穰穰。降福簡簡，威[1]儀反反。既醉既飽，福祿來反。

賦也。執競，自强不息之意。烈，功也。不、丕同。皇，大也。斤斤，謹飭意。喤喤，聲和而大。將將，聲和而清。穰穰，多也。簡簡，大也。反反，猶翩翩安詳之意。來反，反覆而不窮也。言執競之武王，無與爭烈，而丕顯之成、康，克繼其緒，于上帝立君立師之意，益光而大之。自彼成、康，奄有四方，不敢以治安爲喜。敬慎小心，保其明察。今日入廟而將事。鍾鼓喤喤，磬筦將將，莫非成康守成太和之韻。

① 威，原本作成，恐誤，據下注文改爲威。

以此祔祖廟而凝天休，降福穰穰其多，且降福簡簡其大。助祭之臣，威儀反反，贊襄盛儀，既醉既飽，樂成、康之澤於無窮。以此福禄來反也。周制，七廟。親盡則祧，而文、武有世室，不祧。文、武，創業者也，成、康守成，德足以繼文、武。故有此樂歌以頌。

《執競》一章，十四句。

此祭成、康之樂歌。守成有令德，克紹武王，故頌之。以爲凡守成者勸。

附　解

《序》以爲祀武王。鄭、孔諸人從之。歐陽永叔始駮其謬，朱子從之，斷以爲祭武王、成王、康王。然合祭三王，于義無考。篇中再言成、康，意重其守成，有令德，克紹武王，以此享上帝而致福禄甚明。至吕叔玉以此詩爲《樊遏渠》，亦無以見其必然。蓋九夏之詞，皆不可考矣。而獨《肆夏》《樊遏渠》爲此章，及前後二詩，其名又異，安得輕信之？韋昭又以《遏》爲《韶夏》説，臆説也。

【眉批】文、武創業而成、康守成，其功德等也。凡祔于祖廟必祭，則必有樂歌。此詩蓋頌成康之樂歌。疑其後凡祔主則歌之，欲後王法成、康也。然而不可考矣。

思文后稷，克配彼天。立我烝民，莫匪爾極。貽我來牟，帝命率育，無此疆爾界，陳常于時夏。

賦也。思文，以敬慎之心，保文明之德，思所以作睿，睿所以作聖也。立，成立。人無食必死，故謂粒食爲立。極，至也。來，小麥。牟，大麥也。率，遍。育，養。陳，布。常，倫常也。言思文之后稷，克配彼天，立我烝民，其德至焉。天生民而欲養之，非有能輔相天者，不克全其功。后稷則辨五穀，而貽我來、牟。帝命率育斯人，無此疆爾界，皆得安養。然後陳布倫常之理于中夏。蓋養爲教本，五倫之道，非率育不全也。

《思文》一章，八句。

此祀后稷之樂歌。

附　解

《生民》之詩，陳后稷之事以告成王。此頌其德，祀以配天。文義顯然，故諸儒無異説。惟鄭《箋》謂立當作粒，未知立字之義。又歐陽公謂來、牟爲麥。他書無見，直毛、鄭二家臆説，王應麟辨之甚詳，當從王氏。至吕叔玉以此爲渠，或又謂即《納夏》，皆臆説。闕之。

【眉批】不祧之廟，其樂歌止頌其教稼一事，而不多陳其德。蓋古人之質實如此。

《清廟》之什十篇十章，九十五句。

周頌《臣工》之什四之二

嗟嗟臣工，敬爾在公。王釐爾成，來咨來茹。嗟嗟保介，維莫之春，亦又何求？如何新畬。於皇來牟，將受厥明。明昭上帝，迄用康年。命我衆人，庤乃錢鎛，奄觀銍艾。

賦也。嗟嗟，重歎以祈鑒也。臣工，羣臣百官。公，公所釐治也，《書》曰：允釐百工。成，成功。咨，訪問。茹，度也。保介，農官之屬。田二歲曰新。三歲曰畬。於，歎詞。皇，美也。來、牟，見上篇。明，上帝之明賜。迄，竟也。康年，猶豐年。衆人，甸徒也。庤，具也。錢，銚。鎛，鋤也，一作鎒。銍，鐮也。艾，穫也。歎息而言臣工，敬其在公，無敢荒豫者。王復親耕，以治其成，猶恐未得乎土，宜人情之利也。來咨于衆，來茹于己，其勤如此，豈有他求哉？嗟嗟保介之儔，勤動不恤。值兹春暮，亦又何求？但念新畬之田，初經墾治，未知所產如何耳？第即目前之象而論，於皇之來、牟，榮滋日盛，似將受厥明者。然未可必也。伏願明昭上帝，終賜我以康年。我將命我衆人，庤乃錢鎛，奄觀銍艾，期其必有獲也。

《臣工》一章，十五句。

王耕籍而祭先農之樂歌。

附　解

《序》謂諸侯助祭，天子遣之于廟。義甚迂曲，朱子以爲誤，而曰戒農官之詩。後儒謂戒農官，當列于雅，何次于頌？或以爲祭先農之詩，甚得其解。《國語》曰：農祥晨正，日月底于天廟。王乃使司徒咸戒公卿、百吏、庶民。司空除壇于籍，命農大夫咸戒農用。王即齋宫三日。及期，鬱人薦鬯，犧人薦醴。王祼鬯饗醴，乃耕籍。此則戒臣工而釐爾成之實事也。蓋先農始稼穡以和民者，天子述己君臣勤農之意，以告先農。庶幾鑒而相之，迄用康年。先儒不得其解，是以疑竇叢生也。

【眉批】臣工已經理勸農一切之務，而天子特治其成。然不敢以農事既修即有康年，故祀以求神相也，祈先農而推本于明昭上帝。上帝，群神之祖也。

噫嘻成王，既昭假爾。率時農夫，播厥百穀。駿發爾私，終三十里，亦服爾耕，十千維耦古音魚矩反。

賦也。噫，歎詞。獨舉成王者，康王將祈穀，卜于成王之廟也。昭，明也。假，與格通，至也。爾，農官。時，是。駿，大。發，耕也。私，私田。民忠於上，則曰雨我公田。君惠其民，則曰駿發爾私。見成王之愛民。方里而井，三十里極言其廣。萬，盈數也。十千維耦，極言其多，不可拘泥。耦，二人竝耕也。康王卜郊，受命于祖廟，作龜于禰宫。龜卜既從，而作此樂歌。曰噫嘻成王，既昭格而許爾矣。當率時農夫，播厥百穀。不特籍田，公田爲急。當及時駿發爾之私田，終三十里之廣，亦服爾耕。十千維耦，并力齊心，無有棄地，庶乎不虚神惠。葢既祈於上，又恐農疏於業，故奏此樂歌以勖之。

《噫嘻》一章，八句。

康王卜郊，作龜于禰宫，而述己祈穀之意，作此樂歌。

附解

《序》謂春夏祈穀于上帝。歷代諸儒遵之。朱子以爲誤，而目爲戒農官之詩。然時列于頌，則樂歌耳。非以詩戒農官也。本朝欽定《折衷》，援《禮記》：卜郊，受命于祖廟，作龜于禰宫。及《春秋》傳孟獻子之言，啓蟄而郊，郊而後耕。謂康王作龜于禰宫，作此。良是。葢郊有二：日至之郊不卜，祈穀之郊則卜。《春秋·襄公七年》：卜郊，不從。孟獻子曰：既耕而郊，宜其不從也。即此詩之事，康王卜郊，受命成王之廟。卜之而從，故作此以頌，竝諭臣工，明神惠必需人工，當及時爲之，被諸管弦。凡祈穀，即奏之也。

【眉批】祈穀禮終，歌此以頌神惠，而為欣喜慰籍之詞，亦以勸也。

振鷺于飛，于彼西雝。我客戾止，亦有斯容。在彼無惡，在此無斁。庶幾夙夜音豫，以永終譽。

興也。振，戛其羽。鷺，白鳥。雝，辟雝。在西郊，故曰西雝，即所謂澤宫也。客，微子賓主。戾止，來燕于澤宫。斯，指鷺也。彼，微子在之國。斁，厭也。言振鷺于飛，于彼西雝，以潔白之姿，親文明之澤。我客戾止，亦有斯容。葢其志行之修潔，不自今始矣。其在彼國，則人安其化，無惡之者。其在此，則人敬其德，無厭斁之者。尚冀永修厥德，庶幾夙夜弗懈，以永終其名譽。美而戒之也。殷尚白，故以鷺喻。

《振鷺》一章，八句。

微子來助祭而燕于澤宫，奏此樂歌以美之。

附解

《序》曰二王之後來助祭。諸儒無異詞，惟取興西雝，不得其解。李安溪謂初立學宫，祭樂祖瞽宗之樂章。我客，謂來學之士。然以學者爲客，究於義不協。按辟雝即西雝，無可疑者。《記》曰：天子設四學，辟雝即成均也。東膠即東序也。瞽宗即右學也。周之學，成均在中，其左東序，其右瞽宗，爲太學。虞庠在國之西郊，爲小學。國老養於太學，庶老養於小學。《記》曰：天子視學，命有司行事祭先聖、先師焉。卒事，遂適東序。設三老、五更之席。夫天子視學，則成均也。命有司行事祭先聖、先師，即祀先賢於西學，所謂祭於瞽宗也。卒事，適東序，設三老、五更之席，即養國老於東膠，所謂視三老、五更於太學也。天子將祭，選射於澤宫。中多者得與於祭，中少者不得與於祭。此蓋微子來朝，適逢祭期，隆以賓禮。不在選射之例，故作此樂歌，燕而頌之。以振鷺爲比，殷尚白也。非二王之後，皆來畿外。諸侯無必來助祭之禮，諸儒謂來助祭，未嘗大非。而李氏竟以爲祭於瞽宗，則無以證其禮之必然。韓文公《學官》詩，亦用振鷺。朱子亦以西雝爲澤宫。蓋皆心儀其然，特未悟二王之後，所以特燕于此之故。朱子曰：看此文意，都無告神之語，恐是獻助祭之臣。不知燕于澤宫，雖爲祭而設，然猶未逮事神，故不及告神語。二王之後，助祭未必二國恰逢祭日。東樓公之賢，無所考。詩言無惡、無射、終譽，是本有德而有譽，故勉以終譽，非微子不可以當。以振鷺之雍容潔白喻其容，爲殷尚白，故自當指宋公也。《禮記》曰：客出以雍，徹以振羽。即此詩，可想見此亦樂歌也。故列于頌。

【眉批】二王之後，降以賓禮。於其來助祭也必特燕之，此詩及《有客》是。而微子尤賢，夫子錄此以見之。

豐年多黍多稌，亦有高廩。萬億及秭，爲酒爲醴，烝畀祖妣，以洽百禮，降福孔皆。

賦也。稌，稻也。黍宜高而喜晴，稌宜下而喜雨。黍、稌皆多，是雨暘時，若高下皆收也。藏粟曰倉，藏米曰廩。高廩，富室也。十千曰萬，十萬曰億，穀之數也。陳粟曰秭，新穀繼陳穀而藏之，所謂餘一餘三，陳陳相因也。藏穀既多，不止爲食，并爲酒醴。烝，進。畀，予也。洽百禮，百禮俱需酒食，以和合之也。皆，遍也。百禮既洽，則神之降福甚遍也。盛稱豐年之美，以頌神惠，是所以索祭而報饗之也。

《豐年》一章，七句。

此秋冬報祭之樂章。

附　解

《序》謂秋冬報也。王安石以爲祭上帝。陳祥道、吕東萊謂秋報爲大享明堂。曹粹中謂秋冬大饗及祭四方八蜡、天地百神，無所不報，同歌是詩。朱子定爲報賽田事之樂歌。蓋指田祖、先農、方社之屬。然詳觀此詩，言饗祖考，洽羣神，百禮咸備。考《祀典》，秋冬大享于明堂。上自天地，下至方蜡，靡祀不舉，則曹說爲甚優矣。《國語》觀射父曰：日月會於龍𧱏，土氣含收，天明昌作，百嘉備合，羣神頻行。國於是乎烝嘗，家於是乎嘗祀，百姓夫婦從其時享，昭祀先祖，合其州鄉朋友婚姻，比爾兄弟親戚，於是乎彌其百苛，姤其讒慝，合其嘉好。上所以教民虔也，下所以昭事上也。其即此詩之意歟？

【眉批】報享神功，以烝祖妣。洽百禮為幸，非自喜溫飽而已也。

有瞽有瞽，在周之庭。設業設虡，崇牙樹羽。應田縣鼓，鞉磬柷圉。既備乃奏，簫管備舉。喤喤厥聲，肅雝和鳴，先祖是聽。我客戾止，永觀厥成。

賦也。瞽，樂官，無目者也。再言有瞽，非一人也。言周庭者，合六代之樂。樂官各有所專肄，猶先代之瞽，亦在周庭也。業、虡、崇、牙，見《靈臺》篇。樹羽，置五采之羽于崇牙之上，周制也。應，小鼓。田，大鼓。縣，懸之也。縣鼓亦周制。鞉，如鼓而小，有柄，兩耳，持其柄而搖之，則兩耳自擊。磬，石磬。柷，狀如漆桶，以木爲之。中有椎，連底挏之，令左右擊，以起樂者也。圉，亦作敔，狀如伏虎，背有二十七鉏鋙，刻以木，長尺，擽之以止樂。簫，編小竹管爲之。管，如篴，併兩而吹之者也。喤喤，聲大。肅，敬。雝，和也。和鳴，相應也。我客，二王之後及諸侯助祭者。成，樂之一成也。此詩該樂之全節而言。始言有瞽升歌之人也，諸樂器及簫、管、笙入之具也。肅雝和鳴，先祖是聽。堂上、堂下備舉也。永觀厥成，合樂而舞亦入，故曰觀也。成，則六成、九成之成，樂之終也。我客多先代神明之後。崇德象賢，同觀厥成，以是明和神人而格上下也。

《有瞽》一章，十三句。

《序》曰：始作樂而合乎祖。蓋周公合前代之樂，與《大武》竝行，而爲此樂歌，以祀先王也。

附　解

上天之載無聲臭，而一元之理氣著爲萬物，聲臭即寓焉。自人心多變幻，失其至中至正之本原，而形質所梏，聲臭亦雜。聖人中和位育，衹是天命之性全備於身。故存諸中者，渾然粹然，即發於外者，亦無偏駁。樂之作也，豈非以其德盛而化神自然？現於歌舞者，皆天機之洋溢哉？《易象》：雷出地，奮爲《豫》。夫子曰：先王作樂崇德，殷薦之上帝以配祖考。一元之氣，蘊於坤元。蓄之者深，斯發之者大。而由《復》至《泰》，天地和平矣。至《大莊》，而雷始作。聖人仁育義正，萬物得所矣。又加以涵濡薰陶，迄乎人心，習於中正，太和成焉。乃作樂崇德以事天，祖天地，止此中和之極。聖人與天地同德，無毫髮之念，不合乎天。故聲臭潛孚，而祖考尤聲臭之一貫者也。周自公劉以來，聖人迭起，仁恩覃敷，至文、武而和氣翔洽。周公制作，合前代之樂，與《大武》竝用，以事神化民。而又作爲樂歌，俾人由其辭知其義，踐其義，諧乎聲。內有以養其中和，外不至戾於禮法。較前代獨用一樂者不同。雖先代之樂，亦所用有時不一。而此詩則初作樂，既成，合而歌之於祖廟，非第云合樂之器數而已。惟周公知樂，必有聖人之德，而後可享帝、享親。自黃帝、堯、舜迄文、武，又皆聖人而爲天子。凡樂之所以通乎天地神明，洽於人心物類者，無弗備焉。故合六代之樂以垂教後世，而且爲此樂歌以誌。惜乎！聖學失傳，聖樂亦湮，而樂之薦上帝配祖考者，人多昧昧矣。噫！

【眉批】樂以和神人而格上下。言薦于祖廟，不敢奢言功德也。故但言眾音皆備，先祖可以是聽，我客可以觀成。而當時和平之治，則讀者可于言外得之矣。

猗與漆沮，潛有多魚。有鱣有鮪，鰷鱨鰋鯉，以享以祀，以介景福方墨反。

賦也。猗與，歎詞。漆、沮，岐周二水名。大王所居於此，取魚不忘本也。潛，藏之深也。鱣，鮪類。鰷，白鯈也。鱨，鰷類。鰋，鮎也，鯉類。《白虎通》曰：天子不親取魚，薦廟乃親行取魚，有其時，有其制。魚，食物之美者，故時薦必用之。而漆、沮又發祥之地，魚備有之。以此明今日庶物繁昌，皆先人功德所遺。以之享，以之祀，皆可以介福。而民安物阜之政，可想矣。

《潛》一章，六句。

時薦，禮也。薦必有樂，樂必有歌。薦魚，其一端也。夫子存此，以爲薦禮之法。

附解

聖人事亡如事存，既制爲祭祀之禮矣，而又有隨時薦新之典，顧粢盛而外，且及物命。惟聖人有德於民，民享樂利物，亦不傷胎卵等。患其生時功德甚厚，其沒後遺惠尤多，故子孫思其嗜好，以此薦之。尋常人薦新，則但思慕之忱，即物以將仁孝之至，聖人亦不禁之，而取之有節、有時，用之有禮，非可藉事先爲詞，屠害物命而不惜也。夫子曰：伐一樹，殺一獸，不以其時，非孝。釣不網，弋不射宿，曷嘗教人戕生恣欲哉？魚游于淵，本無害於人，以其爲飲食之需，故必薦之。然茍盡取、多取、常常取，非禮也。故夫子編詩，存此篇以爲凡取物薦祭者之法。《月令》：季冬薦魚，春薦鮪。解之者曰：冬則魚肥。鮪岫居，至春始出，味美故薦。其説亦是。但考之《詩》、《禮》，不盡然。古人隨時薦新。凡物新得，即思父母、先人，不必定以其時。《月令》：漢人所輯，以時教人。亦一法而不可盡拘也。凡禽獸，古人食祭皆用之。而鳥飛魚潛，尤物之無害人者，安得以口腹而苛取之？故夫子釣弋，門人記以爲則。若牛、犬、豕、羊祭則特畜之，食則牛非耕牛，犬非守犬，豕必五十，始恒用。他物之不甚益於生命者，即不食矣。今人毀放生戒殺之説，不知聖人之意，故詳論之。

【眉批】魚第取之漆、沮，以為先王之遺也。天子未薦魚，不敢先嘗，而士庶可知。當時阜成育物之治可想，故以為可介景福也。不然，一薦魚而遂希福祿哉！

有來雝雝，至止肅肅。相維辟公，天子穆穆。於薦廣牡，相予肆祀。假哉皇考！綏予孝子。宣哲維人，文武維後古音戶。**燕及皇天，克昌厥後**音戶。**綏我眉壽，介以繁祉。既右烈考，亦右文母**滿以反。

賦也。有來，言凡有來者，皆雝雝，以該其餘也。雝雝，和也。肅肅，敬也。相，助祭也。辟公，諸侯。穆穆，天子之容也。於，歎詞。廣牡，大牲也。肆，陳。假，大。皇考，武王也。綏，安也。孝子，成王自謂。言武王綏己，以已成之業，使得盡承先之孝也。宣，布。哲，明。宣哲維人，宣布明德，惟賢人也。文，文德。武，武功。燕，安也。右，尊享之也。烈考，文王。文母，大姒也。言來雝雝，而止肅肅，辟公之助祭者皆然，天子則但穆穆，以交于神明而已。此雝雝、肅肅之倫，於哉而薦廣牡，相子肆祀，孰致之哉？蓋由大哉之皇考，安定天下，選建賢能，綏子小子，得以凝承，稍盡其孝思。今日雝肅之辟公，皆昔時遺留之忠賢也。國家宣布明德，惟賴賢人。而皇考文德、武功兼美，故遂燕及皇天，克昌厥後。今日在天之靈如在，既綏我以眉壽，又介我以繁祉，使我得右享烈考，亦右文母。然則皇考之德，一文王之德。而我今日之得告，無愧于文王，皆皇考之教也。蓋不敢遽謂能享文王，故歸功於其考焉。

《雝》一章，十六句。

成王祭于文、武而徹饌之樂歌。

附　解

《序》曰禘大祖也。箋、疏以爲成王禘祭文王。大祖即文王。毛萇以烈考爲武王，鄭康成以皇考爲文王。王安石以皇考爲武王，烈考爲文王。吕祖謙以周王天下，得行禘禮於大祖者，皆文王、武王之功，故作此歌以告大祖。是嚳與后稷俱在所告之中，葢皆以爲禘祭也。至朱子以禘所自出，則經無嚳與后稷之意。以吉禘于文王則與《序》已不協，恐屬《序》誤，改爲武王祭文王之詩，其不從禘祭之說是也。而禘于文王，皇考目文王，孝子目武王。又以烈考爲武王，與文母竝稱，文義不順。且謂武王祭文王，則皇考、綏子，宜直貫下八句。而又曰：既右烈考，亦右文母。虛實字義，皆爲觸背。或以爲成王祭文、武之詩，核之詞理，乃爲妥協。然竝祭文、武，而多言武王之德，人猶疑之。不知周稱文、武，昔稱唐、虞、堯、舜合德而成時雍，文、武合德而成郅治。文王服事，武王克商，疑其若不相合。而夫子美其繼述恒言，竝稱文、武，以文、武道同、德同也。武王光有天下，文德賴以昭明。成王蒙業守成，得以右烈考與文母。不敢竟以己爲能享文王，而盛稱皇考綏予。以此頌其父，即以此頌其祖。人子之道，立言之體當然。先儒不明大理，多生枝說，致本文承接不順，安可弗辨？《周禮·樂師》：及《徹》，帥學士而歌。《徹》，鄭康成以爲即此詩。以《論語》，以雍徹推之，理或有然。姚氏謂徹非祭名，譏《周禮》之謬。然《周禮》言徹與《語》言徹，衹是云徹饌，非謂祭名，何得妄議？至昌不避文王之諱，蘇子由曰：周所謂諱，不以其名號之耳。不遂廢其文也。李氏樗曰：穆王名滿，襄王名鄭。當時，有王孫滿、衛侯鄭。孔子作《春秋》，匡王名班，而《書》曹伯班。此詩克昌厥後、《噫嘻》駿發爾私，皆未嘗諱，其說亦是。然不聞廟中不諱乎？此詩在成王時，周公作樂，即作樂歌，豈當諱而不諱之耶？

【眉批】頌文武之功德，而始以助祭之賢，歸于燕及皇天。蓋不以介祉為易事也。其詞皆已事之詞，故為徹歌。

載見辟王，曰求厥章。龍旂陽陽，和鈴央央。鞗革有鶬，休有烈光。率見昭考，以孝以享。以介眉壽，永言保之，思皇多祜。烈文辟公，綏以多福，俾緝熙于純嘏。

賦也。載，始也。辟，王，成王。章，法度也。交龍曰旂。陽陽，色明也。軾首曰和，旂上曰鈴。央央，聲和也。鞗革，轡首。有鶬，金飾也。休，美也。昭考，武王。皇，大也，美也。祜，福也。言諸侯來朝天子，述職求章。其車服之盛休哉，足爲光于王國。天子於是率以見于昭考，以致孝享祈先王之靈，介諸侯以眉壽，永保君臣之盛，大集多祜。而烈文辟公，亦當思先王之明德，益懋贊襄，綏我以多福，俾緝續光明于純嘏。蓋重以先王之靈，勖以恪共之誼，典隆而意謙矣。

《載見》一章，十四句。

諸侯來朝，成王率以見于武廟而作。

附　解

《序》曰始見乎武王之廟也。毛氏訓載爲始。朱子以載爲語詞，謂毛解未必然。然諸儒多從毛氏。《折衷》言：成王免喪，諸侯來朝，成王率以祀武王，義爲至允。《記》曰：古者，明君爵有德，而祿有功，必告于大廟，示不敢專，以尊先也。諸侯述職來朝，成王率以見于武王，一以明耆定之烈，一以明丕承之恭。而重以先王，美其綏福，所以震疊懷柔之意，皆在其中。毛氏之説，固優于朱子，而《折衷》發明，尤曲盡也。

【眉批】諸侯享禮必于廟，而天子燕饗諸侯則不然。然以此詩之意觀之，似天子于諸侯朝已，而率以超廟事亡如存其君臣上下一禮。嚴敬之意可想，特其禮不可考矣。

有客有客，亦白其馬音姥。有萋有且，敦琢其旅。有客宿宿，有客信信。言授之縶，以縶其馬見上。薄言追之，左右綏之。既有淫威，降福孔夷。

賦也。客，微子也。作賓王家，故曰客。重言有客，鄭重之也。亦白，殷尚白，微子修其禮物，不特冠裳皆白，馬亦白也。萋，盛也，如草之盛且多也。《韓奕》曰：籩豆有且。敦琢，治玉之名。旅，其卿大夫從行者。言其才美如玉也。一宿曰宿，再宿曰信。縶其馬，固留之也。追之，送之也。綏，安也。左右綏之，衛送左右無方也。淫，大也。威，威望。言其平日德行有大威望。夷，平也，平安之意。微子來朝，天子以賓禮之燕于廟，而作此樂歌美之。致其愛敬，祝以降福，與凡諸侯不同。夫子存之，以見武王代商，一秉至公，無我之心。而微子受封，延成湯之禮樂宗祀，非靦顏而事人者可比也。

《有客》一章，十二句。

微子來朝天子，告于廟而享之，作此詩以頌也。

附　解

紂爲無道，天下叛之。紂皇遽自焚，非武王迫之。天下推戴武王，武王不從，天下必亂。湯祀斬而生民殃，故不得已順人以安天下。武庚既無君德，而天下諸侯厭紂已深，即武王强立，武庚諸侯亦必不服，且將乘釁爭亂。故夫子以爲應天順人，既代商而修復成湯之政。《書》曰：反商政。政由舊。蓋湯之政，即堯、舜禹相傳之道。修其道以安民，聖人之心所同，非如後世以爲榮也。天下已定，復封武庚于殷，使之仍守舊疆，無替典物，此足見武王至公之心。使三叔爲監，如舜使吏治其國。且徐徐化導之，非監制之也。天子使其大夫爲三監，監於諸侯之國。國三人，本古制。不意三叔不肖，不能知武王之意。武庚頑劣，同歸澌滅。微子初本行遯，武庚既喪，周乃求得之以承殷後。微、箕，皆大賢也。非有以灼見武王至仁至公之心，安肯受其封爵？此詩美其儀從，致其流連，喜其降福，皆循環諷咏，實有欣幸無已之誠。足見周與微子，皆肫然在天理融洽中。舊謂微子來見祖廟而作，然武王封微子于宋，待以賓禮。其始封之時，蓋已告廟。此當是成王初立，復來朝見天子，告于廟而享之，爲此詩以頌也。古享禮必于廟，天子于諸侯，不盡然。惟二王之後，以賓禮待，則告于廟而享之，理所必有。此詩所以列于頌而不列于雅也，舊以萋、且爲言享禮，淫威爲言紂膺天罰。然自言享禮之盛，面斥微子先君之惡，皆非聖人所爲。故特正之也。

【眉批】喜其來而惜其去，不言其德而美從者，皆虛處著筆，愛慕無窮之意。

於皇武王，無競維烈。允文文王，克開厥後。嗣武受之，勝殷遏劉，耆定爾功。

賦也。於，歎詞。皇，大也。允文，信乎其有文德。勝殷以德，止其暴，非爲兵伐之也。遏，止。劉，殺也。武王應天順人，以止天下之暴掠。耆，鄭康成曰：老也。爾，語詞。言大哉武王，其功烈莫與爭者。蓋文德之文王，克開厥後，武王嗣之，用以德止暴，而定亂。年老而後成此功，未嘗汲汲于代殷也。美武而本于文，明武德一文德也。

《武》一章，七句。

周公象武王之功，爲《大武》之樂，此其樂歌也。

附　解

何氏楷曰：聲以節舞。唐賈氏謂：詩爲樂章，與舞人爲節是也。《春秋》傳曰：武王克商，作頌。其卒章曰耆定爾功。蓋謂因克商而作此詩，非謂武王自作也。武王沒，周公定制作，乃作此詩，爲《大武》之樂。其以此爲武之卒章，《賚》爲武之三，《桓》爲武之六，與前人言者異。朱子以爲，今之篇次，非舊是也。武王克商，無一毫私利之見，宋儒亦未能知。愚已屢言，前篇亦已詳之，要以夫子應天順人。及言湯放桀，武王克紂時也，信之竝非臆測。耆字，毛曰致。鄭曰老，鄭義爲長。言武王嗣文之德，因遏劉而後應天順人，已在暮年，與《中庸》所謂末受命合，且足見武王代商，述文之心，未嘗汲汲于利天下也。或曰武王旣非以力克商，何以謚武？而樂又名《武》。不知武之爲字，義取止戈，蓋以止亂爲武，非以殺伐爲武。文王六州歸化而安服事，紂惡不悛，天下苦其暴而畔之。因平日戴周，推戴武王，人心也，即天心在焉。武王若不應而順之，諸侯必互相雄長，紂亦必亡，湯祀必斬，惟不得已而順之。湯之政、湯之裔，皆不墜，而天下乂安，民心大定。此非常功德，所以無慚於堯、舜。而孔、孟皆恒以堯、舜、文、武竝稱也。奈何不信孔、孟，而信先儒？

【眉批】文服事而武剪商，《詩》《書》明言，其無二，而儒者猶多疑之。愚于《論》《孟》及《詩》注屢辨之。此詩亦足見一班〔斑〕也。

臣工之什十篇，十章，一百六句。

周頌《閔予小子》之什四之三

閔予小子，遭家不造，嬛嬛在疚音几。於乎皇考，永世克孝。念茲皇祖，陟降庭止。維予小子，夙夜敬止。於乎皇王。繼序思不亡[①]。

賦也。閔，與愍同，傷也。予小子，成王自謂。造，成也。嬛，與煢同，無所依怙之意。疚，哀病也。皇考，武王。永世，終身也。皇祖，文王也。陟降庭止，常若降臨于庭。止，語詞。皇、王，兼指文、武也。序，緒也。言傷予小子，遭家不造而居憂。今雖免喪，煢煢常在疚也。每念皇考，終身盡孝，惟皇祖之道是遵。小子今將繼皇考而致治，亦惟遵皇祖以無忝。念茲皇祖神明在天，常如陟降于庭。維予小子夙夜敬止，以體先人。於乎皇王，繼其序而常思不忘，尚冀有以默相之也。

《閔予小子》一章，十一句。

成王免喪，始朝先王之廟，作以自警。黃氏櫄曰：成王之時，王業已成，而詩有慄然危懼之詞。蓋治常生于戒愼，亂常起于驕盈，故天下雖有泰山之安，而聖人常以累卵爲心，此其所以保治于無窮也。《大誥》曰：予維小子，若涉淵水。又曰：予造

① 亡，阮元《十三經注疏》本作忘。

天役，遺大投艱于朕身。皆此詩之意也。

【眉批】告廟樂章有先王所已定者，有時王新製者。子孫傳之，而夫子錄其義可取者，此二詩之所以作于成王而列于頌也。二詩皆見得成王兢業紹述之意。

訪予落止，率時昭考。於乎悠哉，朕未有艾。將予就之，繼猶判渙。維予小子，未堪家多難。紹庭上下音戶，陟降厥家。休矣皇考，以保明其身。

賦也。訪，問。落，始也。止，語助辭。悠，遠。艾，治也。自治其咎，《孟子》曰自怨自艾。將，扶持意。判，渙。分，散也。多難，猶多故，謂武庚之事也。庭、家，互文，言紹述武王于庭與家，常若自上而下，陟降在旁也。休，美也。保明，佑之使明也。言今日之事變，予將圖治，於何而始乎？亦維率是昭考而已。歎昭考之德甚遠，朕奈未有自艾之實。即扶持使就之，繼猶不免判渙也，故今昭考已定之業，而予薄德致生他變。維予小子未堪家多難，尚冀皇考之靈有以相之。我紹于庭，皇考或自上而下之；我在于家，皇考或陟降而憑之。休矣皇考，庶有以保其身而使免愚闇也。

《訪落》一章，十二句。

蓋武庚不靖，成王將討之而告廟之詞，亦樂歌也。

附　解

《序》曰嗣王謀于廟。謀廟無著，朱子曰：成王既朝于廟，因作此詩以道延訪羣臣之意。蓋泥於訪落二字也。然詩特設爲問語發端，又摘取訪落二字名篇，初無他意。夫延訪羣臣，何必定于廟中？且延訪于人，乃反曰訪予耶？蓋武庚之亂，成王命周公討之，必告廟而行。故以此祈祀武王，言己不能繼武王之志。不早自艾，反躬自咎，祈武王保之。落，始也，謂圖治之始，此亦樂歌。古人告神，必以其詞被之管絃否，或歌詩以寓意，此以告廟，故爲樂歌。不然，上篇閔予小子，已是免喪。朝廟之作，不應重出。如愚所言，乃于章句悉有著落，非故異于前人，不敢屈經而從傳也。或謂周公代作，然《書》有《大誥》，則此詩爲成王作亦宜。

【眉批】武王已定之業，而成王成之。《書》言肯構肯堂，即率時昭考之意。問予何以圖？始成先人之業。蓋兢兢以不克，負茍為懼也。首句誤解，并通章神理皆非。

敬之敬之，天維顯思，命不易哉！無曰高高在上，陟降厥士，日監在茲。維予小子，不聰敬止。日就月將，學有緝熙于光明彌郎反。佛時仔肩，示我顯德行戶郎反。

賦也。重言敬之無息，而不敬也。顯，明也。思，語詞。命，天理之主宰。厥士，凡爲民。監，視也。小子，成王自謂。不聰敬，不明察。止，語詞。將，行也。緝熙，接續而明。佛，捩也，關捩轉移。時，是也，指上文不聰而言。佛時，言轉是不聰之質也。仔肩，任也。言敬之敬之，天至顯明，受天之命，至不易哉。勿言天之高遠，日日鑒此下民，如陟降之。予小子不聰，亦惟遵敬止之學。日就月將，庶有緝熙之光明。冀天轉移，是不聰之質。仔肩天下重任，惟祈示我以顯德，行不墜文王之緒而已。

《敬之》一章，十二句。

成王親政，初祀天地而作此樂歌以自警。

附解

《序》曰羣臣進戒。嗣王則不當列於頌，朱子曰：成王受羣臣之戒而述其言，又自爲答之之言，一詩也。述人言又自爲答之之言，於義欠協。不知此成王親政之後，於周公戒王皇自敬德，召公戒王疾敬德等語，已是身體力行，卓然有得。因郊天祀地，自作樂歌以祈天眷而自警也。或疑祈 天眷佑，詩中何以無祈佑語？不知聖人事天如事親，惟體天理以修身及人。天與人止此一理，全天之理，即與天通。文王帝懷明德，孔子知我其天，皆此意也。但常人敬天，不過念念克己凜臨，保相在之義。至天子得祀天，代天理物，必有天地之心、天地之道，始可以事天。而爲人神之主，成王得文、武的傳，基命宥密，學已至於緝熙之候，故此詩重言敬之。先言天日監於人，已不能聰如文王可通於帝謂而體先人敬止之學。日有所就，月有所將，庶緝熙於光明？以此捩其不聰之質，以是仔肩大任，尚冀上天示我以光顯德行之應。其詞義顯然。對天稱予小子，曰示我。非第求言於臣下也。天無私覆，人主欲當天意，豈徒工祈禱可得？以敬德自勵，德修而天命自合，此不祈佑而天自保佑。申命也，何得以世俗祈禱，妄念解聖賢之事乎？或又云：郊天，不聞有樂歌。不知古人祭祀，工祝致告，爲陳信於鬼神之詞而已。意亦別爲達之，則有樂歌。堯、舜之文遠矣，無考。湯、武受命，皆告天地。成王受周公戒，力行聖學。於其親政，爲此以告天自警，冀天相其顯德，乃小心翼翼，昭事上帝之的傳。緝熙二字，此詩自言之。昊天有成命，祀成王亦言之。文王之敬止，成王不已善承之乎？惜乎讀者未細求之耳。鄭康成解學有緝熙于光明，謂欲學于賢中之賢者，周公于是有居攝之志。孔《疏》傅會之，謂周公若已居攝，則王不得朝廟謀政。周公之攝，因王自知不堪思任輔弼居攝之志，於此而興。其爲誣罔，實堪噴飯。夫周公攝政，因武王崩，成王幼，不能涖阼，故以冢宰總百官，施教令於天下。而一切施爲，皆奉天子命行之，非竟自爲也。古有天子諒闇百官總己，聽冢宰之禮。而周公又以叔父之親，受武王顧託之重，輔相沖人，曲爲成就。非特盡忠成王，蓋所以成文、武之德也。其後王齒稍壯，能敬承文、武之道，此閔予小子以下諸詩所由作。且即諮諏善道，察納雅言，亦哲王之令軌，明良之美談。奈何因不聽敬止之言，妄爲穿鑿以害義耶。

【眉批】首言敬之，申言陟降，蓋惕以天祖之靈，勉于緝熙之學。以敬事天，即以敬嗣文王。此足見周室之薪傳也。

予其懲而毖後患。莫予荓蜂，自求辛螫。肇允彼桃蟲，拚飛維鳥。未堪家多難，予又集于蓼。

賦而比也。懲，有所傷而知戒也。毖，慎。荓，使也。蜂，小物而有毒。螫，毒傷也。肇，始。允，信也。桃蟲，蟲名，能化爲鳥，無確證可考，詳見《附解》，喻武庚也。蓼，一名薔，辛苦之菜。言予今其懲乎前事，而慎其後患乎。前得莫有使予就蜂者，而我自求辛螫，又復誰尤。今始信桃蟲之小，拚飛則化爲鳥。患每起于忽微，若不以爲戒，既未堪家多難矣。予又集于蓼，悔何及哉。蓋武庚初畔，王未能不惑於流言。既而知之。周公東征而還，王以此告廟自咎也。

《小毖》一章，八句。

成王既平武庚之亂，告于羣神，奏此詩以自警。

附　解

《序》曰成王求助。鄭曰：求忠臣早輔助己，以救患難。朱子謂：亦《訪落》之意。然朱解前章已謬，此詩又承其謬，益覺支離。詩名《小毖》，乃摘毖一字括詩意，名之無他意也。《訪落》，武庚始畔時，告廟出師之詞。此詩既討武庚，告廟自戒之詞。而無告神之語者，三叔流言，時周公必曾告王，王未知情實，一時未即示諭三叔，告以周公輔政勤勞，無他之意。又未諭武庚以先王封彼朝歌，作賓王家。至公無我之心，遷延歲月，以致武庚畔勢已成，不可復宥。三叔亦因之獲罪。故此詩自咎，言己初念第以其爲小腆，不早爲之防而懲戒於將來，其詞該卻許多情事在內。周公曰：我之弗辟，無以告我先王。及作《鴟鴞》詩貽王，則公當流言初起，武庚未畔時，必有告王之語，先事綢繆之謀。王年幼，以爲小事置之，遷延日久，武庚果畔，王始悔之，無及矣。辟，法也。周公謂成王未更事，己不得避嫌，勿執法而行。成王雖聽公東征，而年少膽怯，終未釋然。即《大誥》猶屢言卜破斧缺斨，至於三年，以公神武平定，何不迅速？蓋三叔、武庚煽誘東方，蹂躪人民不少。故曰：周公東征，四國是皇。使非成王猶豫，方流言時即聽公所爲，必不至此。此詩所以深自咎責也。王告於羣廟，故無專指之詞。至桃蟲，無可考。郭璞以爲鷦，然鷦鷯，至小之蟲，所謂巢於蚊睫者也，安能化鳥？别有鳥名鷦鷯，亦小鳥，所謂棲一枝者也。郭氏混而爲一，以桃雀爲桃蟲。夫桃雀本鳥，則不得云拚飛爲鳥矣。蟲化鳥，鳥化蟲，世恒有之，而不知桃蟲化鳥，果屬何物？又謂鷦鷯生鵰，則彌大矣。想桃蟲至小，必不能大而益大若此。凡物類至繁難究，非確然不謬，固不如闕疑耳。

【眉批】正喻夾寫，風致翩翩。頌詩中之風韻顯然者。

載芟載柞，其耕澤澤。千耦其耘，徂隰徂畛。侯主侯伯，侯亞侯旅，侯彊侯以。有嗿其饁，思媚其婦戶以反，有依其士。有略其耜，俶載南畝。播厥百穀，實函斯活。驛驛其達，有厭其傑。厭厭其苗，緜緜其麃。載穫濟濟，有實其積，萬億及秭。爲酒爲醴，烝畀祖妣，以洽百禮。有飶其香，邦家之光。有椒其馨，胡考之寧。匪且有且，匪今斯今，振古如兹。

賦也。芟，除草。柞，除木也。澤澤，春雨澤而土疏，耕之易也。耘，鋤也。下溼曰隰。畛，田畔也。修整水道田畔。十夫所同，故耦。徂，往也。主，家長。伯，長子。亞，仲叔。旅，衆子弟也。彊，民之有餘力而來助者。遂人所謂以彊予任甿者也。能左右之曰以，大宰所謂閒民轉移執事者，若今傭人之力也。嗿，衆飲食聲。媚，順。依，愛。士，夫也。言餉婦與耕夫相慰勞也。略，利。俶，始。載，事也。函，含。活，生也。既播之，其實含氣而生。驛驛，苗生貌。達，出土也。厭，受氣足也。傑，先長者。厭厭，苗皆滿足也。緜緜，詳密。麃，同穮，耘也。濟濟，人衆也。實，穀實。積，聚藏也。萬億及秭四句，見《豐年》。有飶，芬香，言其饌也。有椒，言其酒也。且，此也。振古，起古也。言農事自芟柞播種，以至收穫。其力之勤，而積之盛如此。用以爲酒醴，而享先備禮。推之于燕享賓客，則邦家之所以光也。共之于養老，則胡考之所以寧也。然此乃生養之常，匪獨此處有此稼穡之事，匪獨今時有此豐年之慶。蓋起古以來即如此，欲其共相勤勉，以獲豐穰之樂。

《載芟》一章，三十一句。

歲暮，民閒相勞苦，爲酒食以慶豐年。此其樂歌也。

附解

《序》曰春籍田而祈社稷。孔氏謂王者籍田以勸農，又祈社稷。《序》本其所由，以明作頌之意。經則專說《年豐》，故其言不及籍社。朱子疑詩無祈田之意，故云未詳所用，然又謂辭意與《豐年》相似，用應不殊，則亦以爲祈報也。按《豐年》之詩曰：降福孔皆，故爲秋冬報享之作。而此詩則無其文，是謂祈與報者，皆非也。《月令·臘》：先祖五祀，勞農以休息之。其事近是。或疑臘秦時始有，不知《蟋蟀》之歲聿其暮，好樂無荒，《七月》之十月滌場，朋酒羔羊，皆臘祭意，特秦始盛行，且以爲典耳。因六經無明文，惟《左傳》有虞不臘句，人以爲僞。然古人非以臘爲祭也。古惟蜡祭，索祭萬物而饗之。蜡祭後，民間燕樂相勞苦，聚而飲食。若《蟋蟀》《豳風》所云，本非以祭。因古人凡食必祭。及歲晚閒燕聚食，亦必將食而先祭。先祖五祀，然非爲祭而設。不過終歲勤動，至此相勞苦，周公不爲之禮制，正欲其得以盡歡，仁也，而義亦在乎其中。迨後禮制漸頹，民閒遂合蜡、臘而一之。《左傳》所以有虞不臘之文。而先儒亦多以蜡、臘爲一。考臘之名，東周始興。至秦而益盛行。《月令·臘》，先祖五祀之文，則沿所見聞而爲之者。至此，詩本無祭享意。烝畀、祖妣二句，只言年豐。始爲酒醴，享祀燕樂，非謂此詩爲祭用也。第古人食必有樂，樂必有歌，則此詩止是相燕樂之樂歌。儒者執《詩》《書》無臘之名，即以《左傳》爲妄。然蜡本古禮，久已不行。而民閒猶臘祭，實則猶蜡之意而誤者耳。禮有古有今，亦有古無今。有者但使不悖於理，即可行之。何容執一以相訾也？

【眉批】盛陳年豐之象而始言人力之勤，終以飶香之慶，所謂民和而報享于神。天時與人事交盡也。

畟畟良耜，俶載南畝滿以反。**播厥百穀，實函斯活。或來瞻女，載筐及筥。其饟伊黍，其笠伊糾。其鎛斯趙，以薅荼蓼。荼蓼朽止，黍稷茂止。穫之挃挃，積之栗栗。其崇如墉，其比如櫛。以開百室，百室盈止，婦子寧止。殺時犉牡，有捄其角**音録。**以似以續，續古之人。**

賦也。畟畟，刃利貌。餘，見前。或來瞻女，餉之者，天子下勞之詞。筐、筥，餉具也。黍，餉之美者。笠，所以禦暑、雨。糾，輕舉貌。鎛，鋤煩。趙，刺土也。薅，去草也。荼，一名委葉，陸草。蓼，水草也。草朽則苗疏而土肥，故禾茂也。挃挃，眾穫聲。栗栗，顆粒圓密。櫛，理髮器，言密也。其秉之堆，如墉之崇，其穗相比，如櫛之密，積禾于場之象也。百室，眾室。萬尙烈日，春在田邑，室皆閉。穫則百室皆開，以所積者入之是也。積多則室盈，而婦、子之入此室處者，身心安寧矣。黄牛黑脣曰犉。《禮》曰：社稷之牛。角，尺。捄，角曲貌。殺牡以答神，《賜禮》

所謂大割牲也。似，效之也。言效續古人之舊典，不替其先也。

《良耜》一章，二十三句。

天子祈來年于天，宗大割牲于公社，竝勞農人，賜之酒食，此其樂歌也。

附解

《序》曰秋報社稷，朱子謂未見有祈報之意。然詩言殺時犉牡，似續古人，未嘗無報之意。特周制犉牡，非庶人可擅殺。古有報社之禮，此蓋秋成之後，天子報社而竝勞農獎慰之。故細陳農功，美其盈寧，而勖其長久如斯，似續古人。其曰殺時犉牡，則謂今日太牢報社，雖賴神佑，非女等勤勞，豈及此？或來瞻女，女指農人。或來天子，臆其事而詳道其苦也。即女之一字，足見其爲勞農，而非但報社。前篇《載芟》，民自相勞苦，此篇天子勞苦之。蓋聖人重民力，愛民生如此。其禮本周制，而秦尚踵之。《月令》紀天子祈年於天宗，大割牲于公社。《臘》：先祖五祀。勞農以休息之。蓋合此二詩之事而一紀之，或秦時此禮已混淆，記者猶聞古禮，囫圇記之，亦未可定。夫子存此二詩，而此禮可明，第前人未之詳察耳。至先儒以《思文》《臣工》《噫嘻》《豐年》《載芟》《良耜》等篇，即所謂豳頌，然豳雅、豳頌，即《七月》一詩而以雅、頌之聲調合之，非別有詩也。詳見《七月》篇附解。兹不贅。

【眉批】篇中多已事之詞。蓋今歲已收，來歲冀然。以似以續，豐稔不窮。以是為勞苦慰籍之詞也。

絲衣其紑，載弁俅俅。自堂徂基，自羊徂牛。鼐鼎及鼒，兕觥其觩，旨酒思柔。不吳不敖，胡考之休。

賦也。絲衣，爵。弁，祭服也。紑，潔貌。載，戴也。俅俅，恭順也。門側之堂謂之塾，其下則基也。鼐，大。鼎、鼒，小鼎也。柔，酒甘則和柔。思柔者，欲其甘美也。兕觥，見《桑扈》。吳，譁也。休，美也。言絲衣戴弁之士，恭順執事。自堂以至于基，省其地以定位。次自羊以至于牛，省其牲以定品味。又潔其鼐、鼒，酌以兕觥，期于甘和。養老而將事之際，無有喧譁怠傲者，是以胡考之人，得所養而受其美也。

《絲衣》一章，九句。

此養老之樂歌。

附　解

《序》曰繹賓尸也。高子曰靈星之尸。毛、鄭諸儒皆從之。朱子以爲《序》誤，高子尤誤。然曰祭而飲酒之詩，詞義殊多無著。《折衷》據孔穎達引《周禮·黨正》：國索鬼神而祭祀。則以禮屬民，而飲酒于序，以正齒位。斷爲養老之詩。按鄭康成註《月令》大飲烝，謂農功畢，天子諸侯羣臣飲酒于大學，以正齒位，謂之大飲，别之于他。孔穎達疏《黨正》之文，亦曰飲酒而正齒位。嘗考周衰，禮多廢弛，惟養老之禮未替，故漢興猶有三老，而漢高不屈四皓。《月令》所記，蓋實有所見，而鄭氏亦非臆説也。夫養老重典，三代聖王所同，豈可無詩？雖頌祝遐壽，《詩》多言之，而非專爲養老之作，以此詩當之，夫復何疑？詩言《絲衣》、爵弁之士臨時，省牲、省具告潔。其爲非正祭之詩亦明。若以爲繹祭，《鳧鷖》之詩其義已詳。而不吴不敖，胡考之休，于繹祭無當。至高子以爲祭靈星，其謬更不足辨矣。

【眉批】養老以教民興讓，故不吴不敖，乃胡考之所以休也。而禮樂雍容之致可想矣。

於鑠王師，遵養時晦。時純熙矣，是用大介。我龍受之，蹻蹻王之造，載用有嗣，實維爾公允師。

賦也。於，歎詞。鑠，盛。遵養，遵天理以養其德。時晦，紂王疑忌，因時晦藏。《易》所謂内文明而外柔順者也。純熙，大明。謂天意永清四海也。介，助也。大介，助天安民，所助者大也。龍，寵也。龍受，寵受天命。蹻蹻，行疾健意。造，爲也。載，語詞。嗣，謂嗣文王。爾，指天下臣民。爾公，天下人之公心。允，信。師，衆也。言於哉鑠然之王師，人第知其盛矣，不知其本無利天下之心。當紂惡未極，天命未去，武王遵天道以養德，深自晦藏，惟恐有失忠貞，有違天道。及紂惡已甚，天意欲洗腥聞而臻平治時純熙矣，乃應天順人，是用大助天而戡亂，遂寵受天命。是其動静隨時，一本天命，譬諸行路，其止非需，其行甚捷。蹻蹻王之所爲，用以嗣文王服事之德，而不失天下之顯名，實由順爾臣民之公願，信衆人皆不願戴紂也。然則王師之鑠鑠以德，豈耀以武哉。

《酌》一章，八句。

蓋《大武》之樂歌，明其代商之至公也。

附　解

朱子曰：酌，即勺也。漢《禮樂志》言：周公作勺。《儀禮·燕禮》：若舞作勺。鄭康成曰：既合鄉樂萬舞而奏之。故朱子以爲内則十三舞勺，即以此詩爲節而舞之。理或然也。至酌之名，篇義不可考，前人泥遵養句，以爲酌其時之可而伐商，故曰酌。然聖人隨時處中，本無成心。事至物來，義之與比，無心泛應，自然曲當，豈有一毫適莫之見？或周公所作，謂武王應天順人，斟酌義理，至當而名之，則可也。武王不得已而應天順人，其心有大不懌者，此《大武》之所以未盡善。世儒不知聖人心事，於湯、武一錯皆錯。愚已屢辨之矣。此詩言武王柔順服事，一同文王，爲自晦其德。其應天除暴，爲助天行事，本無伐商之志，順諸侯之請，除暴安民，爲蹻蹻王之造，惟無利天下之心。以是嗣文王服事之志，結維爾公允師，即所謂順人也。夫子存此，以見武王之實，而使後世共知，奈知之者竟少，以其爲武之樂章無疑。《序》云酌先祖之道，則大非也。

【眉批】遵養時晦，人誤解以為待時舉事，似武存莽、操之志，大失聖人之心。周公制禮，使人十三舞勺，所以導之莊敬和平。玩詩詞，竝無武健囂張之氣，可以知矣。

綏萬邦，屢豐年。天命匪解，桓桓武王，保有厥士。于以四方，克定厥家。於昭于天，皇以閒之。

賦也。綏，安也。屢豐年，大軍之後，必有凶年。而武王除害安民，故屢獲豐年。《傳》所謂周饑克殷，而年豐也。桓桓，武貌。厥士，賢士。厥家，天子以天下爲家。皇，君也。閒，代也。言武王除暴以安天下，屢獲豐年之慶。天命眷周，久而不厭，如此。所以然者，商紂放逐囚奴，賢士屏息，桓桓之武王，順天之意録用而畀以爵位，共治四方，克定厥家。其德於哉昭明于天，故使爲君而代商位也。

《桓》一章，九句。

亦《大武》之樂歌。明其應天而興，選賢共治也。

附　解

據《左傳》楚子謂《武》六成之樂歌。《序》以爲講武類禡。或後世用之，詩本無其意也。以保士定家爲武，是示天下以桓桓之道也。故名曰《桓》。

【眉批】定亂以綏萬邦，所謂神武不殺者，保有厥士，德昭于天也，名之于桓，武王之所以為武以此。孟子言武王之勇，與此詩同旨矣。

文王既勤止，我應受之。敷時繹思，我徂維求定。時周之命，於繹思。

賦也。勤，勞。應，當也。敷，布也。繹，尋繹。徂，往也。時，周之時是也。於，歎詞。言文王忠主庇民，施仁天下。既勤止矣，我應受之而繼其志。故我當敷政之時，凡事皆尋繹文王所爲，而行所以往。會諸侯于孟津者，以人心已去，變亂已形，志惟求定亂耳。凡此不得已之心，是周之所以受天命而興。於哉爾諸侯，其繹思，而體求定之志可也。

《賚》一章，六句。

亦《大武》之樂歌。蓋于封爵之時也。

附　解

《左傳》以爲《大武》之三章。而《序》曰大封于廟。蓋封爵之時，武王所作。而後周公定以爲《大武》之樂章也。《傳》謂賚，予也。本周有太賚之言，不爲無見。第于句義欠明。《書》曰：我文考文王，克成厥勳，誕膺天命，以撫方夏。大邦畏其力，小邦懷其德。言其施仁之事，非謂欲成大道，勿誤認。此詩起句，即其意也。我徂惟求定，所謂無畏寧爾也，非敵百姓也。末歎息而欲臣下之繹思，諸侯同心畔紂，推戴武王。武王不應，諸侯亦必滅紂，斬湯祀，害人民，禍有不可勝言者，故於克商之後，以此告戒諸侯。舊以二繹思爲一，故謬也。

【眉批】己繹思文王亦欲諸侯繹思己。求定之意，名之曰賚。以為封建賢能，以彰有德，且使天下蒙其賜也。

於皇時周！陟其高山，墮山喬嶽，允猶翕河。敷天之下，裒時之對，時周之命。

賦也。於，歎詞。皇，大。時，是也。陟，升也。墮，山之凹連者。喬，山之特起者。允，實也。猶，與由同。翕河，河之合處。蓋河入中國，至大陸以北，始播爲九河。武王顧瞻伊、洛，則在河合之地也。敷，普。裒，聚。時，是。對，對揚也。言大哉周之有天下也，嘗因巡狩，陟其高山，墮山喬嶽，無不望祀。又由翕河以瞻中州，定爲王會之所。敷天之下皆聚于是而對揚天子，是周之命所以懷柔而震疊也。

《般》音盤一章，七句。

亦《大武》之樂歌。蓋武王嘗于巡狩，瞻伊、洛，有宅洛之志。而後周公成之，作《大武》，以此樂章奏之，明宅洛爲武王之意。

附　解

般，義不可考。蘇子由曰：般，遊也。近是。蓋武王遊伊、洛而有宅中之志。故周公相成王，作東都，後作樂爲此樂歌，以明武王之志，使子孫識之也。史稱武王憂天，保之未定，謂周公曰：我南望三塗，北望嶽鄙，顧瞻有河，粤瞻伊、洛，毋營天室，營周居于洛邑。未及爲之而崩。以此詩文義核之，適相脗合。《左傳》：楚子曰武王克商，作《頌》，其卒章云云。止言其三，而其三不可考。前人因謂《武》、《酌》、《桓》、《賚》、《般》，皆《武》之樂章。今核其詞義，良然。第斷以爲六成、三成等，則不敢信也。按楚子曰：夫武，禁暴、戢兵、保大、定功、安民、和衆、豐財。今即《詩》考之，言文王克開厥後，武受之以勝殷遏劉。文王既勤止，武王受之以求定。及祭告天地、山川，祈昊天、百神之蔭，述陟山、道河、宅中、朝會之規，贊於鑠之王師，明遵養時晦之本。志克殷，年屢豐，保士定家，文義相屬，以爲《大武》之樂。與楚子所言七德，實多脗合。但諸詩非一時之作。周公制禮定樂，始彙爲《大武》樂章。其章次紊淆，則流傳之過，非夫子刪訂即然。姚際恒等必訾毁之，非也。至《樂記》：夫子告賓牟、賈，謂武始而北出，再成而滅商，三成而南，四成而南國是疆，五成而分周公左、召公右，六成復綴以崇天子，乃舞之容。此諸詩爲舞之樂歌，各不相礙，毋容强相比附者也。

【眉批】周都于雍而宅于洛，以會諸侯。非但免煩勞，諸侯亦以使述職而行黜陟也。對揚天子以承王命，是聖人保乂無窮之心也與？

閔予小子之什十一篇，一百三十六句。

附　解

右《周頌》三十一篇，半不可叶。朱子曰：《清廟》之瑟，朱弦而疏越，一唱而三歎。歎，即和也。謂一人唱而三人和也。陳氏第曰：此言似是，然其半又可叶，何也？愚謂頌以美盛德之形容，其詞與律吕相和成音，非如歌之專以人聲和笙管，可叶韻，可不必叶韻。當時周公作樂，自必有相諧成調之實。今則周樂不傳，惟存其詞，故不可得而强協也。

《魯頌》四之四

魯，少皞之墟。在《禹貢》徐州蒙羽之野，成王以封周公子伯禽。其地今山東兖州府、青州府、登州府、寧海州等處。周公成文、武之德，制作明備，不特爲周之所以盛。蓋自唐虞以來，聖王之法至公而集其大成。伯禽之始封也，朝廟蓋有樂歌，久而猶存一、二。《閟宫》一詩，猶能授祖德以效箴規。夫子録其近理者以誌周公之遺，思周公也。其詩四篇，皆樂歌，故列於頌。

駉駉牡馬，在坰之野神與反。**薄言駉者**音渚，**有驈有皇，有驪有黄，以車彭彭**音旁。**思無疆，思馬斯臧。**

賦也。駉駉，腹幹肥張貌。坰，遠野也。鄭康成曰：必牧于坰野者，避民居與良田也。驪馬白跨曰驈，黄白曰皇，純黑曰驪，黄騂曰黄。彭彭，盛貌。思無疆，指平日一切政事思之廣遠。臧，善也。毛氏曰：諸侯六閑，馬四種。有良馬、戎馬、田馬、駑馬。此章言良馬也。言駉駉然之牡馬，在坰之野。其駉也，非一有驈、皇、驪、黄之盛，以之駕車，彭彭壯盛。所以然者，人君平日行政，思慮廣遠無疆。即斯牧政亦詳慮之，然後馬斯臧也。

駉駉牡馬，在坰之野。薄言駉者，有騅有駓，有騂有騏，以車伾伾。思無期，思馬斯才。

賦也。蒼白雜曰騅，黄白雜曰駓，赤黄曰騂，青黑曰騏。伾伾，有力貌。無期，無期必之奢望。才，材力也。孔穎達曰：上章言良馬，朝祀所乘，故云彭彭有容也。此章言戎馬，戎馬貴力，故云伾伾有力也。張氏耒曰：臧者，言其德。才者，言其用。陳於禮者尚德。用于戰者尚才是也。

駉駉牡馬，在坰之野。薄言駉者，有驒有駱，有駵有雒，以車繹繹。思無斁，思馬斯作。

賦也。青驪白鱗曰驒，今之連錢驄。白馬黑鬣曰駱，赤身黑鬣曰駵，黑身白鬣曰雒。繹繹，不絶貌。斁，厭怠也。作，生發不窮。孔氏曰此章言田馬。田獵尚疾，故言繹繹善走。

駉駉牡馬，在坰之野。薄言駉者，有駰有騢古音胡，**有驔有魚，以車祛祛。思無邪，思馬斯徂。**

賦也。陰白雜毛曰駰，彤白雜毛曰騢，骭白曰驔，兩目白曰魚。祛祛，健貌。無邪，思之正也。徂，行也。常行而不疲也。孔穎達曰此章言駑馬。主給官役，故曰祛祛强健也。

《駉》四章，章八句。

魯公考牧而祀馬神之樂歌。

附　解

《序》曰頌僖公。僖公能遵伯禽之法，足用愛民，務農重穀，牧于坰野，魯人尊之。季孫行父請命于周，而史克作是頌。朱子以爲事實皆無可考，詩中亦無務農重穀之意。其説是也。而猶以爲僖公之詩，則非。蓋頌作于周公，當時朝廟祭享之樂歌，皆公爲之。伯禽傅成王，有明德。其就封也，蓋亦自爲樂歌，以將享祀。其後久而失傳，僅存數篇。夫子存之，以識周公之遺。惟《閟宫》一篇，則作于僖公之時耳。范處義曰：《魯頌》之異于商周者四：商周天下頌之，魯國人頌之，一也；商周以告神明，而魯用以燕樂，二也；商周子孫頌其先，魯臣下頌其君，三也；商周多事實，魯多頌禱，四也。然范説亦未盡協。蓋頌者，頌其功德，以寓箴規。古人樂不斯須廢，以導人心之和平而化其暴慢。樂必有歌，或人歌之，或以絃管吹之則爲樂歌，用之於神，用之於人，多主頌揚，以寓箴戒諷諭。故頌不可以一端盡也。前人只知頌美之義，而不知頌之所用不同。故於《魯頌》《商頌》，夫子録之之意不明。而姚際恒竟謂惟天子有頌，魯有頌，爲僭，可謂瞽説。范氏謂燕樂而無事，實乃未得各詩正解之故。其實本文非徒燕樂而無事實也。即如此篇考牧，軍國重事、周家田賦出車，天子、諸侯、大夫，以萬乘、千乘、百乘計。夫子言有馬借人，以此徵民風，則伯禱之祭，必有樂歌。特古《詩》不傳，而魯猶有此頌。故夫子存之也。《詩》言畜牧之蕃，歸本于思之無疆、無期、無斁、無邪，其平日富教之謨何如，即一斑可見全豹。古人文字往往如斯，何弗察而妄言耶？若僖公，則何足以當此詩也。

【眉批】即馬之蕃盛，而民富庶可知。其蕃盛也，由神陰相之也。第神佑必於有德，德之修否，在於慎思。故以思之無慝自勉而告於神，非自誇其思，且自誇其富庶也。

有駜有駜，駜彼乘黄。夙夜在公，在公明明彌郎反。振振鷺，鷺于下。鼓咽咽，醉言舞。于胥樂兮。

賦而興也。駜，馬肥健貌。重言有駜，非一馬也。乘黄，四馬皆黄，來燕者所乘。公，燕所，如躋彼公堂之公。明明，禮文辨治也。振振，羣飛貌。諸侯泮宫有水澤，故鷺集焉。而詩人因所見以起興于下。翔，集也，以興醉舞也。咽，與淵同。咽咽，鼓節也。胥，相也。樂民之樂，民亦樂其樂，是相樂也。

有駜有駜，駜彼乘牡莫九反。夙夜在公，在公飲酒。振振鷺，鷺于飛。鼓咽咽，醉言歸。于胥樂兮。

賦而興也。乘牡，四馬皆牡也。會飲者，不乘牝也。飲酒，大飲烝也。于飛。將去也，以興歸也。不醉無歸，所以盡懽醉而言歸，所以成禮也。

有駜有駜，駜彼乘駽。夙夜在公，在公載燕。自今以始，歲其有音以。君子有穀，詒孫子。于胥樂兮。

賦而興也。青驪曰駽，今鐵驄也。年豐而蜡飲，故祝自今以後，皆有年也。穀，善也。息農養老，禮之善物，故曰有穀以遺孫子也。願天常錫豐年，願人常行善道，可謂善頌善禱矣。

《有駜》三章，章九句。

此大飲烝之樂歌。

附　解

《序》：頌僖公君臣之有道。朱子謂未見君臣有道之意，而以爲燕飲而頌禱之詞。然頌以致祝，非燕飲所用。何氏曰：大飲烝也。農事畢，諸侯與羣臣飲酒于太學。蓋得其解。而以爲僖公，亦非。《折衷》曰：蜡而飲酒也。孟冬蜡祭，勞農以休息之，乃飲酒。于《序》以養老，與何氏說合。而又引《禮運》：仲尼與第于蜡賓。《雜記》：子貢觀于蜡。孔子曰：賜也，樂乎。以明魯行蜡禮之實。尤爲有據。愚按《豐年》之詩，報祀百神，載芟臘祭，先祖五祀：良耜、蜡祭、報社、絲衣、養老。此詩言在公明明，以振鷺爲興，則爲魯君與羣臣大飲之樂歌，而非民閒蜡祭，及大割牲以報社也。第其禮行于蜡祭之時，故《折衷》以爲蜡而飲酒耳。伯禽之時，政修人和，君臣大飲，作爲詩歌以頌。觀其言在公之明明，有穀以詒孫子，固謂一時盛事，可詔後來，特頌之也。他國無此盛舉，或有而其詩不傳。非天子始可作頌，而侯國不可也。

【眉批】政通人和，君臣同樂，以誌一時之盛。即以冀孫子之克遵。蓋世以爲飲燕之樂歌，而夫子時猶存也。

思樂泮水，薄采其芹。魯侯戾止，言觀其旂音芹。其旂茷茷，鸞聲噦噦。無小無大，從公于邁。

興而賦也。思，發語詞。泮，泮宮。泮，一作頖。泮水，泮宮之水也。天子之學曰辟雝，諸侯之學曰泮宮。芹，水菜。戾，至也。觀其旂，望之也。茷茷，草葉多貌。旂下垂，如葉之多也。噦噦，聲和也。小，謂童子。大，成人者也。舉國皆從公而往，蓋喜其視學而樂聞其教也。

思樂泮水，薄采其藻。魯侯戾止，其馬蹻蹻。其馬蹻蹻，其音昭昭。載色載笑，匪怒伊教。

興而賦也。藻，文草也。蹻蹻，盛貌。昭昭，詳明也。載色，其容温。載笑，其聲和。温厚和平，不怒而明，教之所謂循循善誘也。《書》曰：敬敷五教在寬。此之謂也。

思樂泮水，薄采其茆。魯侯戾止，在泮飲酒。既飲旨酒，永錫難老。順彼長道，屈此羣醜。

興而賦也。茆，鳧葵也，葉大如手，赤圓而滑，江南謂之蓴菜。在泮飲酒，養老也。《記》曰：天子視學，適東序，釋奠于先老。遂設三筵、五更、羣老之席位。諸侯亦然，永錫難老，祝老者使壽考。長道，猶大道。屈，服。羣醜，謂淮夷。既飲之後，與耆老謀伐淮夷。淮夷不靖，越制害民，故伐之，爲順大道也。《王制》曰：天子將出征，受成于學。諸侯亦然也。

穆穆魯侯，敬明其德。敬慎威儀，維民之則。允文允武，昭假烈祖。靡有不孝，自求伊祜。

賦也。允，信。昭，明。假，至。烈祖，謂文、武。祜，福也。言此穆穆之魯侯，既敬于內，以自明其德，又敬于外，以慎威儀，所以爲民則也。觀其育才養老，信乎其有文；屈此羣醜，又信乎其有武。夫文、武者，烈祖之德也。令侯如是，則可以昭格烈祖。是故其所行無非孝道，而揆文奮武，其福皆自求之矣。

明明魯侯，克明其德。既作泮宮，淮夷攸服蒲北反。矯矯虎臣，在泮獻馘古音國。淑問如皋陶，在泮獻囚。

賦也。明明，即穆穆之著見者。矯矯，强貌。馘，殺而取其耳也。淑，善。問，訊也。囚，所虜獲者。《王制》曰：出征，執有罪，反釋奠于學，以訊馘告。承上言此允文、武之魯侯，克明其德，是以教化興而遠人服。既作泮宮，淮夷攸服。不服者，馘而殺之，使矯矯如虎之臣，在泮獻馘。已服者，囚而訊之，使善問如皋陶者，在泮獻囚。此其文、武之明徵也。

濟濟多士，克廣德心。桓桓于征，狄彼東南。烝烝皇皇，不吳不揚。不告于訩，在泮獻功。

賦也。廣，推而大之也。德心，善意。狄，與逖通。東南，淮夷在魯東南。烝烝，眾也。皇皇，大也。吳，諠譁。揚，矜躁。訩，爭訟也。承上言淮夷之所以服者，由魯侯素有教化。從征之濟濟多士，克廣德心，桓桓于征。至彼東南之遠師，雖眾盛而軍行整肅，不吳不揚。即克敵之後，亦無訩訟爭功者。惟從容而在泮獻功，此則魯侯之允文，其被于士者然也。

角弓其觩，束矢其搜。戎車孔博，徒御無斁。既克淮夷，孔淑不逆。式固爾猶，淮夷卒獲。

賦也。觩，弓健貌。五十矢爲束。搜，勁疾也。博，廣大。斁，懈。逆，違命。固，慎密。猶，謀。獲，得也。上言文臣之賢，此言武臣之順也，言魯侯之征淮夷也。武臣用命，角弓其觩，束矢其搜。戎車孔薄，戎具既無不修矣，而徒御皆無厭斁之心，既克淮夷，亦無恃功驕恣者。孔淑不逆，惟以上之心爲心。國事爲重，共慎固其謀猶，是以淮夷卒獲。此則魯侯之允武，被于武臣者然也。

翩彼飛鴞，集于泮林。食我桑黮，懷我好音。憬彼淮夷，來獻其琛。元龜象齒，大賂南金。

比也。泮林，泮宫有木成林。鴞，惡聲之鳥。黮，桑實也，鴞食之，則變聲。惡聲之鳥，食桑黮而變聲，比不善之人，感德化而從善。憬，悟也。琛，寶也。龜尺二寸爲元龜。大，猶廣也。賂，遺也。南金，荊揚之金。言飛鴞集于泮林，食黮則變其音。今魯侯以文德而兼武功，淮夷是以翻然覺悟，來獻其琛。既有元龜、象齒，又大賂之以南金。蓋歡服之至，非重實不足以將誠也。然則魯侯興賢育材之化，豈不遠哉？

《泮水》八章，章八句。

伯禽興賢養老，既克淮夷，告廟，而詩人作此頌之，以被於絃歌。

附　解

《序》曰頌僖公能修泮宫。朱子曰：飲泮宫而頌禱之詞，而非《序》以僖公克淮夷之事，無所考也。按本詩詞義，僖公誠不足以當之。《明堂位》言：頖宫，周學也。建國者必立學，況周公、伯禽賢聖，而魯之泮宫當時未建乎？《書·費誓》載淮夷之事甚詳。此詩蓋即作于此時。伯禽以文教化魯，本于穆穆明明之敬德，信乎周公之薪傳。詩人頌美其泮宫教養之功，而即淮夷一事以明武功，悉本于文德，故始終以在泮爲言，此允文允武所以能昭格烈祖也。若僖公，雖嘗從齊桓會于鹹、會于淮，左氏以爲，爲淮夷之病杞、病鄫，然豈足以當此詩哉？故從《折衷》之說。至楊升菴據戴氏，謂泮乃魯水名，僖公建宫于上，因水名宫，如楚渚宫、晉虒祁。特以僖公不足當詩言而爲此言。姚際恒遂謂泮宫非學名，其言甚辨。然使泮宫爲泮水上離宫，而詩人於此美魯侯克明，德服淮夷，不亦支離乎？且果若是，則諂臣媚子之言，而夫子録之乎？泮宫，即頖宫。頖、泮，蓋古通用。頖宫，有水有林，亦未爲不可。但不必定云如半璧耳。漢儒去古未遠，其語豈可盡非。執一二字以議之，而不顧全詩語義，毋乃鹵莽實甚。升菴又云：魯僖滅項、伐邾、取須句、訾婁，及夫人姜氏會齊侯，淫惡不正。夫子存《魯頌》見當時上下相蒙、好諛悦諂，非以爲美。此言尤非。頌主頌揚，豈曰非美？蓋未知此詩以上三章，皆非僖公詩也。至録《閟宫》之意，詳見後篇。

【眉批】周初，徐奄淮夷多肆侵擾，伯禽始封，即有《費誓》。蓋靖東夷以安東方，是當時第一要事。然非文德克修，亦無由制勝，此詩所以詳言之也。策勲告廟，為此樂歌，故為頌也。

閟宫有侐，實實枚枚。赫赫姜嫄，其德不回。上帝是依，無災無害。彌月不遲，是生后稷，降之百福方墨反。黍稷重穋，稙稺菽麥。奄有下國，俾民稼穡。有稷有黍，有稻有秬。奄有下土，纘禹之緒。

賦也。閟，深宫廟也。閟宫，魯廟以其宏深，美之曰閟宫也。侐，清靜也。實實，鞏固。枚枚，礱密也。姜嫄，后稷之母。回，邪。依，眷顧也。先種曰稙，後種曰稺。奄有下國，奄有下土，盡地利也。禹平水土，稷繼播種，故曰纘禹之緒也。言此閟宫，有侐其制，實實枚枚，然所以得有此廟者，非偶然也。溯赫赫之姜嫄，其德不回，上帝是依，乃生后稷，教民稼穡，纘禹之緒，爲周家世德所由始。

后稷之孫，實維大王。居岐之陽，實始翦商。至于文武，纘大王之緒，致天之届，于牧之野。無貳無虞，上帝臨女。敦商之旅，克咸厥功。王曰叔父，建爾元子，俾侯于魯。大啟爾宇，爲周室輔。

賦也。實始翦商，謂大王肇開王業，武王翦商之業，實始于此。從其後而推論之，非大王已有其志也。届，極也。言商之天命已極。無貳無虞，天下歸心，無違慮也。敦，治也。旅，衆也。咸，同也。言武王治商之衆，皆周公同之。王，成王。叔父，周公。元子，魯公伯禽。啟，開。宇，居也。承上言自后稷肇祀，大王、文、武遂代商而治民。與之同功者，則周公也。故成王謂周公，封其子伯禽于魯，以輔周室。

乃命魯公，俾侯于東。錫之山川，土田附庸。周公之孫，莊公之子。龍旂承祀，六轡耳耳。春秋匪解，享祀不忒。皇皇后帝，皇祖后稷，享以騂犧古音許何反，是饗是宜音俄。降福既多，周公皇祖，亦其福女。

賦也。附庸，小國也。不能自達于天子，而附于大國者也。莊公之子有二，閔公短祚，此僖公也。龍旂，交龍爲旂也。四馬，故六轡。耳耳，柔從也。春秋，錯舉四時也。忒，差也。后帝，上帝。言皇皇之后帝，而后稷功與之竝，謂郊祀稷也。騂犧，牲用騂牡也。周公稱皇祖，始祖也。承上言魯公始封山川，土田附庸，恩禮已渥。數十傳而周公之孫，莊公之子，猶得龍旂承祀，六轡耳耳。春秋匪懈，享祀不忒，其澤長矣。且皇皇之后帝，而皇祖后稷之功與之配。每歲郊祀稷神，享以騂犧，凡所饗皆宜。稷降之福既多，即周公皇祖，亦必喜其象賢而福女也。

秋而載嘗，夏而楅衡戶郎反。白牡騂剛，犧尊將將。毛炰胾羹，籩豆大房。萬舞洋洋，孝孫有慶音羌。俾爾熾而昌，俾爾壽而臧。保彼東方，魯邦是常。不虧不崩，不震不騰。三壽作朋，如岡如陵。

賦也。嘗，秋祭名。楅衡，施横木于牛角，以止觸也。秋用而夏楅，衡者，夙戒也。白牡，用殷禮也。成王令魯季夏六月以禘禮祀周公于太廟。四時之祭，夏曰禘。今移其時于六月，而用殷天子之禮，以尊公。比于白馬，賓王所用禮，文與周天子實異，成王之權，而不失其正也。騂剛，則周之所尚。此錯舉其祀禮之盛而言犧尊，尊作牛形而鑿其背，以受酒也。將將，盛也。毛炰，去其毛而炰之。胾，切肉。羹，肉汁也。太羹不和，鉶羹則和之也。大房，俎也。其制，足間有横木，下有跗，如堂後有房然。萬舞，名震。騰，驚動也。不虧不崩，言其壽不震不騰，言其臧也。三壽作朋，人與岡陵同壽，如友朋也。此乃詳言魯之祀事，極陳其儀物之豐，而祝其熾昌壽臧，常保魯邦，壽等岡陵，是閟宫之實事也。

公車千乘，朱英緑縢，二矛重弓音肱。公徒三萬，貝冑朱綅，烝徒增增。戎狄是膺，荆舒是懲，則莫我敢承！俾爾昌而熾，俾爾壽而富。黄髮台背，壽胥與試。俾爾昌而大，俾爾耆而艾。萬有千歲，眉壽無有害。

賦也。公車千乘，大國之賦也。方十里爲成。出革車一乘，甲士三人，左持弓，右持矛，中人御。步卒七十二人，將重車者二十五人。千乘之地，則三百十六里有奇也。制：國不過千乘。地雖廣大，以千乘爲限。朱英，所以飾矛。緑縢，所以約弓也。二矛，夷矛、酋矛。重弓，重于鬯中，備折壞也。徒，步卒也。三萬，舉成數也。車千乘，法當用十萬人，步卒則七萬二千人。然不盡用之。故大國，三軍而已。三軍，爲車三百七十五乘，三萬七千五百人，步卒不過二萬七千人。舉其中而以成數言，故曰三萬。貝冑，以貝飾冑。綅，綫也。朱綅，所以綴貝。增，增衆也。膺，當也，彼來而我禦之也。懲，創也，我伐而彼畏之也。西戎、北狄，荆楚之别號。舒，亦楚地。承，禦也。黄髮、台背，老人之象。壽胥與試，言老成皆爲公用。耆而艾，老如少也。眉壽無害，久安長治也。此又推言其車徒之盛，可以懲禦强敵，而祝其昌熾壽富，老成効用，益以昌大，久而治安。蓋承上孝孫有慶而引申之也。按膺戎狄、懲荆舒，蓋虚爲頌禱之詞，非僖公實事。周公當年有然，故以之望于公也。

泰山巖巖，魯邦所詹。奄有龜蒙，遂荒大東，至于海邦，淮夷來同。莫不率從，魯侯之功。

賦也。泰山，魯之望也。詹，與瞻同。龜、蒙，二山名。《春秋》書：齊人來歸，鄆讙龜陰。田子曰：顓臾，先王以爲東蒙主。且在邦域之中，所謂奄有龜、蒙也。荒，治也。大東，極東之國。海邦，近海之邦。《春秋》書公敗邾師于偃，敗莒師于酈。邾、莒在魯東而近海。所謂遂荒大東，至于海邦也。又書公會諸侯于淮。蓋淮亦與國也，所謂淮夷來同歟。此又言其拓土開疆之績。

保有鳧繹，遂荒徐宅。至于海邦，淮夷蠻貊。及彼南夷，莫不率從。莫敢不諾，魯侯是若。

賦也。鳧、繹，二山名，魯之南郡也。《郡縣志》：鳧山，在兖州鄒縣東南三十八里。繹山，一名鄒山，在鄒縣南二十二里。踰鳧、繹，則至于徐矣。宅，居也，謂徐國也。《春秋》書僖公十四年，楚伐徐，公孫敖救徐。則徐服魯久矣。諾，應。若，順也。南方之夷，徐爲大。徐服，則淮夷、南夷莫不應而順之。此又承上而極稱其定遠之功，以結上文兩章之意。

天錫公純嘏，眉壽保魯。居常與許，復周公之宇。魯侯燕喜，令妻壽母滿以反。**宜大夫庶士，邦國是有**音以。**既多受祉，黃髮兒齒。**

賦也。常，或作嘗，魯邑名。許，許田也，魯朝宿之邑。齊桓公反諸侯之侵地，常、許復歸于魯，故詩人頌之曰：復周公之宇也。令妻，聲姜。壽母，成風也。兒齒，老人齒落更生，壽徵也。總承上文而頌之，言天錫公以純嘏，使其眉壽，長保魯國。常與許，皆魯故地。常人于齊，許入于鄭，至僖公而復得之。公是以燕喜無憂。又有令善之妻，壽考之母，以成家慶。又能宜于大夫庶士，以有附屬之邦國。既多受祉矣，而黃髮兒齒，又明有壽徵，是錫純嘏而得眉壽之實也。

徂來之松，新甫之柏。是斷是度，是尋是尺。松桷有舄，路寢孔碩。新廟奕奕，奚斯所作。孔曼且碩，萬民是若。

賦也。徂來、新甫，二山名。徂來，在兖州梁父、奉高、博城三縣界。新甫，在汶陽縣。八尺曰尋。舄，大貌。路寢，正寢也。在廟之後，所以藏衣冠。新廟，僖公所修，即前所謂閟宫也。奚斯，公子魚也。曼，長。碩，大也。萬民是若，順萬民之意也。閔公被弒，國亂廟圮，公能新之，民所心悦。此乃正言修閟宫之實事。言取材徂來、新甫，斷度既精，松桷是舄，即路寢亦孔碩，是奕奕之新廟。奚斯實監作之。孔曼且碩，所以順萬民之意也。

《閟宫》九章，五章章十七句，二章章八句，二章章十句。

僖公承魯亂之後，新祖廟，而詩人美之，後遂以爲祀事之樂歌。至夫子時猶存。夫子録之，以其敍魯開國特詳，亦有規諷意也。

附　解

僖公，非能賢也。特因僖公之前，子般卒、閔公弒、慶父内亂、季友出奔。魯之宗祀不絕如綫，僖公能任季友，内定國亂，外交齊桓。歷代廟室經亂，半皆傾圮，僖公新之，故詩人喜而頌之。竝推原后稷，肇祀文、武，貽謀及周公始封，以見廟祀之重。然後侈其禮儀之隆，頌其中興之績，而祝以眉壽，喜之深，不覺其望之切也。末仍結到修閟宫，以明萬民是若，美僖公而推原於后稷、文、武、周公，美其功而詳敍淮夷等事，蓋冀其克承先烈，奮發有爲。此爲頌不忘規，夫子所以録之也。閟宫祇是深邃之詞，非姜嫄廟，亦非禖宫，魯之廟室耳。楊升菴不察，乃以爲刺，殊謬。其魯之郊祀后稷者，棄爲稷神，祈穀東郊之祀，魯以己爲后稷子孫，於祈穀、郊祀亦用天子盛儀，故爲僭，非燔柴泰壇之郊也。魯之禘禮，乃夏禘，而用殷天子禮。比于二王之後，得祭天地三辰，亦非大禘。先儒每未得其解。愚已著于《論語·或問·禘章》。兹不贅。

【眉批】僖公承喪亂之後，新廟制，廓土疆。此詩遂奢陳之。以周公之明德，宜有興者。而所以可録者，不過如此。存其詩，亦以寄慨也。

《魯頌》四篇，二十四章，二百四十三句。

《魯頌》四篇，説已見上。《序》云：季孫行父請命于周，而史克作頌。揚子雲則以爲奚斯所作。皆誤。史克，朱子以爲無考。詩第言奚斯作廟，非謂作詩。近人辨論尤多，要以夫子删詩而存《魯頌》之意斷之，則不得。横生議論，反晦其旨。文人好爲議論，往往摘片語單詞，别生創解，而是非已謬於聖人，不可不戒也。

《商頌》四之五

契爲舜司徒，封于商。傳十四世而湯有天下。其後三宗迭興，至紂無道而滅。武王封微子于宋，修其禮樂，以奉商後。其地在《禹貢》徐州泗濱西及豫州盟豬之野。其後政衰，禮樂日敝。七世至戴公時，大夫正考父得《商頌》十二篇于周大師，歸以祀其先王。至孔子編《詩》而又亡其七焉。

猗與那與，置我鞉鼓。奏鼓簡簡，衎我烈祖。湯孫奏假，綏我思成。鞉鼓淵淵，嘒嘒管聲。既和且平，依我磬聲。於赫湯孫，穆穆厥聲。庸鼓有斁。萬舞有奕。我有嘉客，亦不夷懌。自古在昔，先民有作。温恭朝夕，執事有恪。顧予烝嘗，湯孫之將。

賦也。猗，盛。那，多。置，陳也。鞉鼓非一，故言那也。簡簡，鼓聲。衎，樂也。烈祖，有功之祖，謂湯也。《記》曰：商人尚聲。臭味未成，滌蕩其聲。樂三闋，然後出迎牲是也。湯孫，主祀之時王。假，與格同。奏假，奏樂以格神。綏，安也。思成，神以思而成。鄭康成曰：《禮記》云齊之日，思其居處，笑語志意、所樂所嗜。齊三日，乃見其所爲齊者。祭之日，入室，僾然必有見乎其位。周旋出户，肅然必有聞乎其容聲。出户而聽愾，然必有聞乎其歎息之聲，此之謂思成是也。淵淵，深遠也。鞉鼓淵淵，始奏也。鼓以起樂，鞉以兆鼓也。嘒嘒，清亮也。管，堂下之樂，與鼓應者。既和且平，合衆音而言之。《周語》曰：聲應相保曰和，細大不踰曰平。是也。磬，玉磬也。依我磬聲者，堂上之樂，依磬聲以爲節也。赫，盛也。穆穆，静也。穆穆厥聲，所謂奏假無言也。庸、鏞通，所以節鼓也。斁，閒也，所謂閒歌也。奕，有次序，合樂而萬舞也。嘉客，來助祭者。夷，平。懌，悦。亦不夷懌，亦無不夷懌也。世曰自古，時曰在昔，人曰先民，言祭祀之事，作于古人也。温恭，恭而安。執事，行體。恪，嚴肅。顧予，冀烈祖之享。之將，進也。

《那》一章，二十二句。

此祀成湯之樂歌，蓋作于太甲之時也。商人尚聲，故篇中言樂特詳。而本之以思成，將之以和與敬，美太甲能承湯烈焉。

附解

此詩先儒皆以爲祀成湯。第玩詩中再言湯孫，且頌之曰於赫，則非但美湯矣。意必太甲率德改行之後，祀于先王，祇見厥祖。時伊尹之徒，作此樂歌，以誌太甲克紹前烈之美。而後遂以爲凡祭祀之樂歌。其詩意，則《折衷》深得其旨。曰未迎神而奏鼓，商制也。兆以鞉而繼以管，所謂下管、鞉鼓也。依我磬聲，所謂戛擊鳴球，搏拊琴瑟以詠也。庸鼓有斁，所謂笙鏞以閒也。嘉客夷懌，所謂虞賓在位，羣后德讓也。帝王一也，執事有恪，言行禮也。禮以將敬，樂以導和。奏樂之時，雖穆穆而莫不夷懌，主于和也。行禮之時，雖温温而歸于有恪，主于敬也。足以見商朝之制矣。

【眉批】祀先必先體先人之德。篇中言思成有恪，見湯孫之賢，是所以能衍烈祖之故。夫子錄之，著太甲之賢，是商所以興也。

嗟嗟烈祖！有秩斯祜。申錫無疆，及爾斯所。既載清酤，賚我思成。亦有和羹，既戒既平。鬷假無言，時靡有爭。綏我眉壽，黄耇無疆。約軝錯衡，八鸞鶬鶬。以假以享，我受命溥將。自天降康，豐年穰穰。來假來饗，降福無疆。顧予烝嘗，湯孫之將。

賦也。秩，常。申，重也。爾，謂中宗，太戊本烈祖以稱之，故曰爾也。及爾斯所，猶言及爾身言，其足以繼成湯之績也。酤，一宿酒也。賚，與也。思成，見上篇。和羹，鉶羹也。戒，夙戒也。平，味調勻也。鬷，《中庸》作奏。無言，無爭，肅敬而齊一也。約軝。錯衡。八鸞，見《采芑》篇。鶬鶬，聲和也。助祭之諸侯，所乘以假以享，來助祭也。溥，廣。將，大。穰穰，多也。湯孫之將祝，以常無愧于湯之詞，歎息而言烈祖成湯。以德遺後，其福有常，申錫無窮，及于爾身，克以中興，而繼祖烈。我今既載清酤，而爾必當錫我思成。又有和羹，夙戒而味平，奏假之時，肅穆無言，神明當必可接。且在祭之人，亦莫不莊敬齊一，無有爭者，是爾之神靈甚矣。其必綏我眉壽，俱黄耇而無疆。即今助祭諸侯，約軝錯衡，八鸞鶬鶬，皆來假享于庭，此皆中宗之餘烈也。况近今以來，我受命溥將，自天降康，豐年穰穰，民和而年豐，孰非中宗遺德所致？今靈爽猶未遠也。具來假來饗，降福無疆，顧予烝嘗，葢我亦猶是湯孫，誠潔而將之，無敢慢也，其鑒而默相之乎？

《烈祖》一章，二十二句。

《序》以爲祀中宗之樂歌是也。

附　解

商有三宗：太甲爲太宗，太戊爲中宗，武丁爲高宗。祖有功而宗有德，廟皆不毀。上章美太甲。此詩《序》以爲祀中宗。玩其烈祖秩祜，及爾之稱鶯鸧助祭，于義良然。朱子謂未見其爲祀中宗，而未言湯孫則亦祀成湯之詩。然本文詞義不可沒，中興必有樂歌，《序》說固非無稽也。至湯孫，鄭康成曰：中宗子孫，亦是湯遠孫，故得言湯孫。其說良是。

【眉批】凡中興之君，值先緒將墜之日，能崛起而繼美前人。當治定功成，告于先王。臣下為樂章以頌之，此詩是也。與上章皆言湯孫，可以見湯肇造之永，堪為子孫法守也。

天命玄鳥，降而生商，宅殷土芒芒。古帝命武湯，正域彼四方。方命厥后音戶，**奄有九有**音以。**商之先后**見上，**受命不殆，在武丁孫子。武丁孫子，武王靡不勝。龍旂十乘，大糦是承。邦畿千里，維民所止，肇域彼四海。四海來假，來假祁祁。景員維河，殷受命咸宜，百祿是何。**

賦也。玄鳥，鳦也。契母有娀氏之女，感玄鳥降庭而生契，其詳不可考矣，義見附解及下篇。曰天降者，重之也。宅，居也。殷，地名，契始封此，相土乃遷商丘。盤庚復遷還于殷，故此言宅殷也。土芒芒，謂契生時，洪水未平，土尚芒芒。下篇詳之。芒芒，荒遠意。古，昔也。帝，天也。帝命，即天命。武湯，以其有武德號之也。正，治也。域，疆理之。方命厥后，方各爲之立君。九有，九州也。武丁，高宗。稱武丁者，在廟故稱名也。稱孫子者，對祖稱孫，對禰則稱子也。武王，湯也。龍旂，諸侯所建交龍之旂。大糦，黍稷也。承，奉也。邦畿，王畿也。止，居。肇，開。假，至也。祁祁，多也。景，景山。員，周圍也。何，與荷通。言商自契受天命，至湯而有天下。其受命久而不殆，故餘蔭及于武丁孫子。武丁孫子于湯所爲之事，無不勉而勝之，故克復振王業，天下諸侯，咸載龍旂，奉大糦，以邦畿千里爲止。先王正域四海，久而幾湮。武丁肇域彼四海，四海來假，且來假者甚多。殷地以景山爲鎮，周以大河，仗先王之靈，得以奠安宇內。故今祀而禱焉。庶殷受命，咸宜百祿是何也。

《玄鳥》一章，二十三句。

此祀高宗樂歌。

附解

《序》曰祀高宗也。祀之而稱其名者，以其能承湯德，與湯竝言，故名之。武王，即湯也。古禮，質廟中尤多不諱，或以爲禘祭，或以爲祫祭。然篇中詞意，專詠高宗。契與成湯，皆係追溯之詞，未見其爲禘祫。詩言成湯受命之由，美其正域四方。方命厥后，是言前之一統規模如此。繼言受命不殆，在武丁孫子。接云武丁孫子肇域四海，龍旂承糦，四海來假云云。頌其中興，朝諸侯，定四海，能承先王之烈，詞義甚明。結以受命咸宜，冀其百祿，則祀禱之詞。至玄鳥一事，《史記》據緯書謂簡狄吞鳥卵而孕，固非。毛萇以爲郊禖之時，適玄鳥以春分而至，遂兆其祥，亦非實也。高辛時洪荒，粒食未興，禮制未備，安有此禮？吞卵而生，玄鳥微禽，即吞之，亦不足爲瑞。是二說者，皆不可信。按玄鳥雖常物，而在高辛時，巢居穴處，宫室之制未興，玄鳥無自巢於人家。簡狄誕契時，忽有玄鳥降庭，或入室，而其鳥又異常，後生契爲聖人，遂以爲瑞。自古聖賢之生，多有奇兆，不特電樞星繞之類，即漢高龍種且然，安得謂天命玄鳥，商人妄語以誣其祖乎？第其詳不可得聞，而好奇者附會，執禮者迂談，遂生許多異說。此事，商之子孫傳之，夫子刪《詩》存之，固不得爲虛誣者也。詳見下篇。

【眉批】告廟必自卑謙。此必臣下所作，故盛贊高宗之功，而仍斥其名以對祖考。尊祖頌君，兼得其義也。

濬哲維商，長發其祥。洪水芒芒，禹敷下土方。外大國是疆，幅隕[①]既長。有娀方將，帝立子生商。

賦也。濬，淵深。哲，明智。長，遠也。芒芒，無涯之貌。敷，布。方，四方也。外大國，四夷也。幅，邊。隕，當作員，圍也。有娀，國名，契之母家。將，大也。帝，天也。立生命之以子，生契而曰生商。商有天下，自契始也。言商世有濬哲之君，其發祥已久。方洪水芒芒，民多失所。禹治水後，乃敷土安民，因而疆理天下，外大國皆入版圖，幅隕始遠，始知有娀方大。天已早降玄鳥，生契爲商之祖矣。

玄王桓撥，受小國是達，受大國是達。率履不越，遂視既發。相土烈烈，海外有截。

① 隕，毛本作幀。

賦也。玄王，契也。玄，深遠。王，追稱之。《國語》亦以契爲玄王。桓，勇。撥，開治。達，通。率，循。履，禮。越，過。發，興起也。相土，契之孫也。相土作乘馬，遷于商丘。其地日闢，實開興王之基，故獨稱之也。烈烈，光盛貌。截，齊也。言契佐堯，爲司徒，勇于教化，撥亂反治。小國、大國，皆明于人倫，達于義理，契受其成功焉。凡事皆爲之則，使民循禮而不過。遂乃省視其民，則旣感動而興起矣。蓋其教化天下之民，德厚而功深，故其子孫代有興者。至相土而功尤烈，烈化行海外，截然不侵不叛。是開商基者契，而開興王之基者相土也。

帝命不違，至于湯齊。湯降不遲，聖敬日躋。昭假遲遲，上帝是祗。帝命于九圍。

賦也。湯齊，至湯而商德與天齊也。降，猶生也。不遲，適當其會。躋，升也。昭假遲遲，明德以享天心，無欲速間斷之念。祗，敬也。九圍，九州分布，若環規然也。承上言自契與相土以來，世有明德，帝命已不違矣。至于湯，而商之積德益厚，乃與天齊。是以湯應運而興，不先不後，恰當其時。而湯又日新其德，聖敬日躋，無欲速、無閒斷，昭格上帝，遲遲無息。惟上帝之是敬，是以帝乃眷之，遂命爲法于九圍也。

受小球大球，爲下國綴旒，何天之休。不競不絿，不剛不柔。敷政優優，百祿是遒。

賦也。球，美玉。小球、大球，小國、大國所贄之玉。爲，經營之意。下國，諸侯也。綴，結之也，德足以結諸侯之心。下國如旒，而我繫屬之也。競，急。絿，緩。優優，寬裕意。遒，聚也。承上言式九圍之事，言湯受小國、大國之贄玉，爲下國所繫屬，如綴旒然。旣受天之休矣，而不失之急、不失之緩、不過于剛、不過于柔，事皆得中而寬裕布之，是以政洽人心，百祿皆聚。此言其文德也。

受小共大共，爲下國駿厖古音莫工反，何天之龍。敷奏其勇，不震不動，不戁不竦，百祿是總。

賦也。共、恭同。恭，順也，師行而小國、大國皆恭順之。厖，《齊詩》作駹，駿馬之良者。下國有勇，而我擇其良，如役駿駹也。龍，寵也。震，驚。不震，心無畏不動，所謂歸市者不止，耕者不變也。戁、報同。竦、悚同。言小國、大國，恭順於湯，咸効奔走，如騏驥驅駑駘也。以此荷天之寵矣，而人皆各陳其勇，民心不驚，民業不擾，不戁不竦，蓋天與人合，而百祿是總焉。此言其武功也。

武王載旆，有虔秉鉞。如火烈烈，則莫我敢曷。苞有三櫱，莫遂莫達。九有有截。韋顧旣伐，昆吾夏桀。

賦也。武王，湯也，以武定天下，故名。虔，敬也。敬將天討，非好武也。曷、遏通。苞，本也。櫱，旁生。萌，櫱也。一本而生三櫱，喻夏桀、韋、顧、昆吾也。

遂，生。達，長也。韋，彭姓，顧與昆吾，己姓，皆祝融之後。承上言湯文德武功，裕于平日。故一旦因桀暴亂，奮武載旆，秉鉞虔虔，肅將天威。其勢如火烈烈，天下畏威懷德已久，則莫我敢遏者。譬之草木，一苞而生三櫱。黨惡之人眾盛，然以德臨之，莫有能遂能達。所以然者，九有服德之化，皆早截然整齊。故韋、顧之逢惡者既伐，即繼伐昆吾與夏桀。黃氏佐曰：初伐韋，次伐顧。庶幾夏桀知所改圖也。及終不悛，然後興南巢之師，以行天討。非先翦黨翼，後除本根。若後世計取天下之爲是也。

昔在中葉，有震且業。允也天子，降予卿士。實維阿衡戶郎反**，實左右商王。**

賦也。葉，世也。中葉，指相土之後，成湯之前。震，懼。業，危。有震且業，仲虺之誥曰肇我邦于有夏，若苗之有莠，若粟之有秕，小大戰戰，罔不懼于非辜是也。允，信。天子，天之子，湯也。子、與同。阿衡，伊尹官號。降予，天以湯爲子，降生尹以與之。阿，倚。衡，平也。伊尹，湯所依倚而取平，故以爲官名也。又言湯未興以前，國勢危弱。夏桀無道，商之不絕如綫。有震且業，而湯能以德承天，信乎可以爲天之子矣。天故降予阿衡，佐湯之德，實左右商王，以成大勳。是以今禘于太祖，而伊尹亦與享之也。

《長發》七章，一章八句，四章章七句，一章九句，一章六句。

此禘于宗廟之樂歌。

附　解

《序》謂此爲大禘之詩。義無可疑。朱子云：大禘，不及羣廟之主，宜爲祫祭之詩。愚謂先儒分禘祫爲二，皆由未得《禮》經之意也。今據《大傳》之文，《折衷》諸書而斷之如左。《禮》大傳曰：禮，不王不禘。王者，祭其祖之所自出，諸侯及其太祖，大夫、士，有大事，省於其君，干祫及其高祖。天子、諸侯，皆有祫祭，但非王者合祭。以享其始祖所自出，不得云禘。甚為禘者，帝也。惟天子爲能享帝，故其合羣廟之主于始祖，而追思其所自出，名曰禘。至諸侯，亦得合祭及其太祖，但不得祀始祖所自出，而名曰禘。不特諸侯也，大夫有大事，省于其君，干祫及其高祖。干，以下干上之詞。大夫本不當有祫祭，而以君命，特行之，故曰干祫也。諸儒誤解此文，故滋聚訟。蓋禘、祫一事也，而禘有二：一大禘，一時祭也。取其合羣廟之主，以祭始祖，曰祫。取其帝祭，制始帝舜。又審諦也，曰禘。四時之祭：春曰礿，夏曰禘。以長夏爲帝德，甚王之時，長養之地故也。此詩歷言商之先后、及其卿士伊尹，蓋追祭始祖所自出，而以羣廟之主及功臣配享之，商制也。《商書》曰：茲予大享于先王，爾祖其從與享之。正謂此禮。

楊氏謂，但述玄王以下，而不及于所自出之帝，不得謂之禘。不知五年合羣廟之主於太廟而祭，明一本萬支，雖遠皆親之意，且竝追王所自出之帝。所以推始祖之孝思，及於無窮。孝之至也。其始祖所自出之帝，或可考，或不可考，皆無妨。要以事親如事天之義言之，則聖德之至者，通乎於穆，天、親一耳。德合天地，而祖宗、父母，本一氣者，反不能通乎？故曰：惟聖人爲能享帝，惟孝子爲能享親。此詩及前篇，言玄鳥生商，及帝立子生商。其義甚明。而前人爲祭法、《史記》等書所誤。謂簡狄爲帝嚳次妃，禘嚳而郊冥。此詩言洪水芒芒之時，民生不聊，禹治水後，始奠民居，治疆域。不特中國安帖，而外大國亦疆理之。乃知有娀氏有女簡狄，於洪水未平時，已受天命立之子而生契。堯、舜、禹，咸知契賢，遂命爲司徒敷教。是有娀本外大國，而生契在洪水芒芒之時。計禹父子治水，十有七年，則洪水之患，在二十年前後。契先洪水而生，後洪水而出。詩明言外大國之女，禹敷土後疆理及之，乃知帝立之子生商。而乃以簡狄爲嚳妃，堯帝，嚳子也，在位數十年，而有洪水。堯已老，舉舜。舜乃命益、禹、契等治水。鯀九載，禹八年，父子相繼治水，已十七年。計洪水之患，在二十年前後。《詩》何以言禹敷土後，帝嚳乃立有娀之子爲妃？使契果爲嚳子，帝摯與帝堯共在位一百零九年，契爲堯兄弟，年已百餘歲矣，尚可用乎？且此詩何以置嚳不言，而反從禹說起？止言外大國方將？世儒不過以聖王必由貴族，故以稷、契爲帝嚳子。而二人誕降之奇，不信經文，必從《史記》等書。商周子孫，妄造妖言，誣其祖考。夫子删訂，亦草草不察，可通否耶？夫帝嚳能序星辰，以著衆生。堯能則天，以明道治世，足矣。又奚必履武降鳥，乃生賢子？且姜嫄爲元妃，稷何以不立而帝摯？摯死堯立，置嫡子賢聖不立而立摯，嚳之闇昧已甚。凡諸種種不合，世人不詳考之，而使經義不明，安可弗辨？故簡狄之有夫、無夫，不可考。而玄鳥降祥，商子孫傳之，夫子信而存之，尚何容妄置議哉？且夫盈天地皆人，即皆天之赤子。聖人不擇地而生，古今不勝屈指。世儒止知中國有聖人，不知六合之大，尤陋之至矣。

【眉批】述先世之德而歸重于湯者，湯始受命為天子，因得追祭于太祖。所自出之帝，故敘湯事特多也。至功臣配享，祇以阿衡言之。他人可例為文，省筆之法。

撻彼殷武，奮伐荆楚。罙入其阻，裒荆之旅。有截其所，湯孫之緒。

賦也。撻，撻伐也。彼，謂凡不道者，非一人，故以彼概之。殷武，殷武王，謂湯也。罙，深。裒，聚也。湯孫，高宗自言。當年，撻彼無道之殷武王，因荆，楚不靖，而奮伐之。深入險阻平之，安聚荆民之眾，截然各安其所。此先王之烈，而爲湯孫者，當纘其緒也。

維女荆楚，居國南鄉。昔有成湯，自彼氐羌，莫敢不來，享莫敢不來王。曰商是常。

賦也。商居河洛之間，故荆楚在國南鄉。氐羌，夷狄，國在秦隴之西。貢獻曰享，世見曰王。此下二章，乃言今伐荆楚事。曰女者，告廟本神，以命之也。言荆楚居國南鄉，本非闊遠。自成湯以來，雖氐羌之遠，亦莫敢不服。皆曰商爲常尊，理宜臣服。而荆楚可知矣。今乃不靖安，可不討平之？

天命多辟，設都于禹之績。歲事來辟，勿予禍適，稼穡匪解。

賦也。多辟，諸侯也。來辟，來朝也。適、謫通。謙言諸侯爲禍，是罪己也。此又申言己平日之志。言上天愛養斯民，命此多辟，建都邑于禹績之地。凡國皆天所置也，何可輕視？故予平日但羈縻撫恤之，祇求多辟，各安位職，勿爲禍謫。予勤勉農功，安養民人。今日伐楚，亦只求其如此而已。

天命降監，下民有嚴。不僭不濫，不敢怠遑。命于下國，封建厥福。

賦也。監，視。嚴，威也。僭，賞之。差，濫刑之過也。遑，暇。封建，封侯建國也。此章乃祈神鑒佑，保天下乂安。言上天視聽在民，天命降監人君，惟視其安民與否，爲禍福，故下民雖卑甚，嚴而可畏。我惟顧畏民嚴，賞不僭而刑不濫，不敢怠遑。竝以敬天勤民之意，命于下國。庶封建諸侯，安民而共承福祿。

商邑翼翼。四方之極。赫赫厥聲，濯濯厥靈。壽考且寧，以保我後生。

賦也。商邑，商都。翼翼，謹飭，意與他處不同。極，則也。赫赫，顯盛。濯濯，光明，謂先王也。此乃祈保宗社，言商邑翼翼，而爲四方之極。恐德薄不能爲四方則，惟翼先王之靈，赫赫濯濯，聲靈威耀，庶我亦得蒙蔭，壽考且寧，以保我後生焉。

陟彼景山，松柏丸丸。是斷是遷，方斲是虔。松桷有梴，旅楹有閑。寢成孔安。

賦也。景，山名，或在商都。《春秋》傳曰：湯有景亳之命。丸丸，圓而直也。木長大，故斷而後遷于所用之地。方，繩墨正之。斲，斧斤削之也。虔，敬其事。桷，橡。梴，長也，椽以長爲貴。旅，眾。楹，柱。閑，勻整而合度也。寢，見《閟宫》。安，安其神也。言陟景山而採松柏，斷遷方斲，無敢不虔。松桷旅楹，材美合度。以此成寢，而安先王之神，冀神安之也。蓋高宗平定荆楚而歸，值廟當修葺，遂新廟而後告廟。此章言其事。

《殷武》六章，三章章六句，二章章七句，一章五句。

高宗時，荆楚作亂，伐而平之。適值新廟工竣，爲此樂歌奏凱報功，且以安神也。

附解

《序》以爲祀高宗。諸儒從之，遂令詩中詞義影響模糊，今正明之。朱子以荆楚爲鬼方，謂其地好鬼。王伯厚覺其不安，謂爲今貴州。皆曲說也。《既濟》《未濟》二卦，言鬼方，均因《坎》卦取象，蓋指玁狁之屬。北方幽陰，故名鬼方。何得以此詩爲伐鬼方事乎？首句撻彼殷武，以撻爲疾，古無此說。《書》曰：撻以記之。若撻于市，撻伐原有此訓。商稱殷武，猶周稱周武也。此句誤解，下文湯孫之緒不明，竝全篇之語皆不明矣。高宗爲哲王，因荆楚不靖，伐而安定之。不事威服，故首章述成湯當日討平荆、楚，裒集其民，有截其所，己今亦然。下述荆楚向來臣服，率以爲常。今忽不靖，甚覬覦殷衰，偶爾不逞。己今平定之，上體天立君之意，竝仰承先王服遠之德，猶恐己德不修，未能安集四方。以此告廟，祈佑其中，竝無一言誇耀武功之詞。想見一片謙謹、忠厚、仁恕之心，高宗之賢，抑此詩而可見。夫子以此篇殿《商頌》，見成湯之德所畱遺，六、七，王之作，固非偶然也。若如舊說，此詩之味幾如嚼蠟，明得何不察之？末章因修葺廟室，故竝及之，非始爲廟也。凡古今事，以情理揆之，得其中正，則妄說自除。奈鹵莽者多不按切本文詞義，而掠影妄談，遂使康莊化爲荆棘矣。

【眉批】衹首章述湯伐荆楚定安之功而已。伐荆楚亦只止是求其安定，可知下述已伐之之故。及平日體天之心，己不敢僭濫怠遑，以此求先王鑒佑，情詞曲至而無一語誇張，信乎哲王之軌也。

《商頌》五篇，十六章，一百五十五句。

《毛序》謂正考父得頌于周太史。《國語》亦云然，其說定矣。而《史記》云正考父作，揚子《法言》亦曰正考父常晞尹吉甫，公子奚斯常晞正考甫。宋咸注之，司馬温公亦信之。而吳秘又巧爲之說。後漢《曹襃傳》：奚斯頌魯，考甫詠殷。班固、王延壽亦謂《魯頌》奚斯作，謬矣。或又謂宋襄作韶鍾之樂。《史記》及《韓詩》謂宋襄公行仁義，正考父美之，作《商頌》。前人已議其非矣。《博古圖》有宋公成韶鍾。大晟《樂書》：應天六鍾，篆其帶曰莖鍾。詔謂獲英莖之器于受命之邦。此乃宋大觀中王黼等傳會之言。其書亦非以宋成公爲襄公，以之說《詩》，王伯厚已言其陋矣。今于《正義》各著于篇，而餘說亦時附見。他說穿鑿支離，不必信可也。